等风来
不如追风去

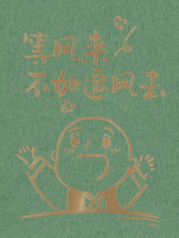

风雨里做个大人，阳光下做个小孩

一禅小和尚 著

北京联合出版公司
Beijing United Publishing Co.,Ltd.

目录

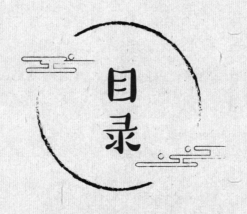

从现在开始
记住每一个开心的时刻   009

老 师
愿你的用心,都能换来岁月温柔   028

念 想
没有一种生活容易,熬过去   049

耍 赖
约定就是约定,不可以耍无赖   065

摔 杯
放下执念，就是放过自己　　　　　　　　　　086

永 恒
永恒就是在你身边的每一时、每一刻　　　　101

猫猫狗狗
傻瓜，我已经等你一百年啦　　　　　　　　119

猫狗续集
如果全世界都反对，那我就说服全世界吧　　137

天下第一
你嫁给我，天下第一让给你　　　　　　　　　　　161

男狐仙
世人谓我恋长安，其实只恋长安某　　　　　　　184

樱花树
你等的，终会来　　　　　　　　　　　　　　　209

王员外
只把付出留给值得的人　　　　　　　　　　　　219

约 定
分别无怨憎，相逢尽欢喜　　　　　　　　　　　228

烟 花
晚点遇见你，余生都是你　　　　　　　　　　　249

许 愿
愿所有誓言都不被辜负　　　　　　　　　　　　266

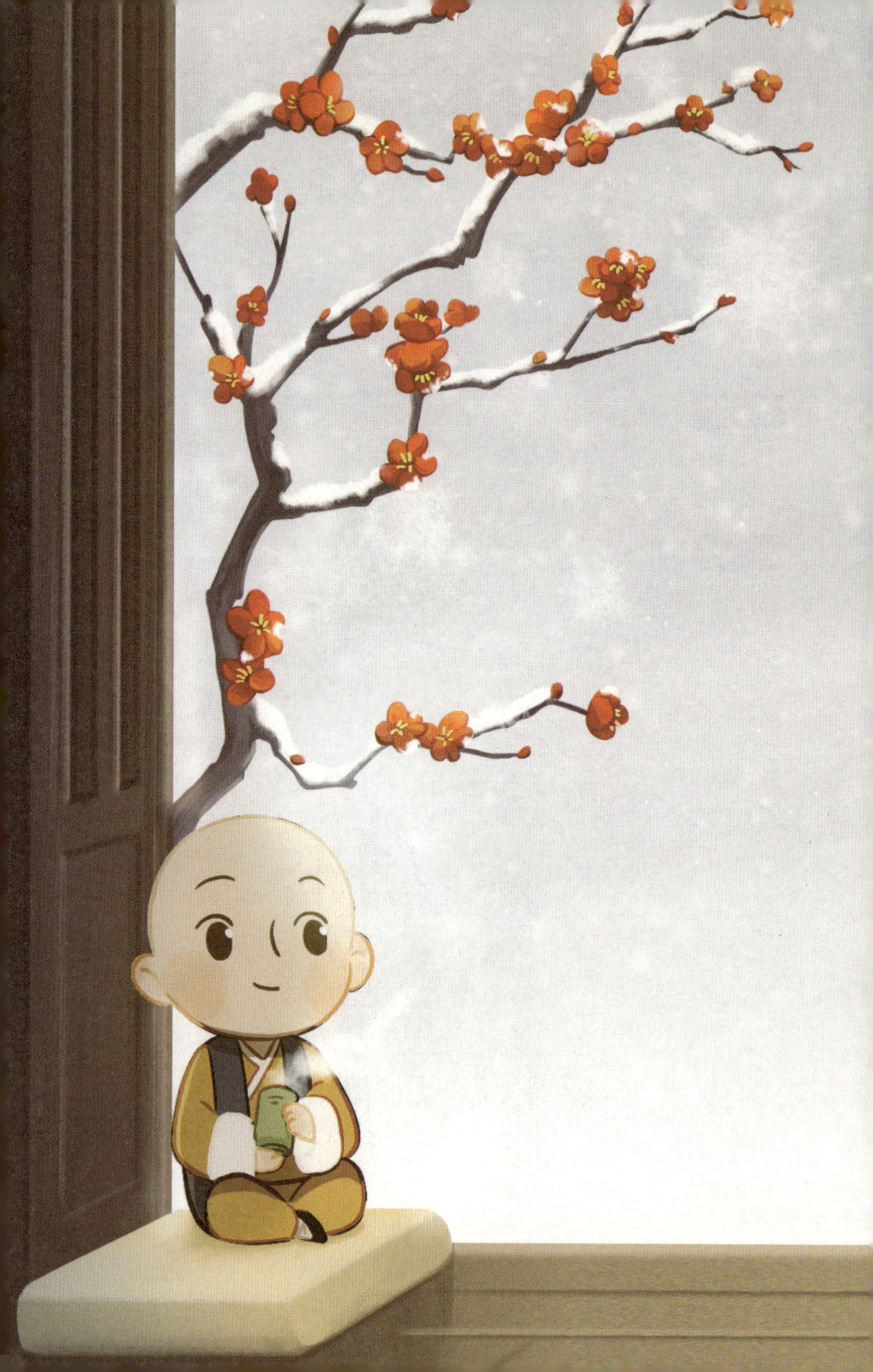

从现在开始

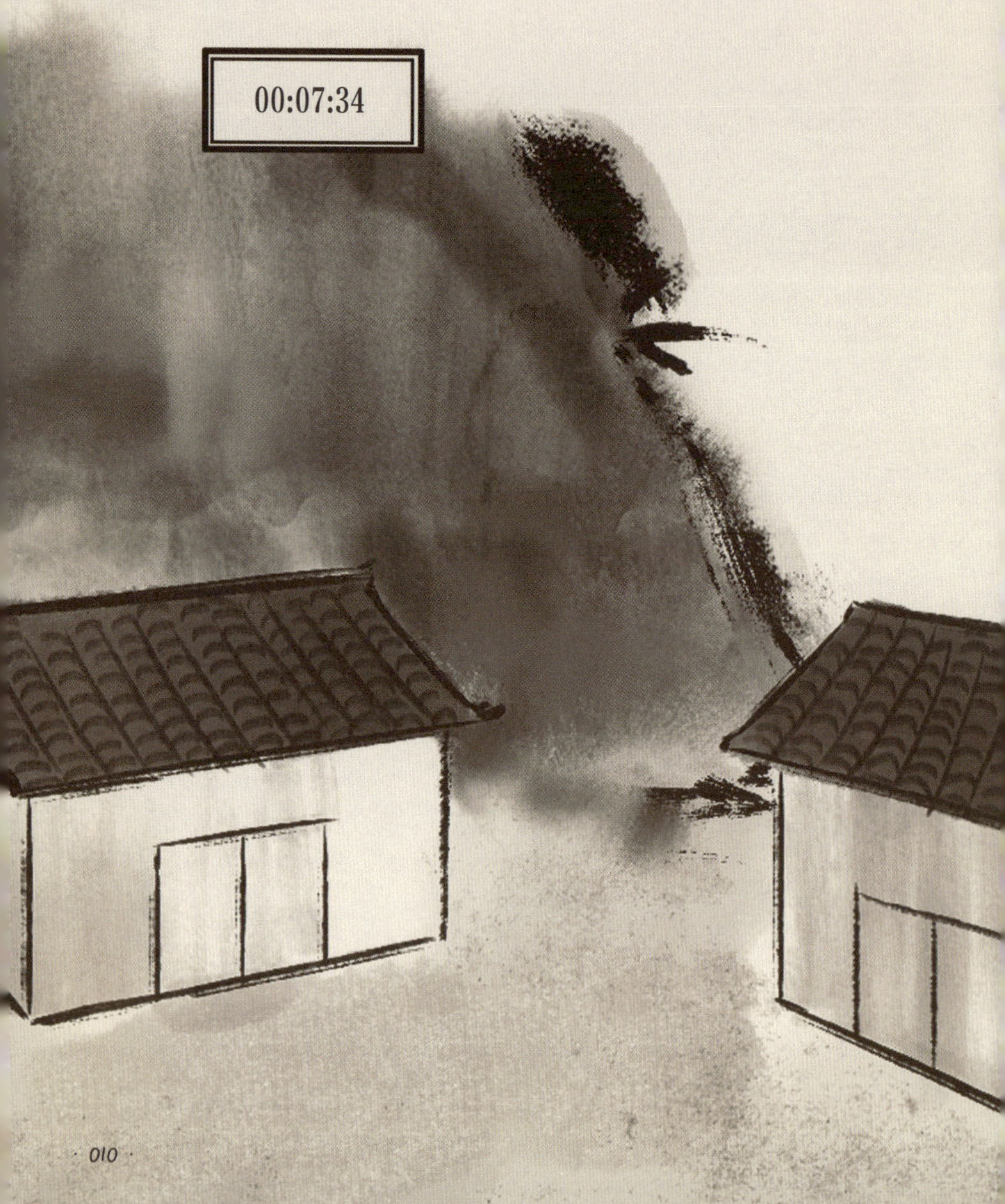
00:07:34

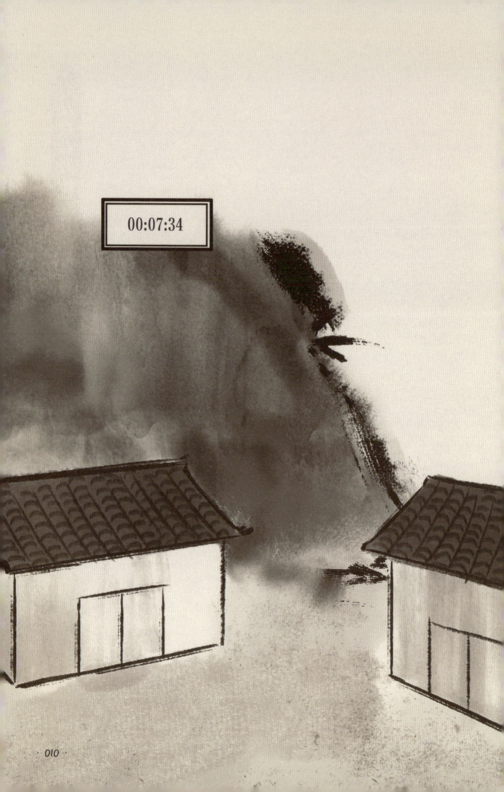

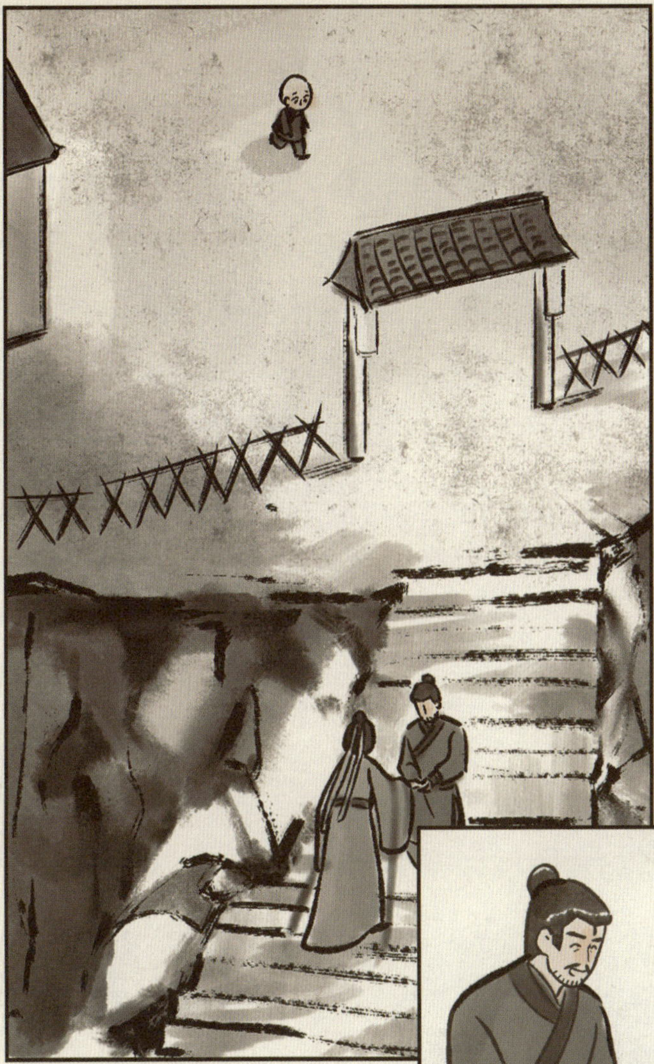

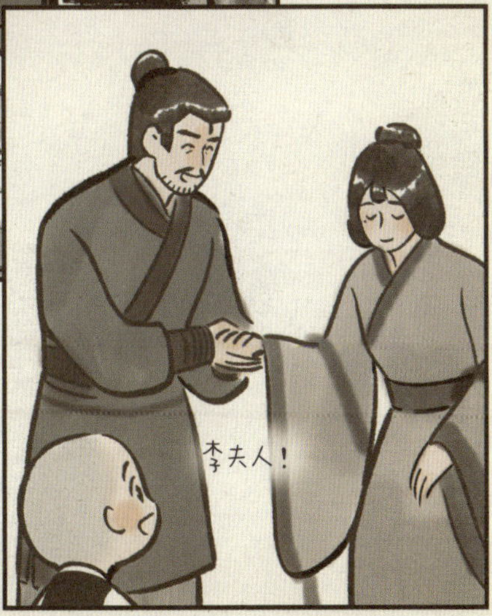
李夫人！

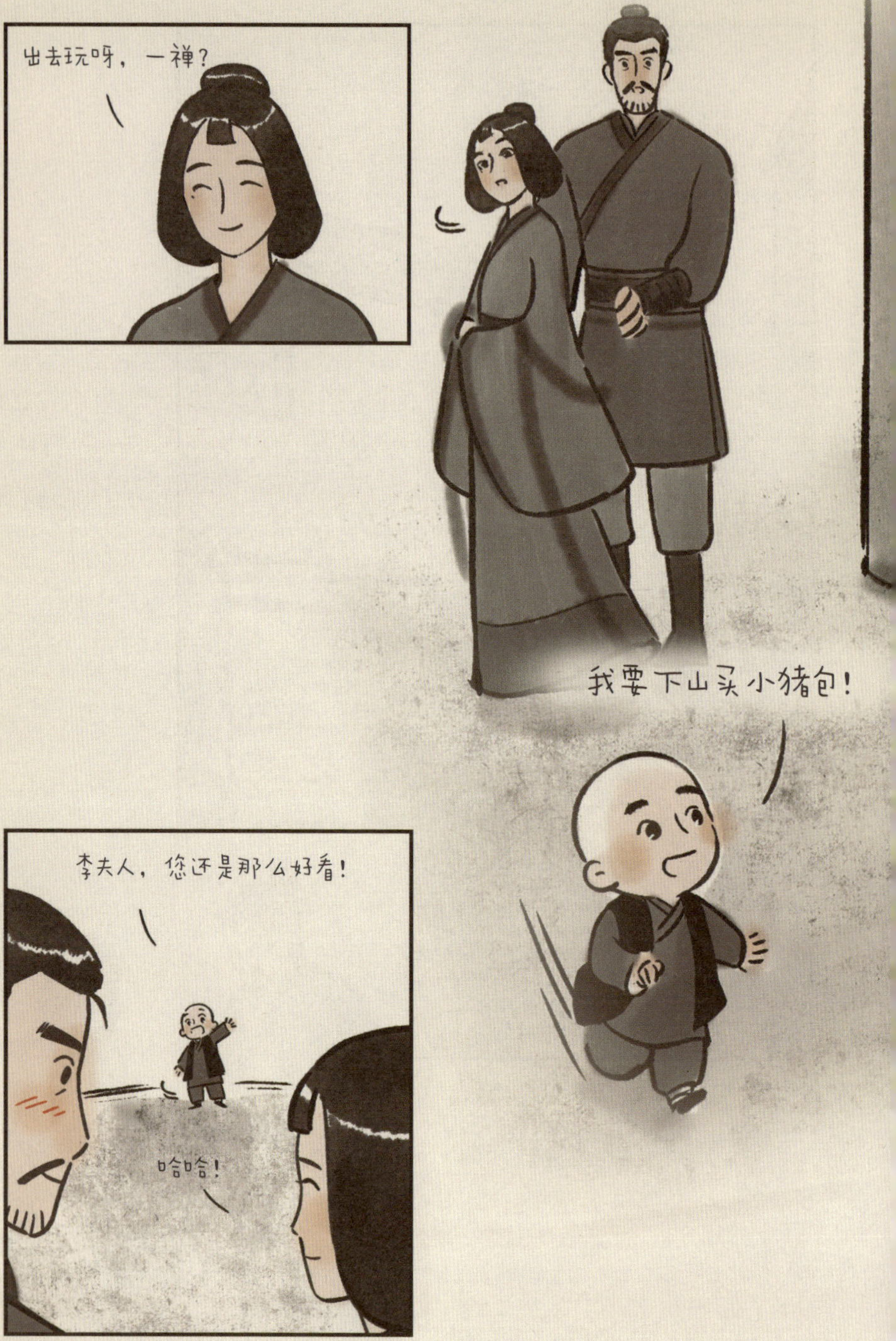
出去玩呀，一禅？
我要下山买小猪包！
李夫人，您还是那么好看！
哈哈！

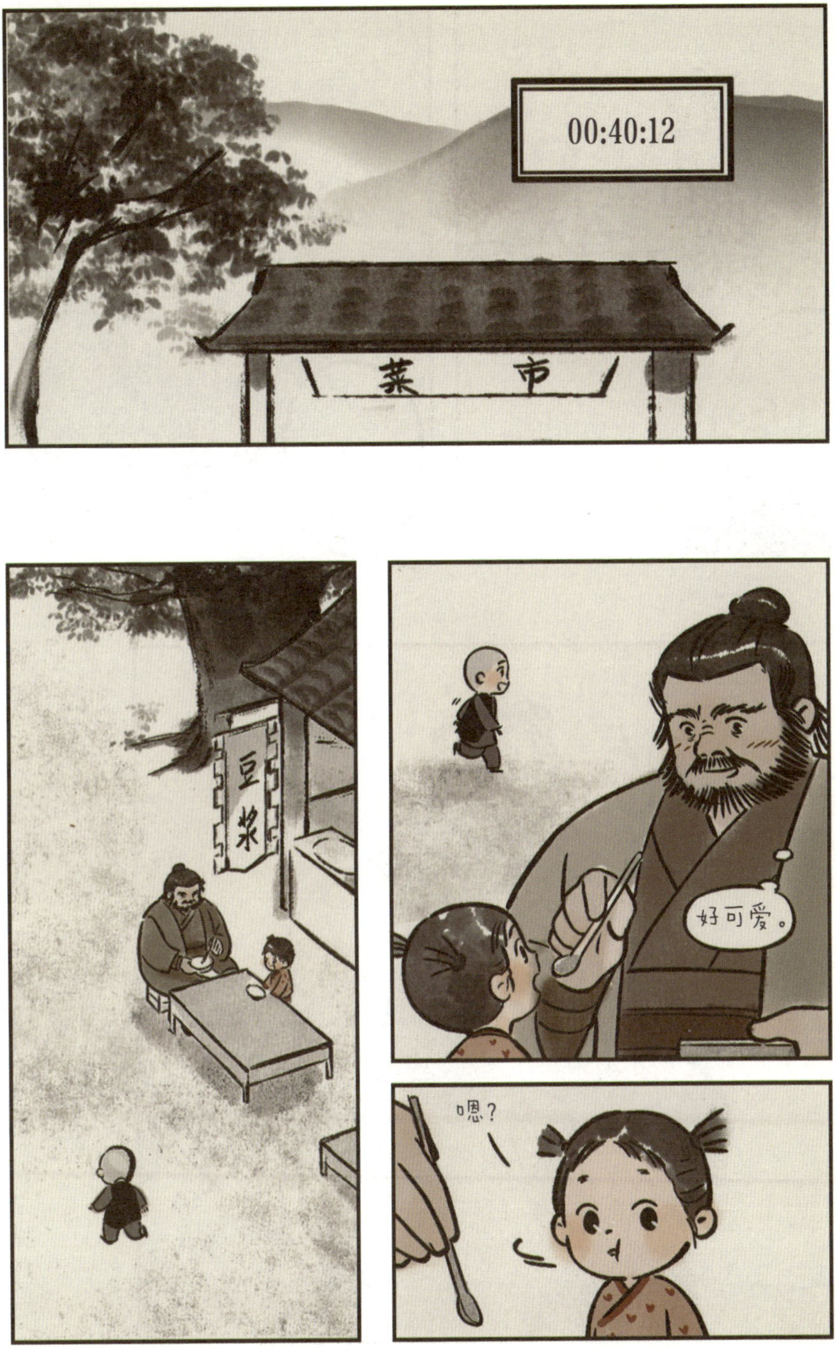
00:40:12
菜市
豆浆
好可爱。
嗯？

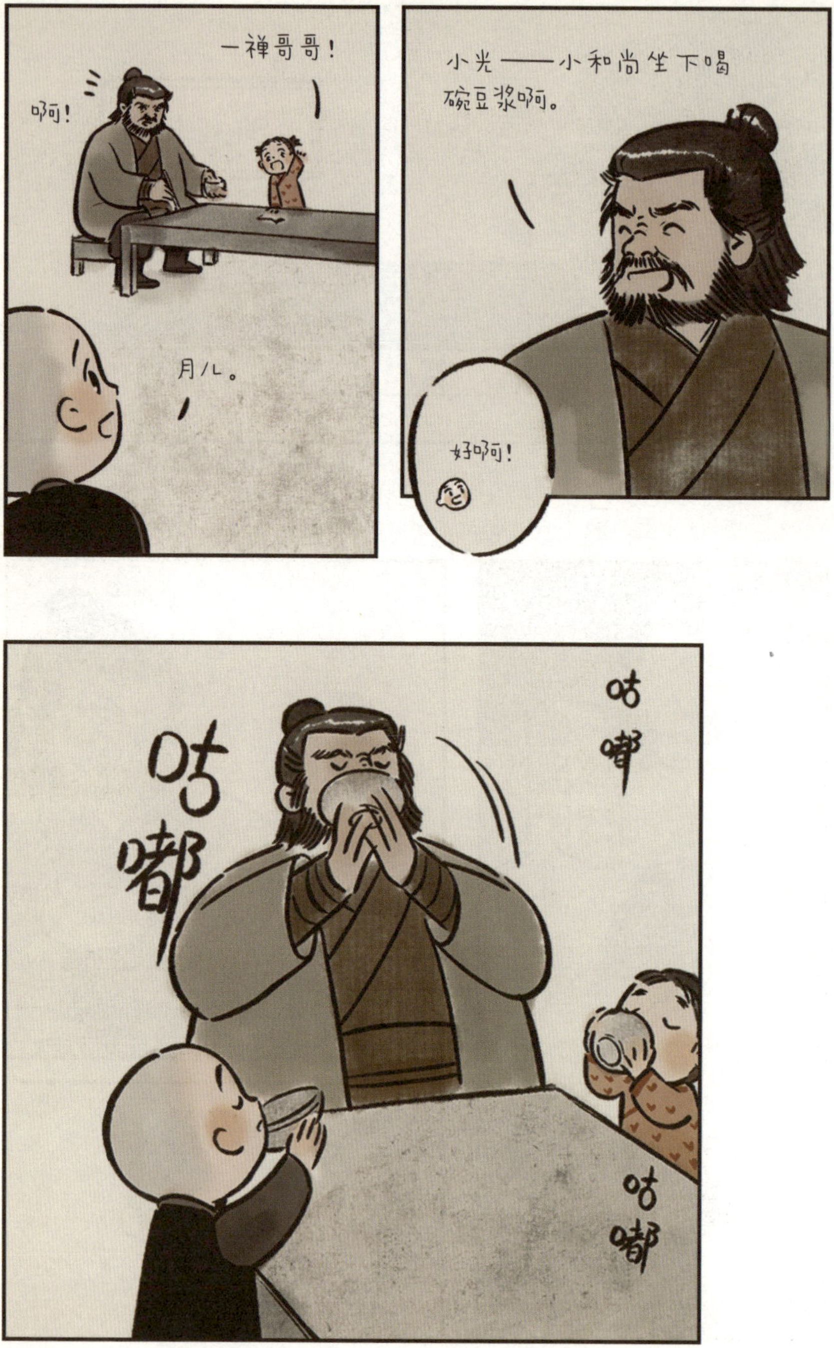

一禅哥哥！
啊！
月儿。
小光——小和尚坐下喝
碗豆浆啊。
好啊！
咕嘟
咕嘟
咕嘟

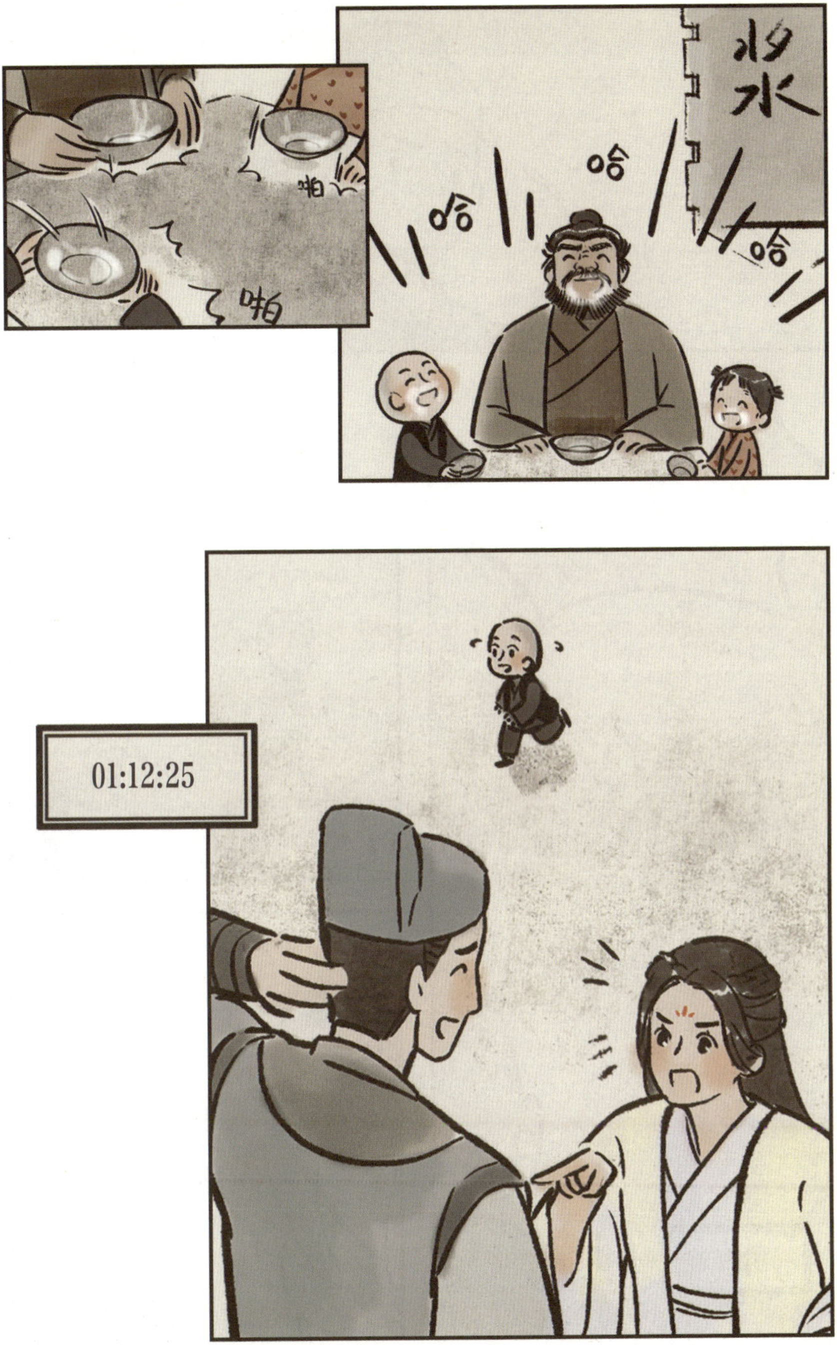
啪
啪
哈
哈
哈
01:12:25

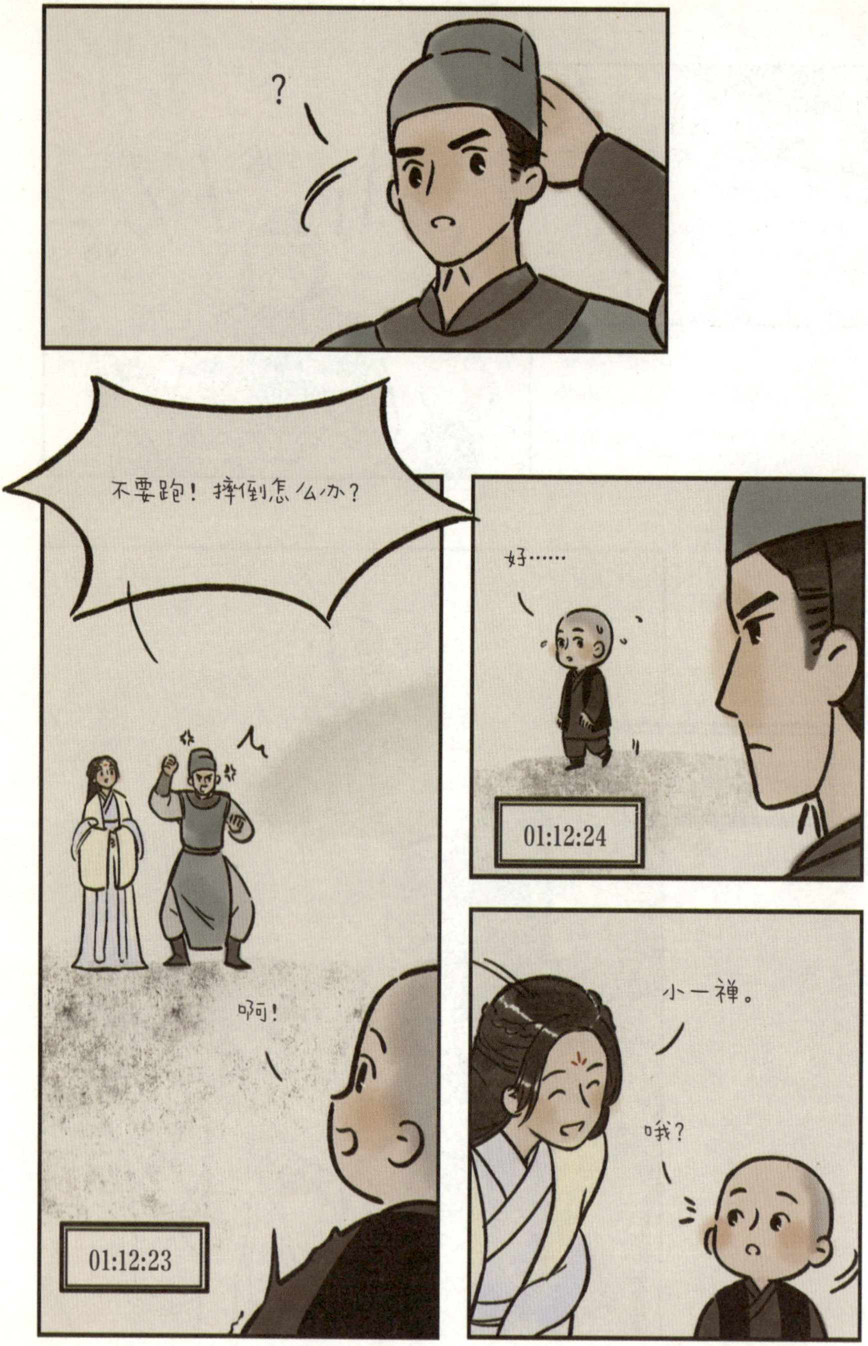
?
不要跑！摔倒怎么办？
啊！
01:12:23
好……
01:12:24
小一禅。
哦？

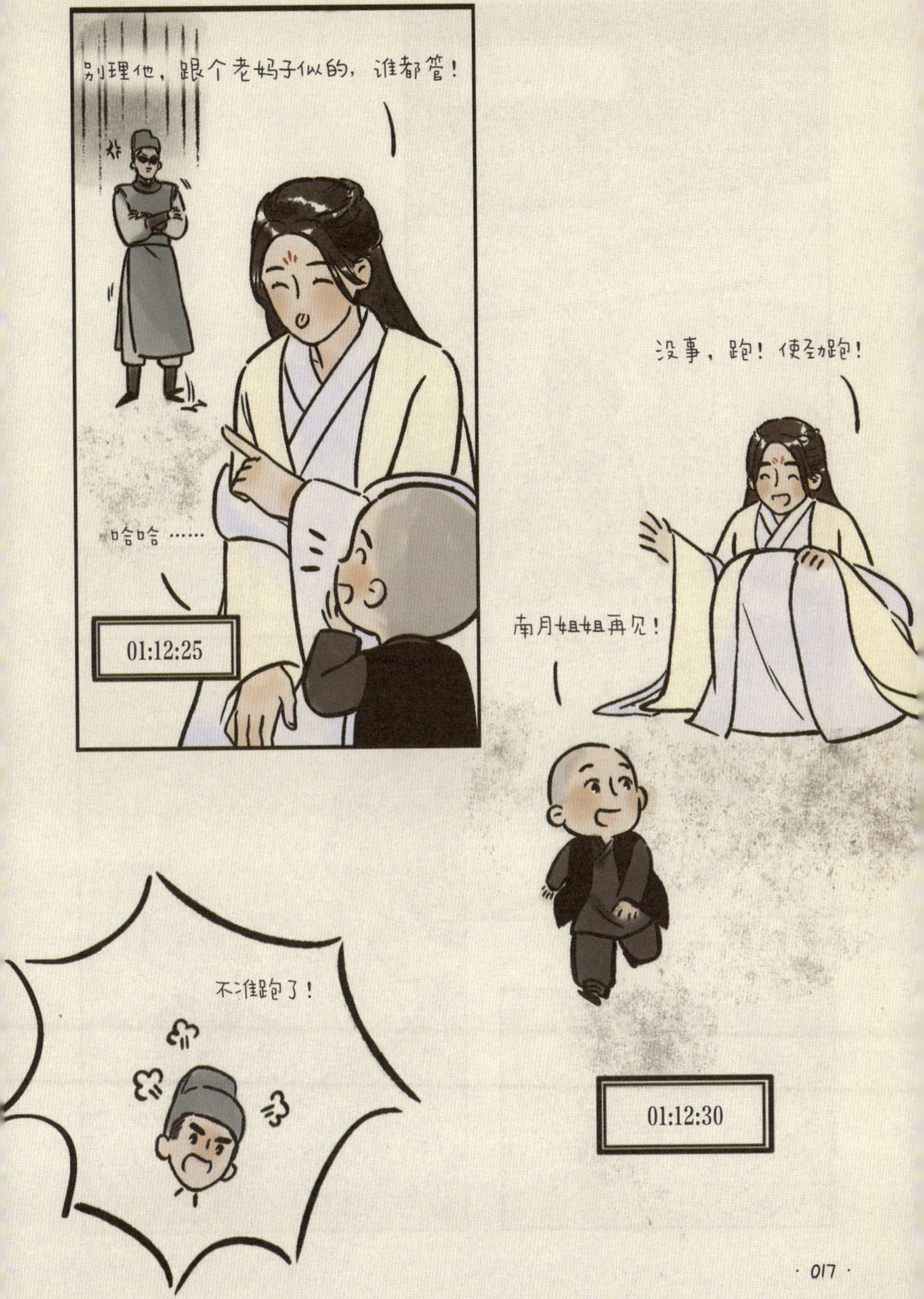
别理他，跟个老妈子似的，谁都管！
哈哈……
01:12:25
没事，跑！使劲跑！
南月姐姐再见！
01:12:30
不准跑了！

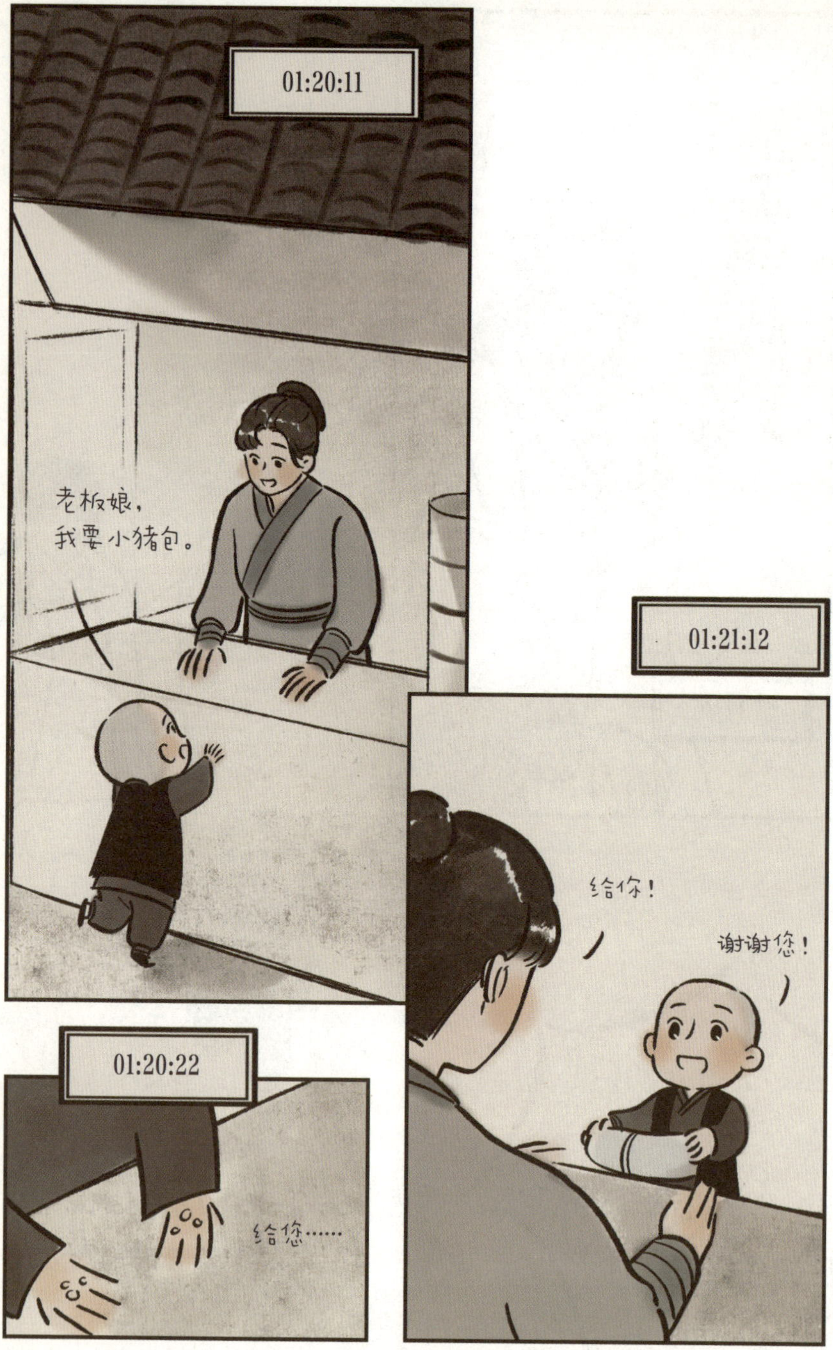
01:20:11
老板娘，
我要小猪包。
01:20:22
给您……
01:21:12
给你！
谢谢您！

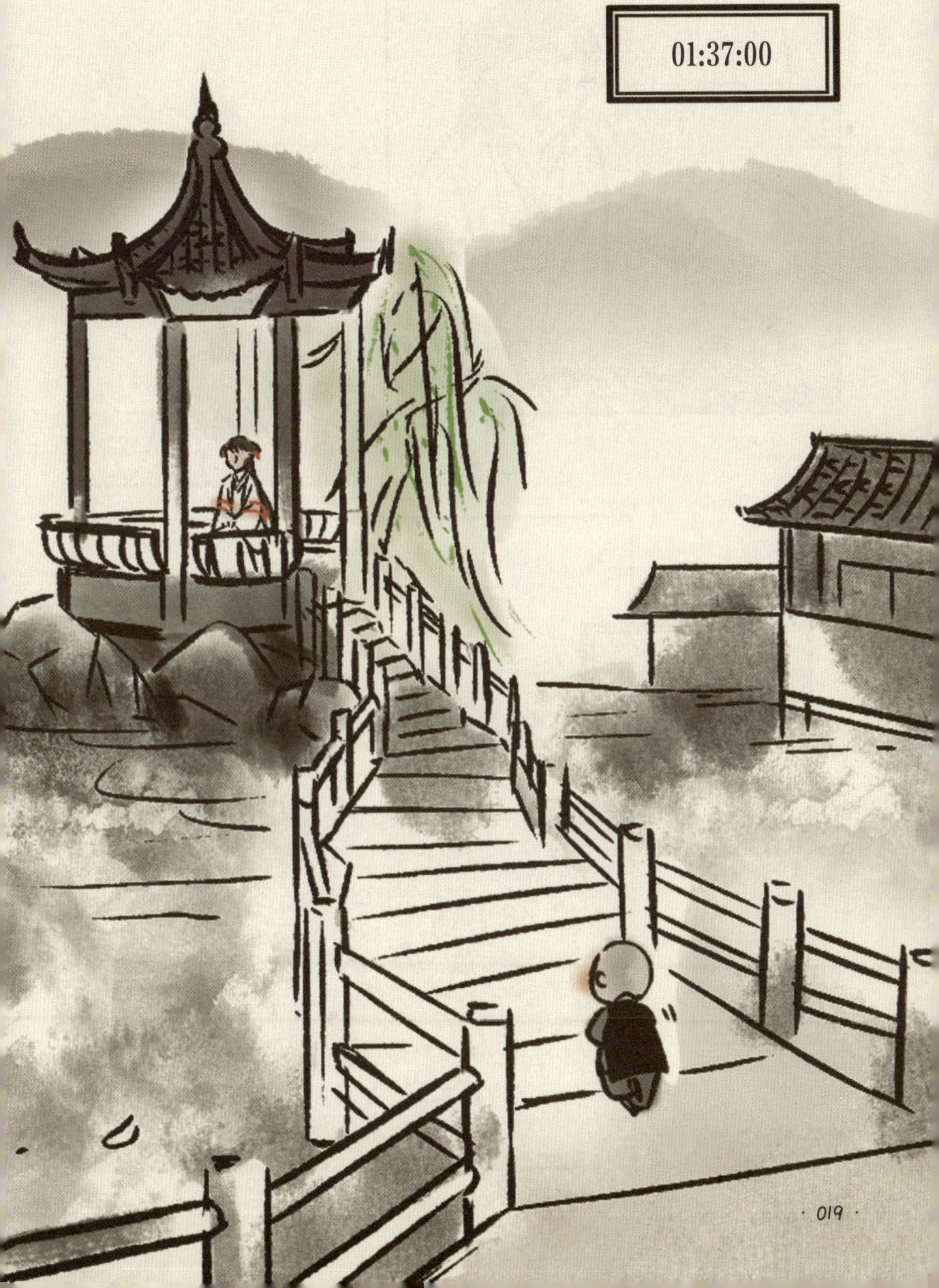
01:37:00

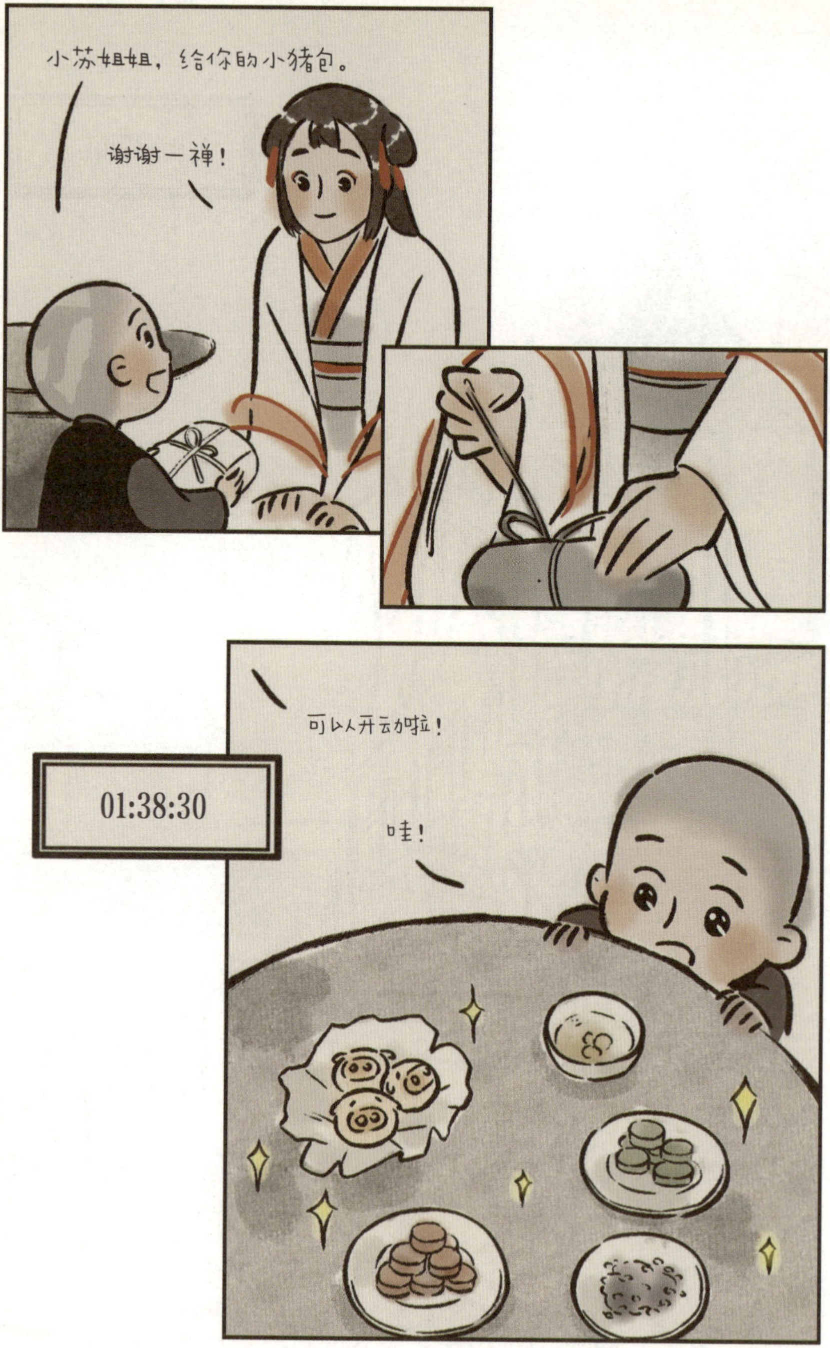
小苏姐姐，给你的小猪包。
谢谢一禅！
01:38:30
可以开动啦！
哇！

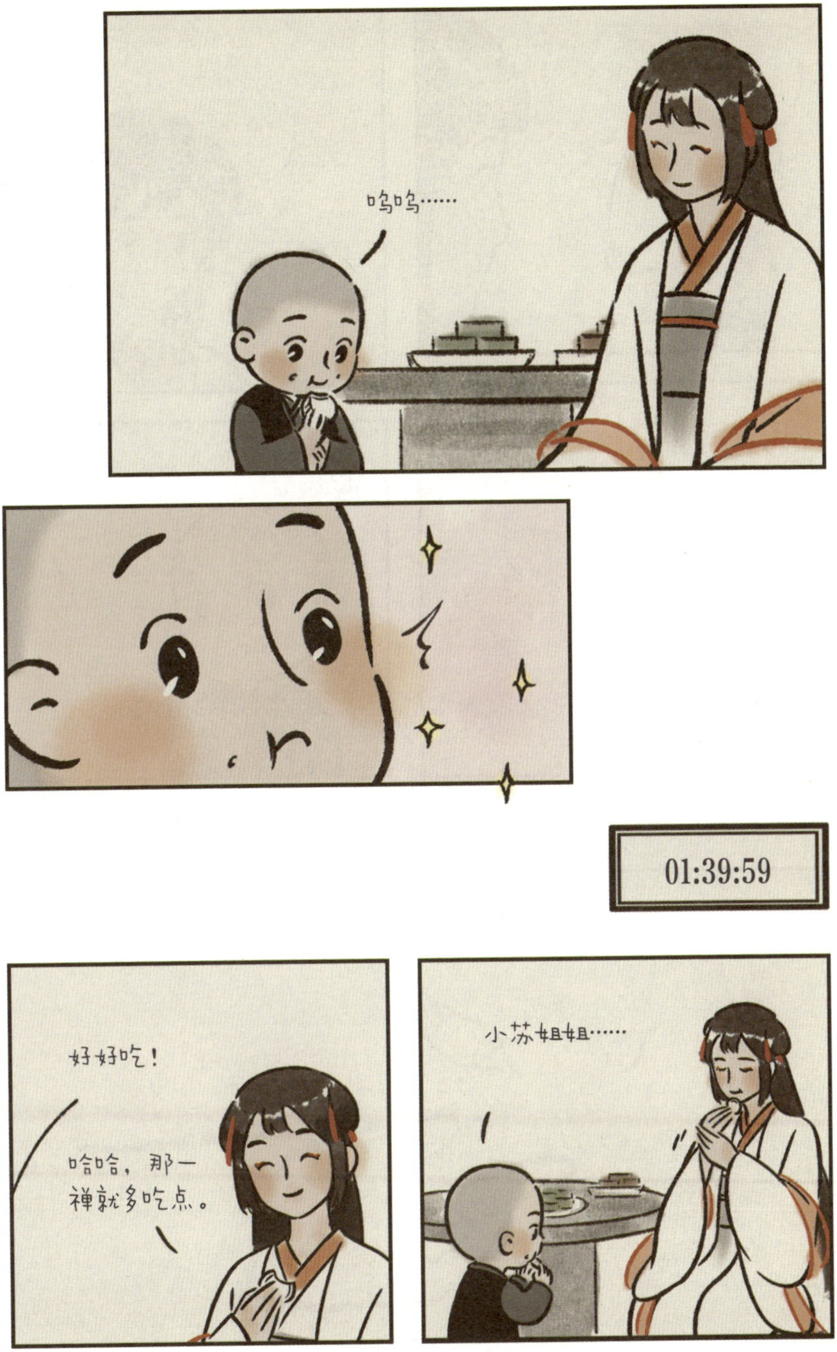
呜呜……
01:39:59
好好吃！
哈哈，那一禅就多吃点。
小苏姐姐……

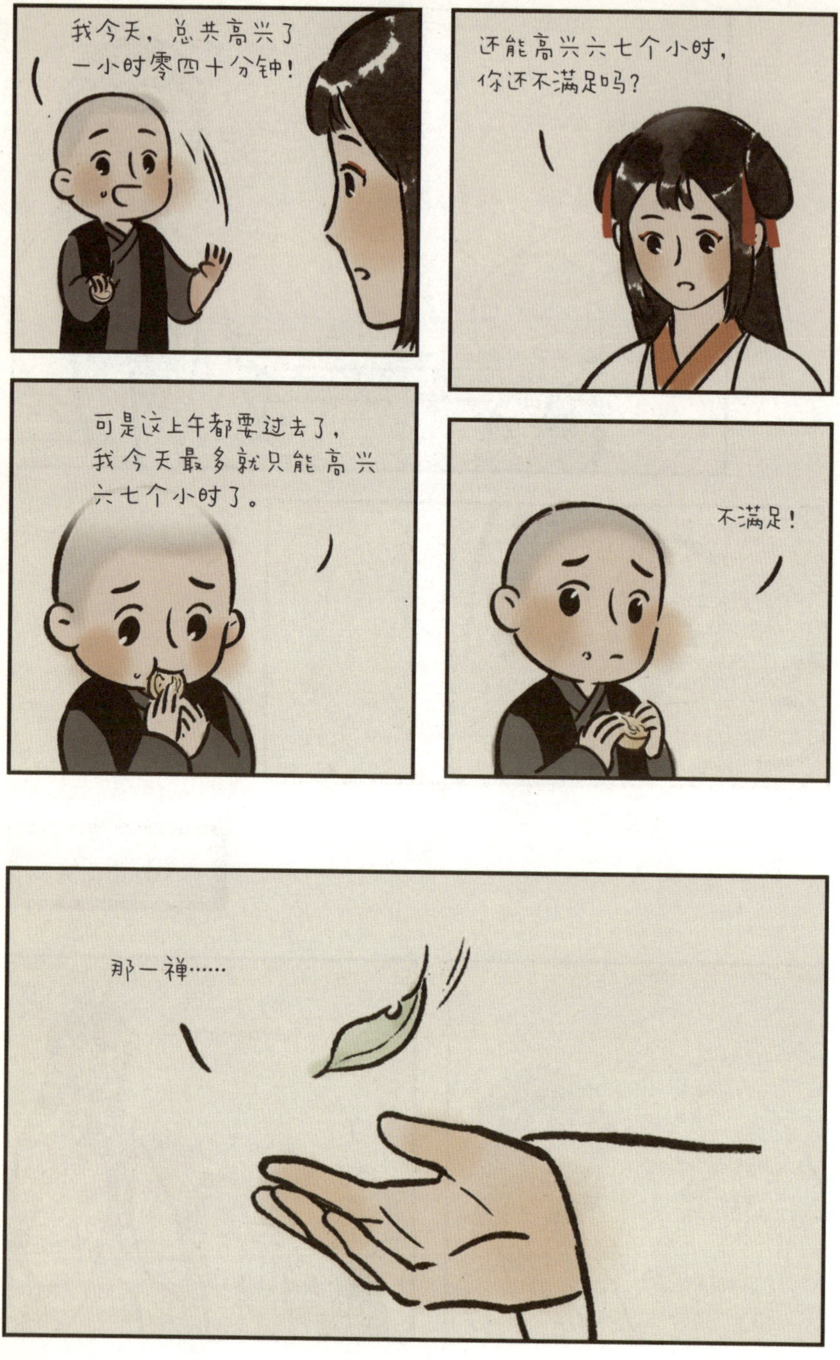
我今天，总共高兴了一小时零四十分钟！
还能高兴六七个小时，你还不满足吗？
可是这上午都要过去了，我今天最多就只能高兴六七个小时了。
不满足！
那一禅……

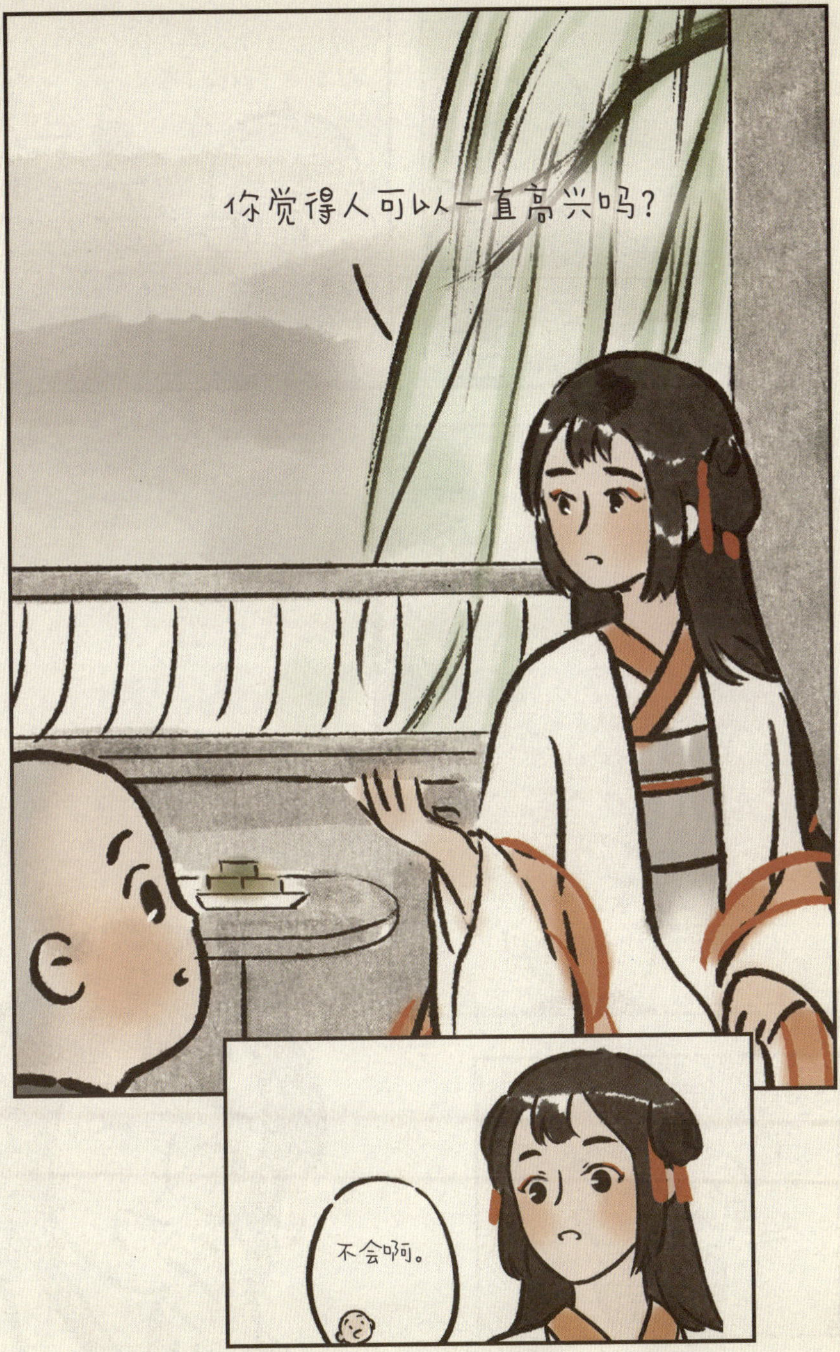
你觉得人可以一直高兴吗？
不会啊。

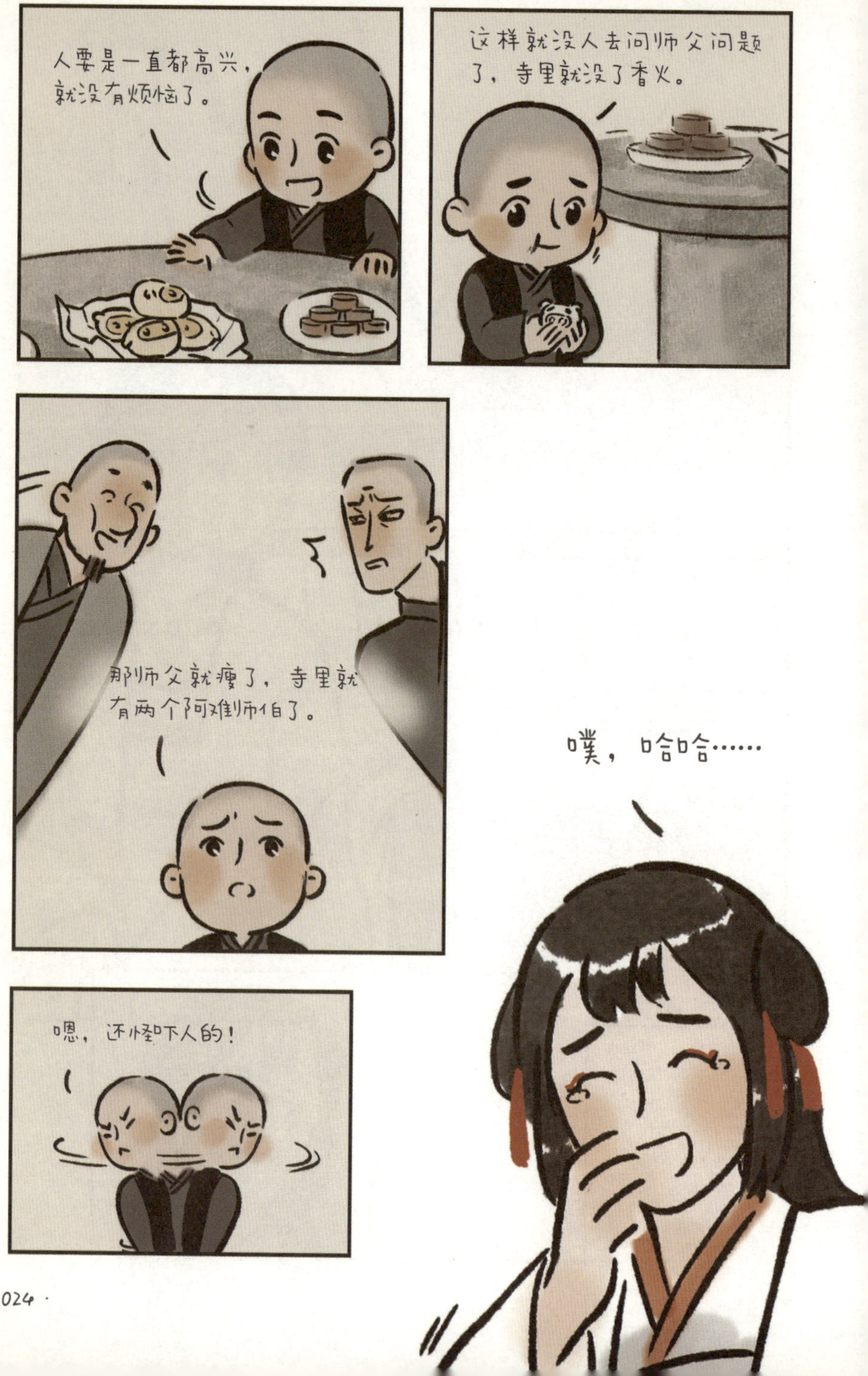
人要是一直都高兴，
就没有烦恼了。
这样就没人去问师父问题
了，寺里就没了香火。
那师父就瘦了，寺里就
有两个阿难师伯了。
噗，哈哈……
嗯，还怪吓人的！

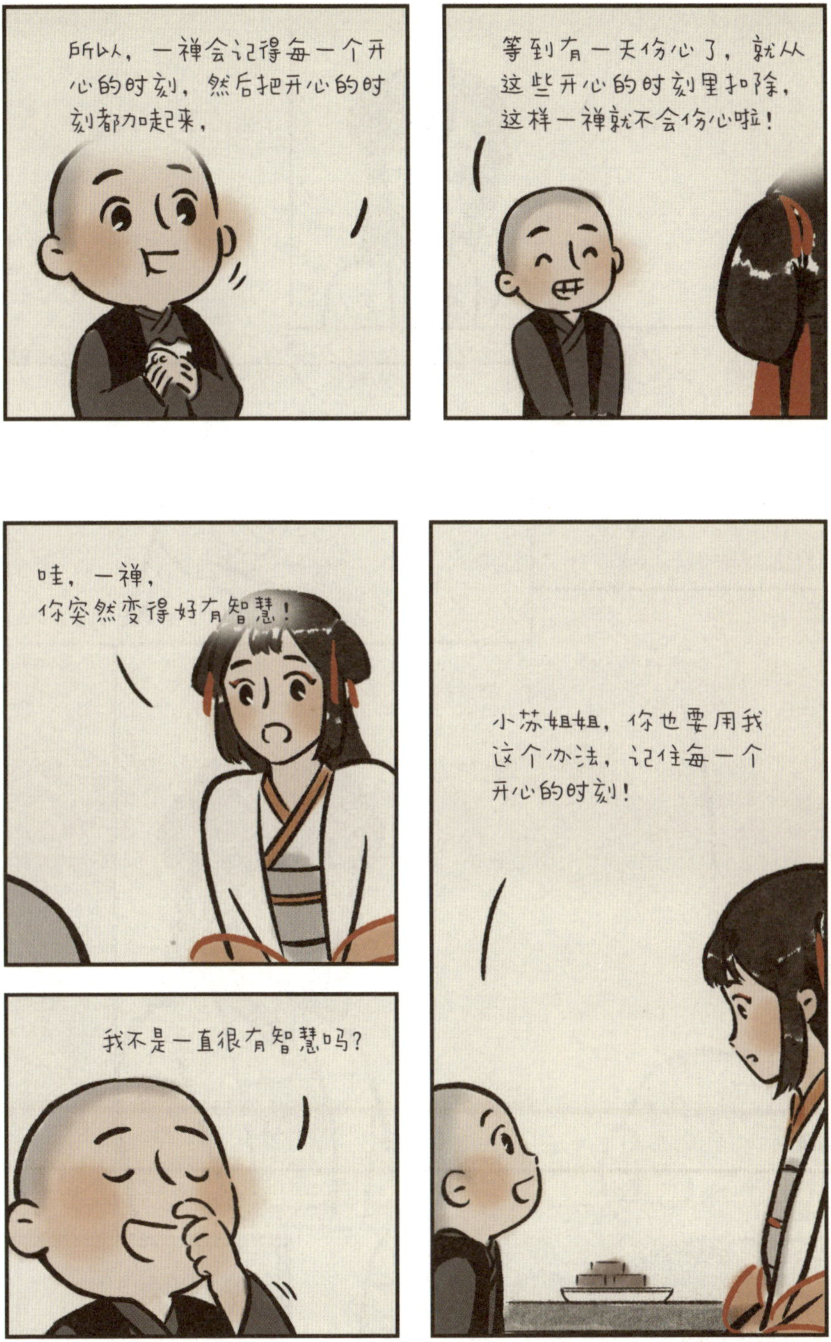
所以，一禅会记得每一个开心的时刻，然后把开心的时刻都加起来，
等到有一天伤心了，就从这些开心的时刻里扣除，这样一禅就不会伤心啦！
哇，一禅，
你突然变得好有智慧！
我不是一直很有智慧吗？
小苏姐姐，你也要用我这个办法，记住每一个开心的时刻！

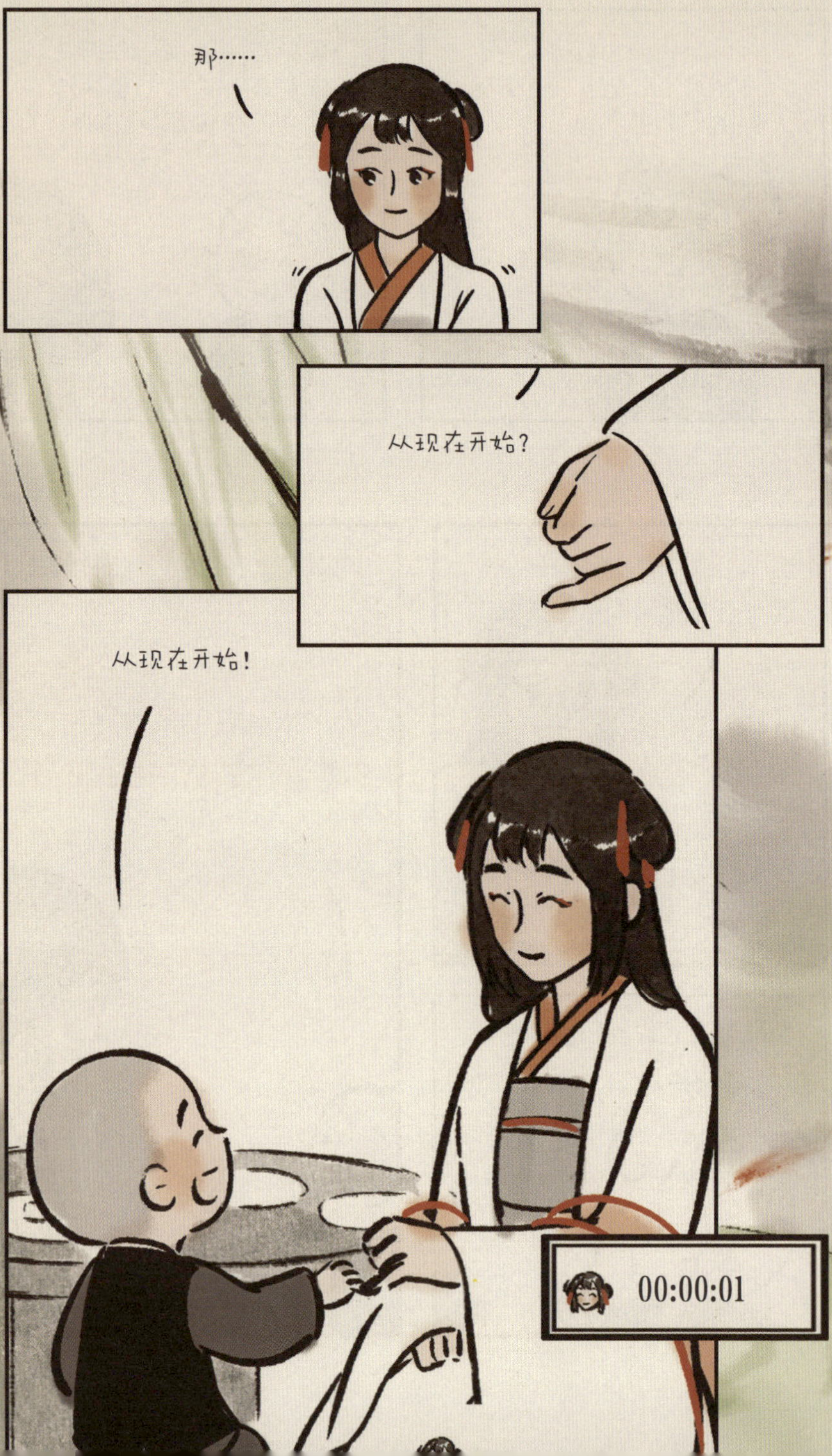
那……
从现在开始？
从现在开始！
00:00:01

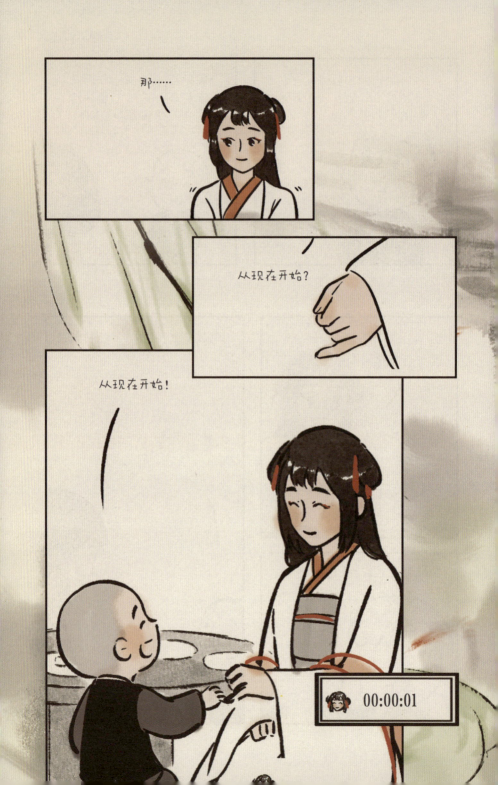

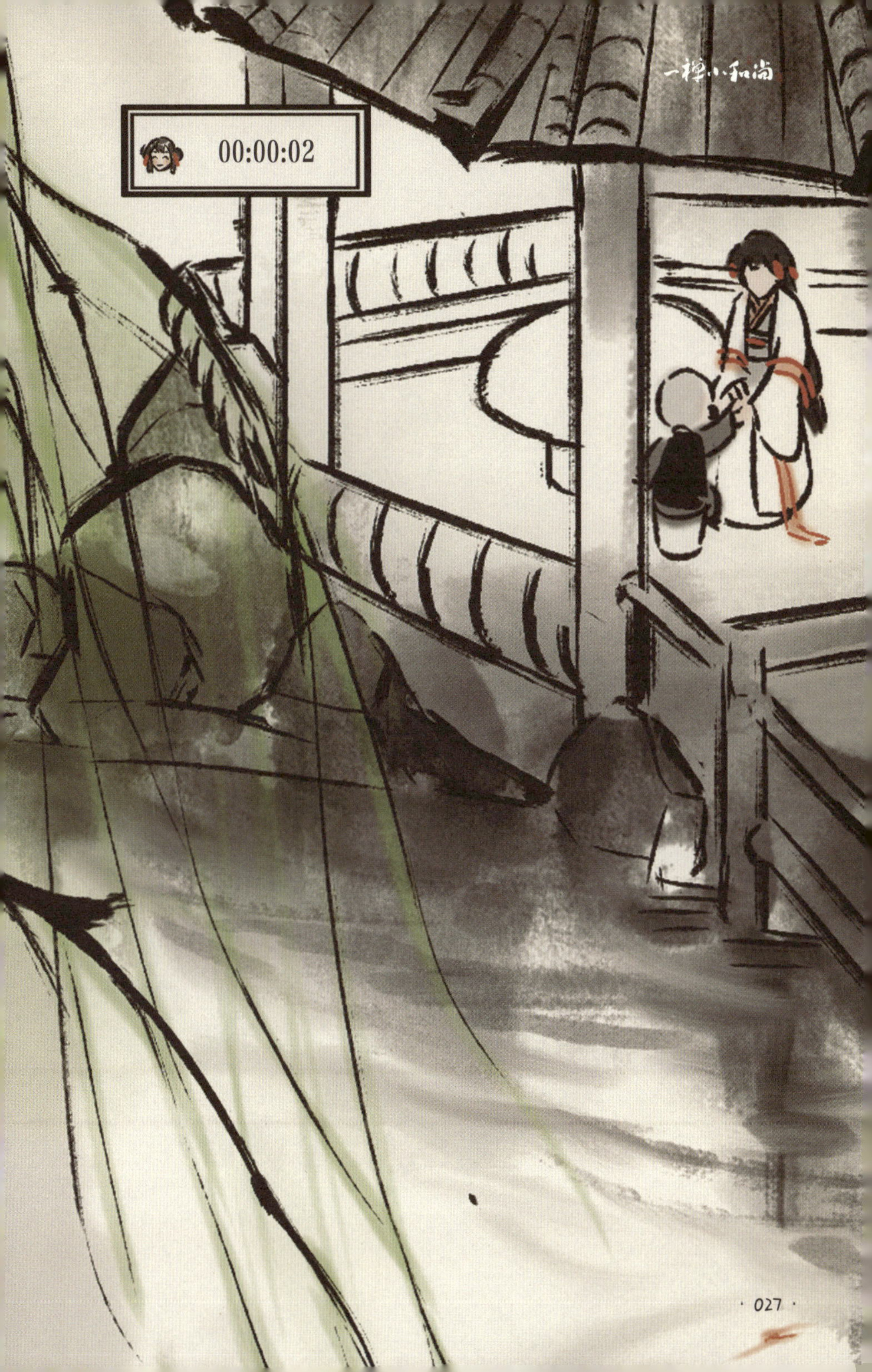
00:00:02

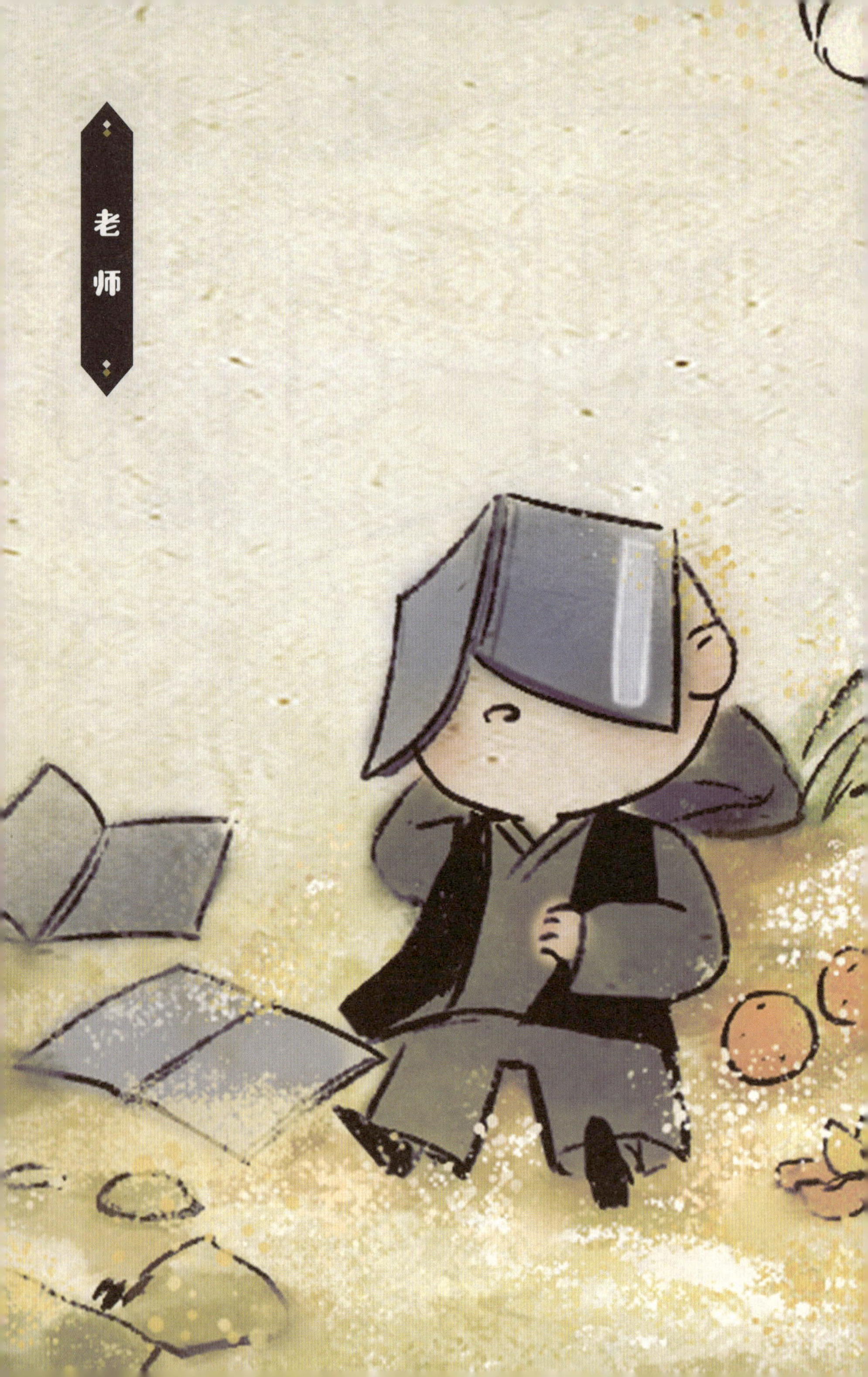
老师

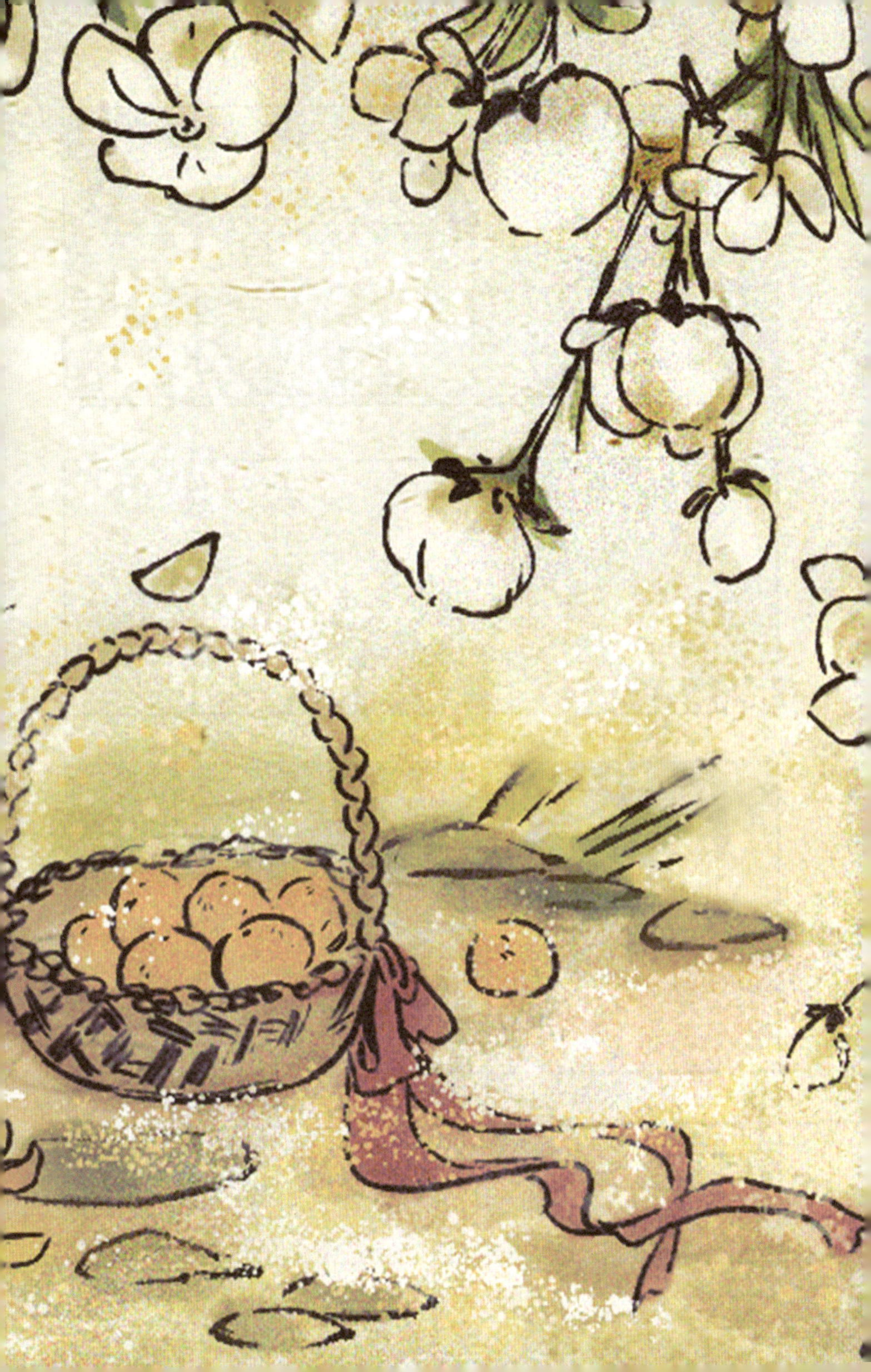

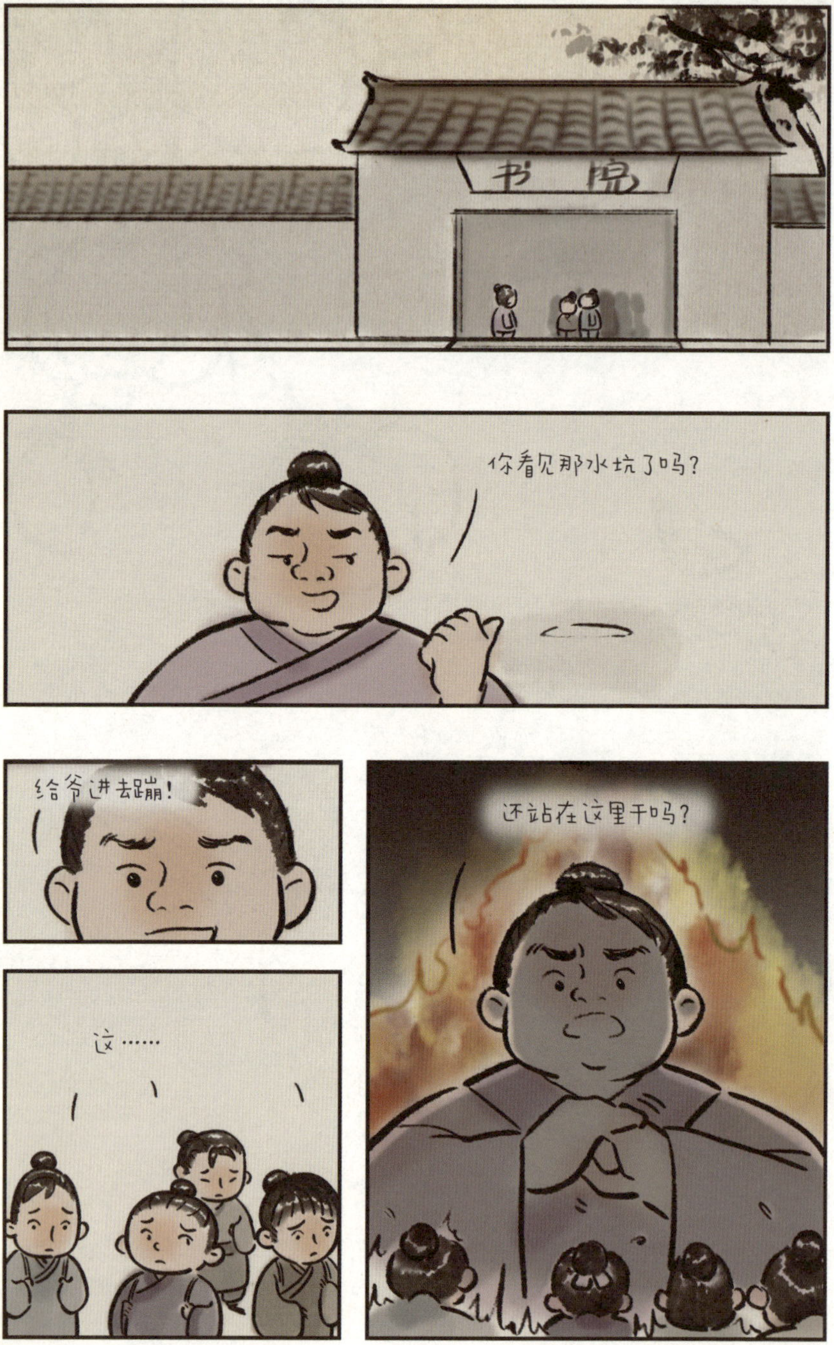
书院
你看见那水坑了吗？
给爷进去蹦！
还站在这里干吗？
这……

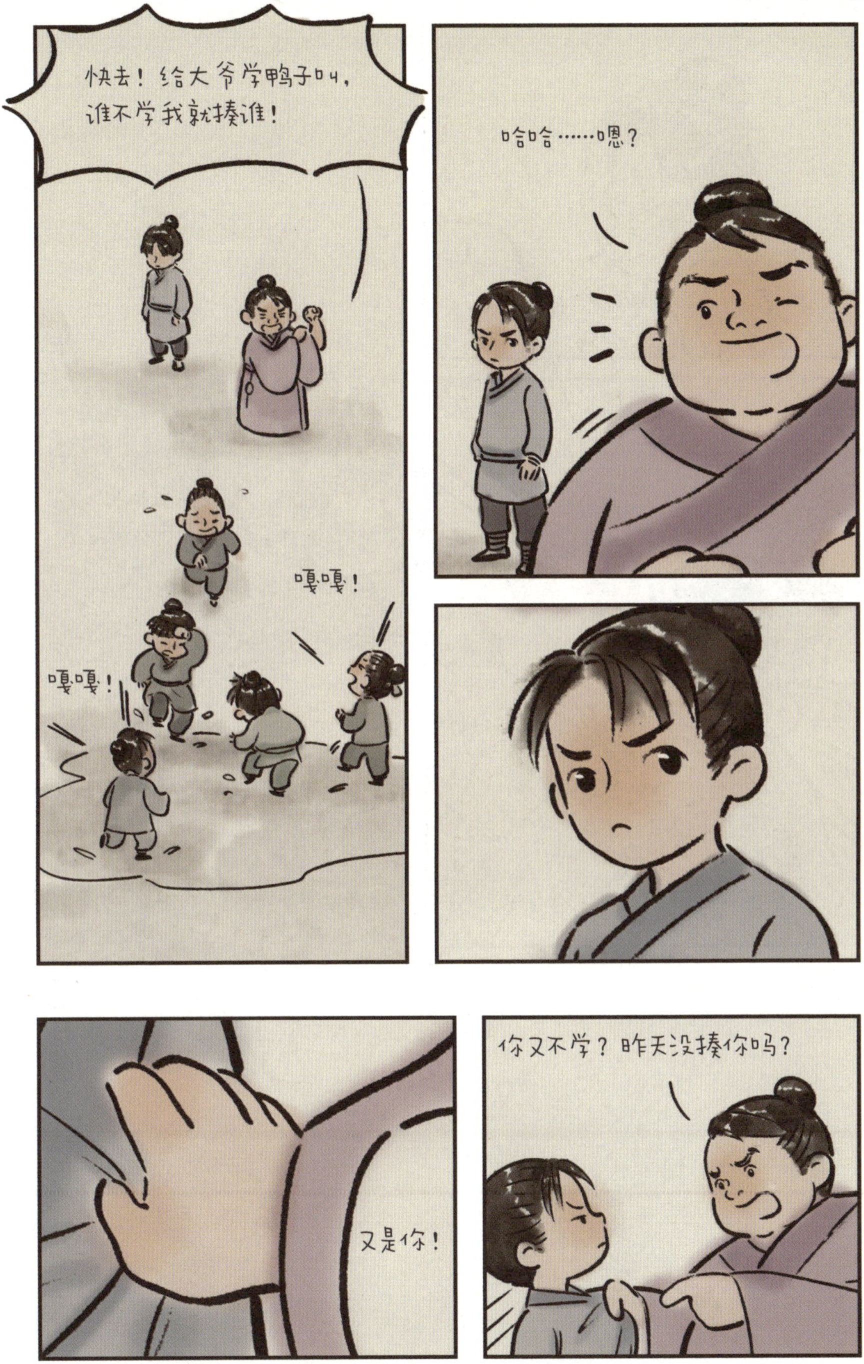
快去！给大爷学鸭子叫，
谁不学我就揍谁！
嘎嘎！
嘎嘎！
哈哈……嗯？
又是你！
你又不学？昨天没揍你吗？

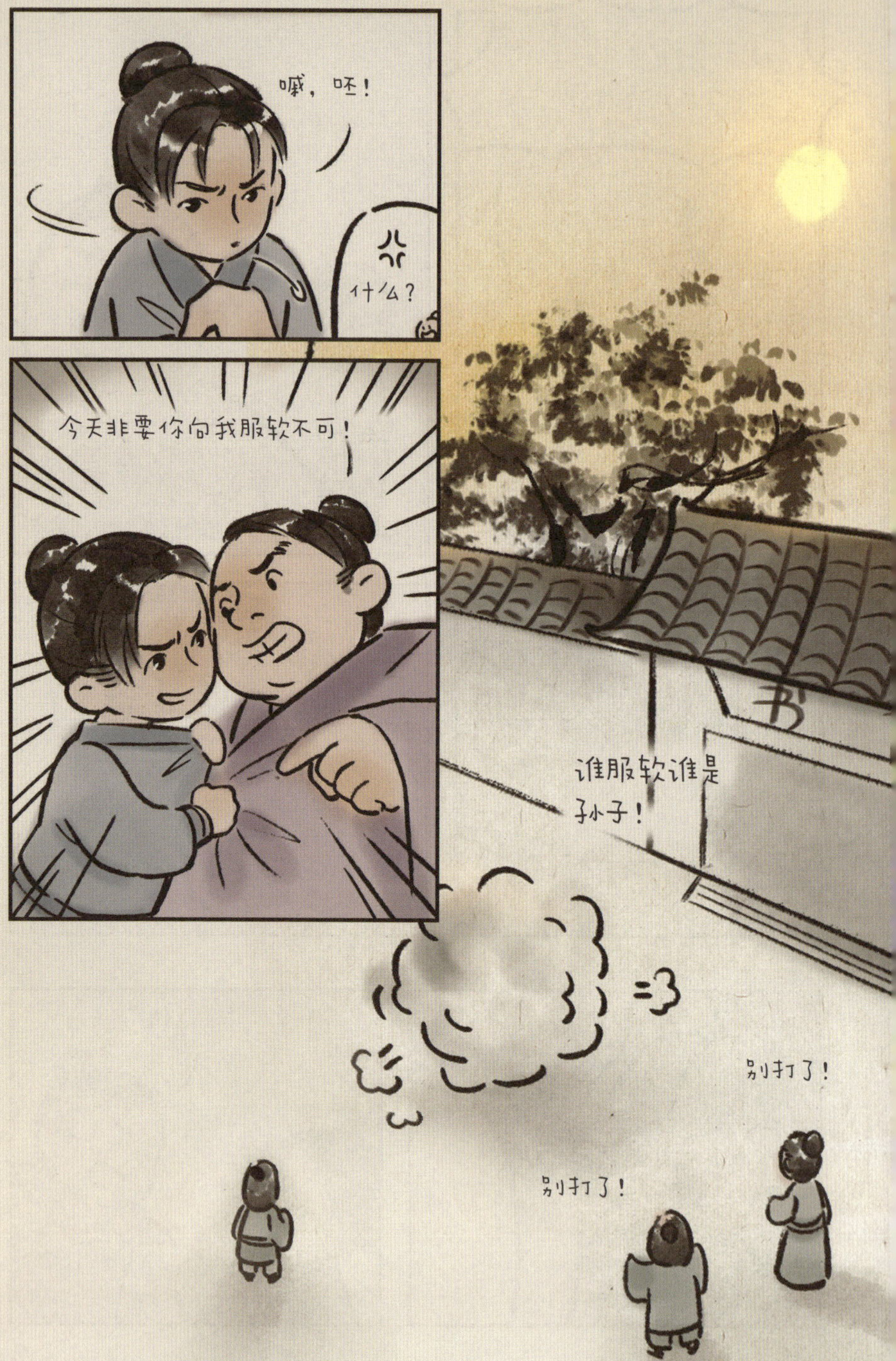
嘁，呸！
什么？
今天非要你向我服软不可！
谁服软谁是孙子！
别打了！
别打了！

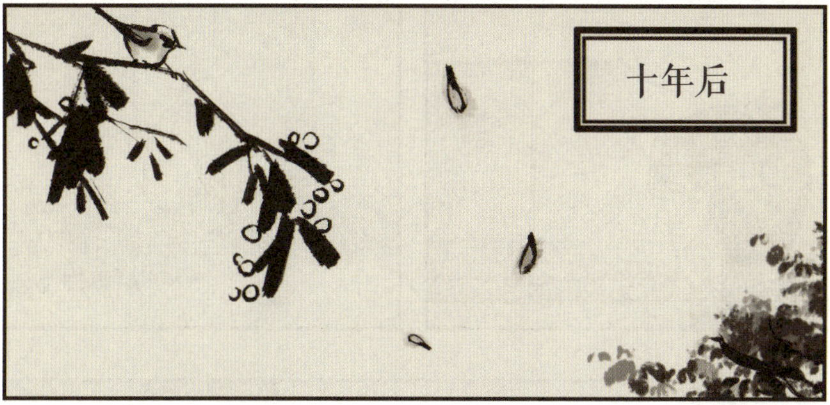
十年后

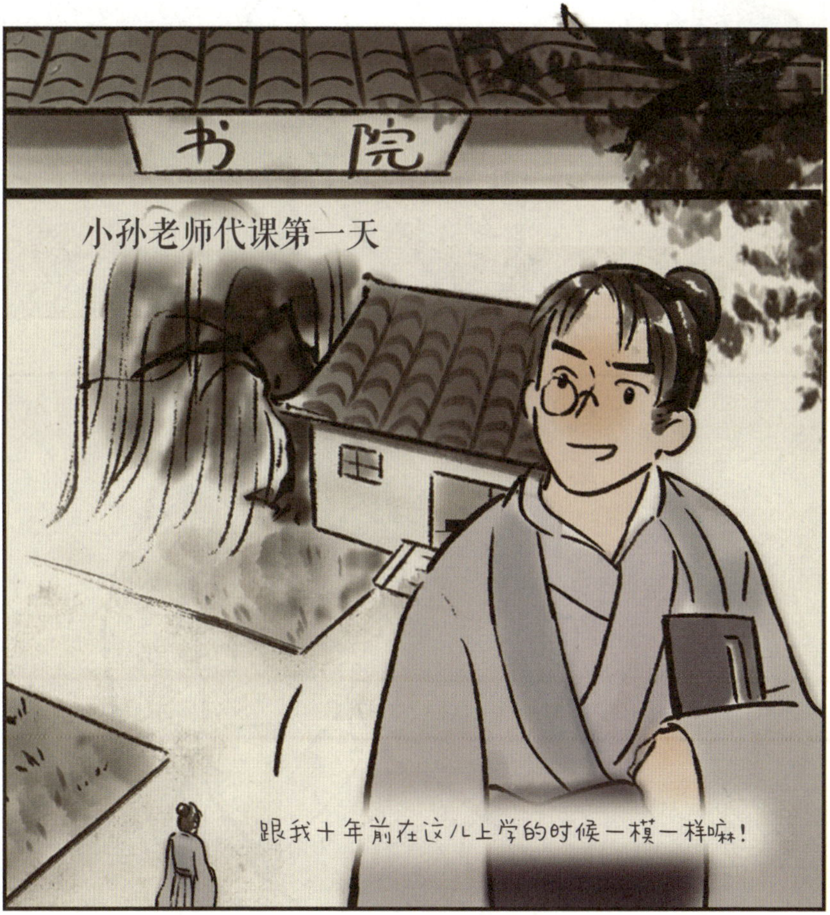
书院
小孙老师代课第一天
跟我十年前在这儿上学的时候一模一样嘛！

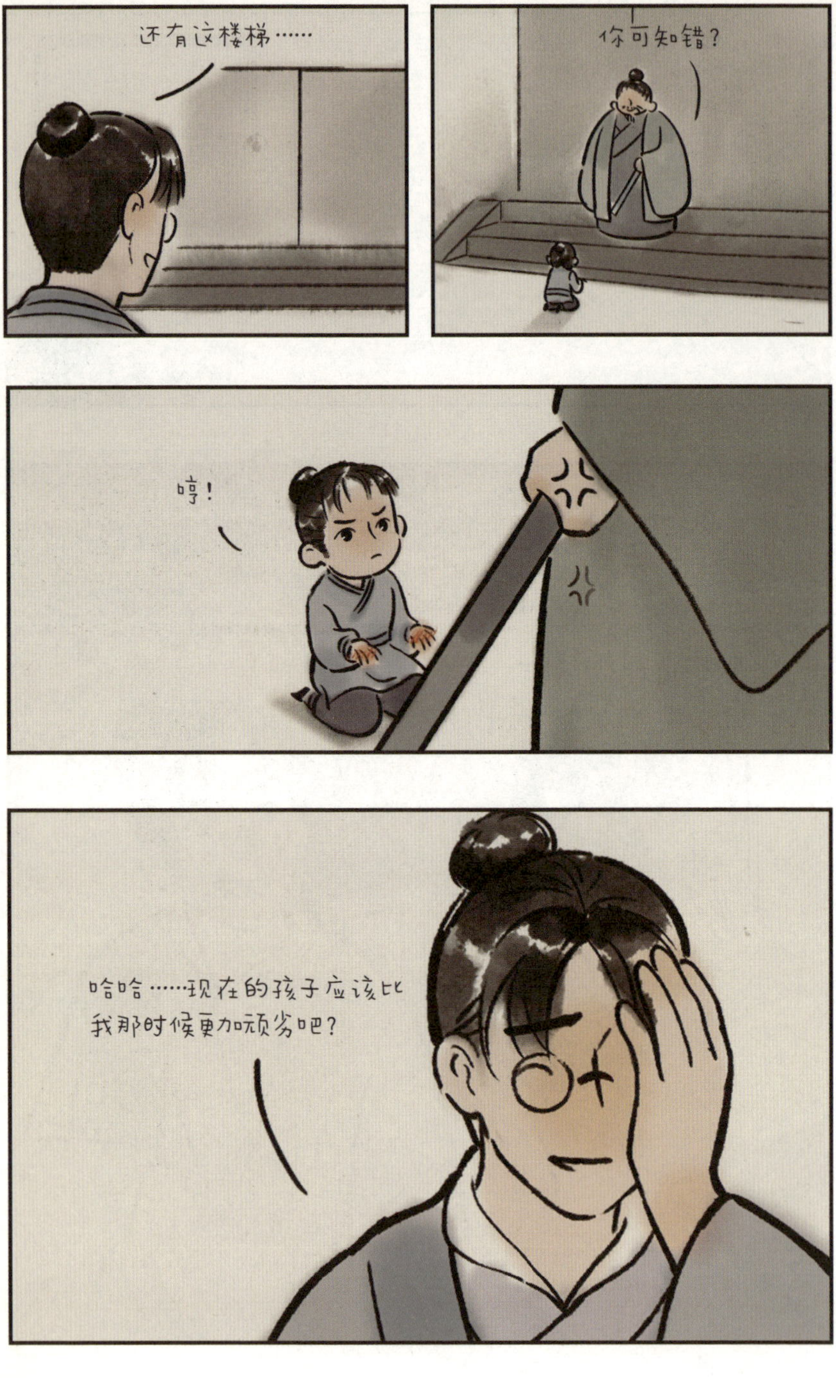
还有这楼梯……
你可知错？
哼！
哈哈……现在的孩子应该比我那时候更加顽劣吧？

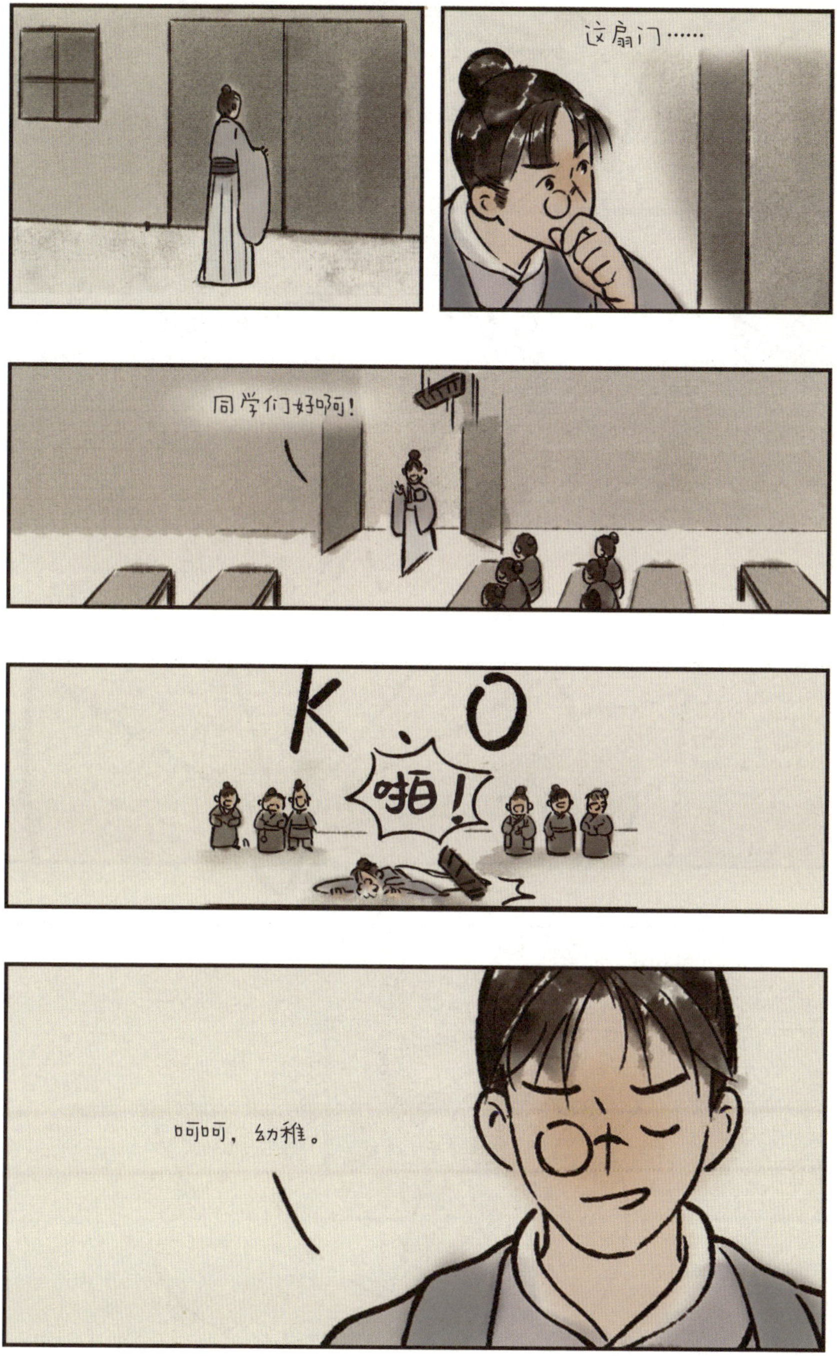

这扇门……
同学们好啊！
K.O
啪！
呵呵，幼稚。

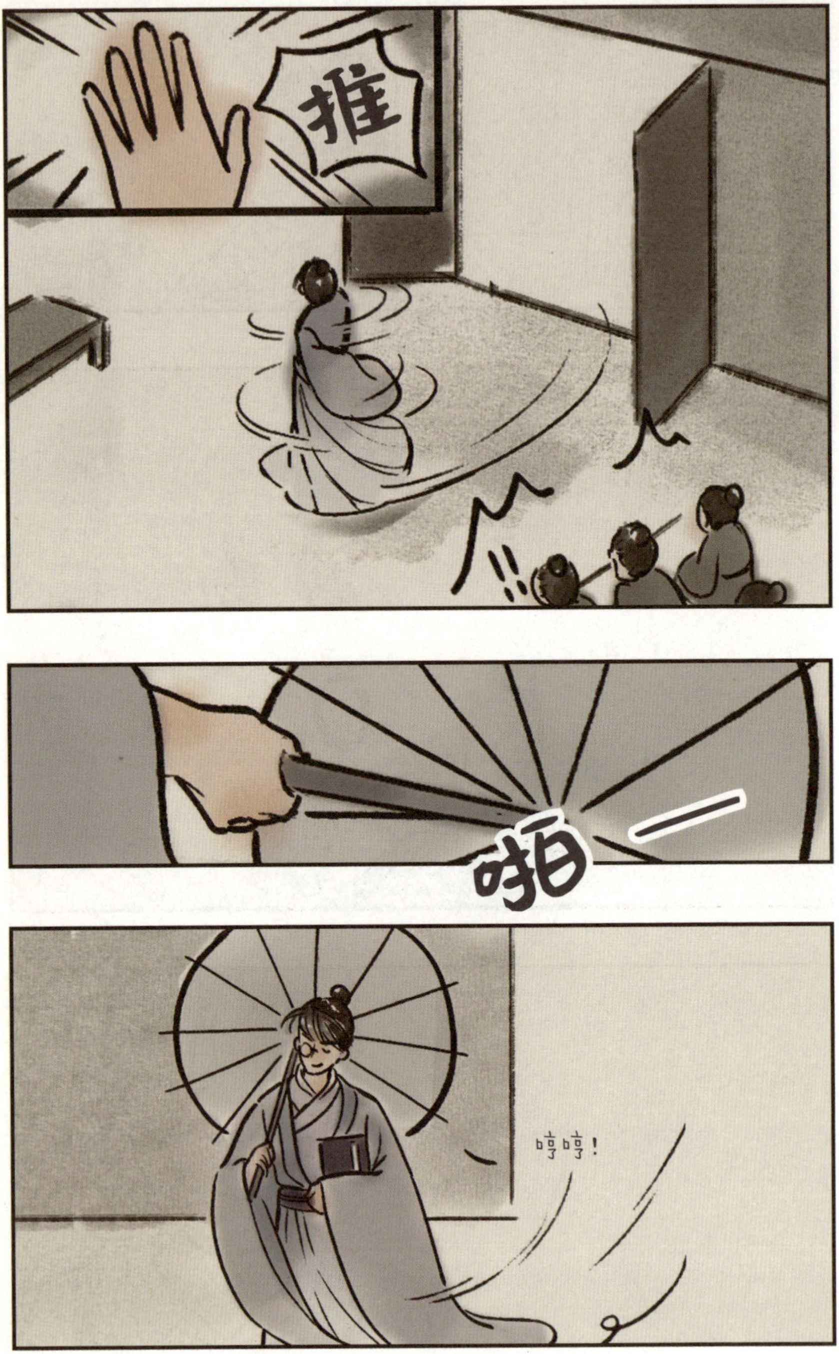
推
啪——
哼哼！

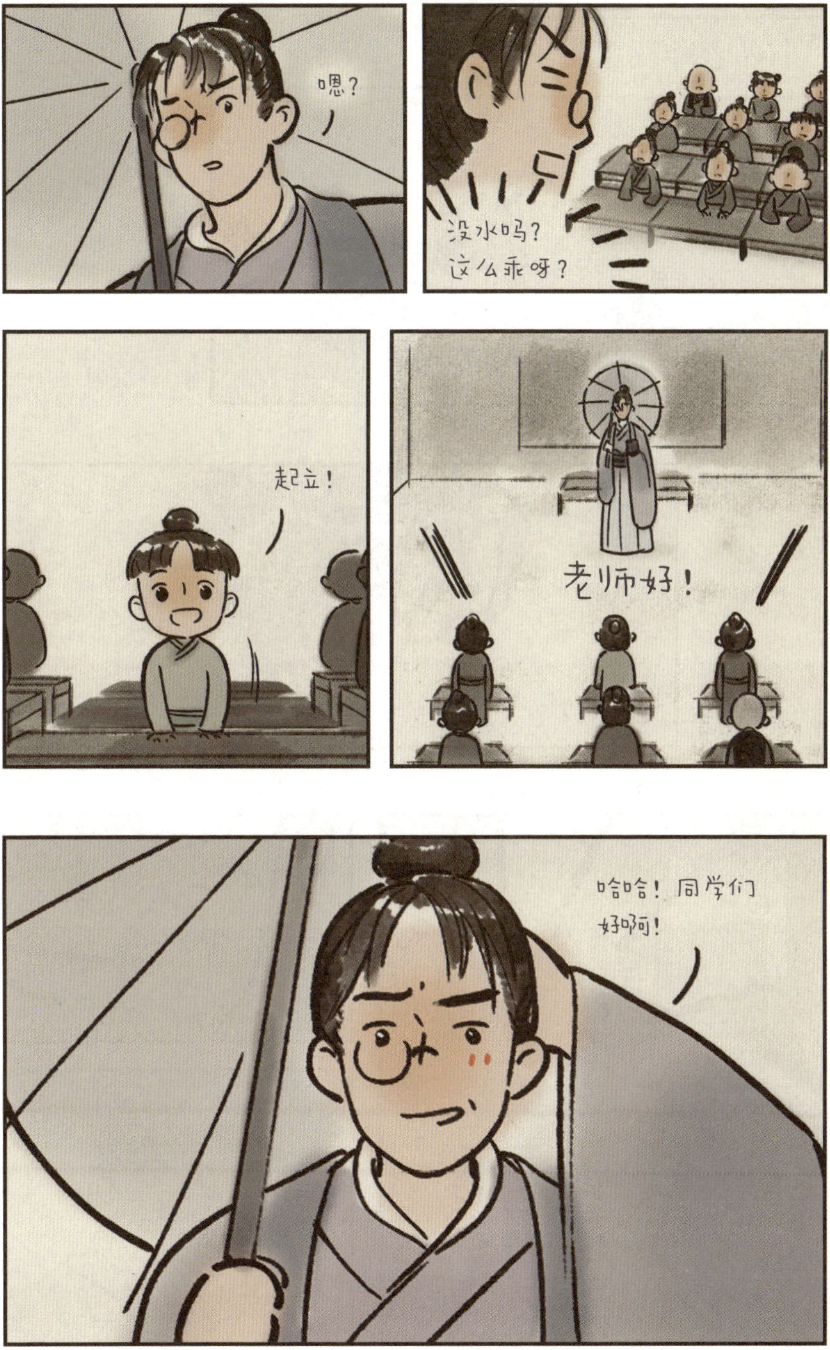
嗯?
没水吗?
这么乖呀?
起立!
老师好!
哈哈!同学们好啊!

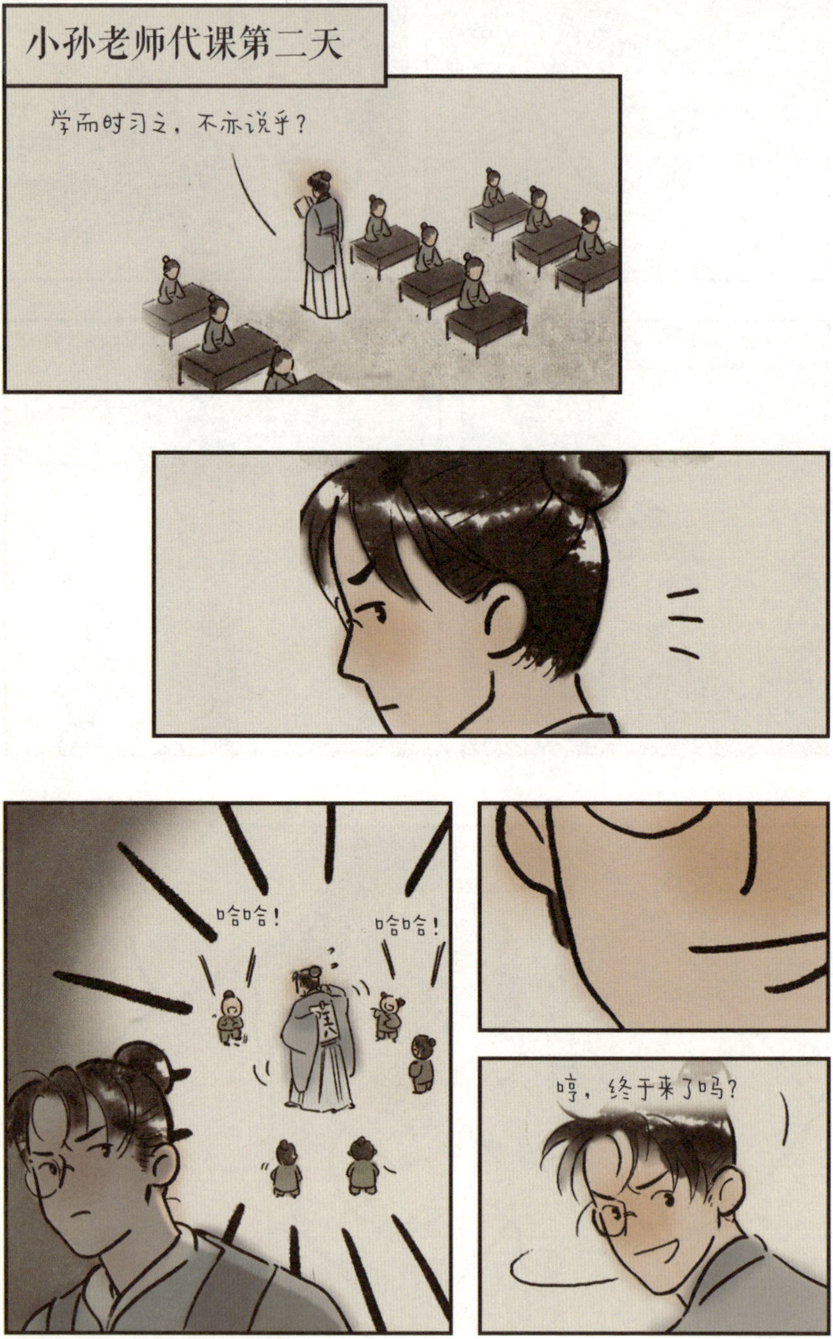
小孙老师代课第二天
学而时习之，不亦说乎？
哈哈！
哈哈！
哼，终于来了吗？

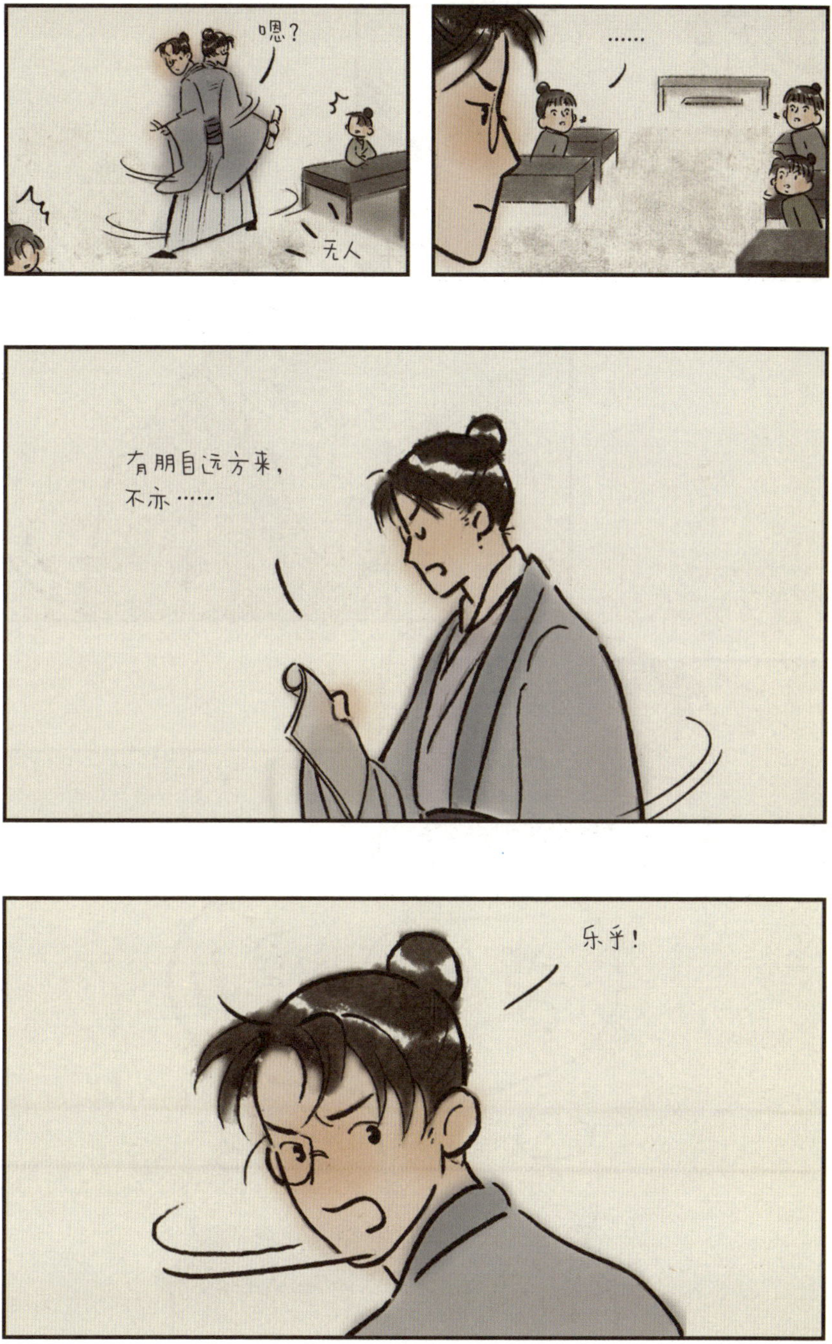
嗯？
无人
……
有朋自远方来，
不亦……
乐乎！

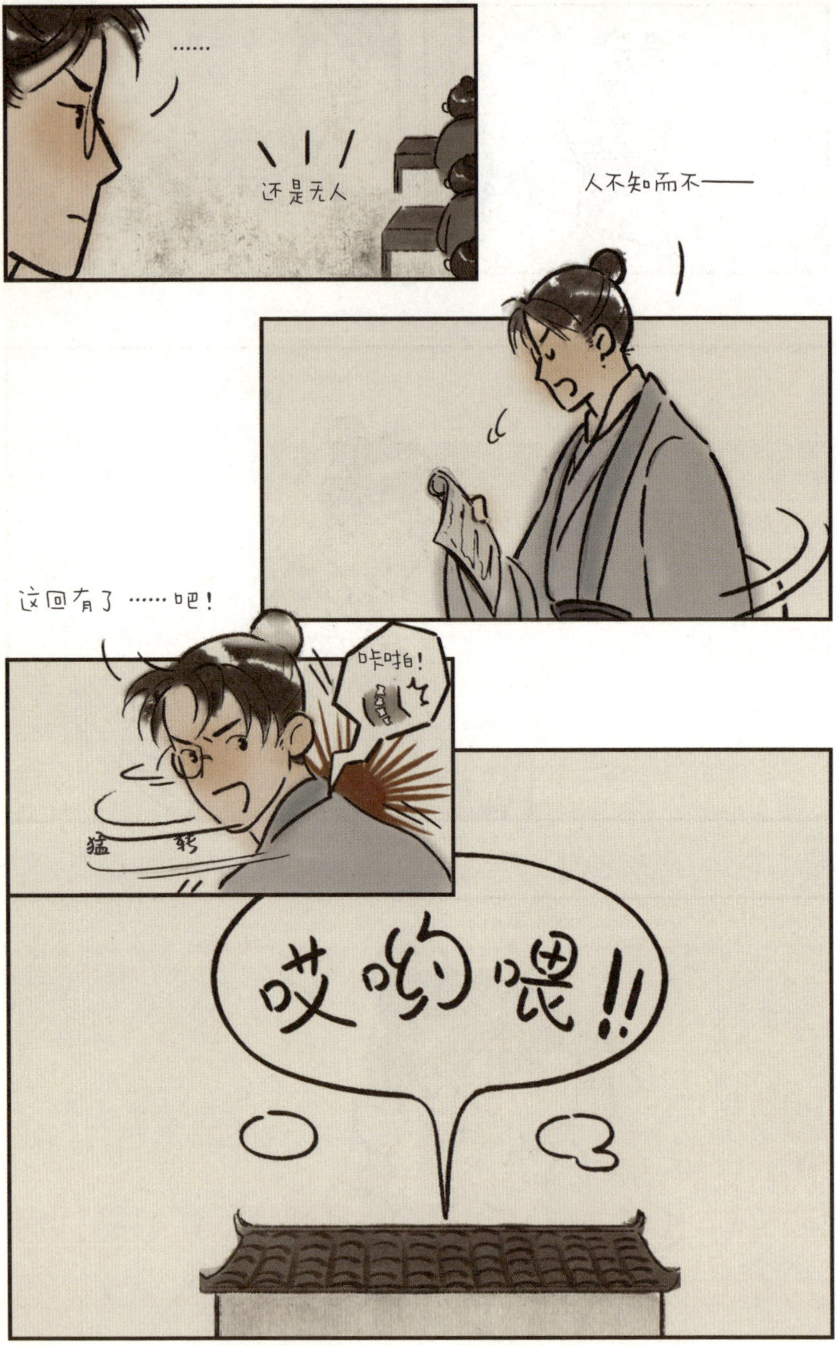
……
还是无人
人不知而不——
这回有了……吧！
咔啪！
猛 转
哎哟喂!!

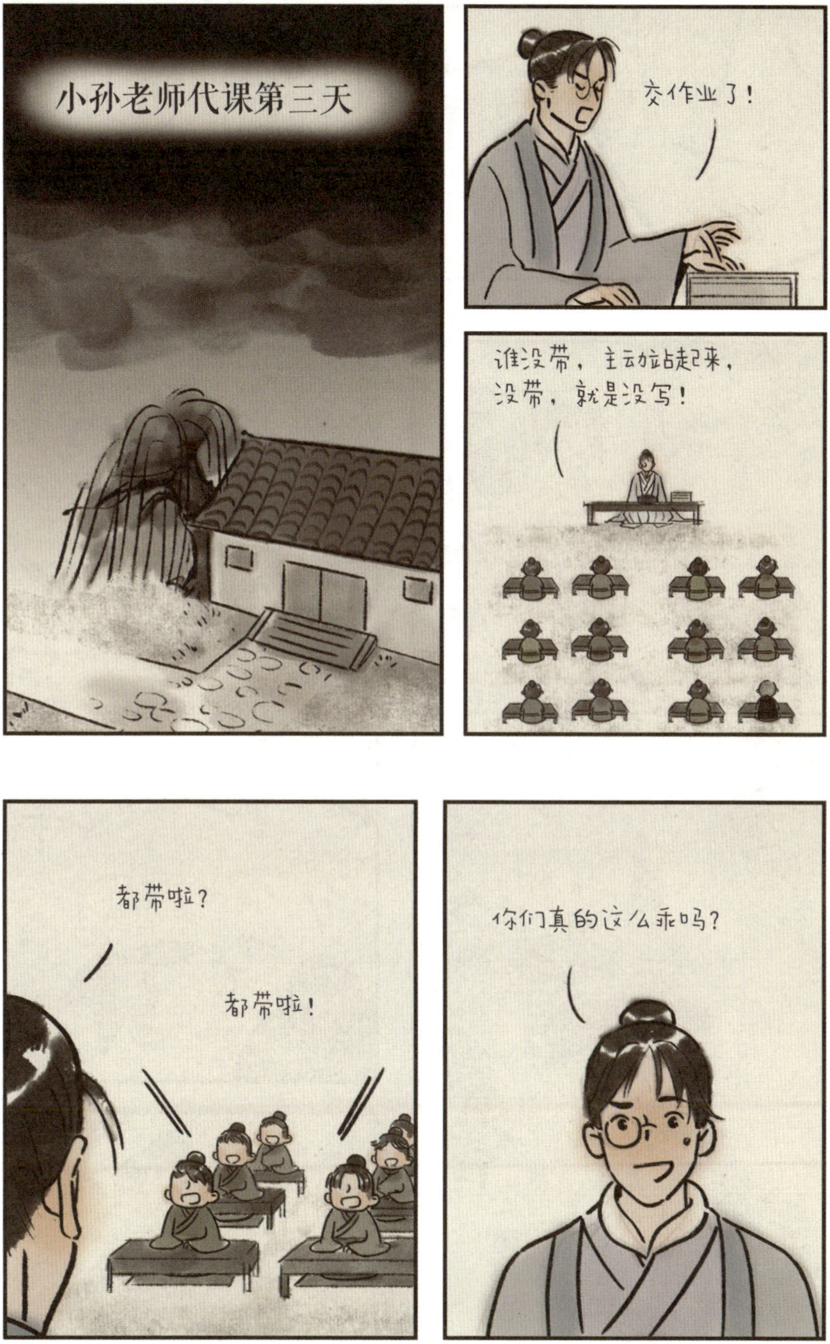
小孙老师代课第三天
交作业了！
谁没带，主动站起来，
没带，就是没写！
都带啦？
都带啦！
你们真的这么乖吗？

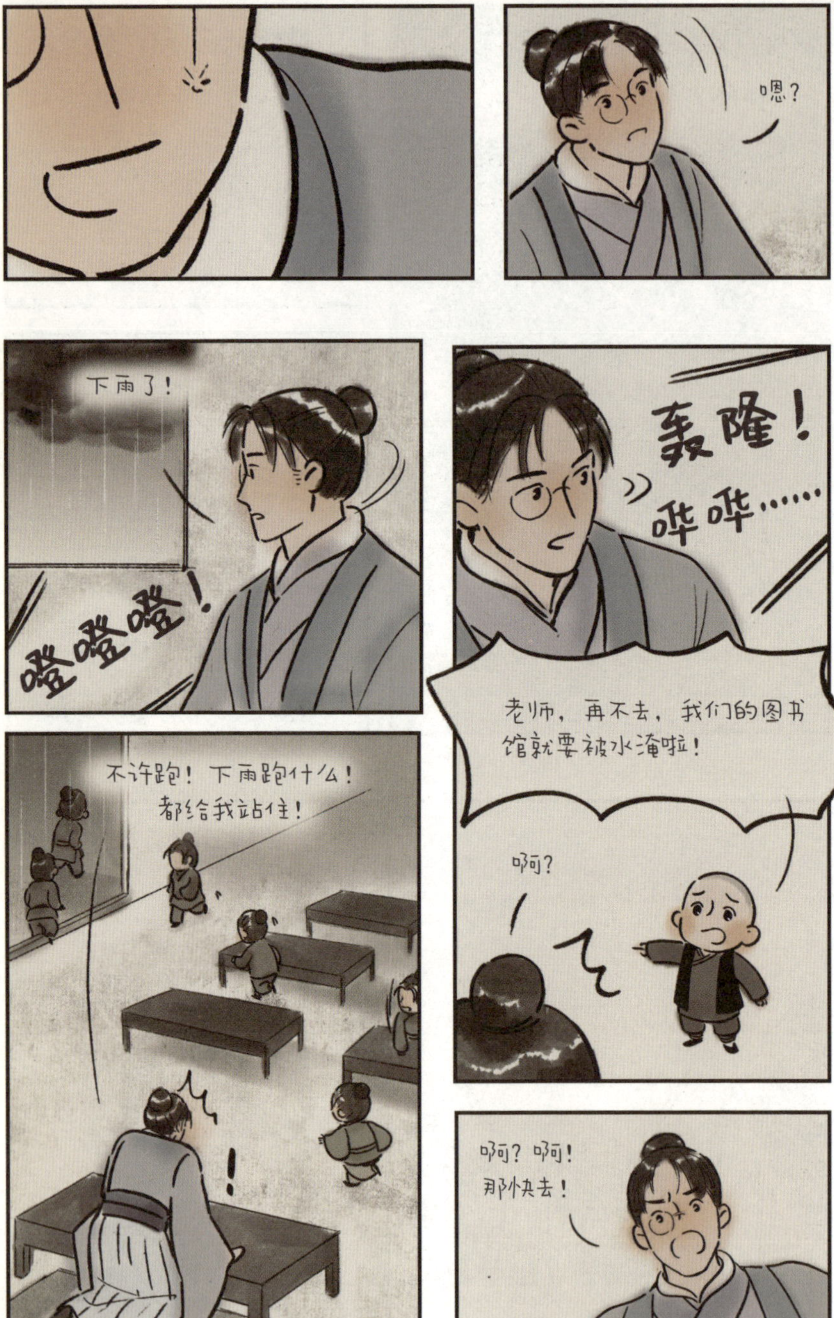
嗯？
下雨了！
噔噔噔！
轰隆！
哗哗……
老师，再不去，我们的图书馆就要被水淹啦！
不许跑！下雨跑什么！都给我站住！
啊？
啊？啊！那快去！

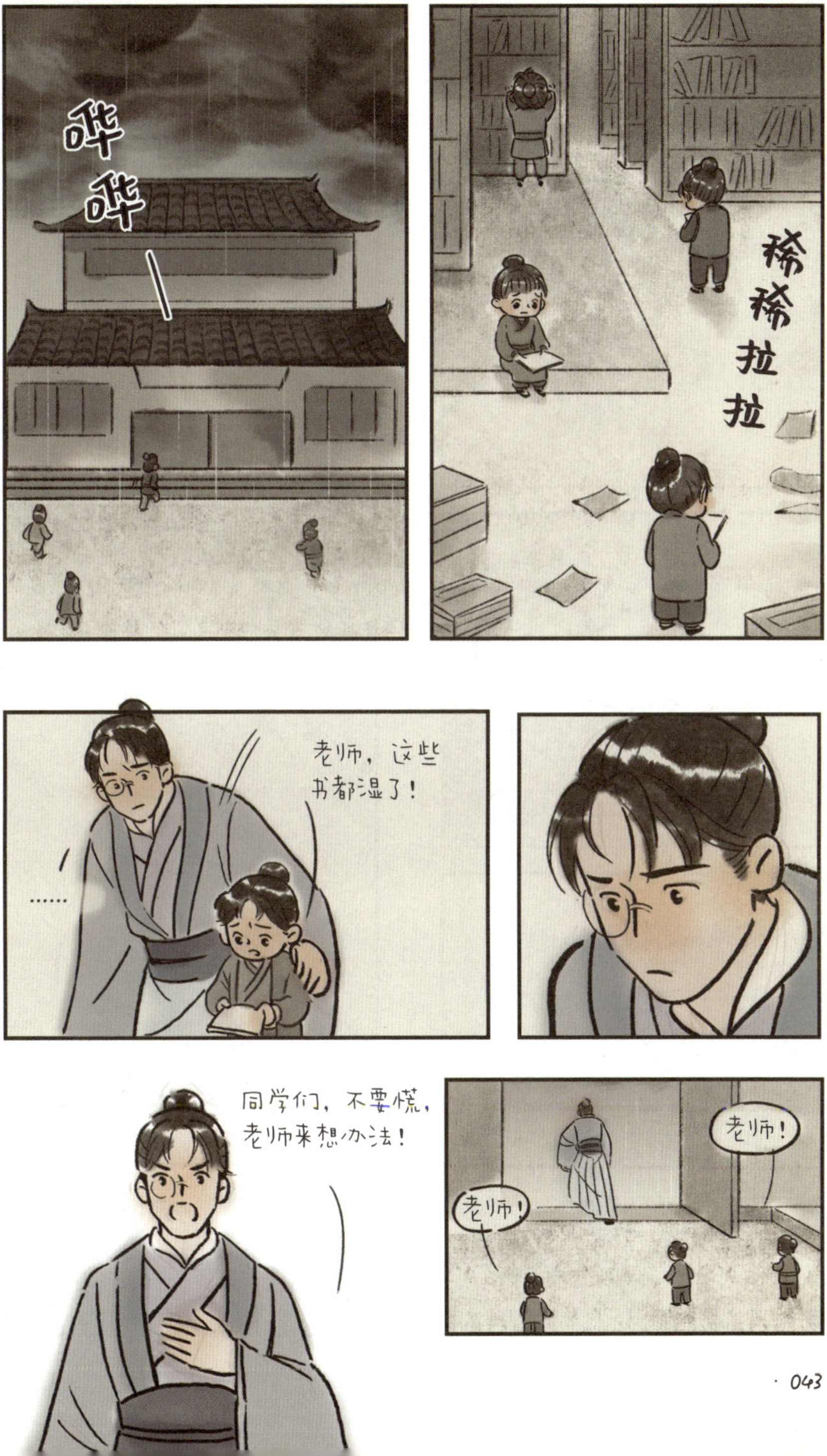
哗哗——
稀稀拉拉
老师，这些书都湿了！
……
同学们，不要慌，老师来想办法！
老师！
老师！

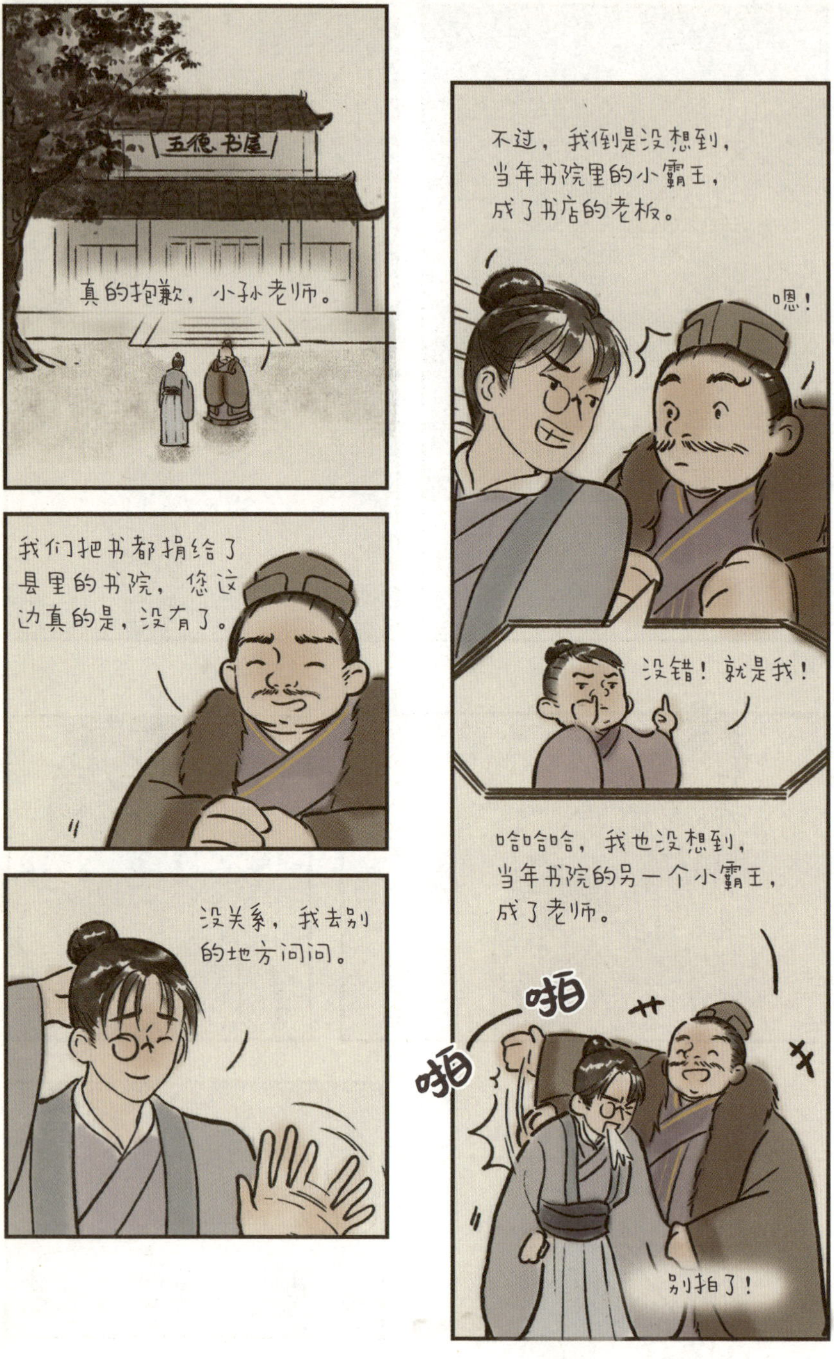
五德书屋
真的抱歉，小孙老师。
我们把书都捐给了
县里的书院，您这
边真的是，没有了。
没关系，我去别
的地方问问。
不过，我倒是没想到，
当年书院里的小霸王，
成了书店的老板。
嗯！
没错！就是我！
哈哈哈，我也没想到，
当年书院的另一个小霸王，
成了老师。
别拍了！

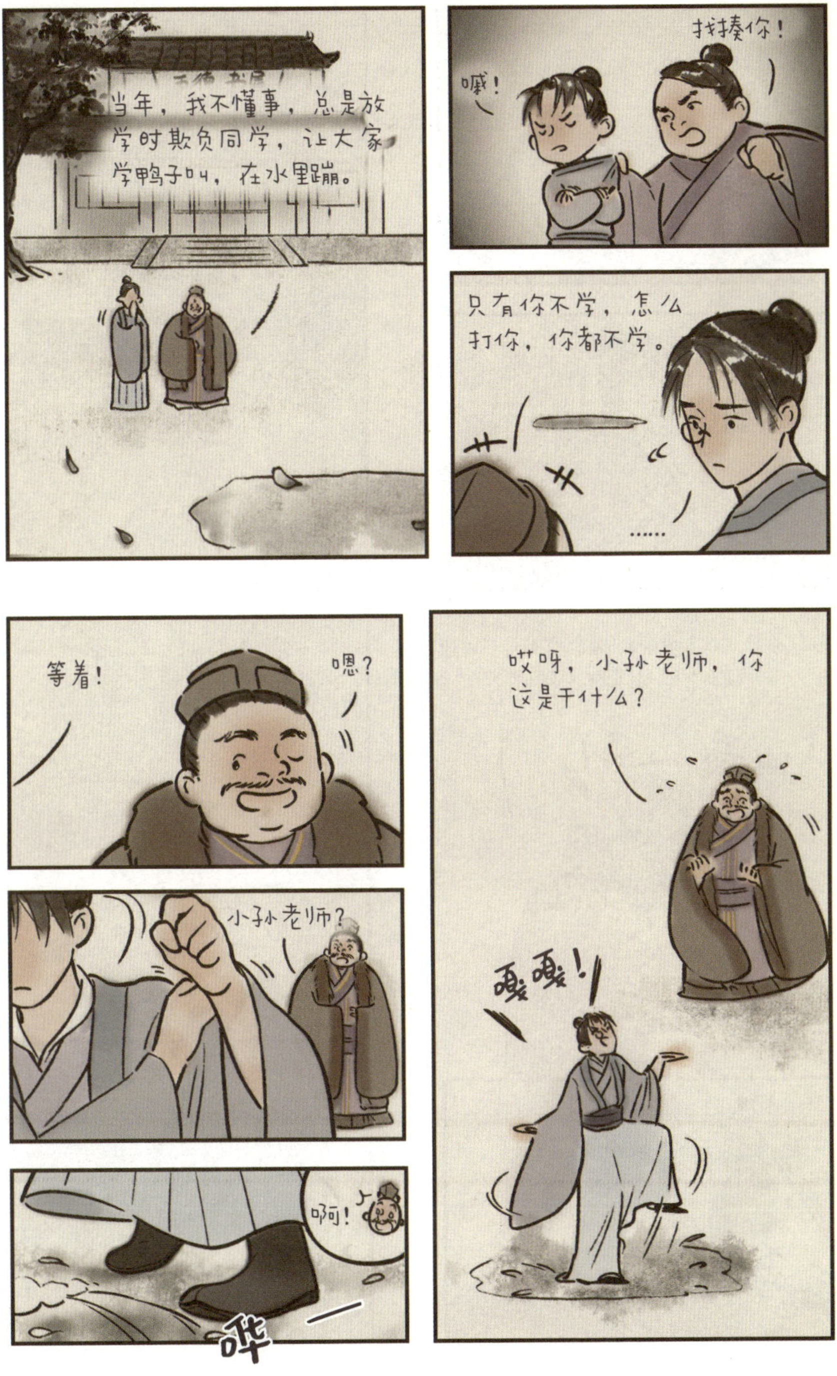
当年，我不懂事，总是放学时欺负同学，让大家学鸭子叫，在水里蹦。
嘁！
找揍你！
只有你不学，怎么打你，你都不学。
……
等着！
嗯？
小孙老师？
啊！
哗——
哎呀，小孙老师，你这是干什么？
嘎嘎！

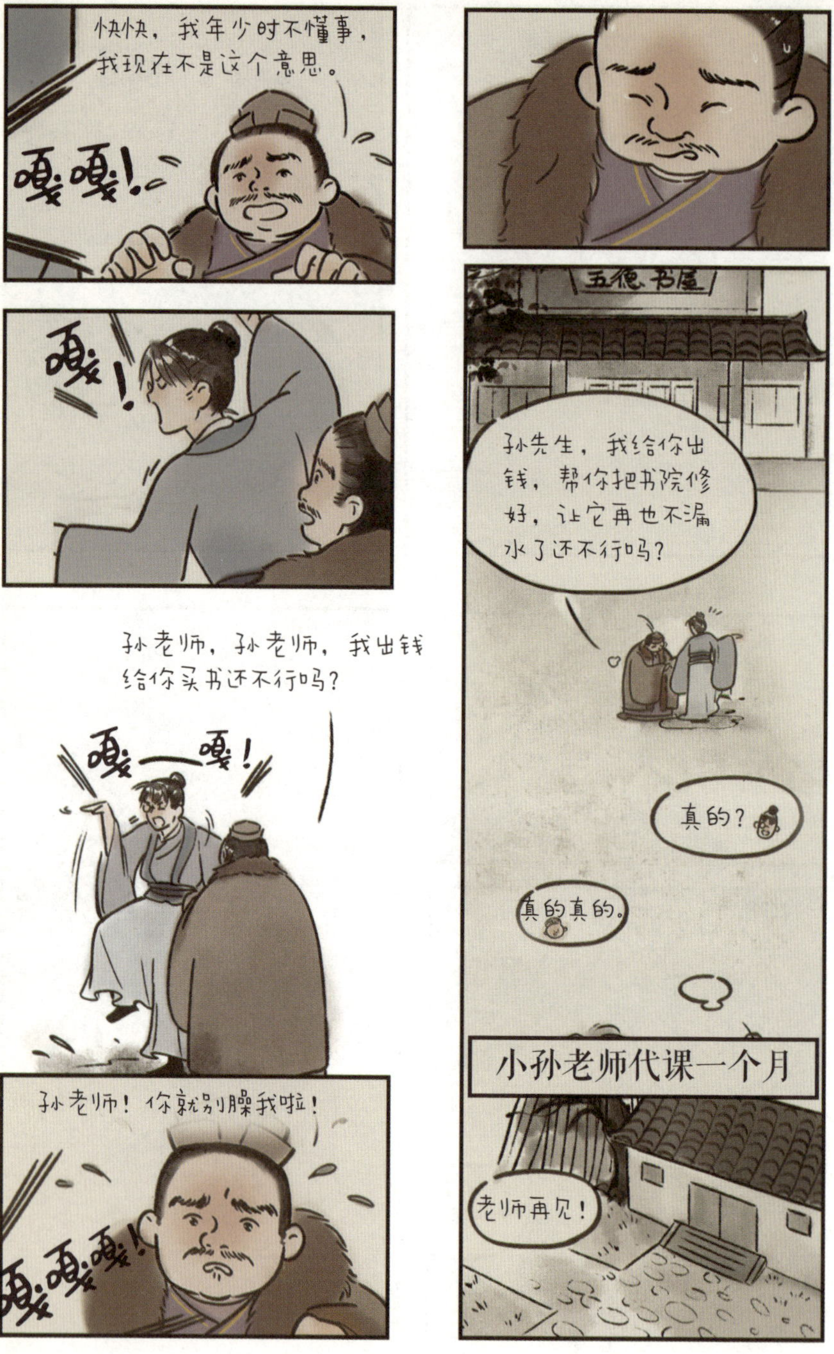
快快，我年少时不懂事，我现在不是这个意思。
嘎嘎！
嘎！
孙老师，孙老师，我出钱给你买书还不行吗？
嘎——嘎！
孙老师！你就别臊我啦！
嘎嘎嘎！
五德书屋
孙先生，我给你出钱，帮你把书院修好，让它再也不漏水了还不行吗？
真的？
真的真的。
小孙老师代课一个月
老师再见！

同学们再见！
开
哼哼。
嘻嘻。
老师，我们爱你

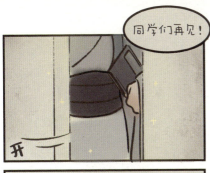

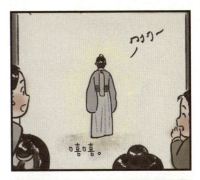

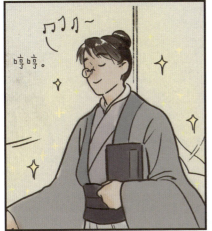

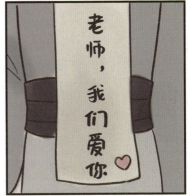

动人以言者，其感不深。

动人以行者，其应必速。

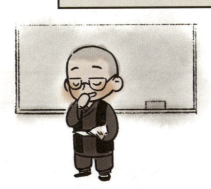

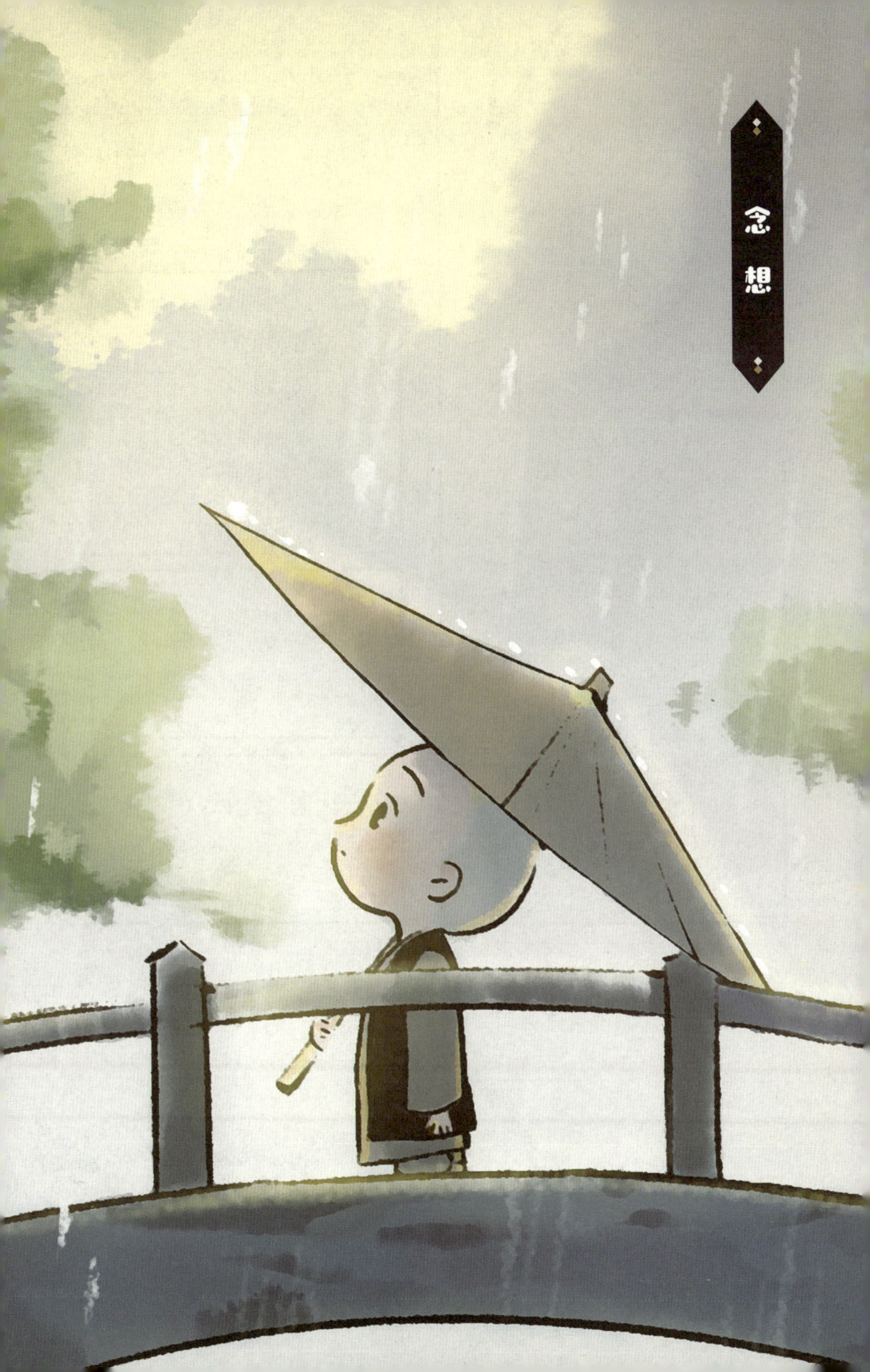
念想

没了，没了……
全没了……
淅淅沥沥……
突然好大的雨，
走快点儿！

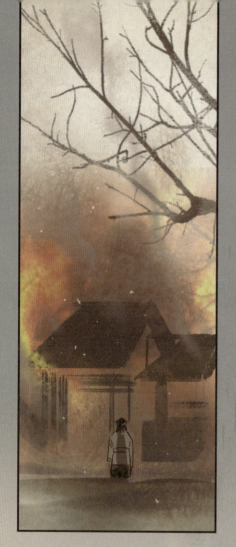

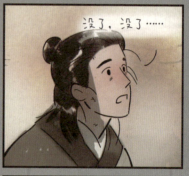

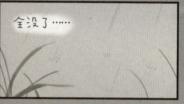

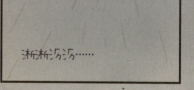

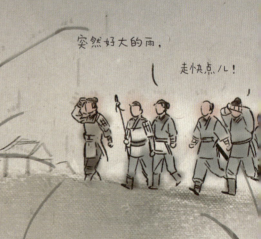

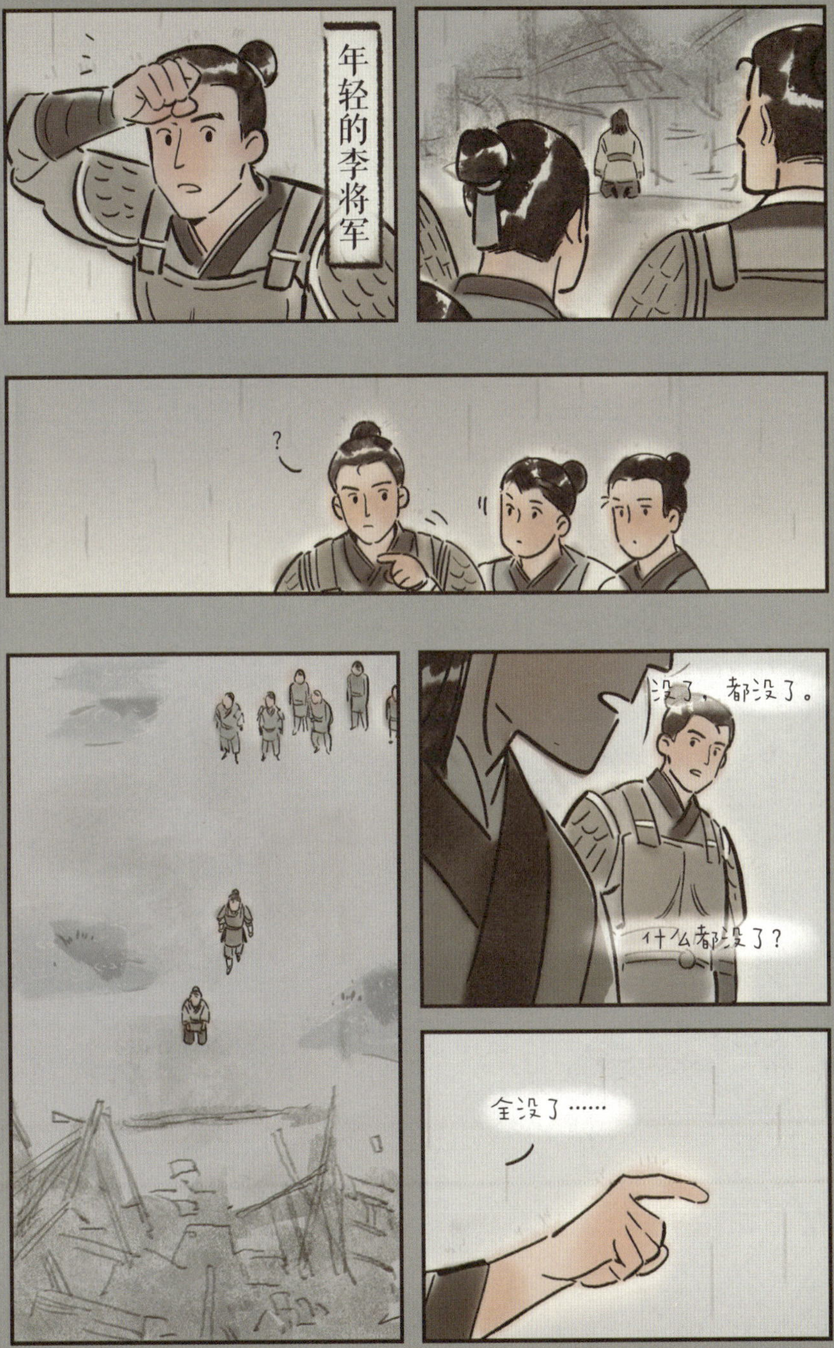
年轻的李将军
?
没了，都没了。
什么都没了？
全没了……

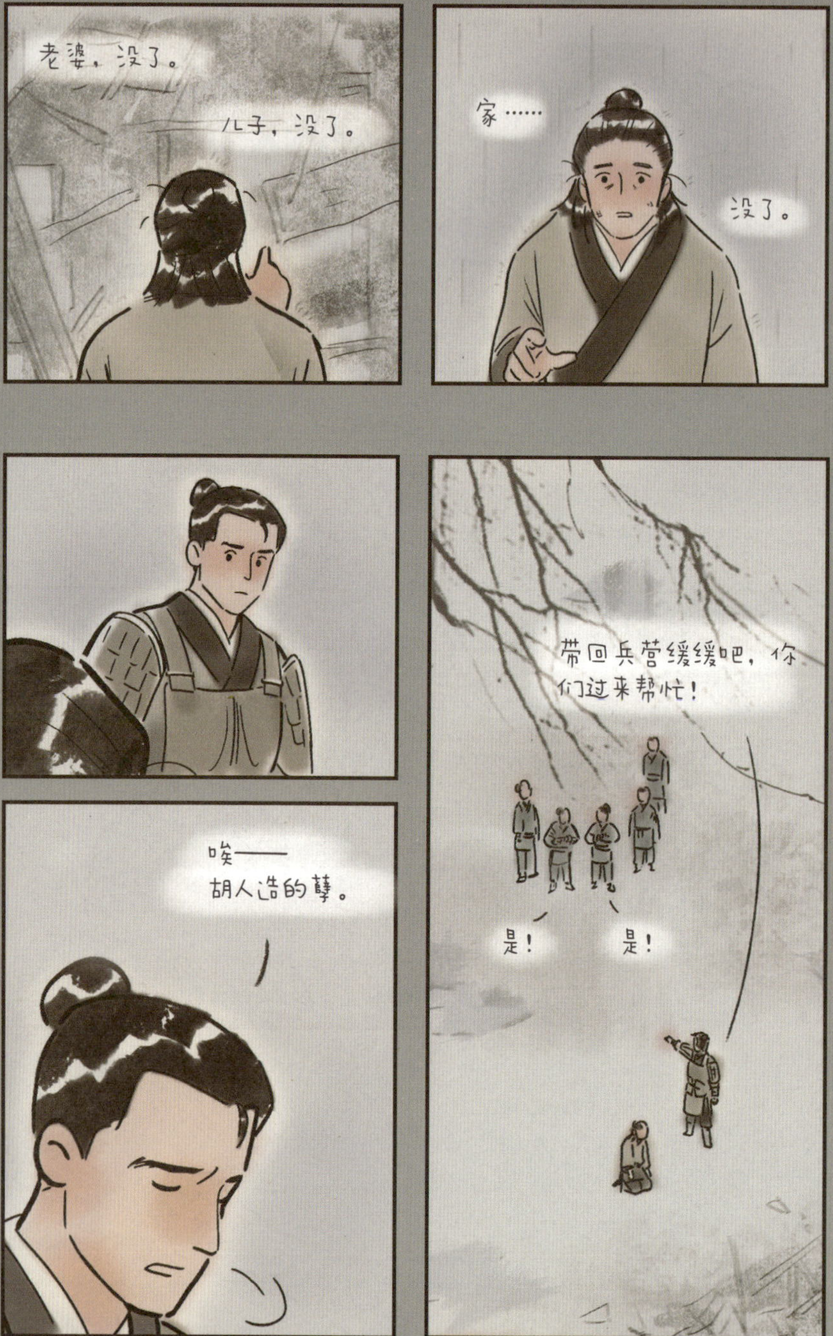
老婆，没了。
儿子，没了。
家……
没了。
唉——
胡人造的孽。
带回兵营缓缓吧，你们过来帮忙！
是！
是！

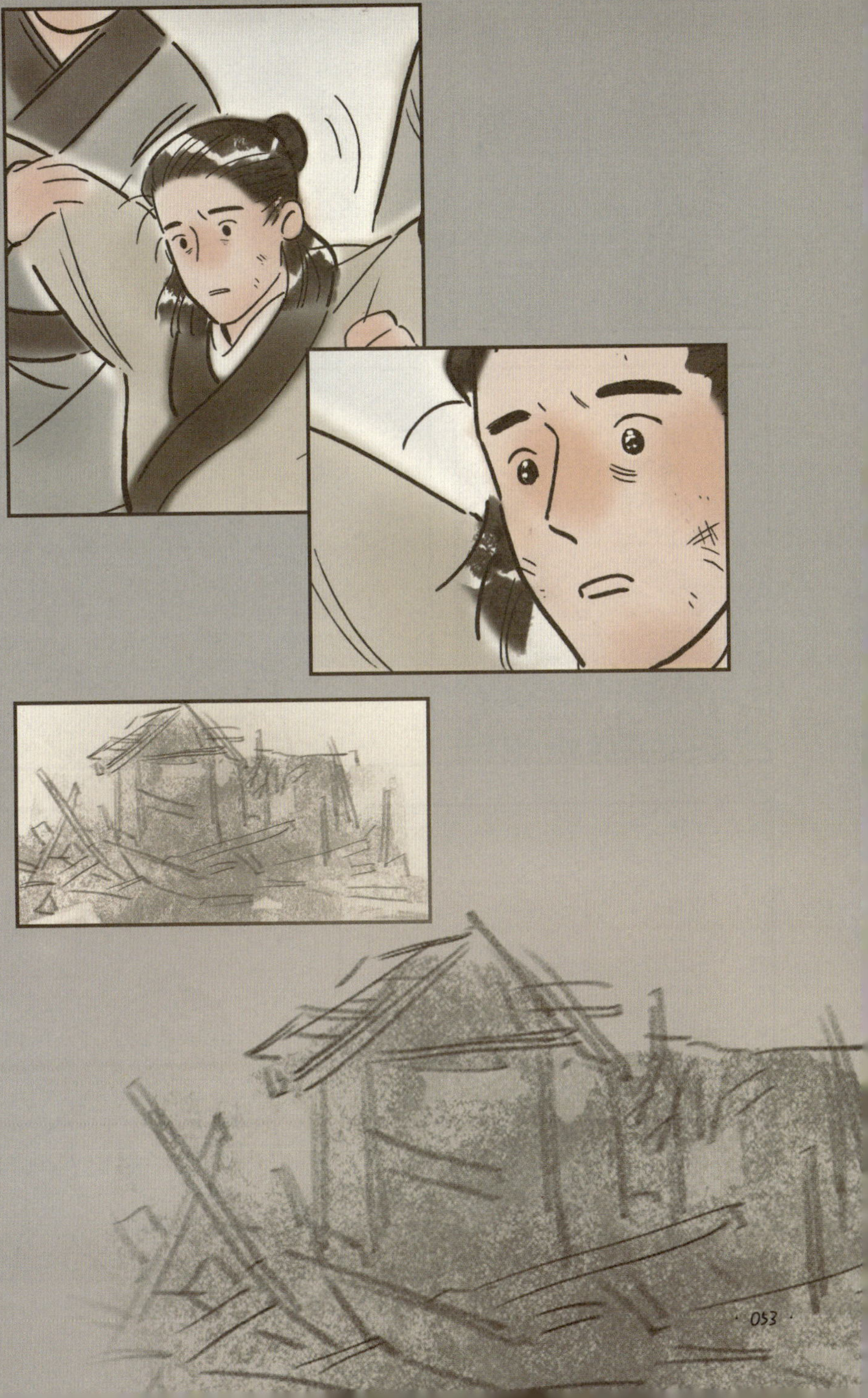

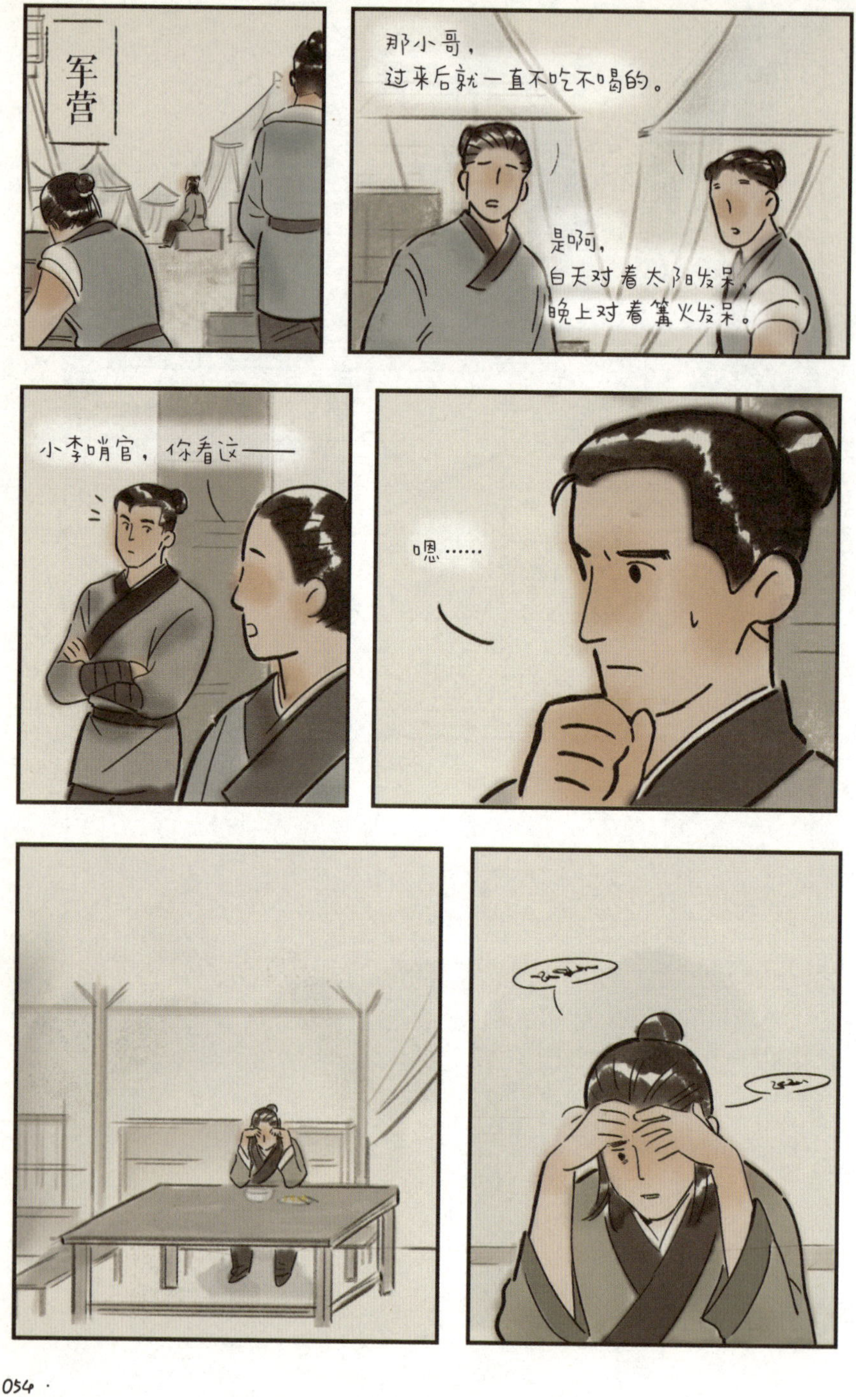

军营
那小哥，
过来后就一直不吃不喝的。
是啊，
白天对着太阳发呆，
晚上对着篝火发呆。
小李哨官，你看这——
嗯……

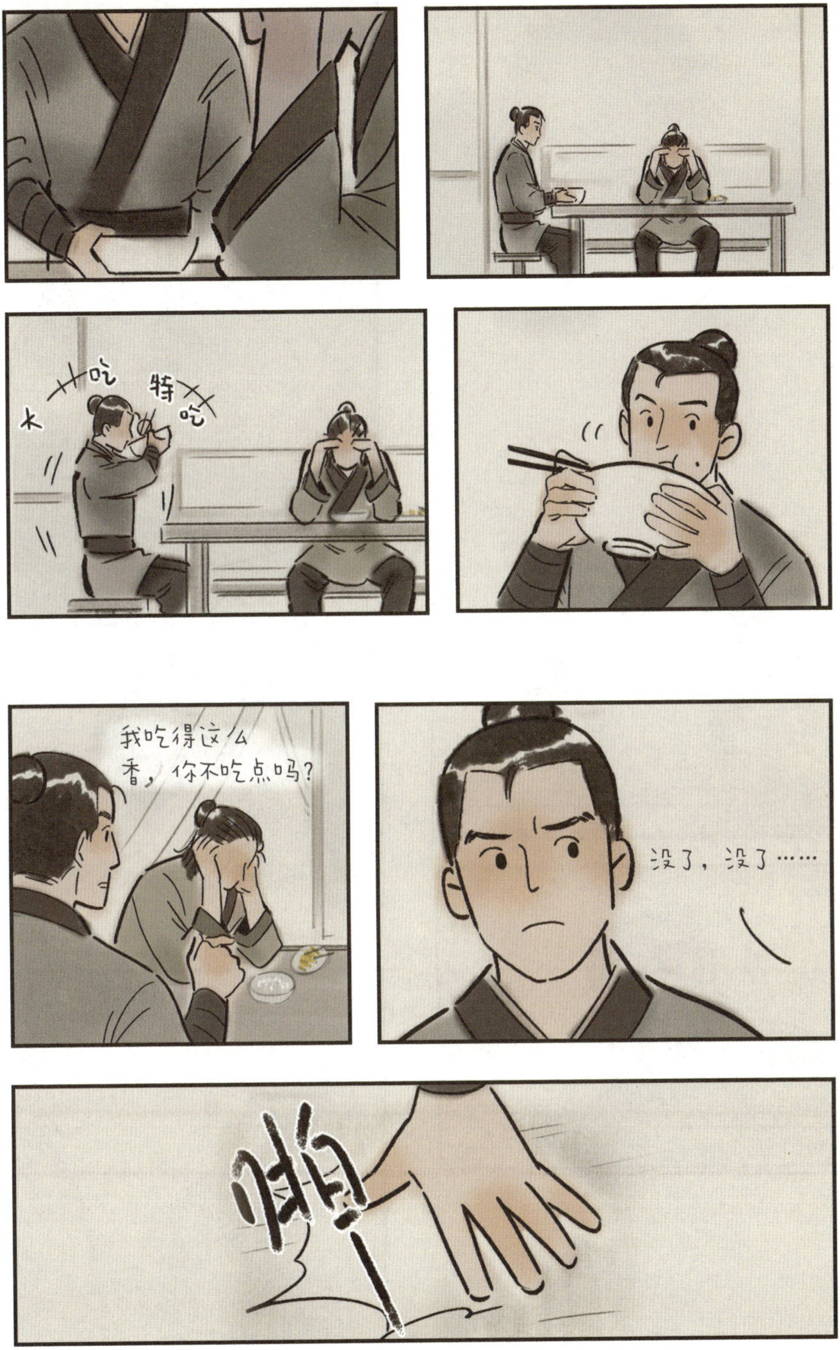
不 吃
特 吃
我吃得这么香，你不吃点吗？
没了，没了……
啪

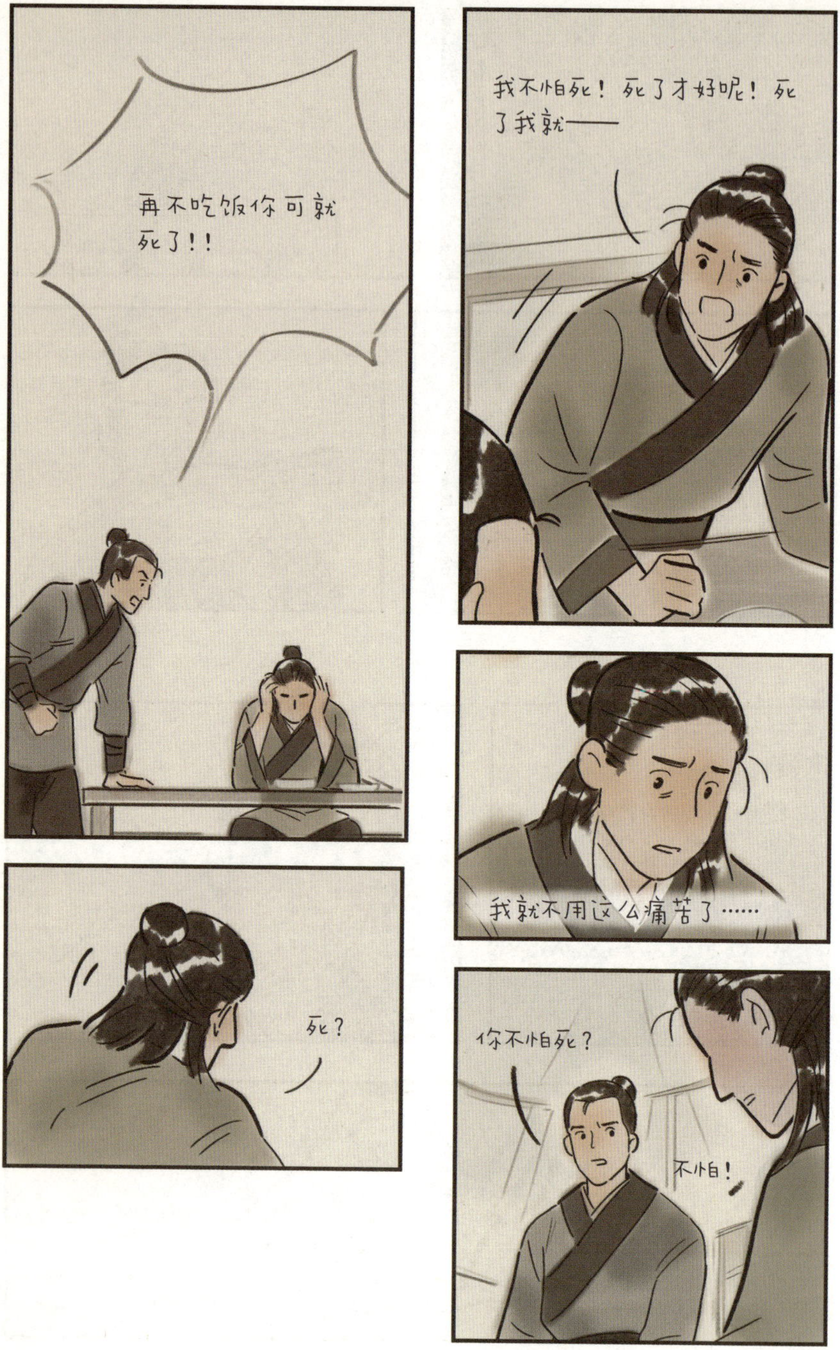
再不吃饭你可就死了!!
我不怕死！死了才好呢！死了我就——
我就不用这么痛苦了……
死？
你不怕死？
不怕！

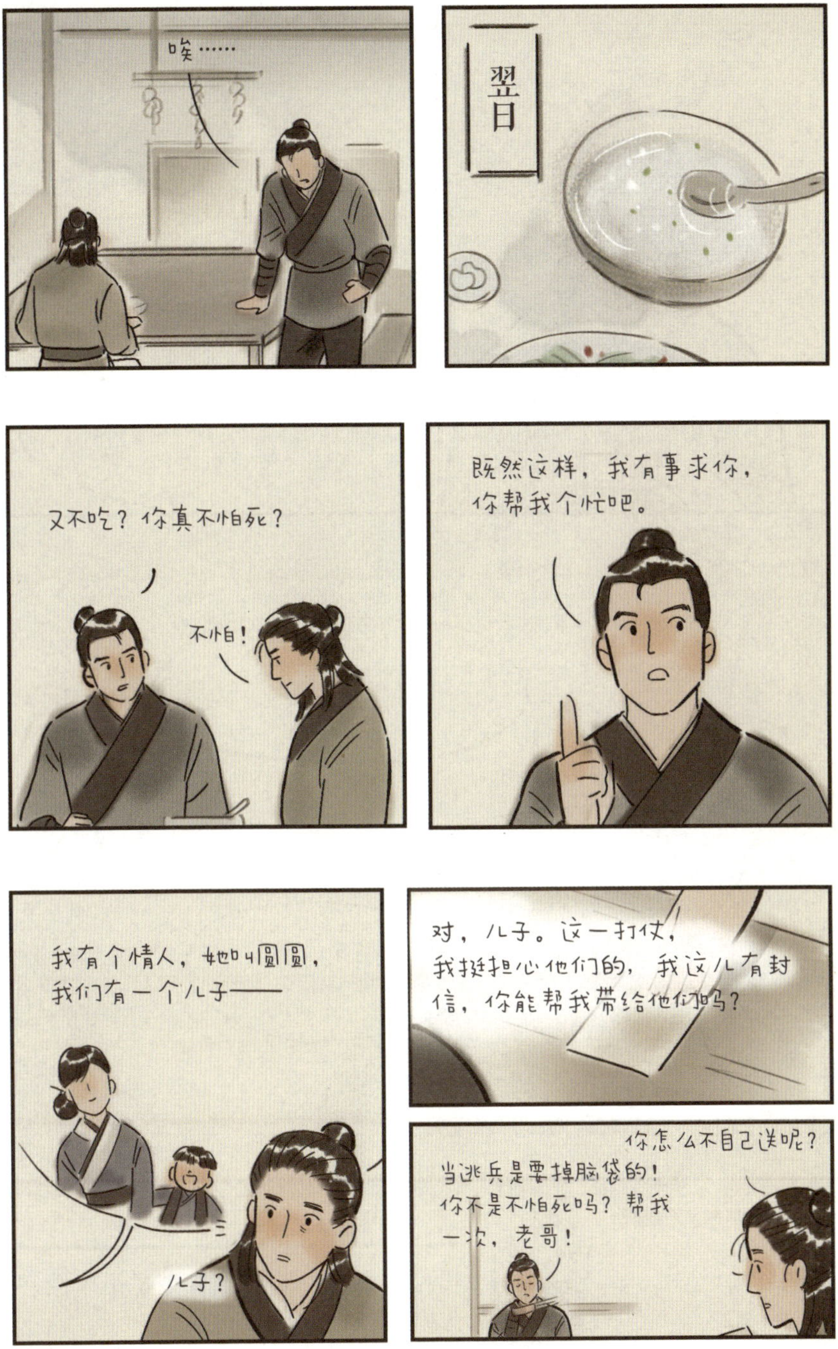
唉……
翌日
又不吃？你真不怕死？
不怕！
既然这样，我有事求你，
你帮我个忙吧。
我有个情人，她叫圆圆，
我们有一个儿子——
儿子？
对，儿子。这一打仗，
我挺担心他们的，我这儿有封
信，你能帮我带给他们吗？
你怎么不自己送呢？
当逃兵是要掉脑袋的！
你不是不怕死吗？帮我
一次，老哥！

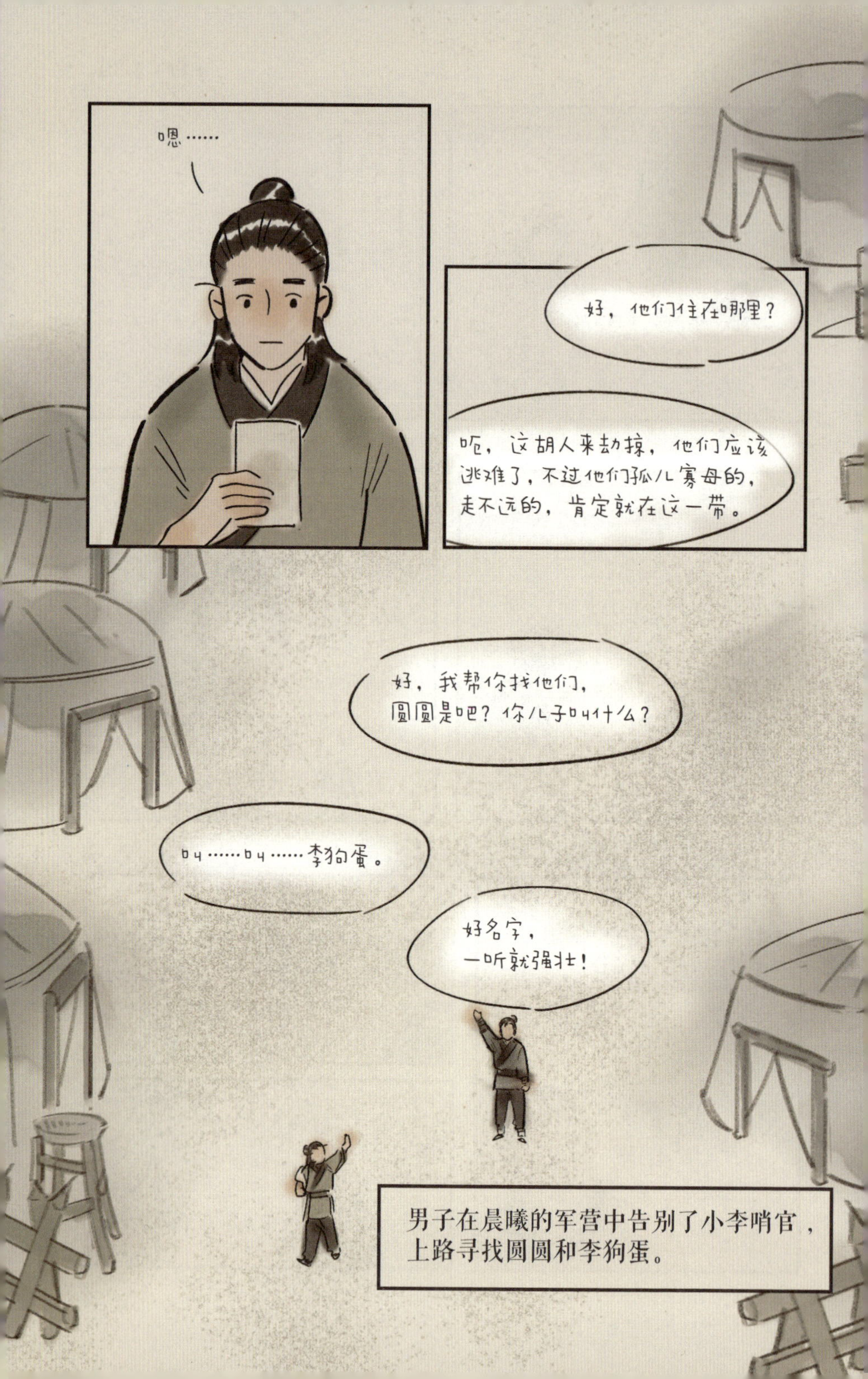
嗯……
好，他们住在哪里？
呃，这胡人来劫掠，他们应该逃难了，不过他们孤儿寡母的，走不远的，肯定就在这一带。
好，我帮你找他们，圆圆是吧？你儿子叫什么？
叫……叫……李狗蛋。
好名字，一听就强壮！
男子在晨曦的军营中告别了小李哨官，上路寻找圆圆和李狗蛋。

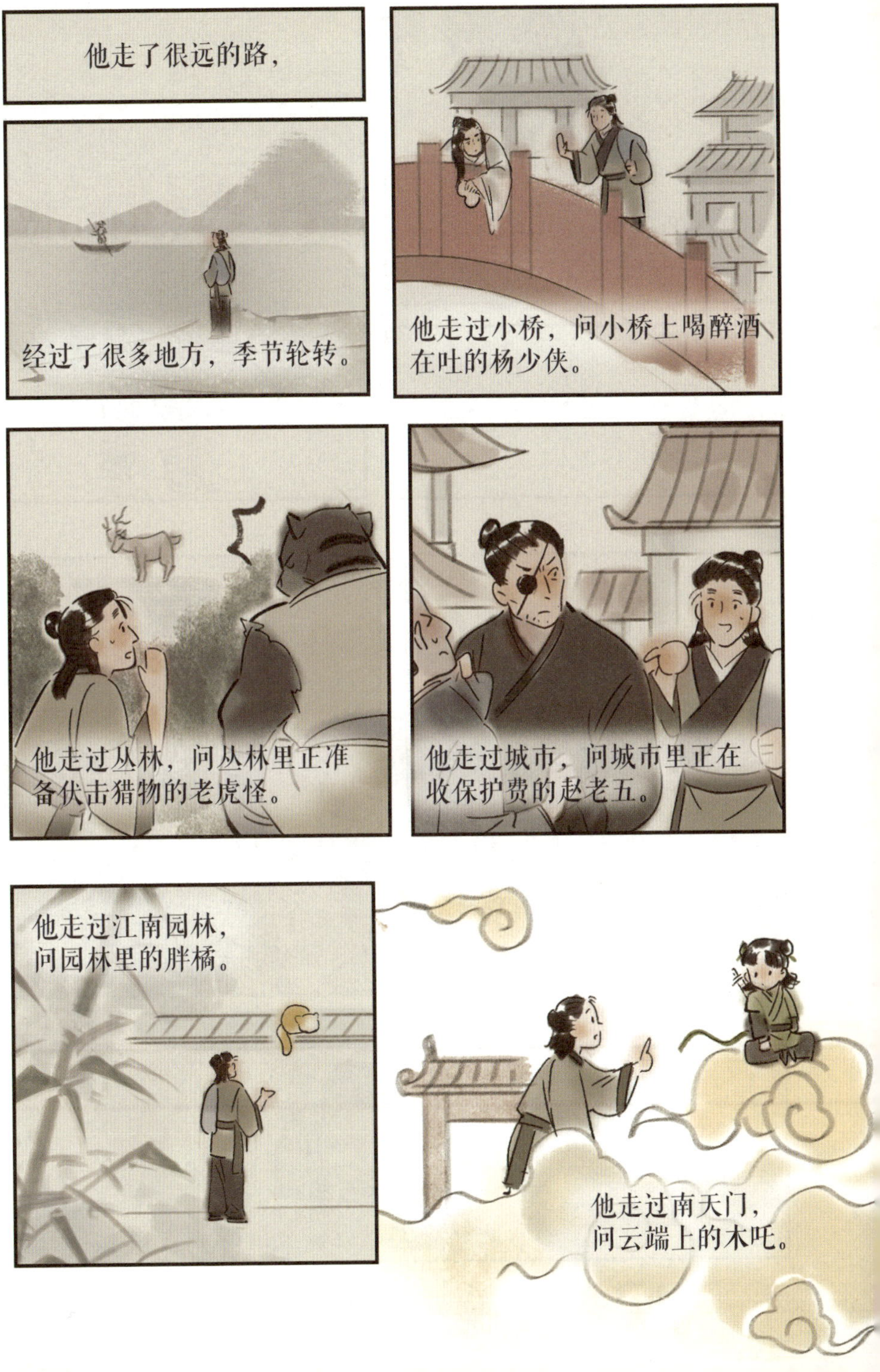
他走了很远的路，
经过了很多地方，季节轮转。
他走过小桥，问小桥上喝醉酒在吐的杨少侠。
他走过丛林，问丛林里正准备伏击猎物的老虎怪。
他走过城市，问城市里正在收保护费的赵老五。
他走过江南园林，问园林里的胖橘。
他走过南天门，问云端上的木吒。

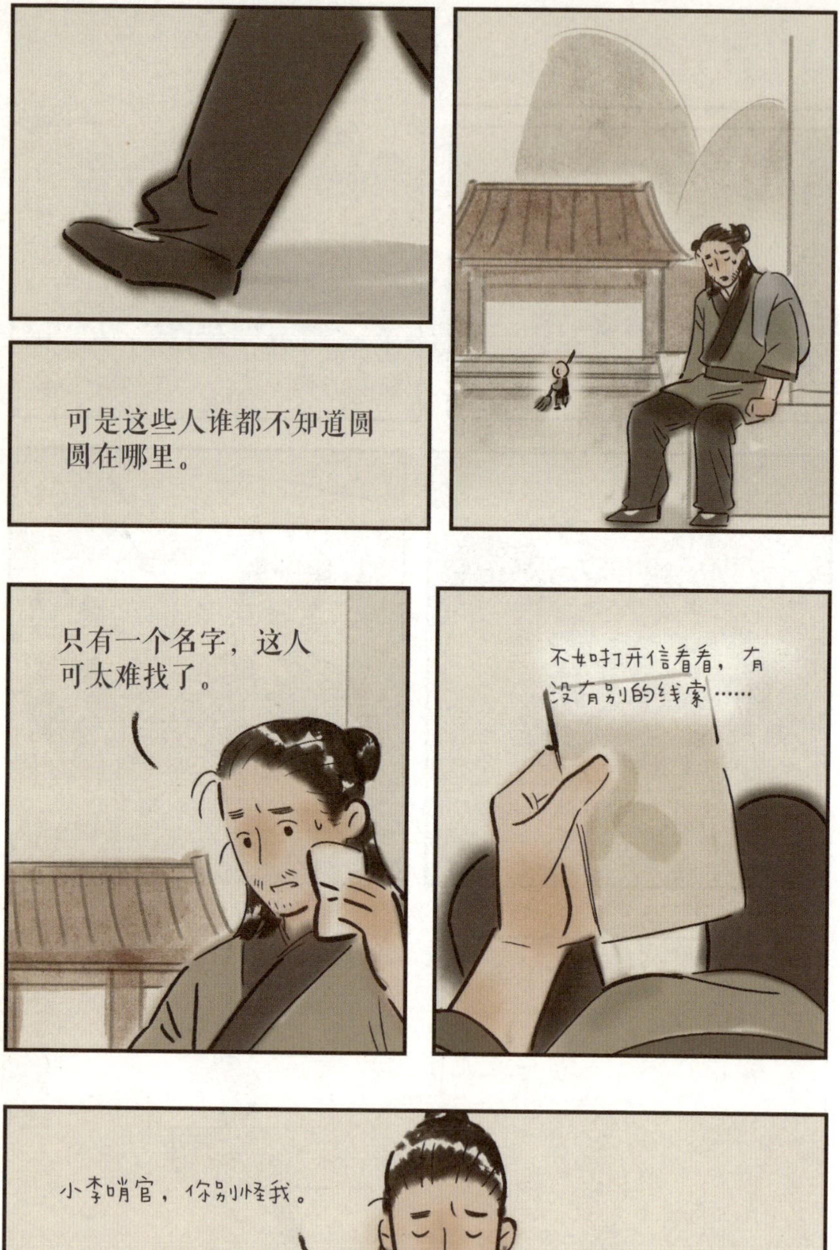
可是这些人谁都不知道圆圆在哪里。
只有一个名字，这人可太难找了。
不如打开信看看，有没有别的线索……
小李哨官，你别怪我。

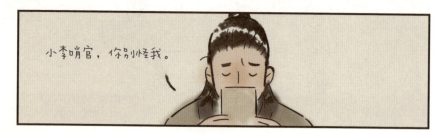

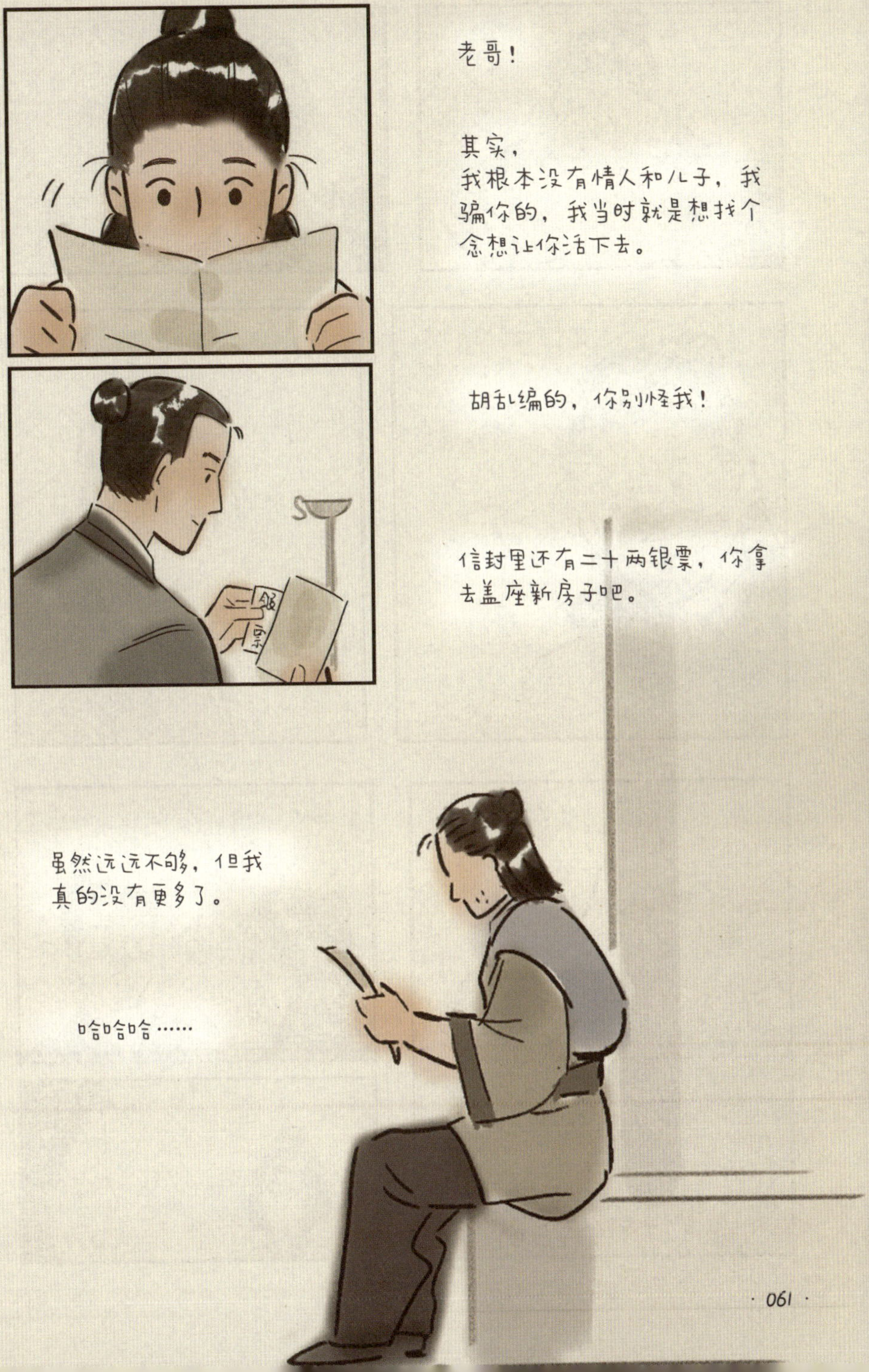
老哥！
其实，
我根本没有情人和儿子，我骗你的，我当时就是想找个念想让你活下去。
胡乱编的，你别怪我！
信封里还有二十两银票，你拿去盖座新房子吧。
虽然远远不够，但我真的没有更多了。
哈哈哈……

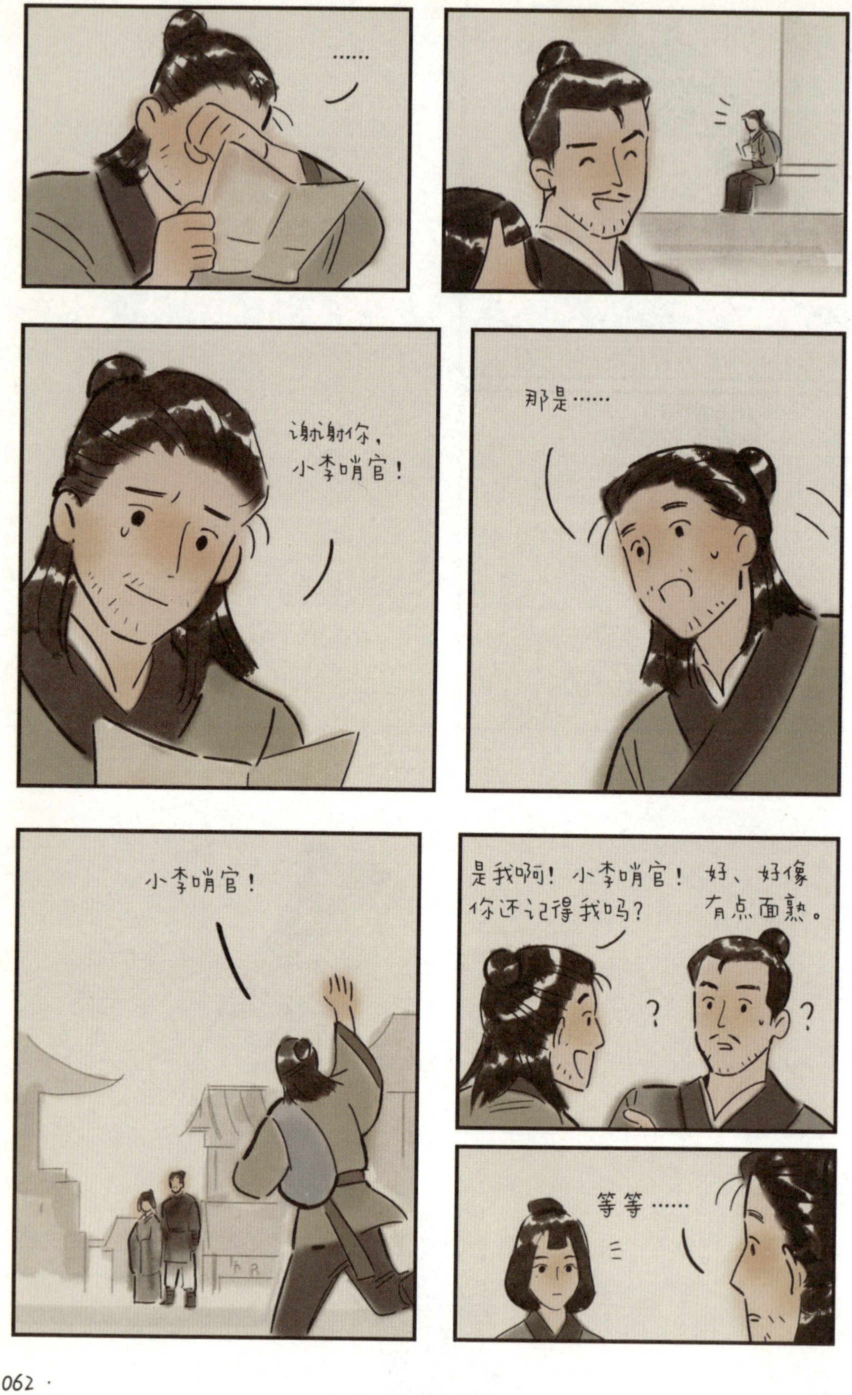
……
谢谢你，
小李哨官！
那是……
小李哨官！
是我啊！小李哨官！
你还记得我吗？
好、好像
有点面熟。
？
？
等等……

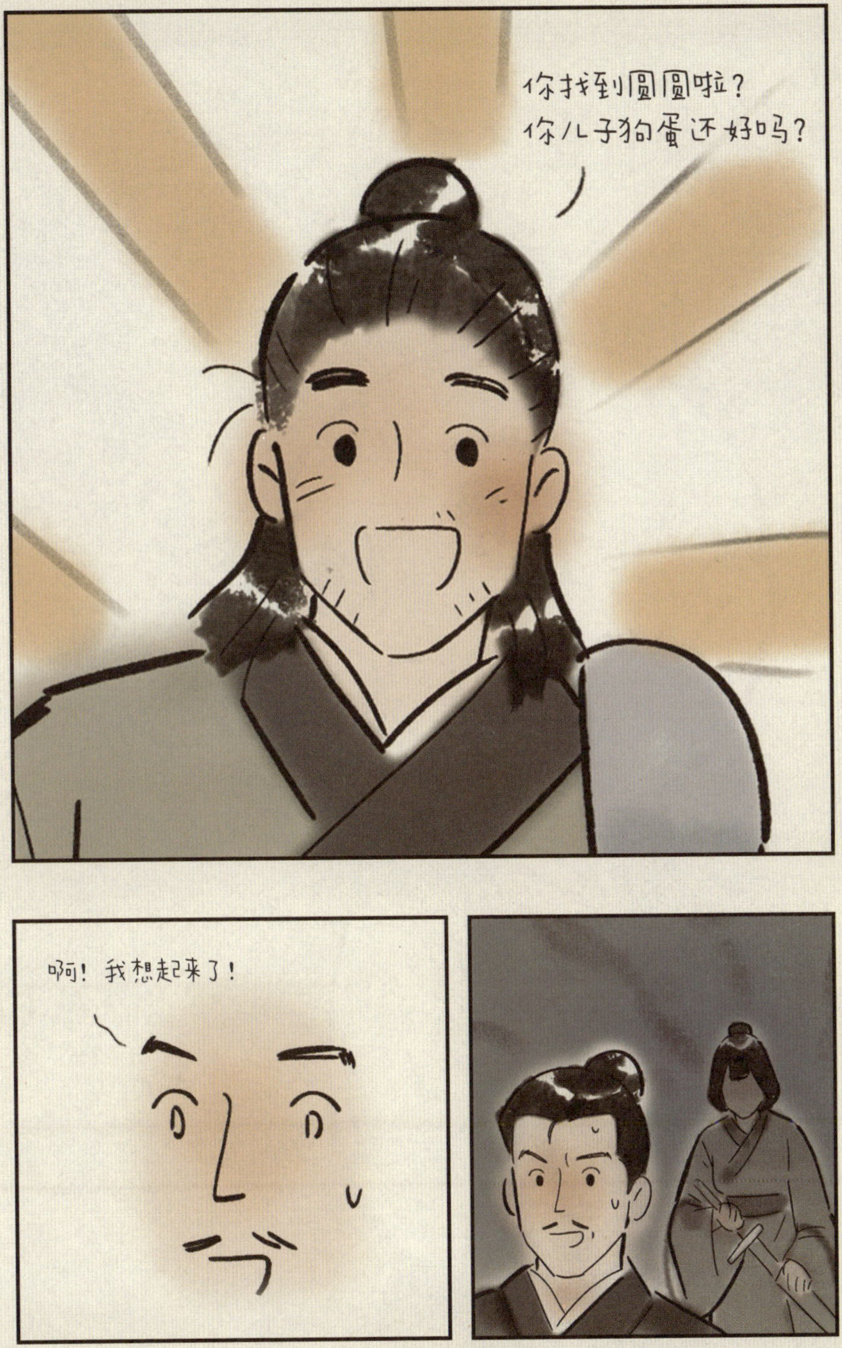
你找到圆圆啦？
你儿子狗蛋还好吗？
啊！我想起来了！

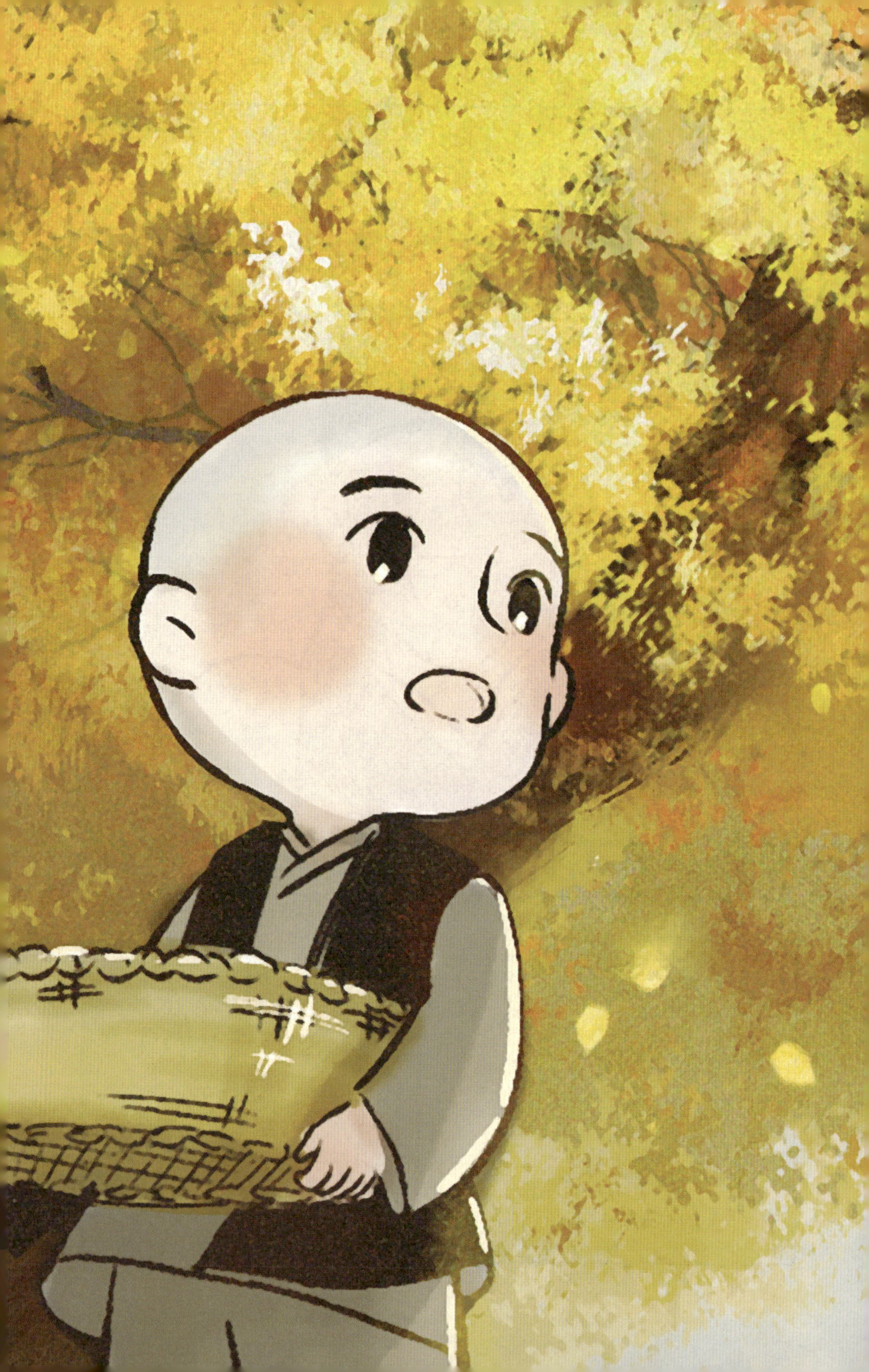

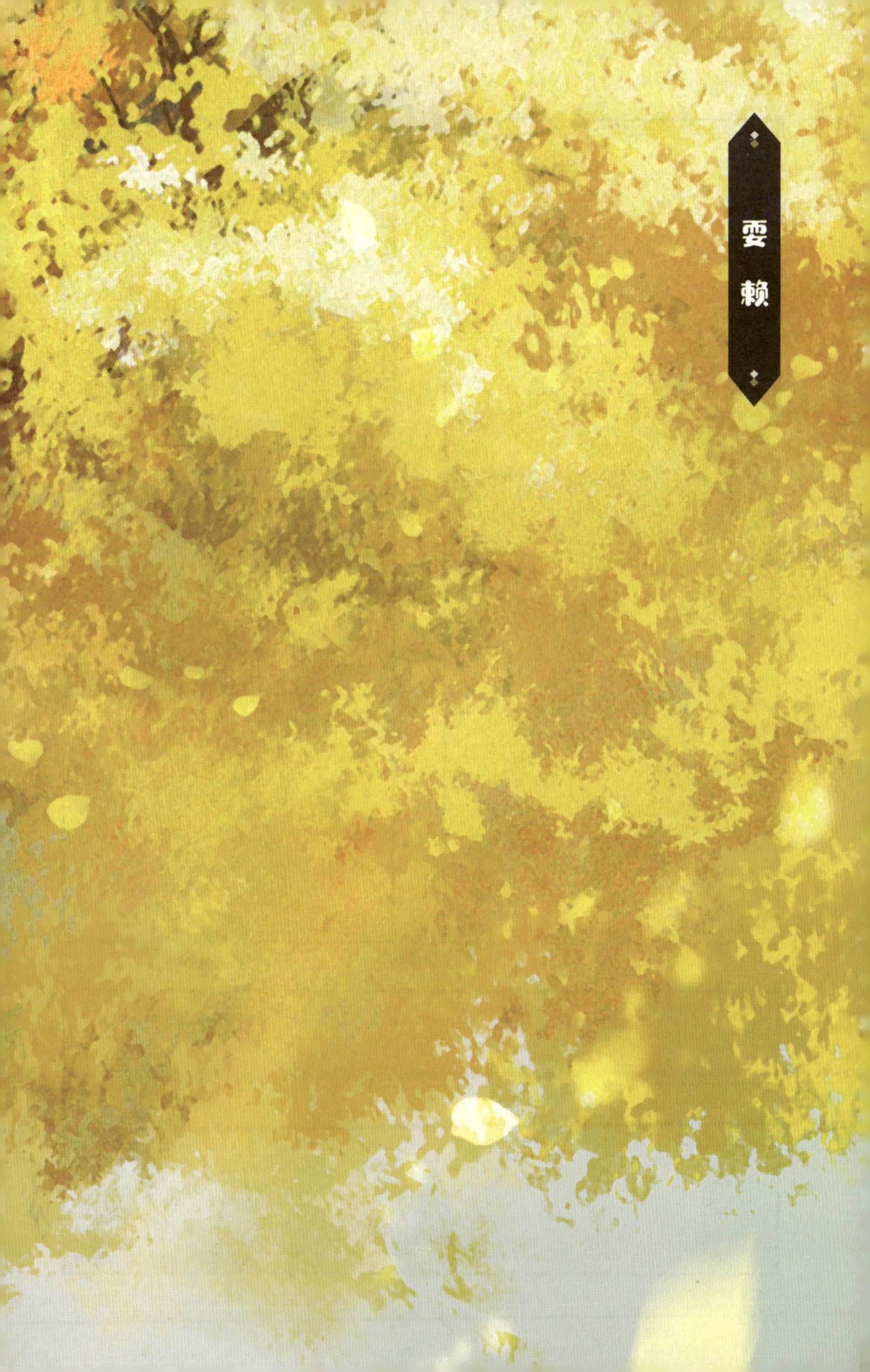
耍赖

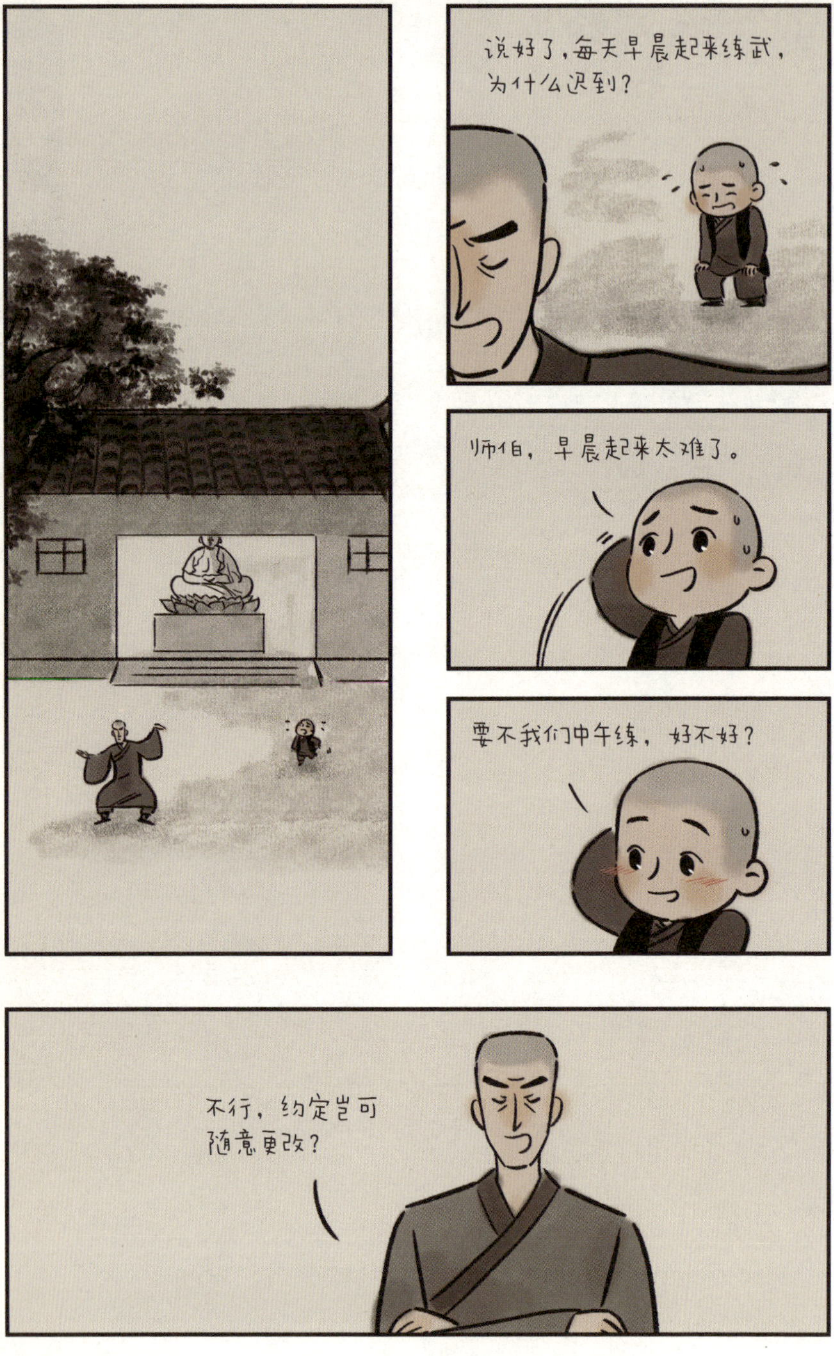
说好了，每天早晨起来练武，为什么迟到？
师伯，早晨起来太难了。
要不我们中午练，好不好？
不行，约定岂可随意更改？

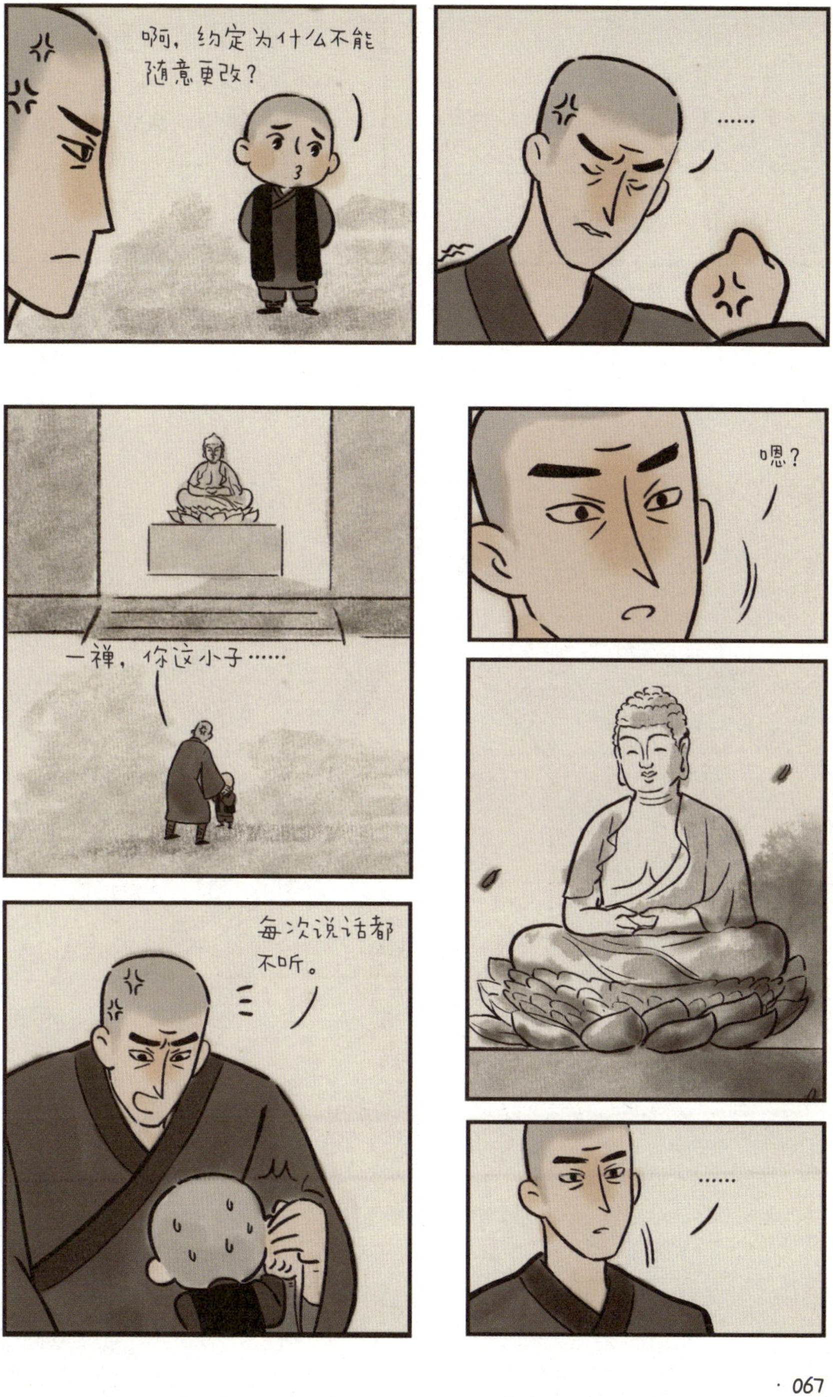
啊，约定为什么不能随意更改？
……
一禅，你这小子……
嗯？
每次说话都不听。
……

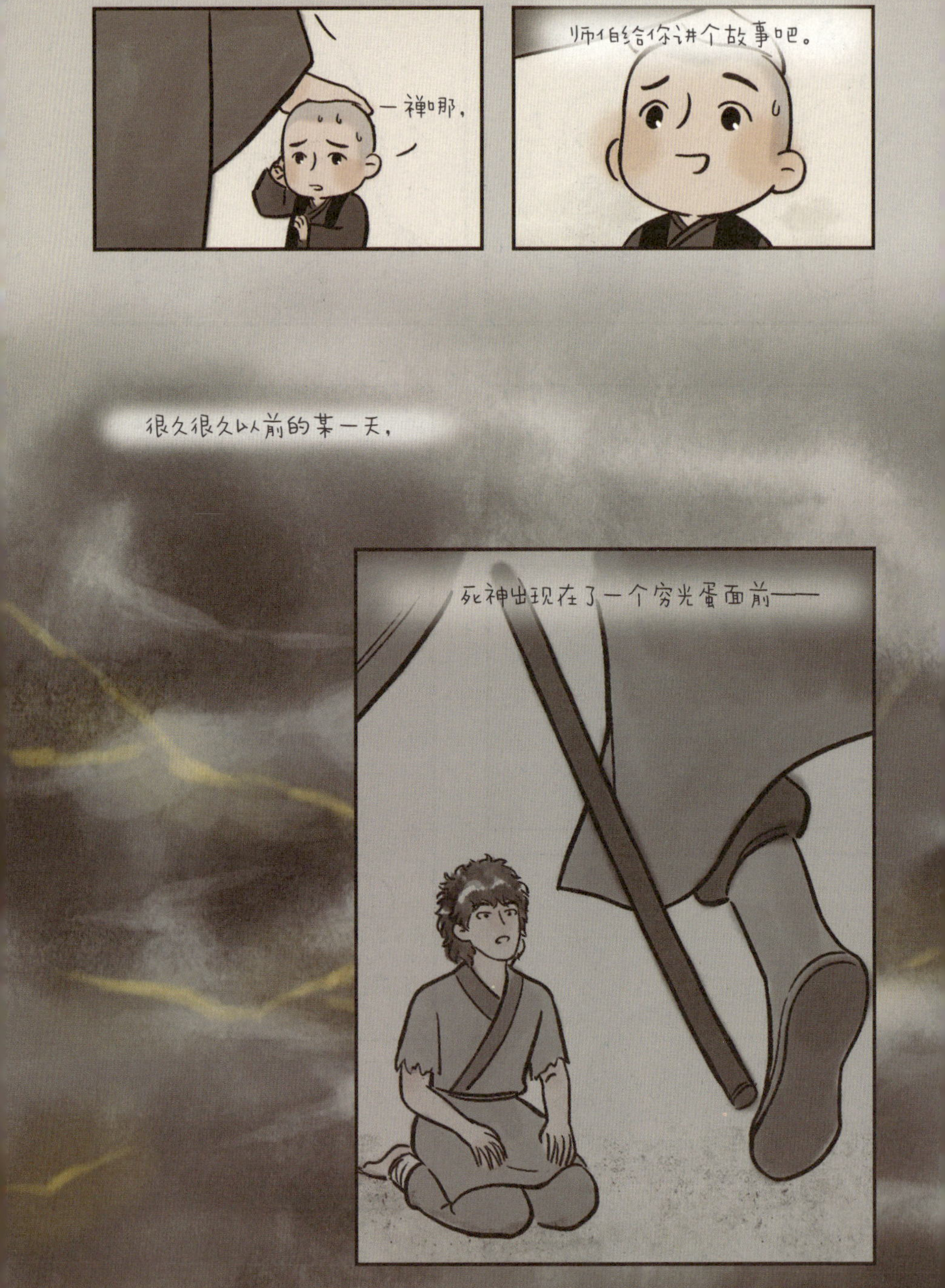
一禅哪，
师伯给你讲个故事吧。
很久很久以前的某一天，
死神出现在了一个穷光蛋面前——

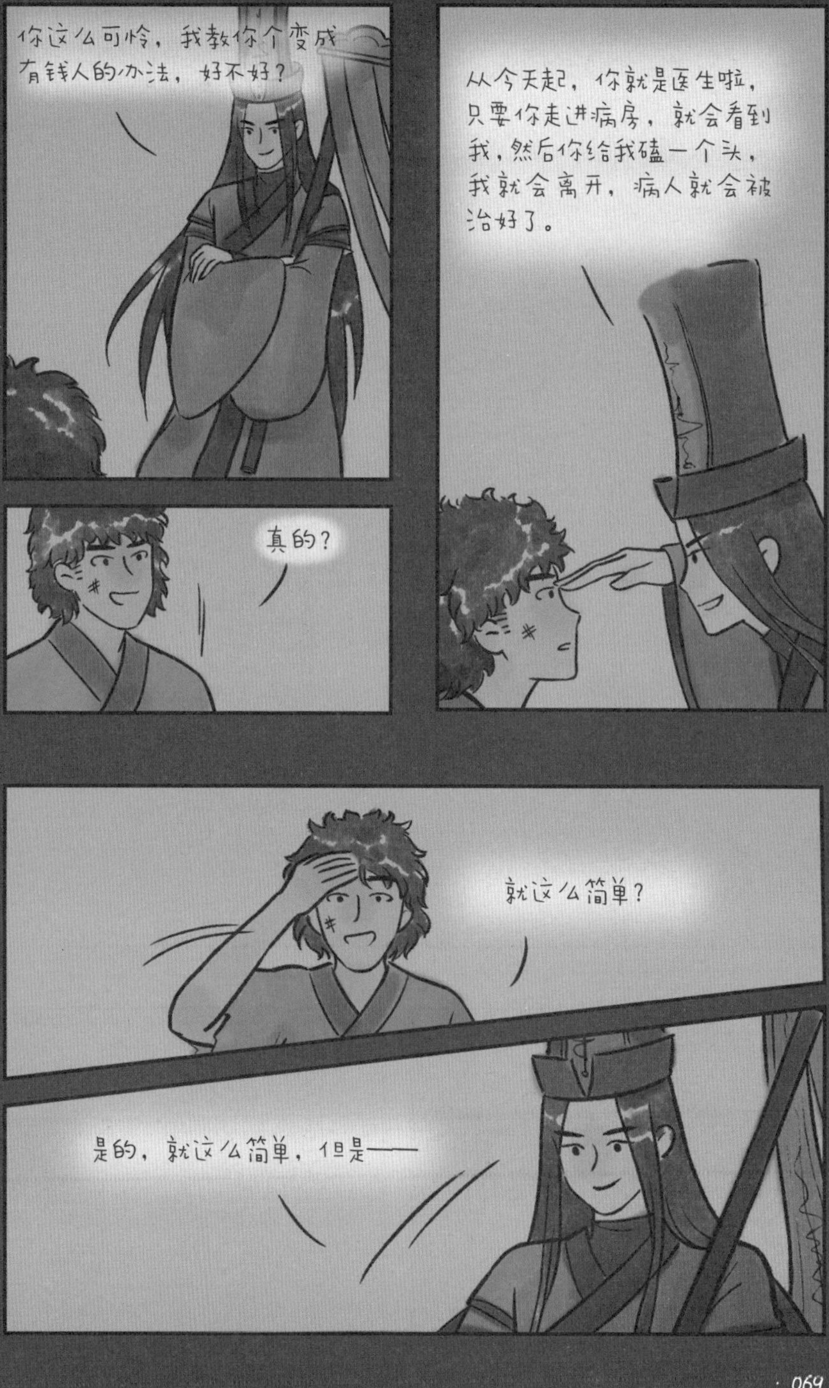
你这么可怜，我教你个变成有钱人的办法，好不好？
真的？
从今天起，你就是医生啦，只要你走进病房，就会看到我，然后你给我磕一个头，我就会离开，病人就会被治好了。
就这么简单？
是的，就这么简单，但是——

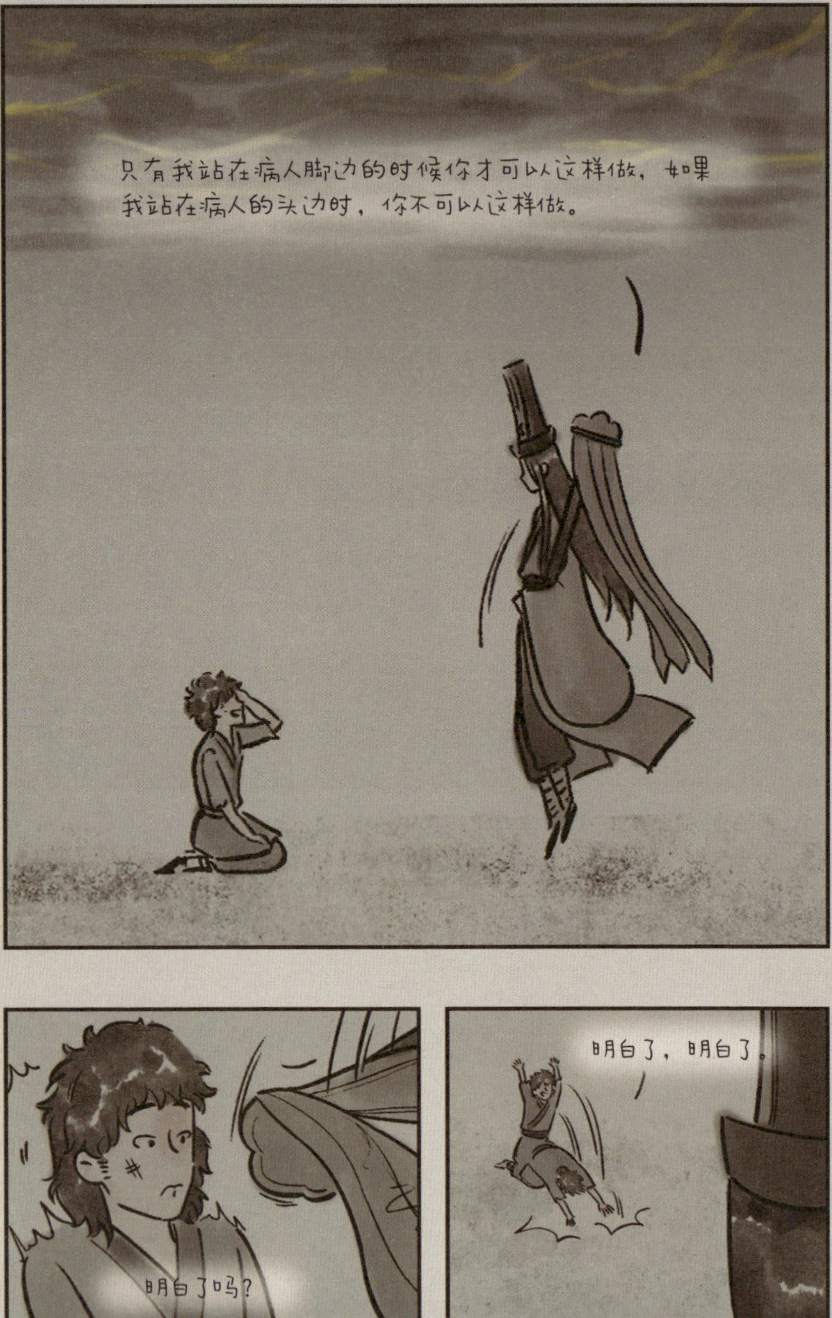
只有我站在病人脚边的时候你才可以这样做，如果
我站在病人的头边时，你不可以这样做。
明白了吗？
明白了，明白了。

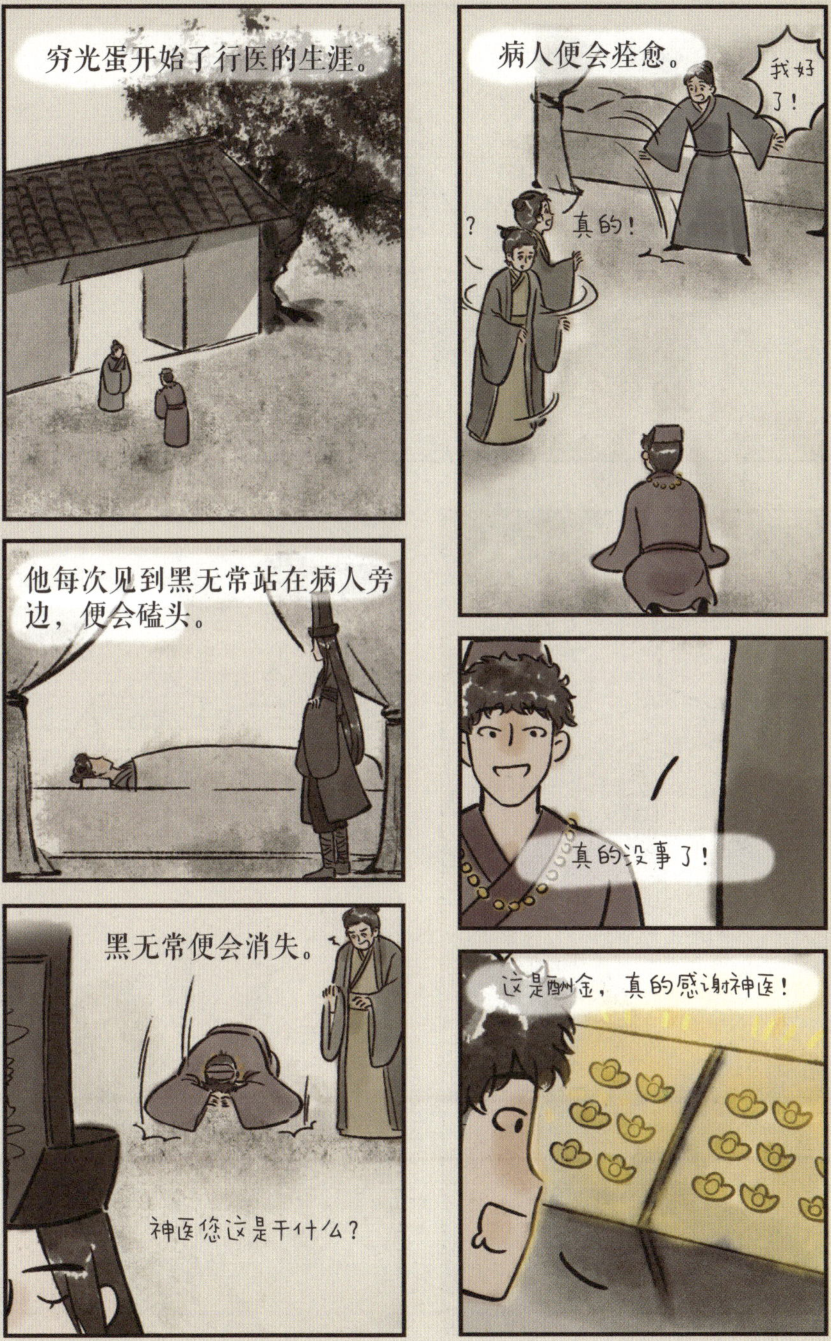
穷光蛋开始了行医的生涯。
病人便会痊愈。
我好了！
？
真的！
他每次见到黑无常站在病人旁边，便会磕头。
真的没事了！
黑无常便会消失。
神医您这是干什么？
这是酬金，真的感谢神医！

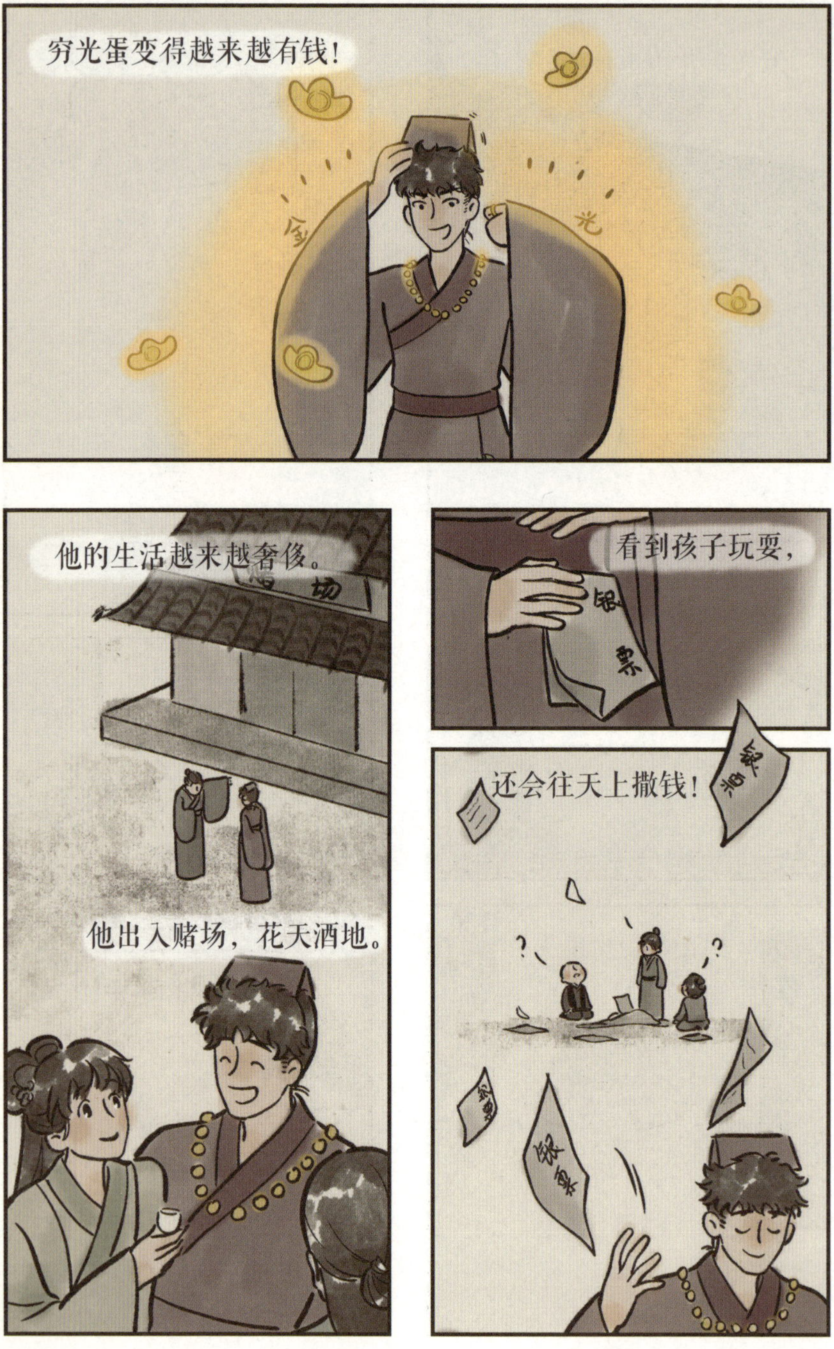
穷光蛋变得越来越有钱！
他的生活越来越奢侈。
他出入赌场，花天酒地。
看到孩子玩耍，
银票
还会往天上撒钱！

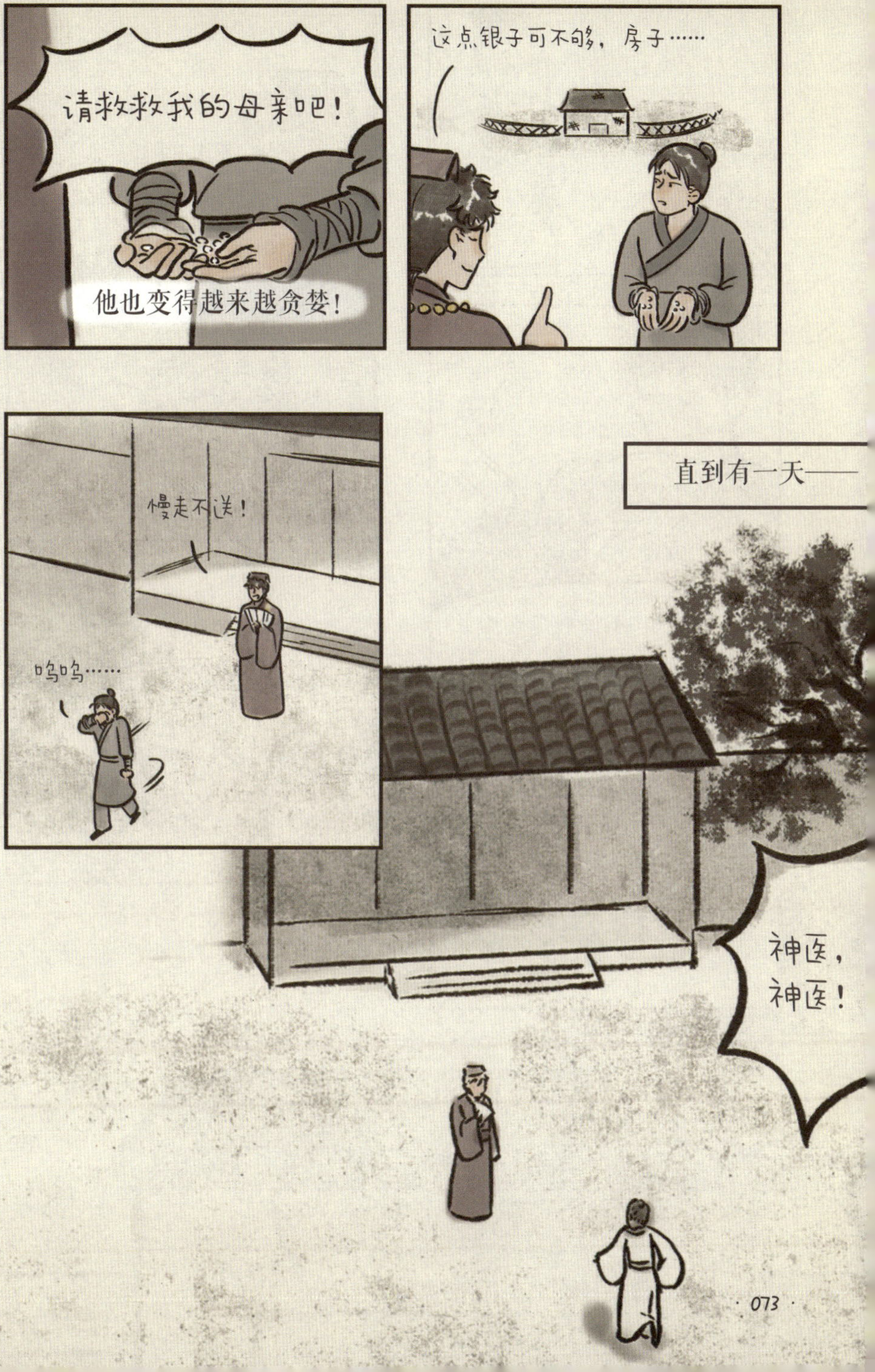

请救救我的母亲吧！
他也变得越来越贪婪！
这点银子可不够，房子……
慢走不送！
呜呜……
直到有一天——
神医，
神医！

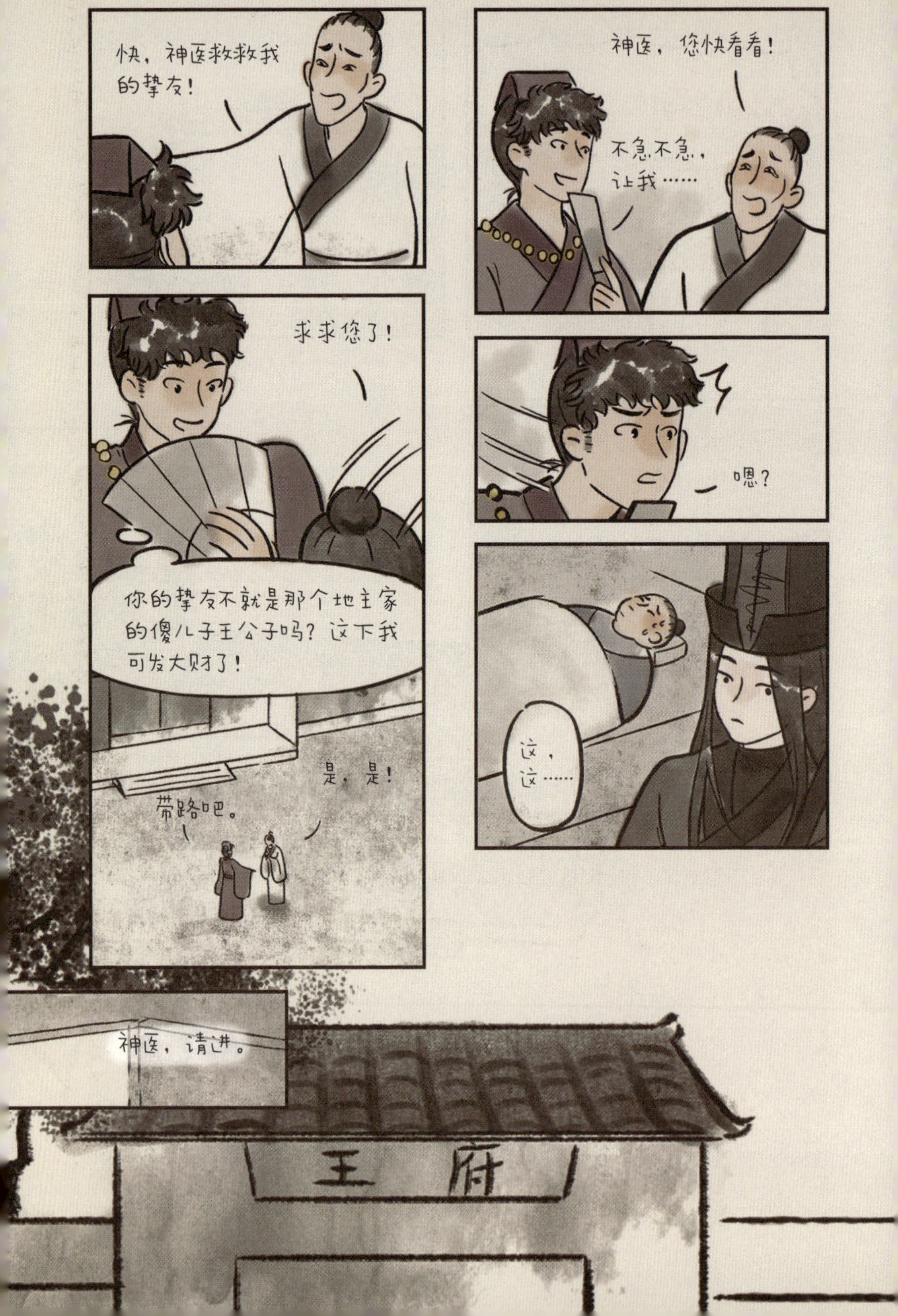
快，神医救救我的挚友！
神医，您快看看！
不急不急，让我……
求求您了！
嗯？
你的挚友不就是那个地主家的傻儿子王公子吗？这下我可发大财了！
这，这……
是，是！
带路吧。
神医，请进。
王府

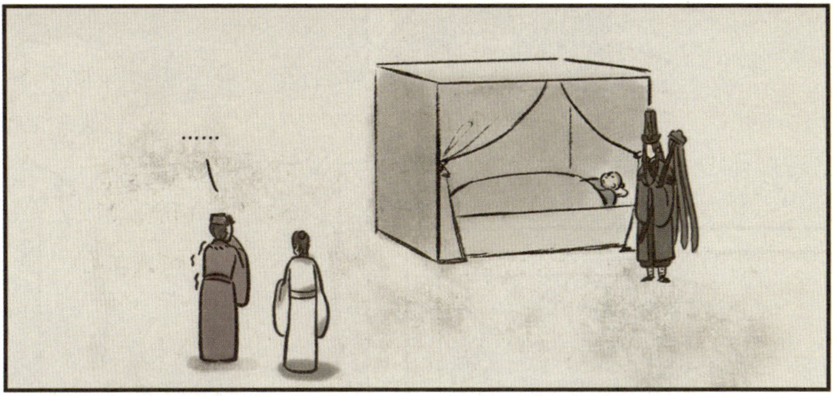
……

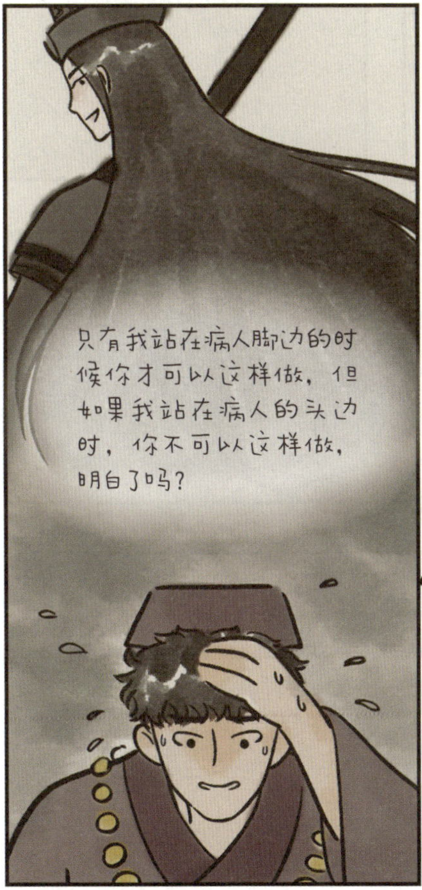
只有我站在病人脚边的时候你才可以这样做，但如果我站在病人的头边时，你不可以这样做，明白了吗？

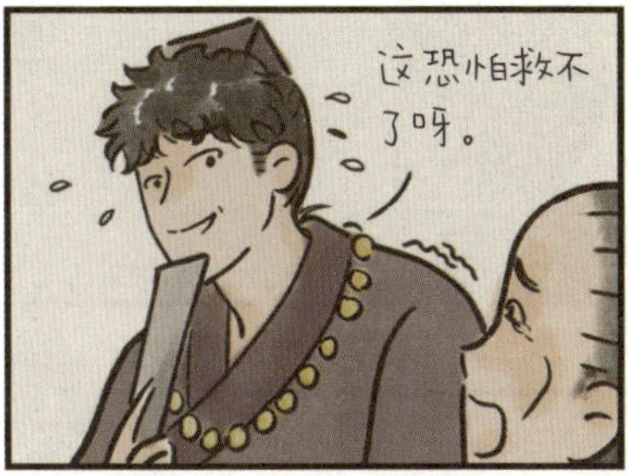
这恐怕救不了呀。

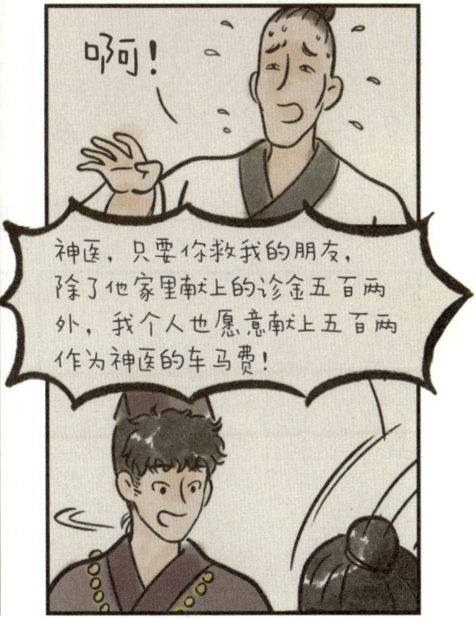
啊可！
神医，只要你救我的朋友，除了他家里献上的诊金五百两外，我个人也愿意献上五百两作为神医的车马费！

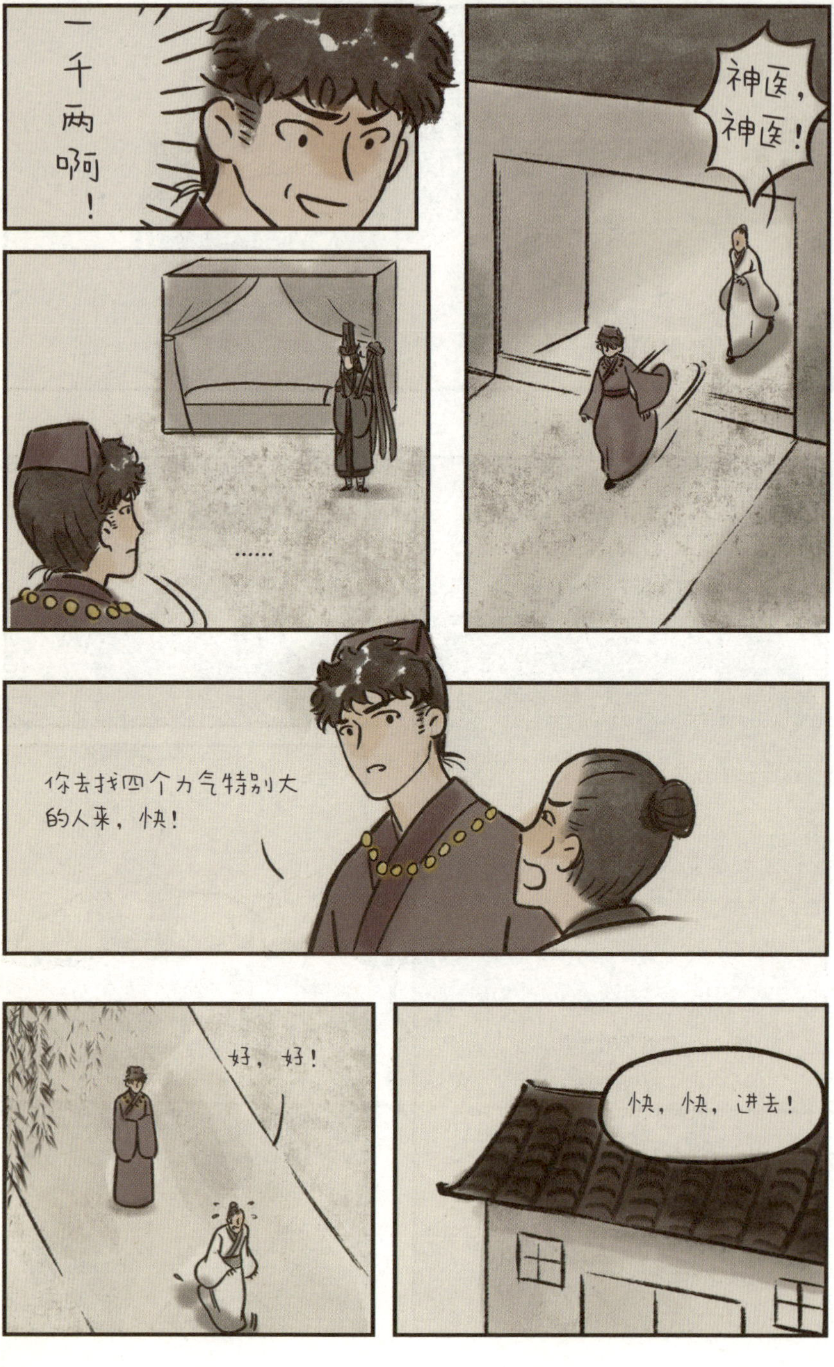
一千两啊！
神医，神医！
……
你去找四个力气特别大的人来，快！
好，好！
快，快，进去！

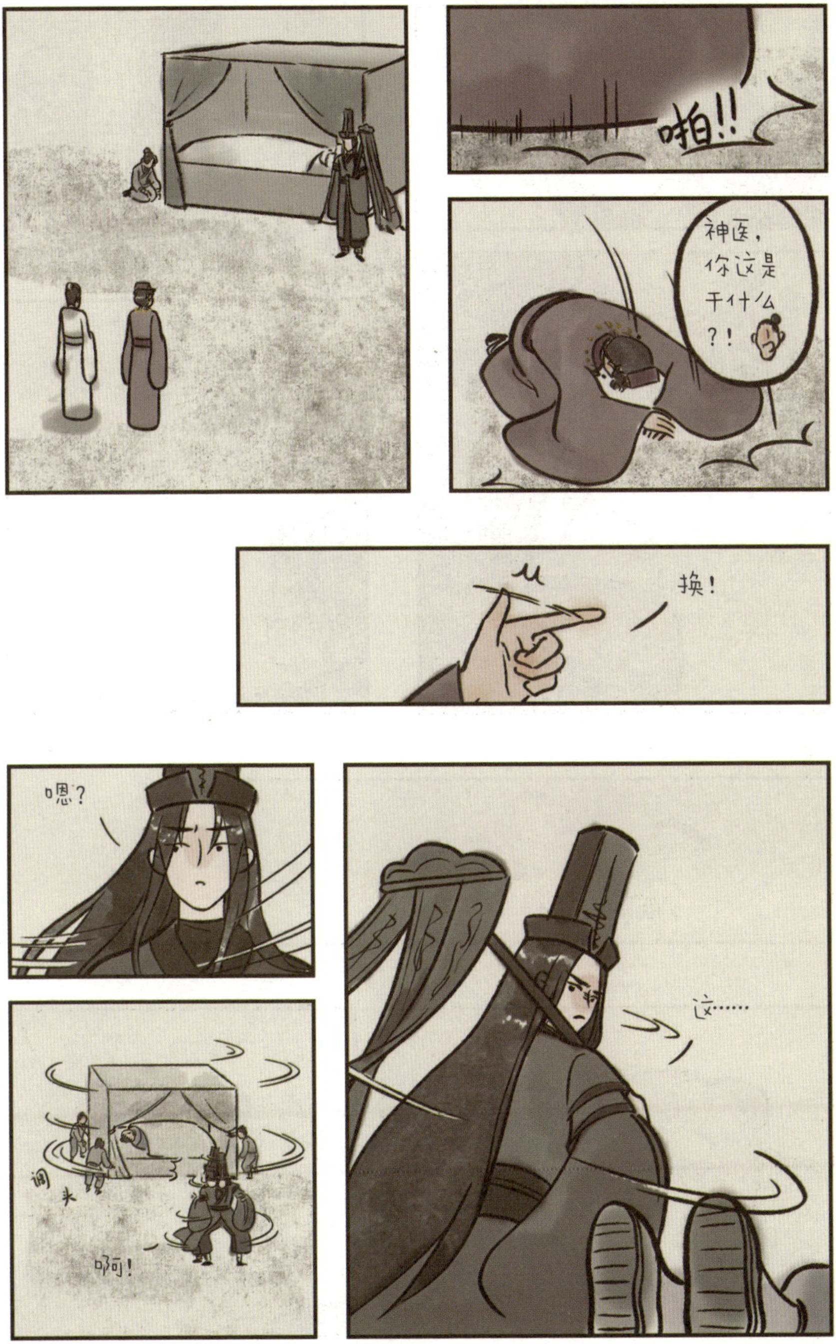
啪!!
神医，你这是干什么?!
换!
嗯?
这……
调头
啊!

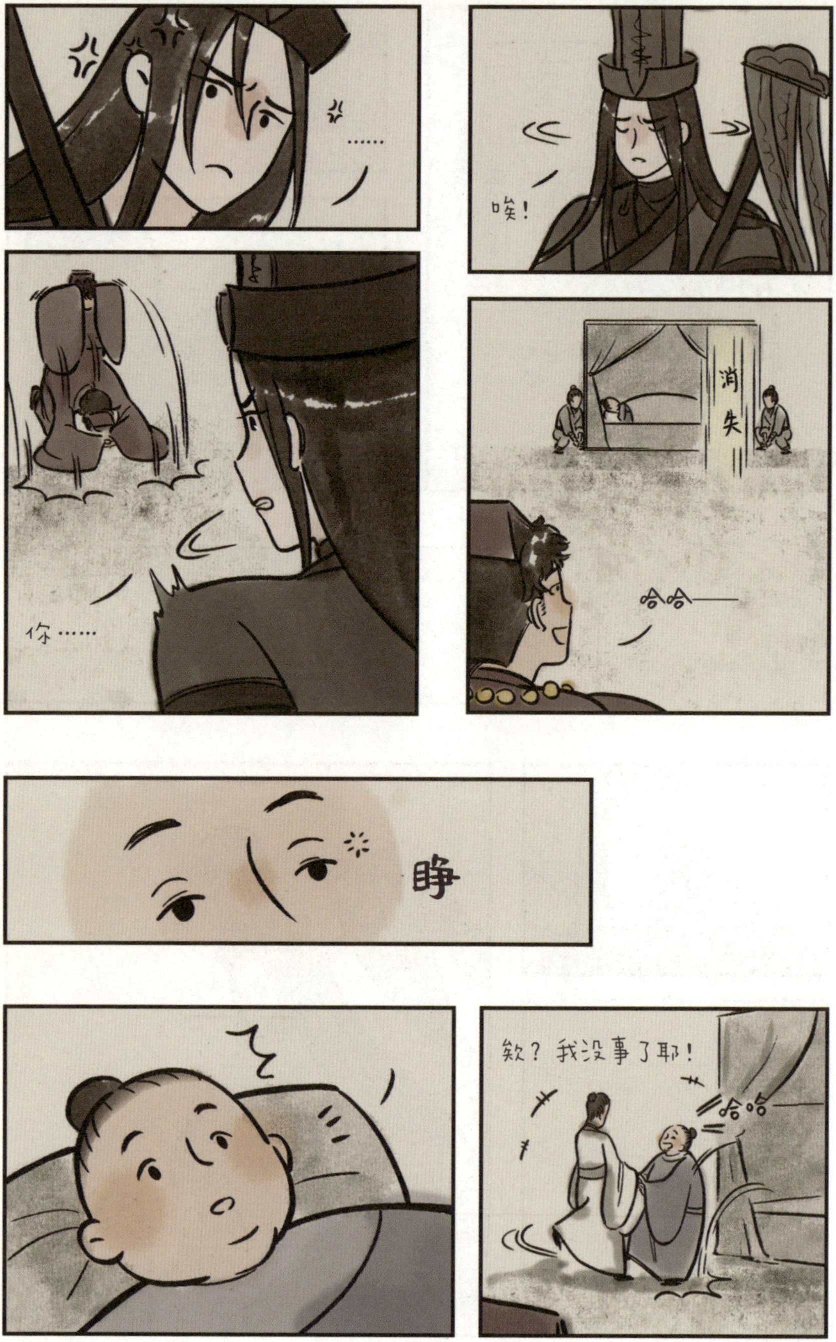
……
唉！
你……
消失
哈哈——
睁
欸？我没事了耶！
哈哈

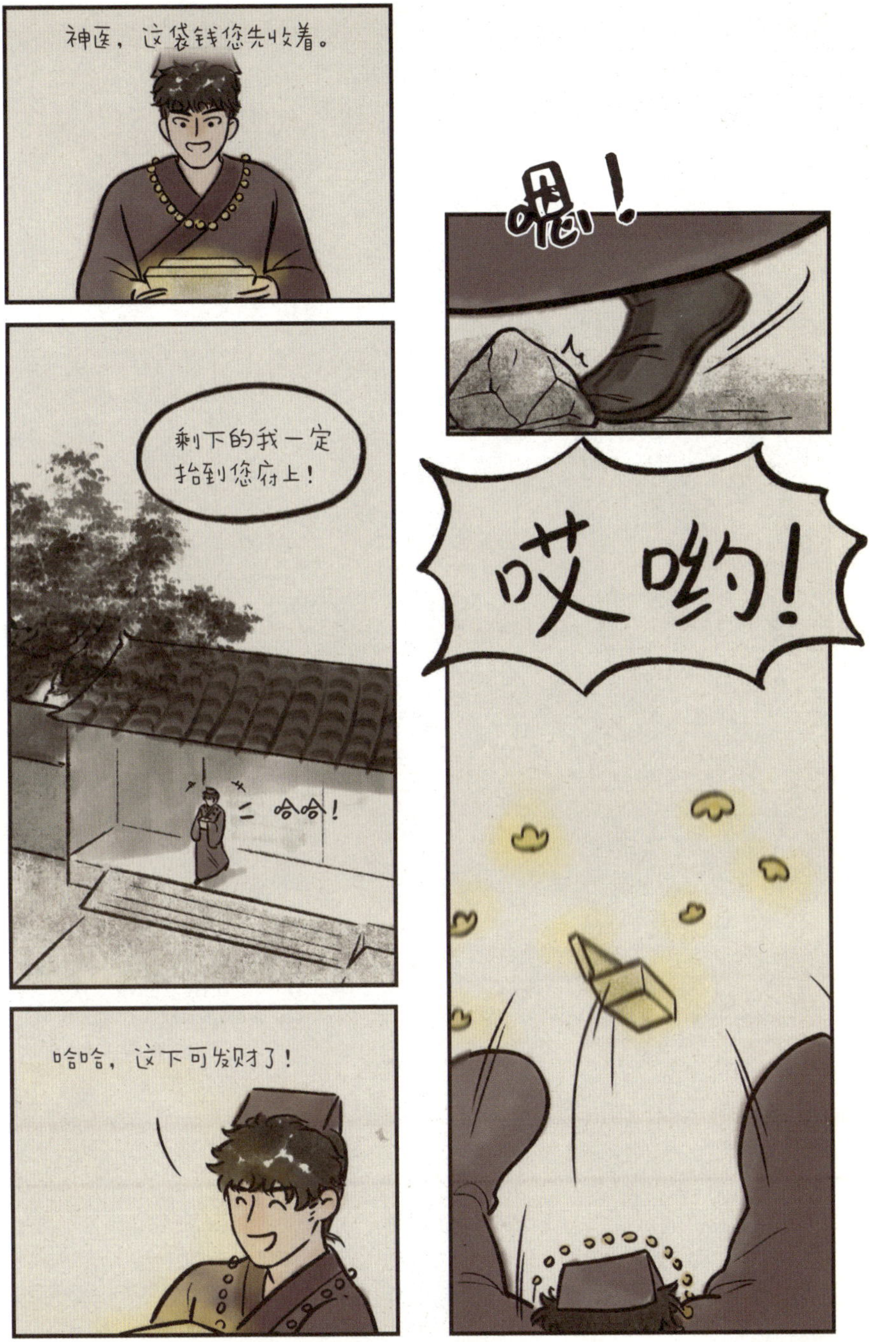
神医，这袋钱您先收着。
剩下的我一定抬到您府上！
哈哈！
哈哈，这下可发财了！
嘿！
哎哟！

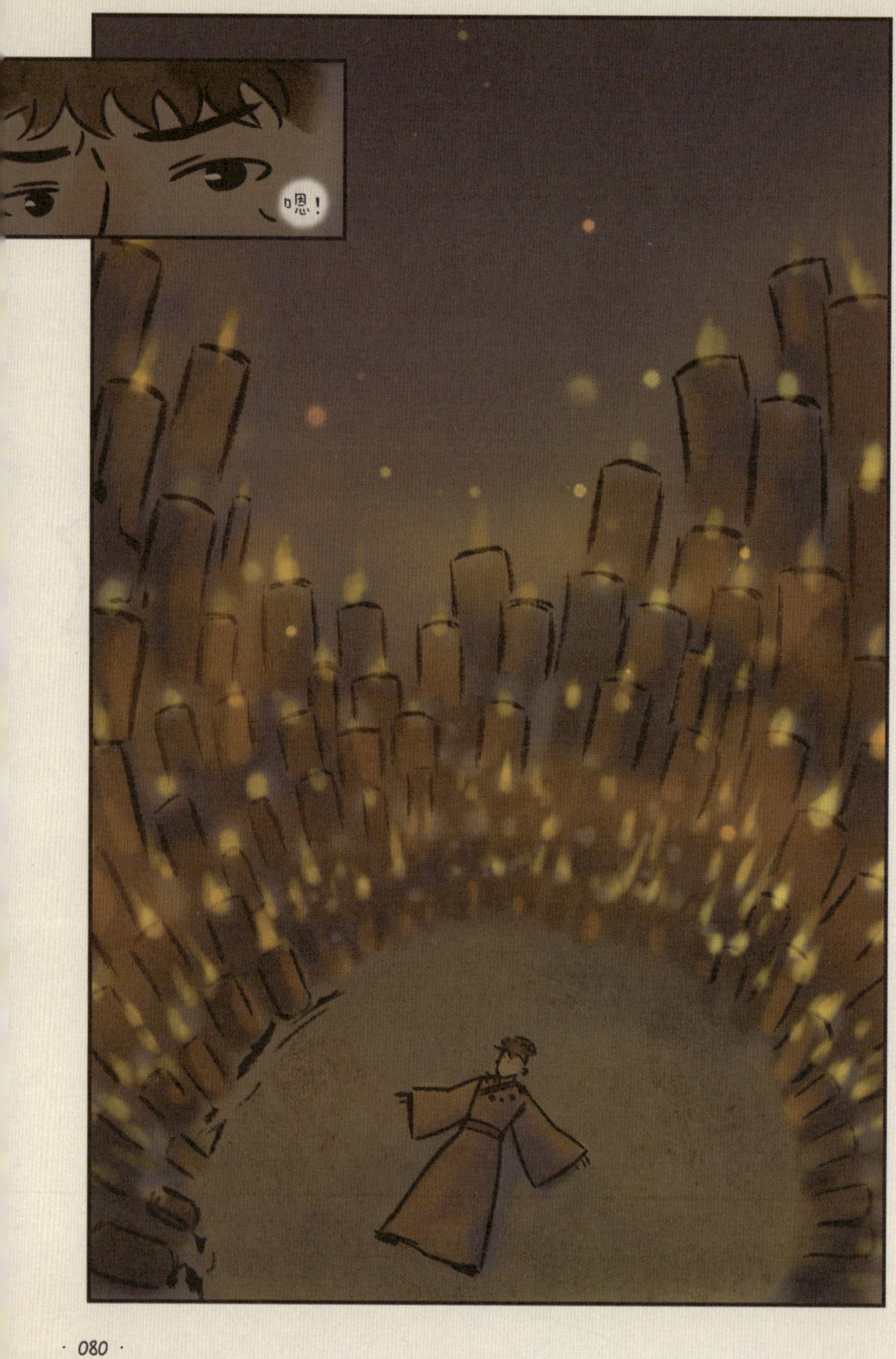
嗯！

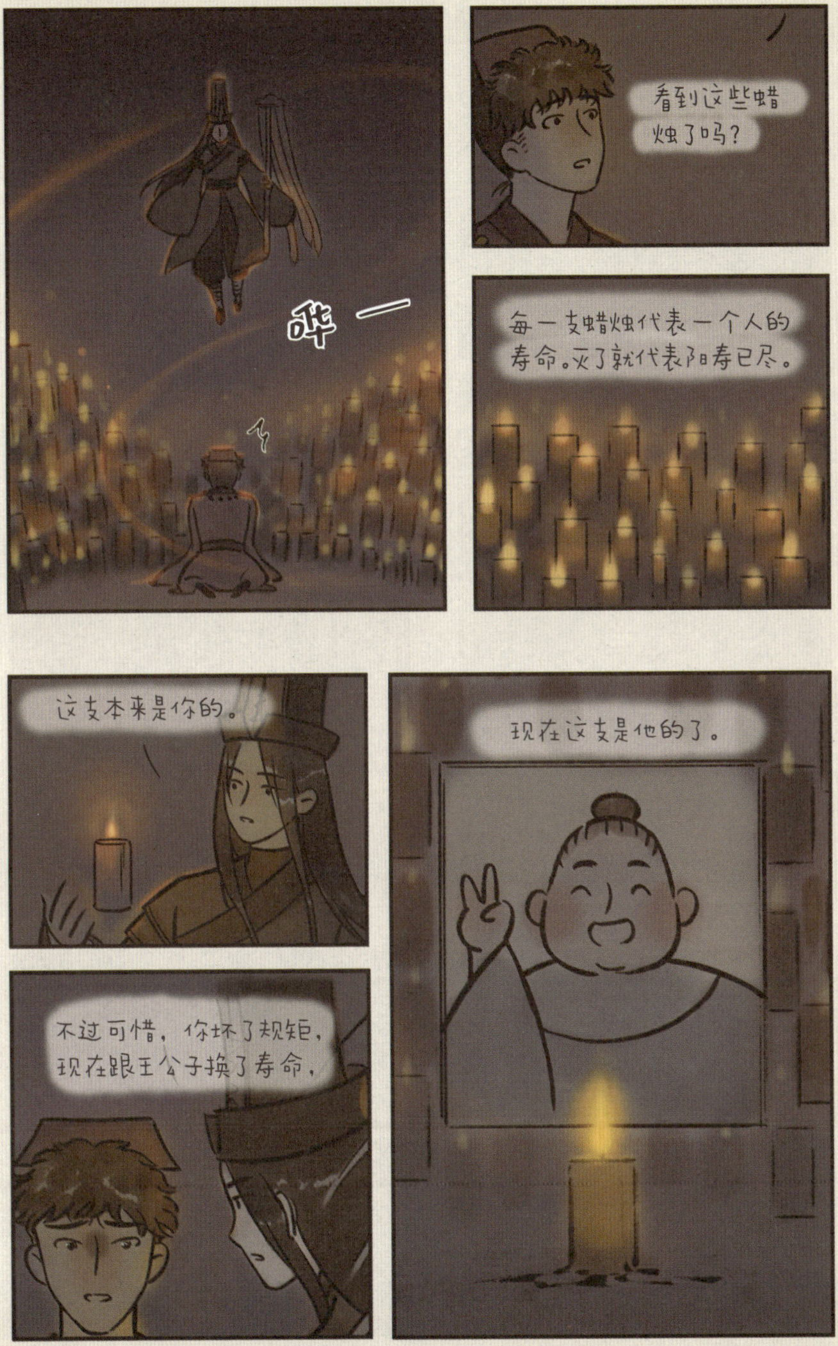
哗——
看到这些蜡烛了吗？
每一支蜡烛代表一个人的寿命。灭了就代表阳寿已尽。
这支本来是你的。
现在这支是他的了。
不过可惜，你坏了规矩，现在跟王公子换了寿命，

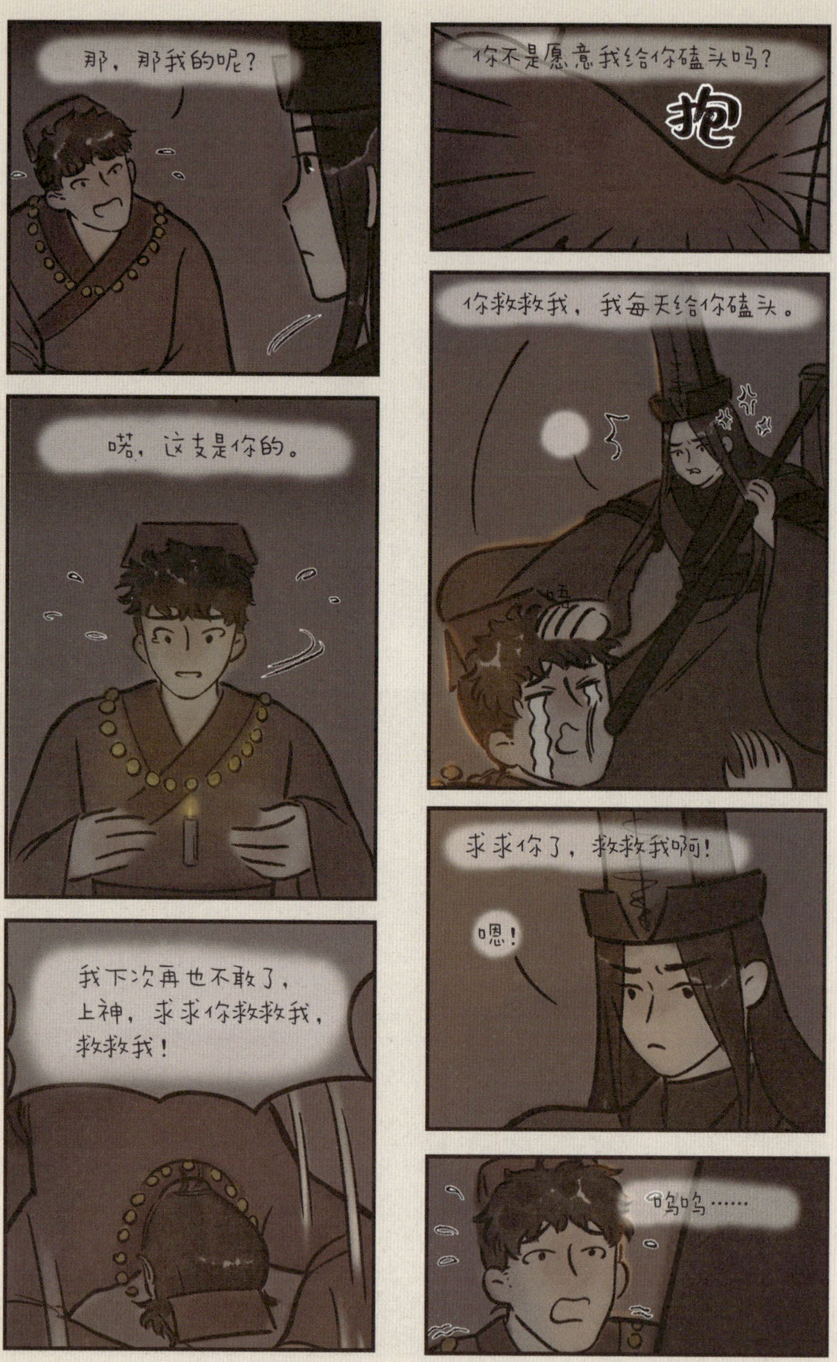
那，那我的呢？
喏，这支是你的。
我下次再也不敢了，
上神，求求你救救我，
救救我！
你不是愿意我给你磕头吗？
抱
你救救我，我每天给你磕头。
求求你了，救救我啊！
嗯！
呜呜……

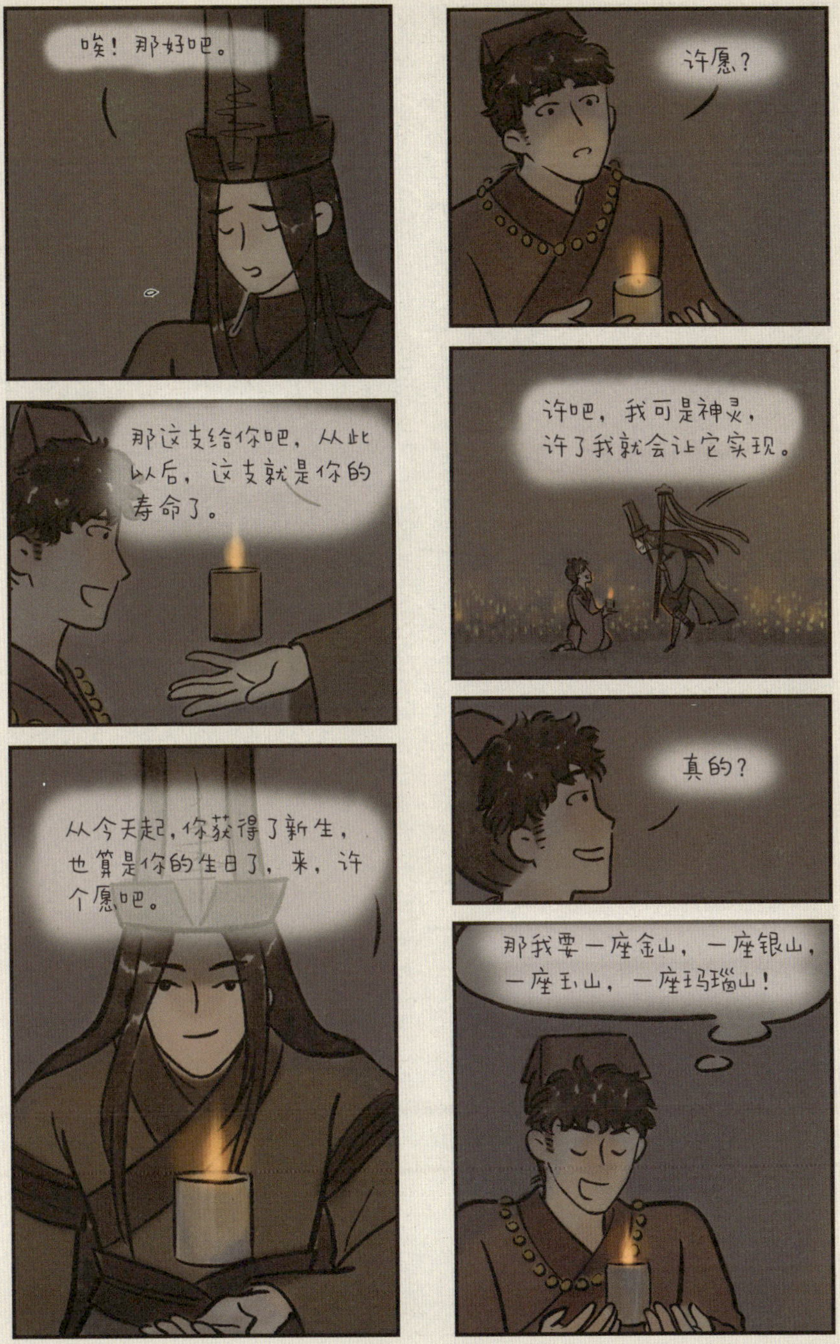
唉！那好吧。
许愿？
那这支给你吧，从此以后，这支就是你的寿命了。
许吧，我可是神灵，许了我就会让它实现。
从今天起，你获得了新生，也算是你的生日了，来，许个愿吧。
真的？
那我要一座金山，一座银山，一座玉山，一座玛瑙山！

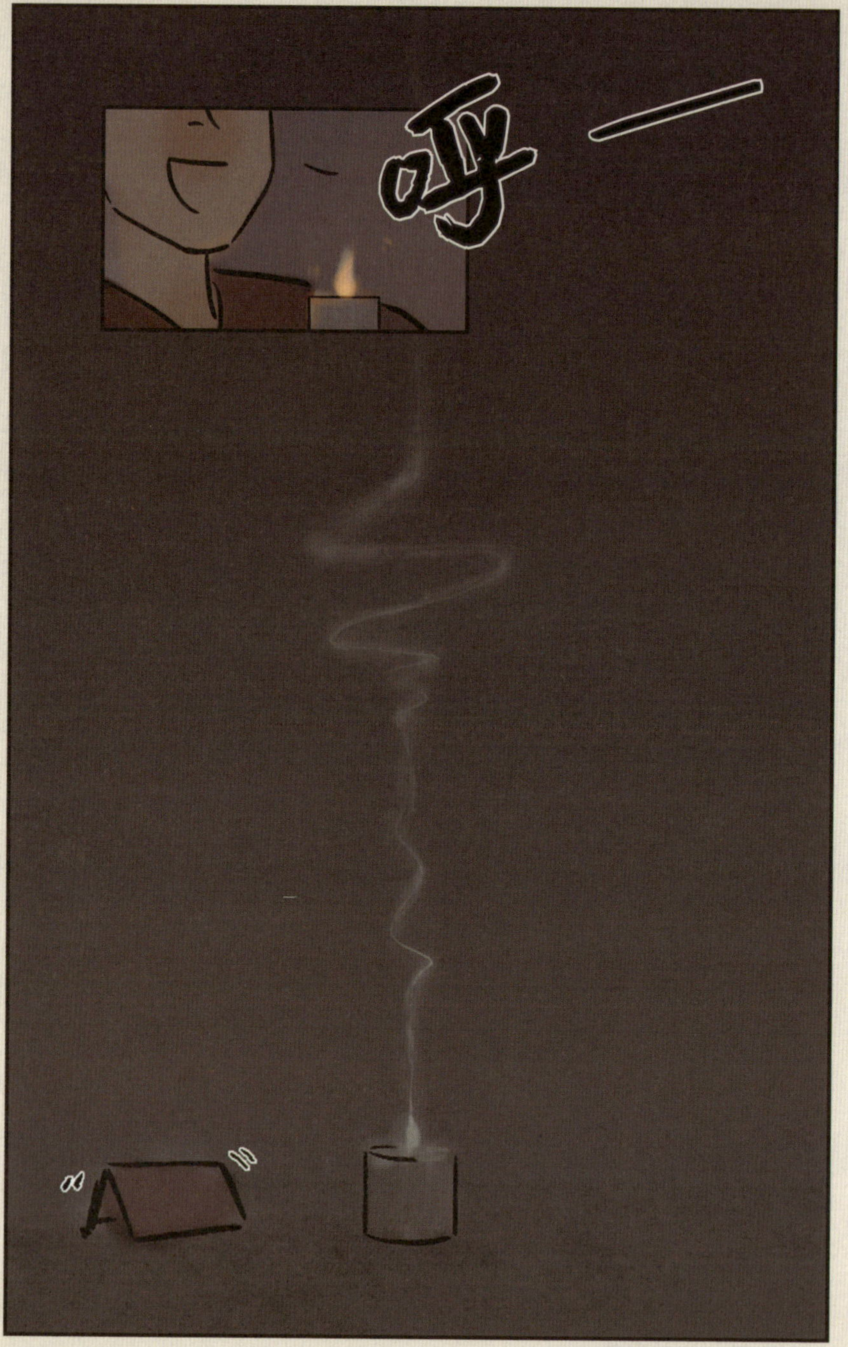
呼——

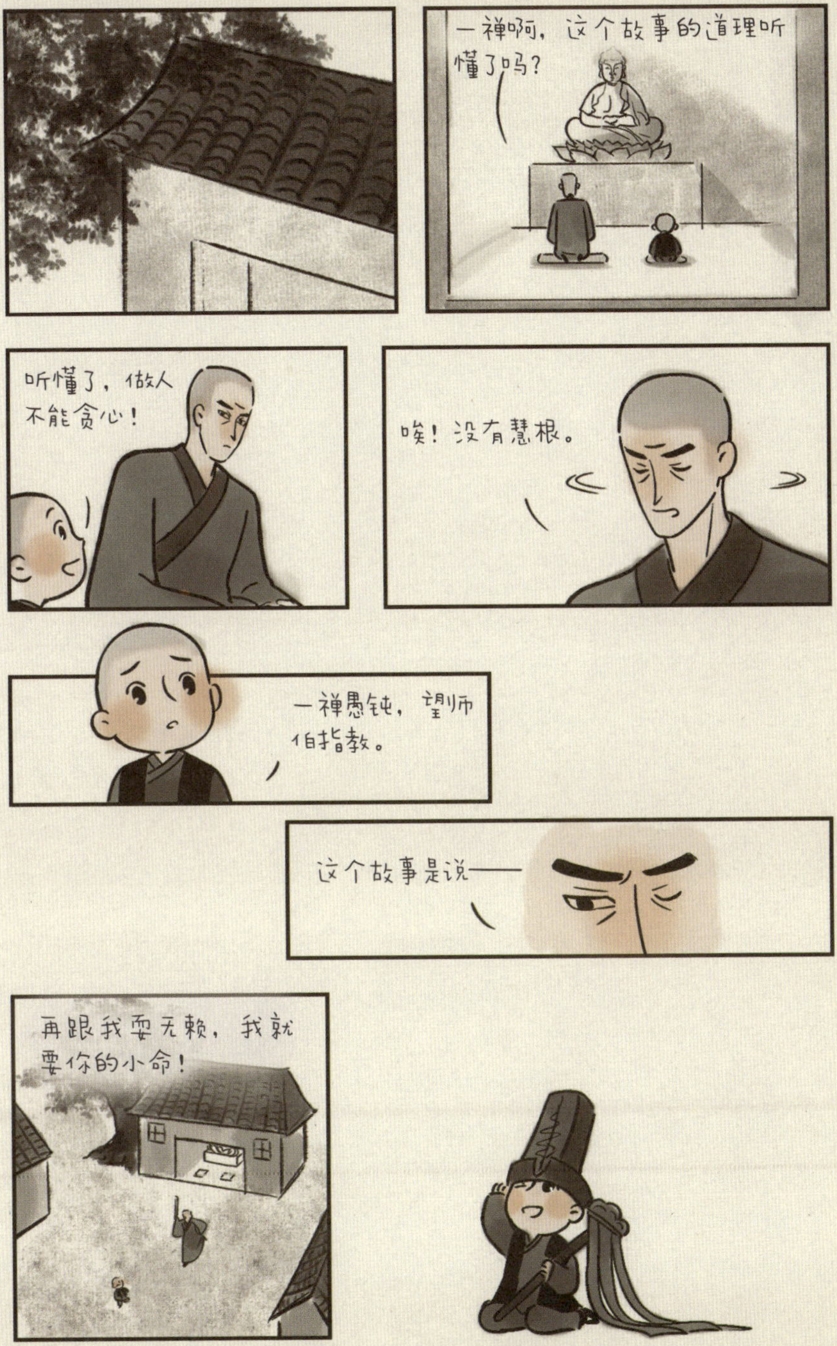
一禅啊，这个故事的道理听懂了吗？
听懂了，做人不能贪心！
唉！没有慧根。
一禅愚钝，望师伯指教。
这个故事是说——
再跟我耍无赖，我就要你的小命！

摔杯

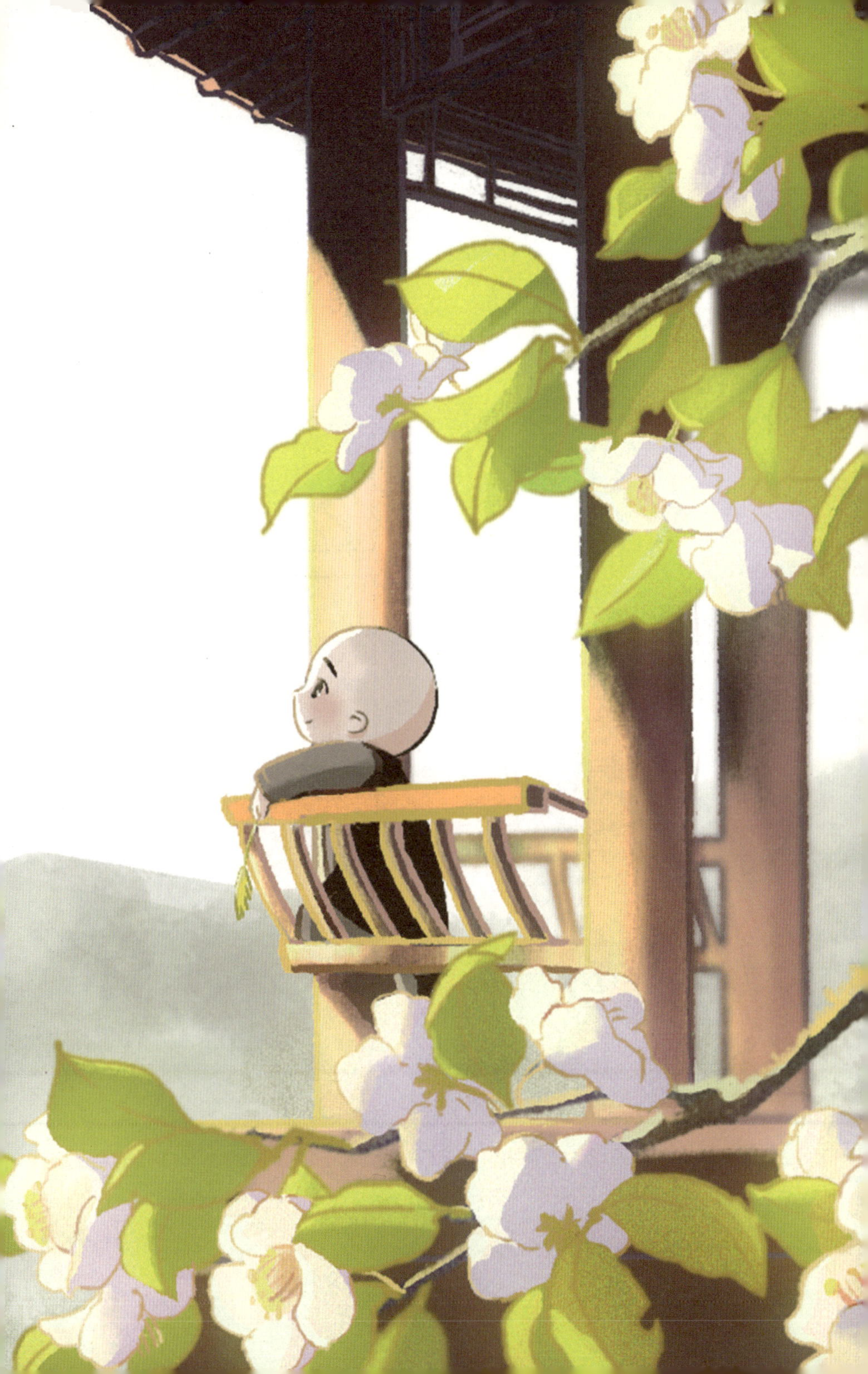

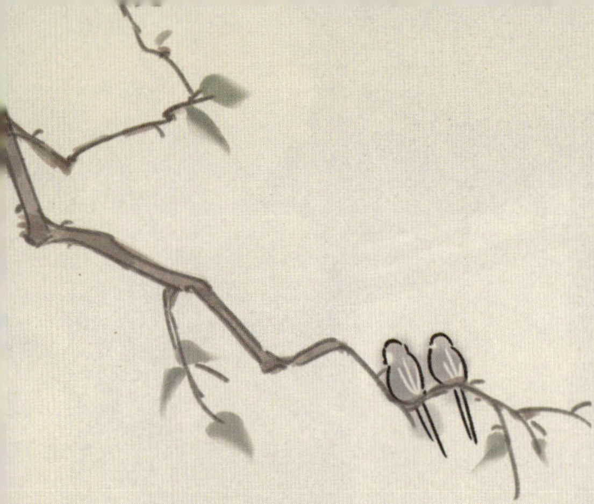

这天，

李将军和他的同事一起去
拜访退休的大元帅。

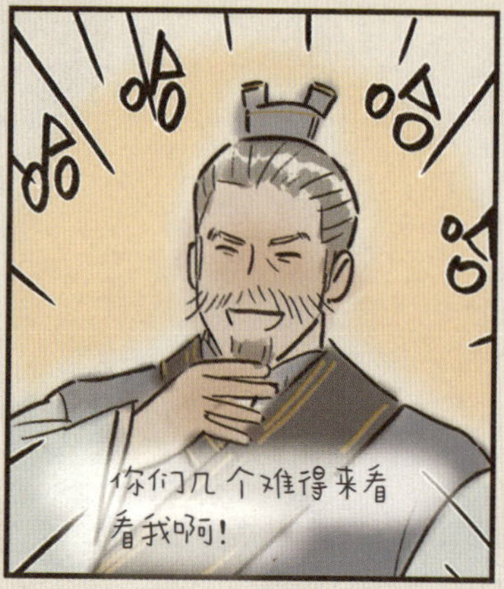
哈
哈
哈
哈
你们几个难得来看
看我啊！

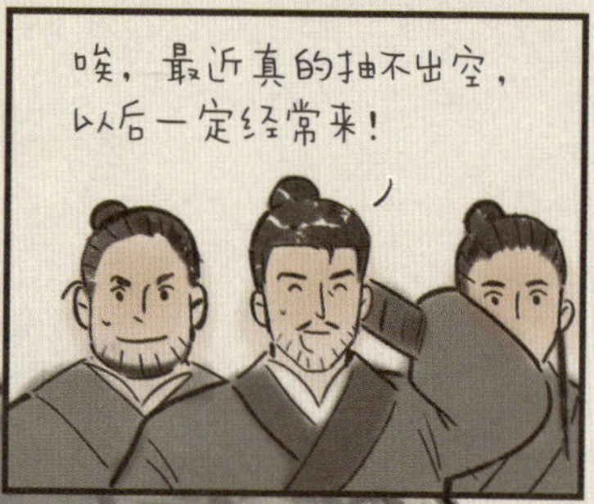
唉，最近真的抽不出空，
以后一定经常来！

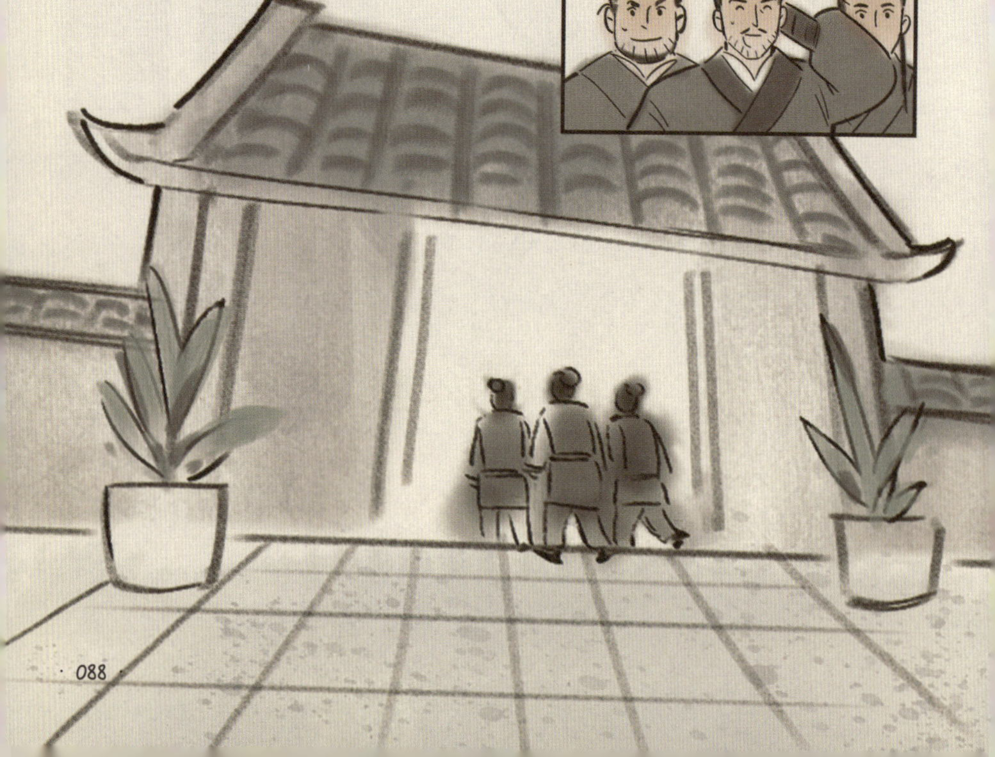

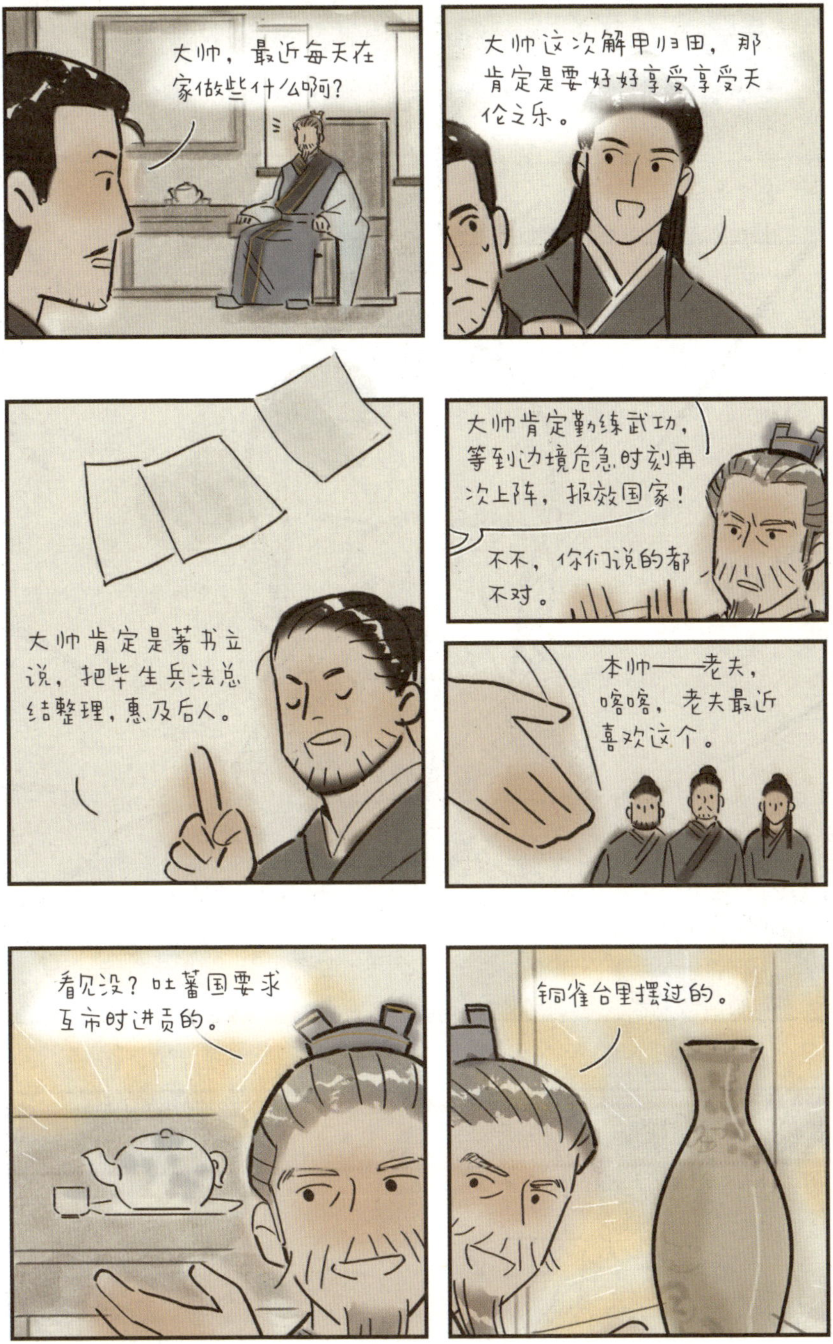
大帅，最近每天在家做些什么啊？
大帅这次解甲归田，那肯定是要好好享受享受天伦之乐。
大帅肯定是著书立说，把毕生兵法总结整理，惠及后人。
大帅肯定勤练武功，等到边境危急时刻再次上阵，报效国家！
不不，你们说的都不对。
本帅——老夫，咯咯，老夫最近喜欢这个。
看见没？吐蕃国要求互市时进贡的。
铜雀台里摆过的。

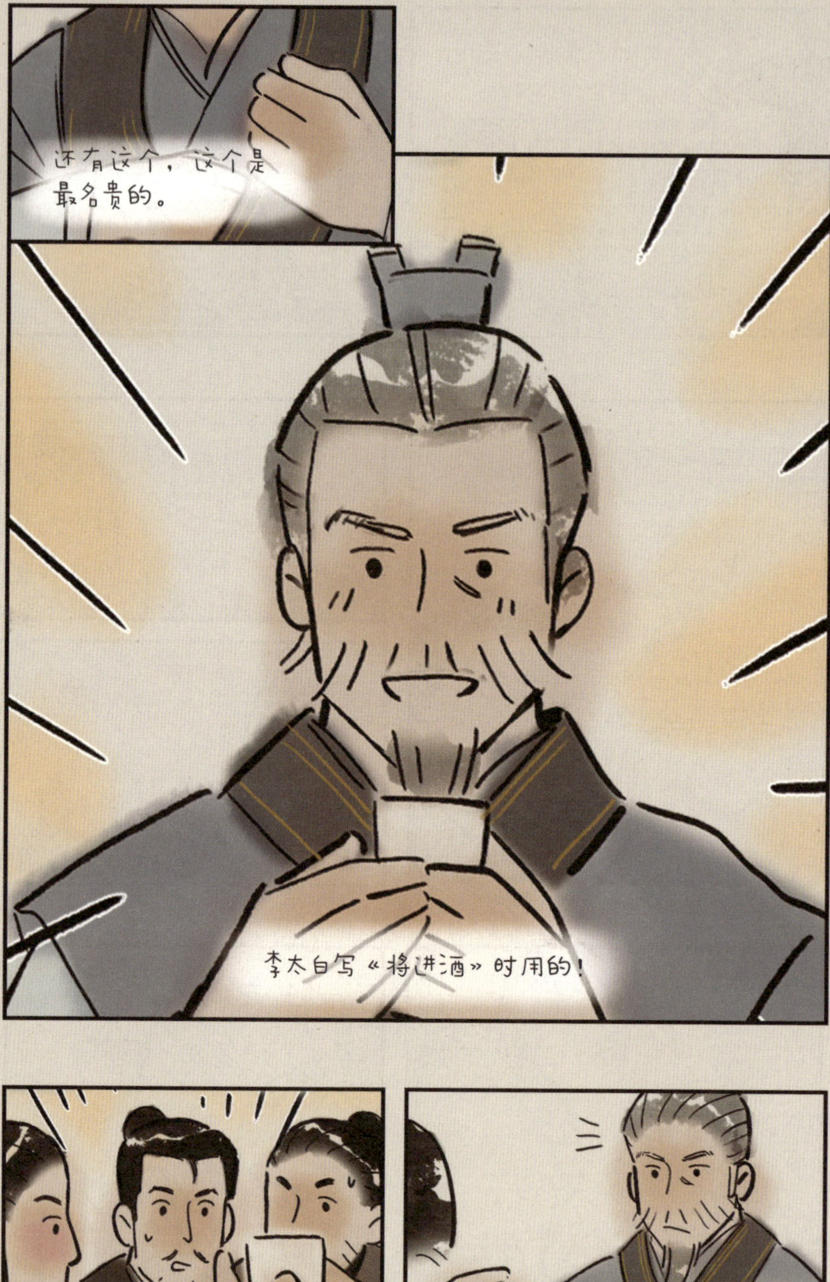
还有这个，这个是
最名贵的。
李太白写《将进酒》时用的！

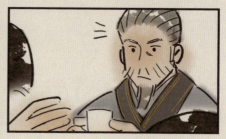

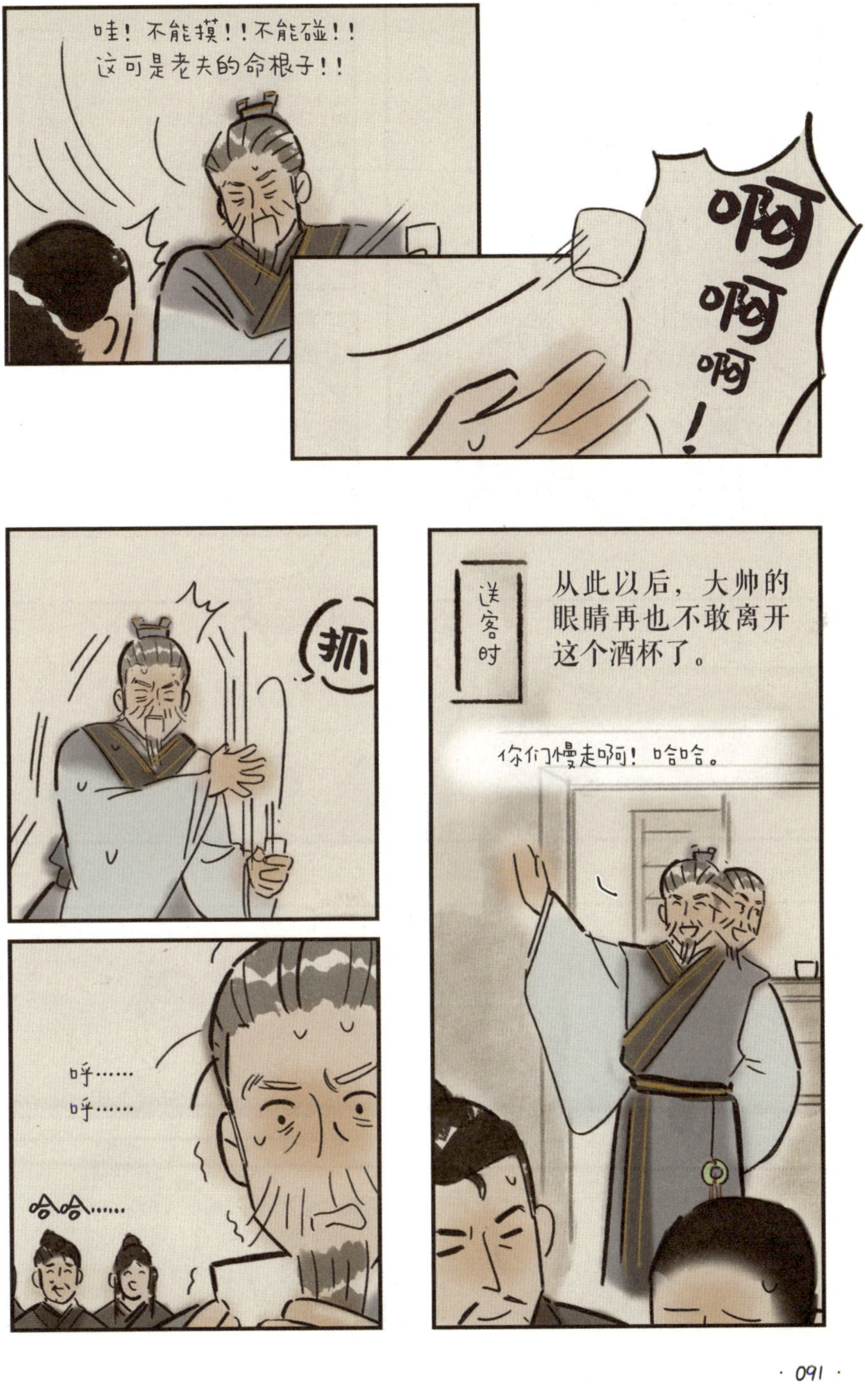
哇！不能摸！！不能碰！！
这可是老夫的命根子！！
啊啊啊！
抓
呼……
呼……
哈哈……
送客时
从此以后，大帅的眼睛再也不敢离开这个酒杯了。
你们慢走啊！哈哈。

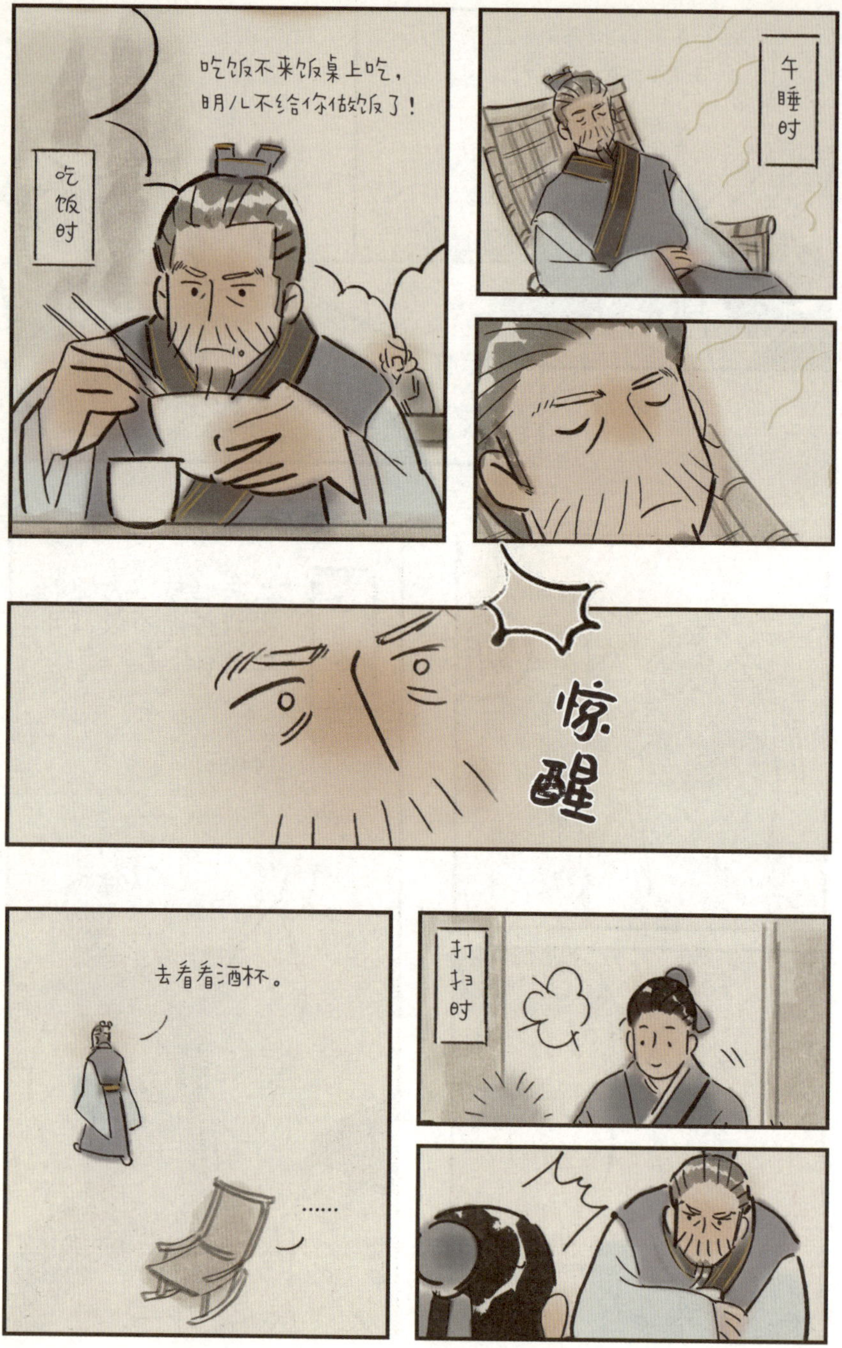
吃饭时
吃饭不来饭桌上吃，
明儿不给你做饭了！
午睡时
惊醒
去看看酒杯。
……
打扫时

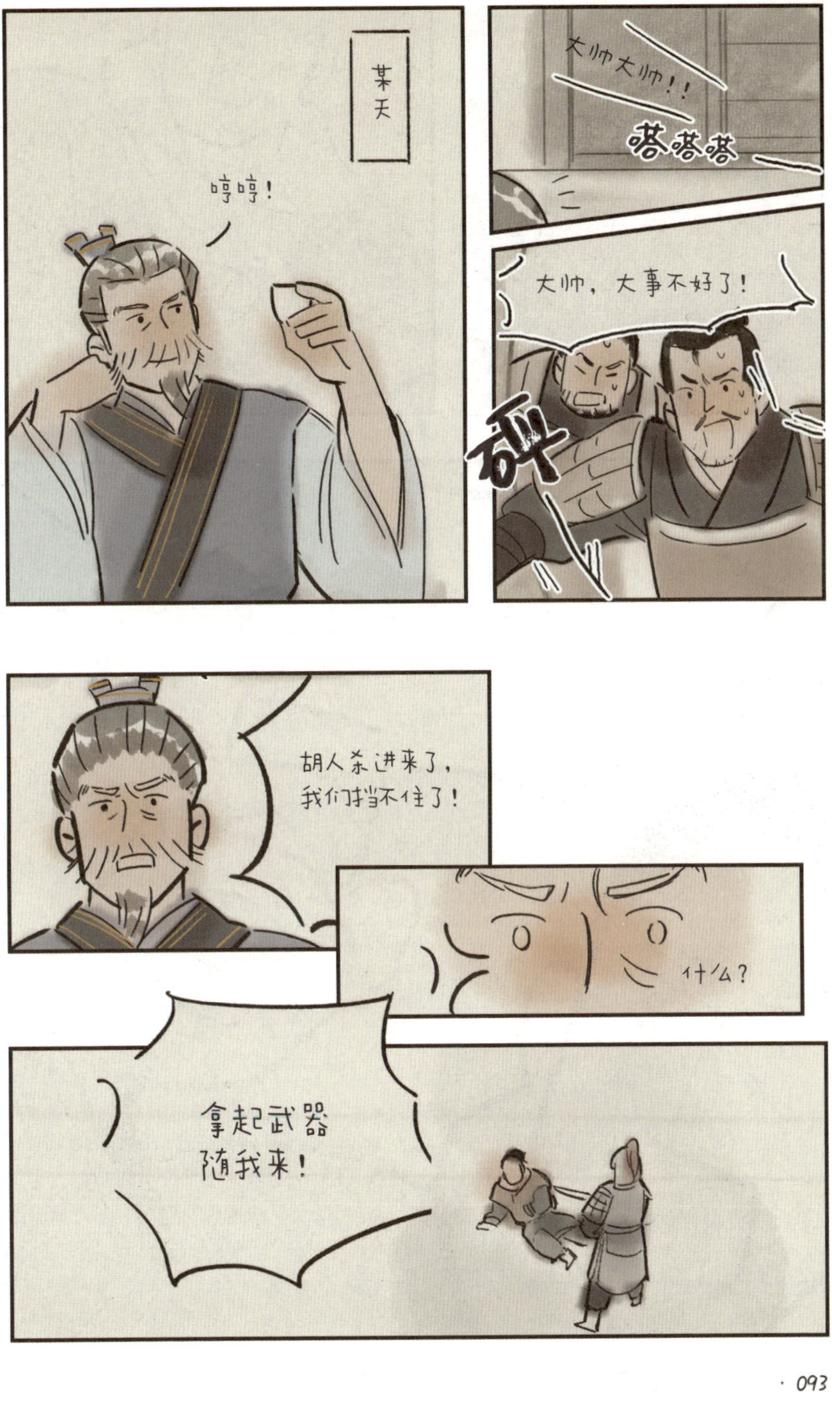
某天
哼哼！
大帅大帅！！
嗒嗒嗒
大帅，大事不好了！
砰
胡人杀进来了，
我们挡不住了！
什么？
拿起武器
随我来！

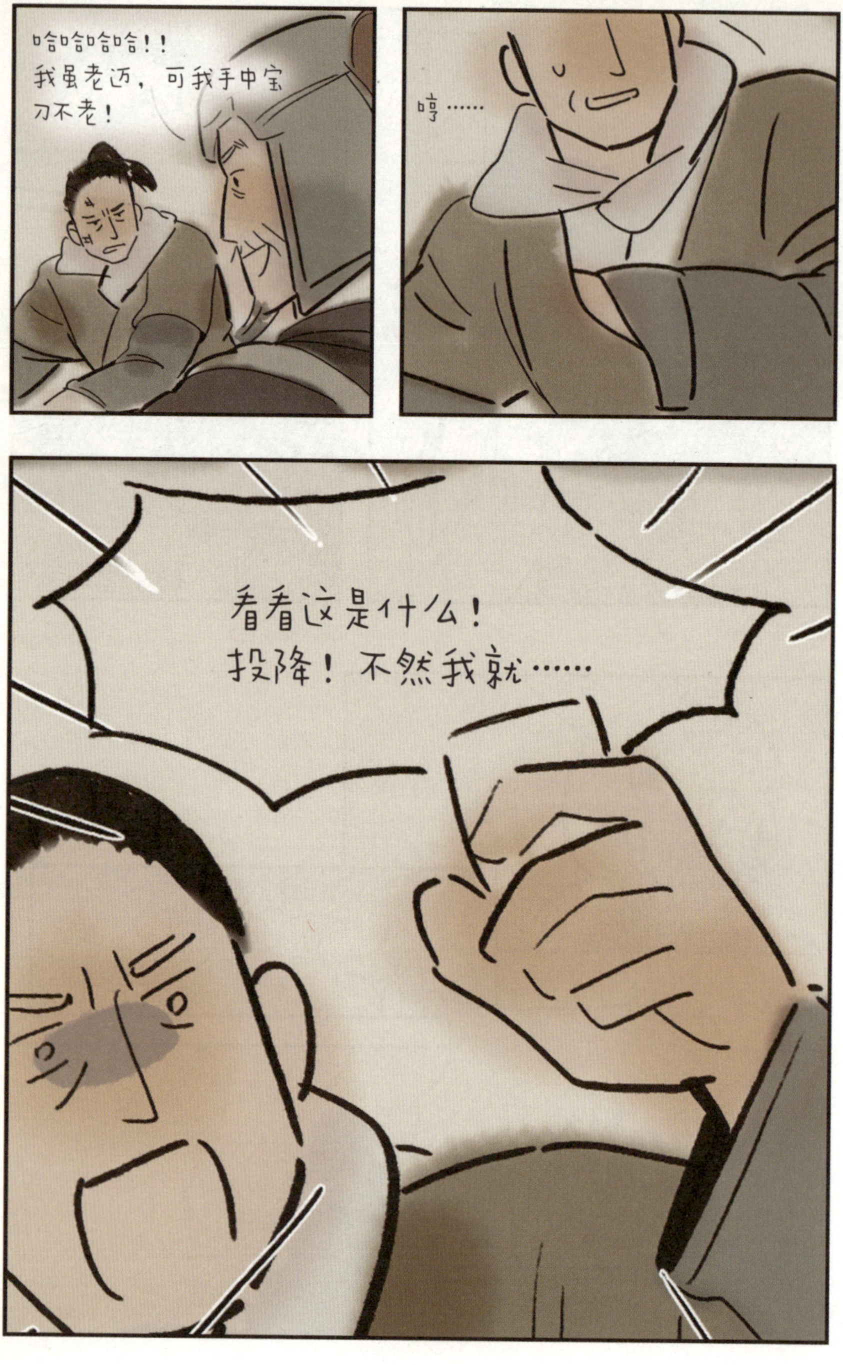
哈哈哈哈！！
我虽老迈，可我手中宝刀不老！
哼……
看看这是什么！
投降！不然我就……

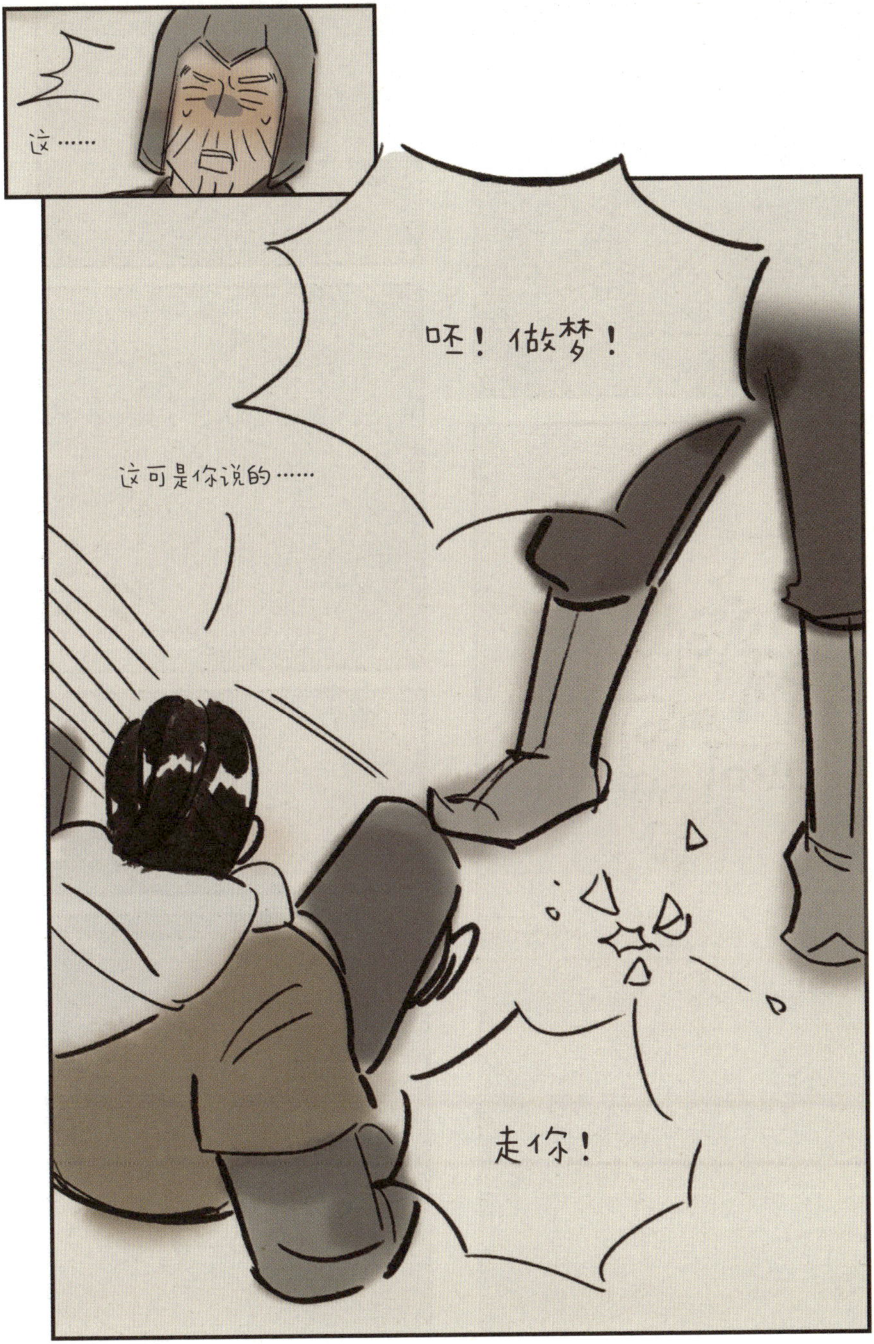
这……
呸！做梦！
这可是你说的……
走你！

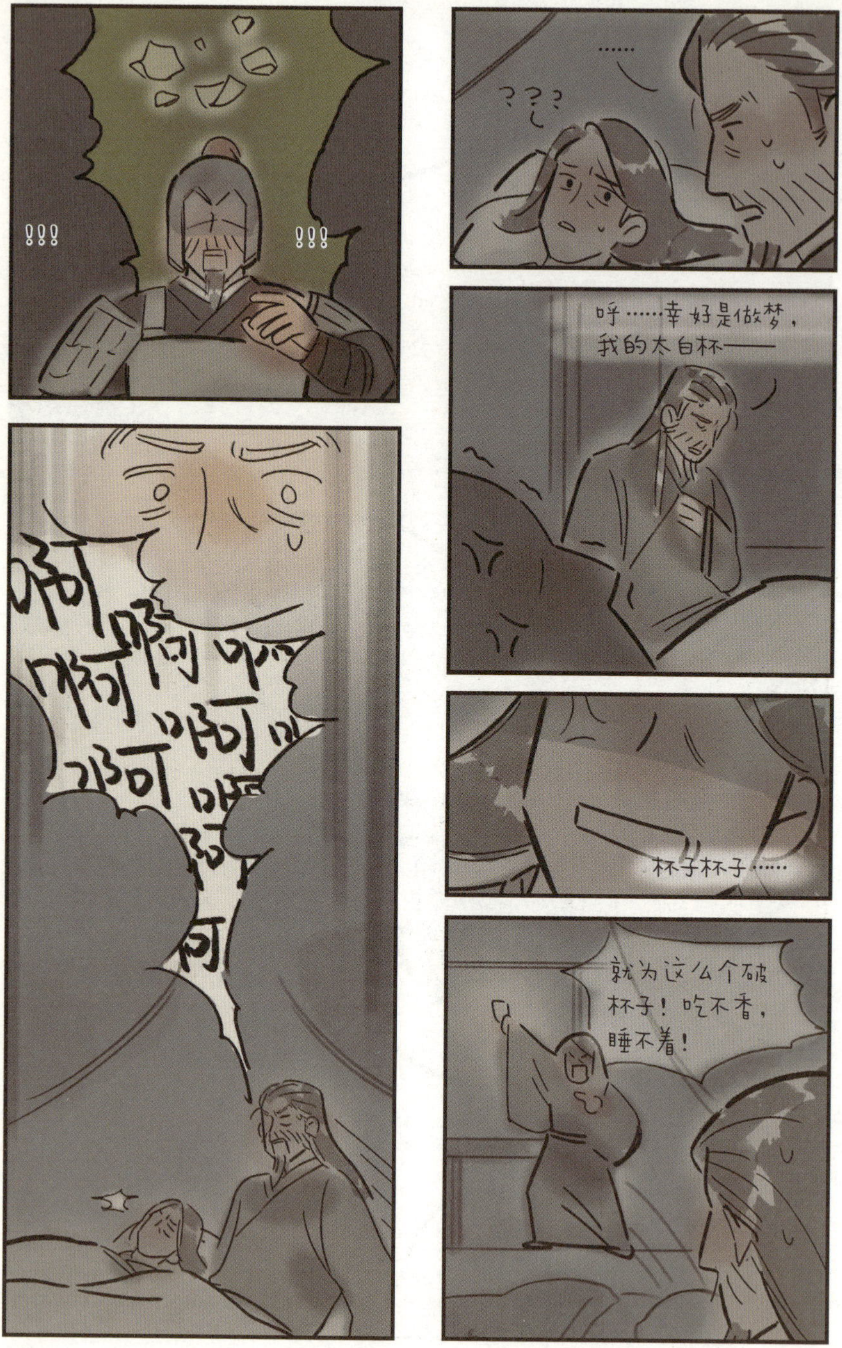
!!!
!!!
啊啊啊啊啊啊啊啊啊啊啊
……
？？？
呼……幸好是做梦，
我的太白杯——
杯子杯子……
就为这么个破
杯子！吃不香，
睡不着！

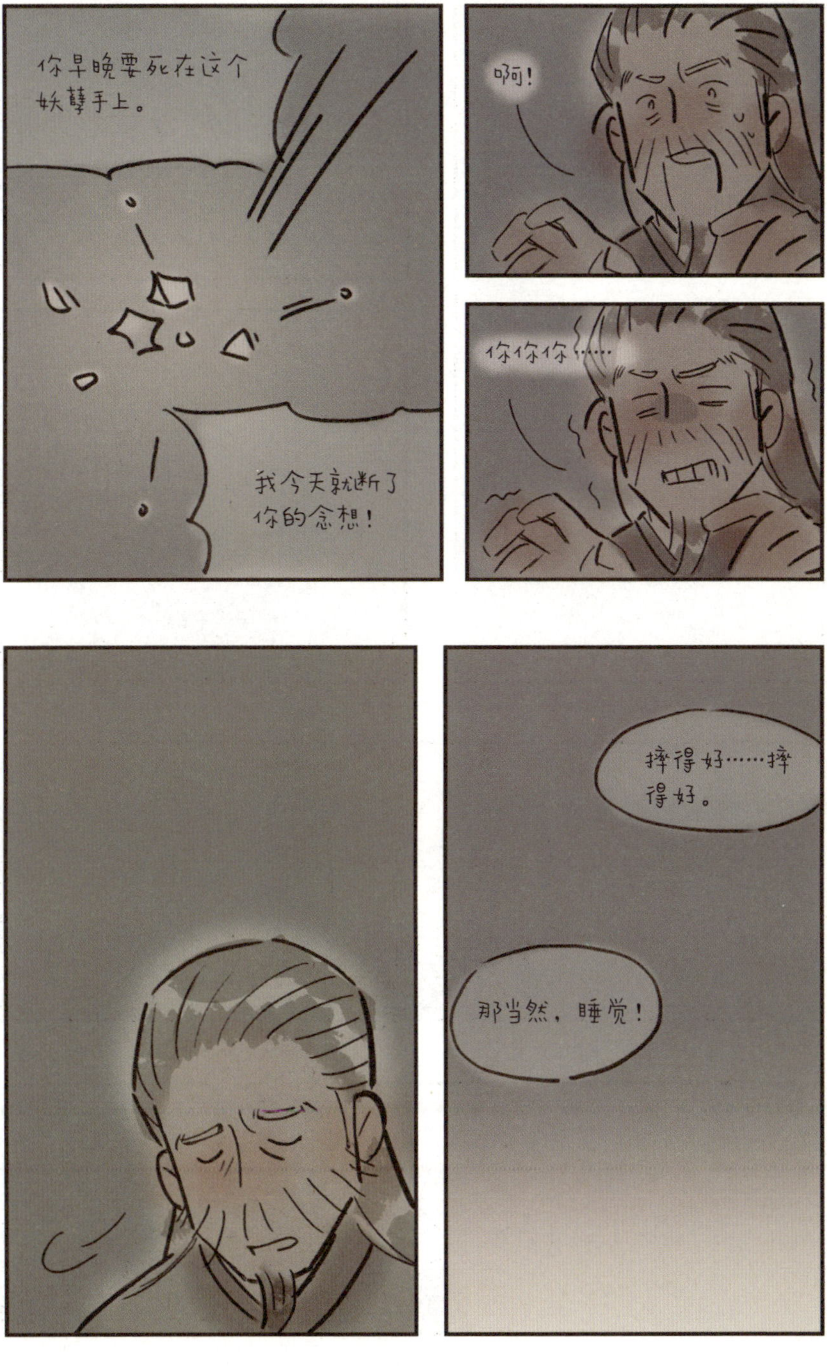
你早晚要死在这个妖孽手上。
我今天就断了你的念想！
啊！
你你你……
摔得好……摔得好。
那当然，睡觉！

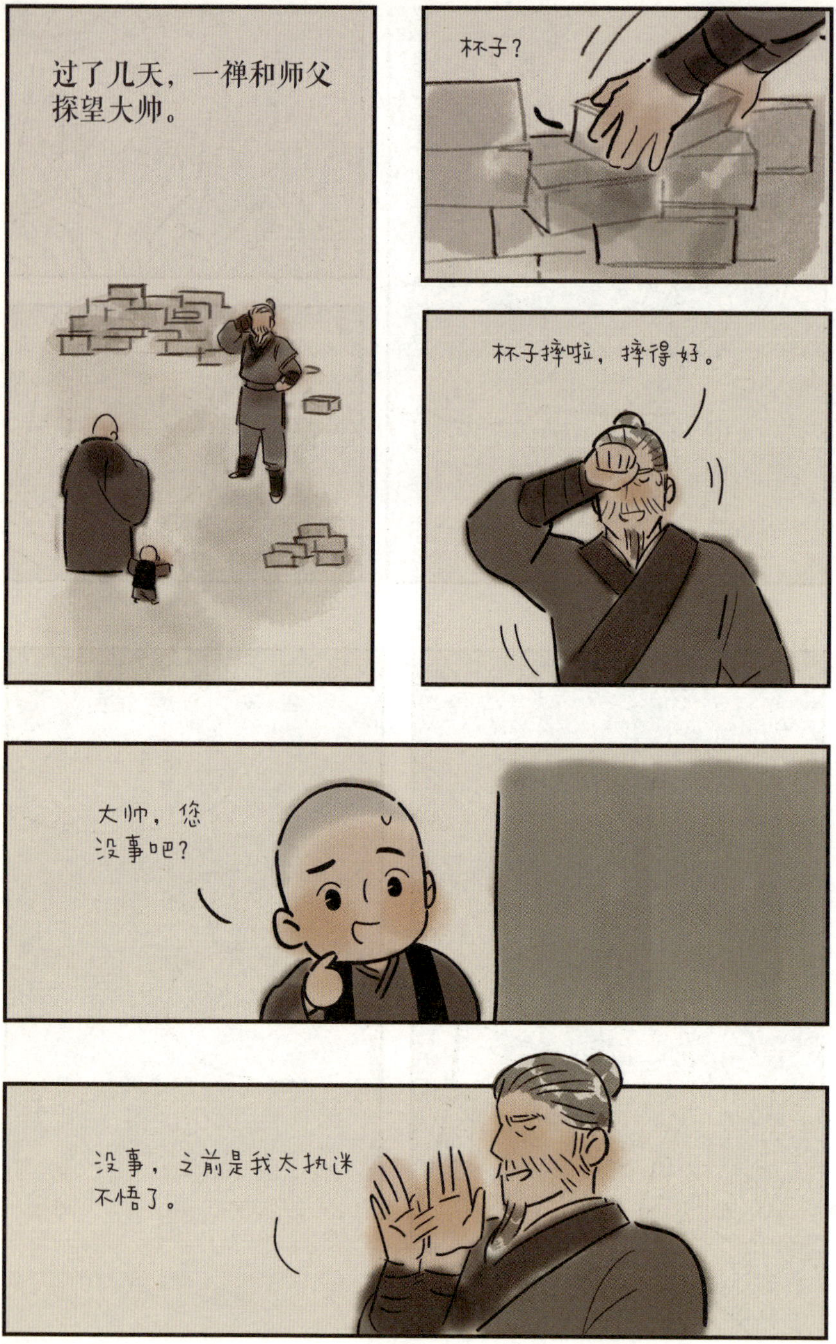
过了几天，一禅和师父探望大帅。
杯子？
杯子摔啦，摔得好。
大帅，您没事吧？
没事，之前是我太执迷不悟了。

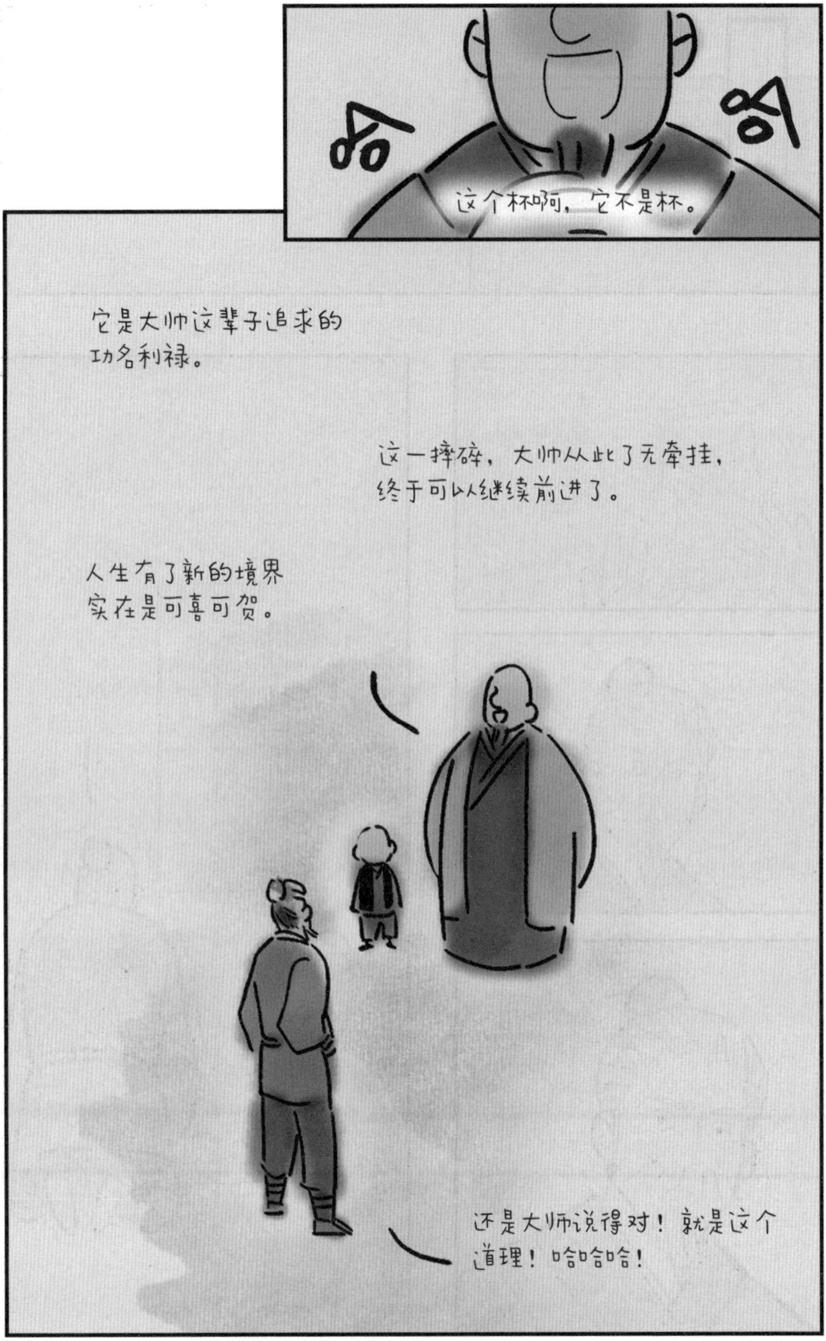
哈
哈
这个杯啊，它不是杯。
它是大师这辈子追求的
功名利禄。
这一摔碎，大师从此了无牵挂，
终于可以继续前进了。
人生有了新的境界
实在是可喜可贺。
还是大师说得对！就是这个
道理！哈哈哈！

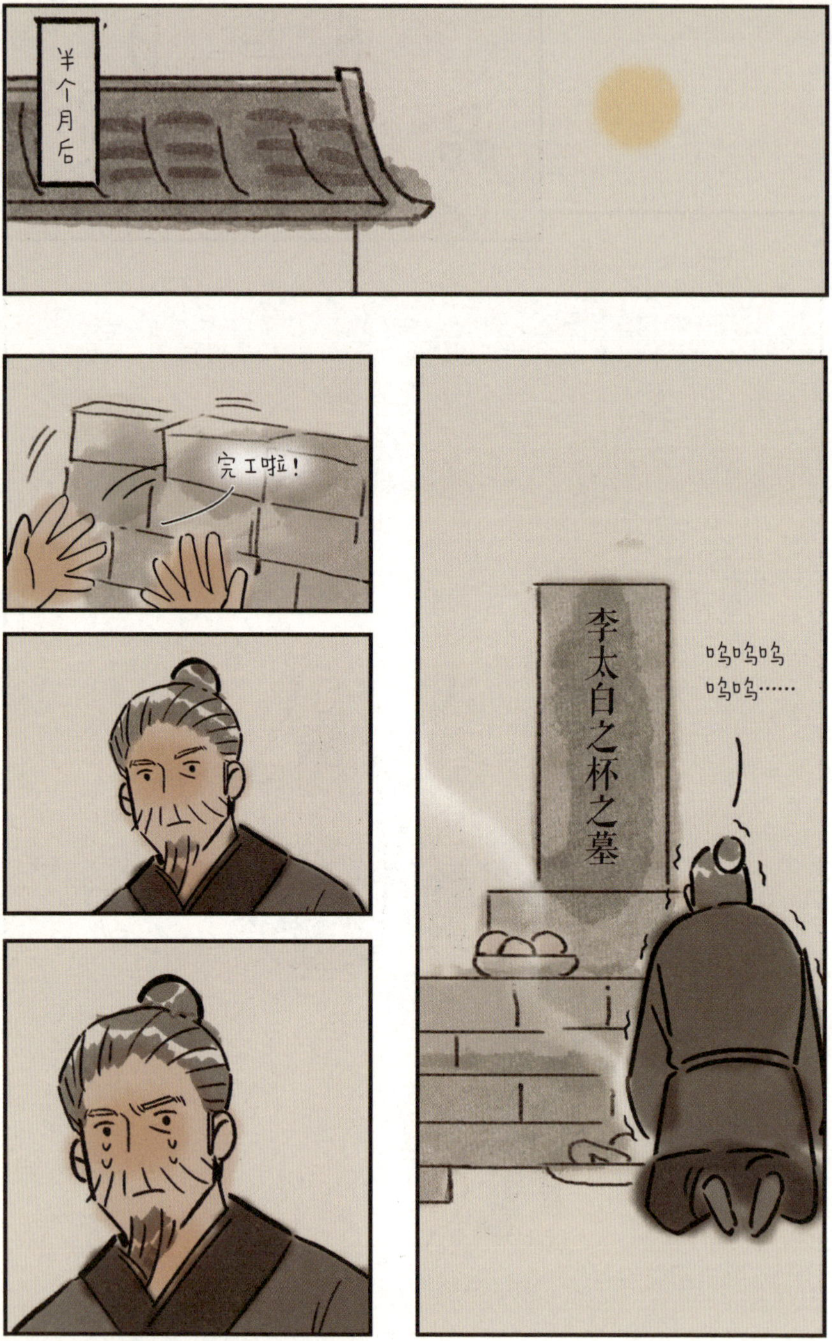
半个月后
完工啦！
李太白之杯之墓
呜呜呜
呜呜……

永恒

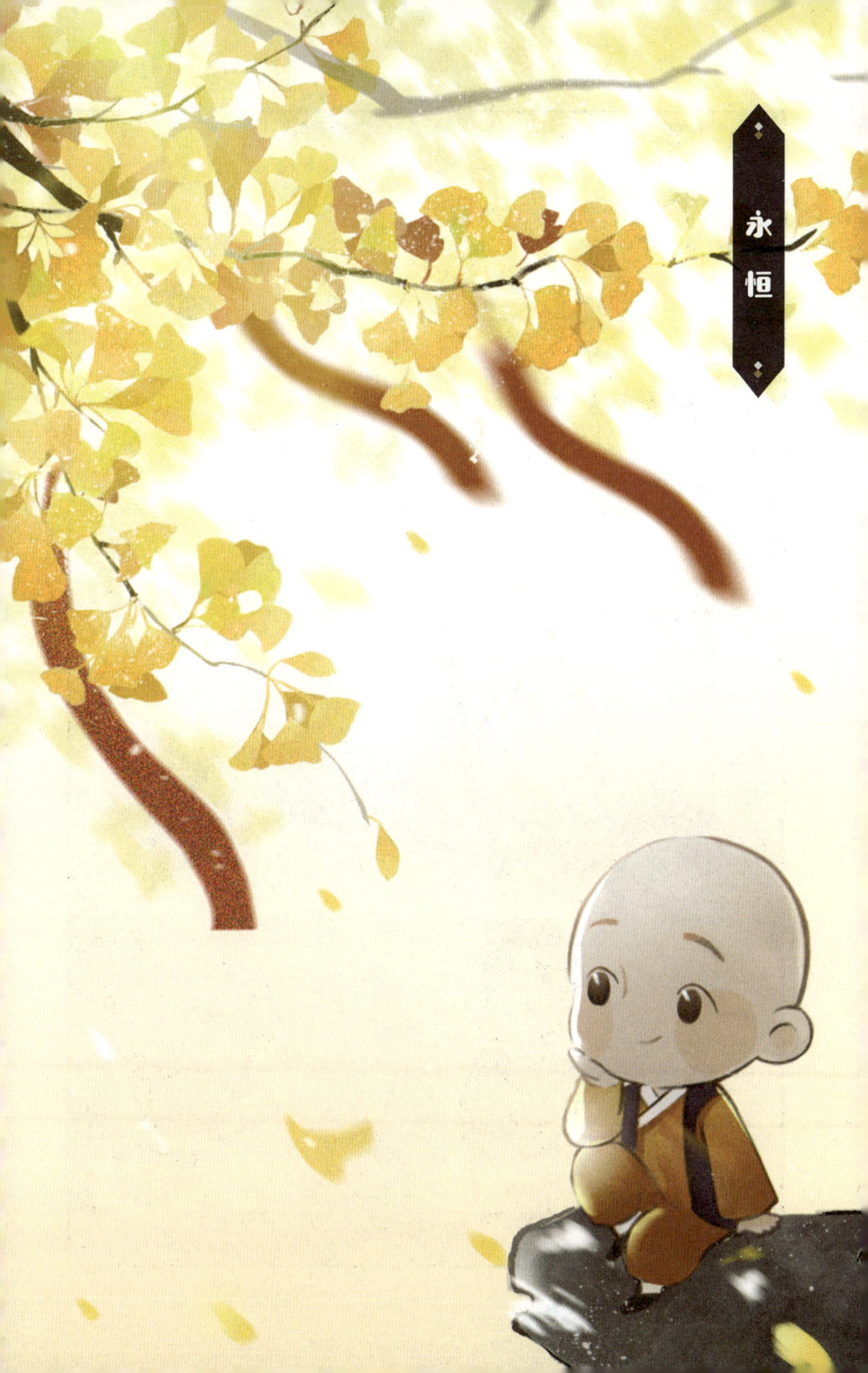

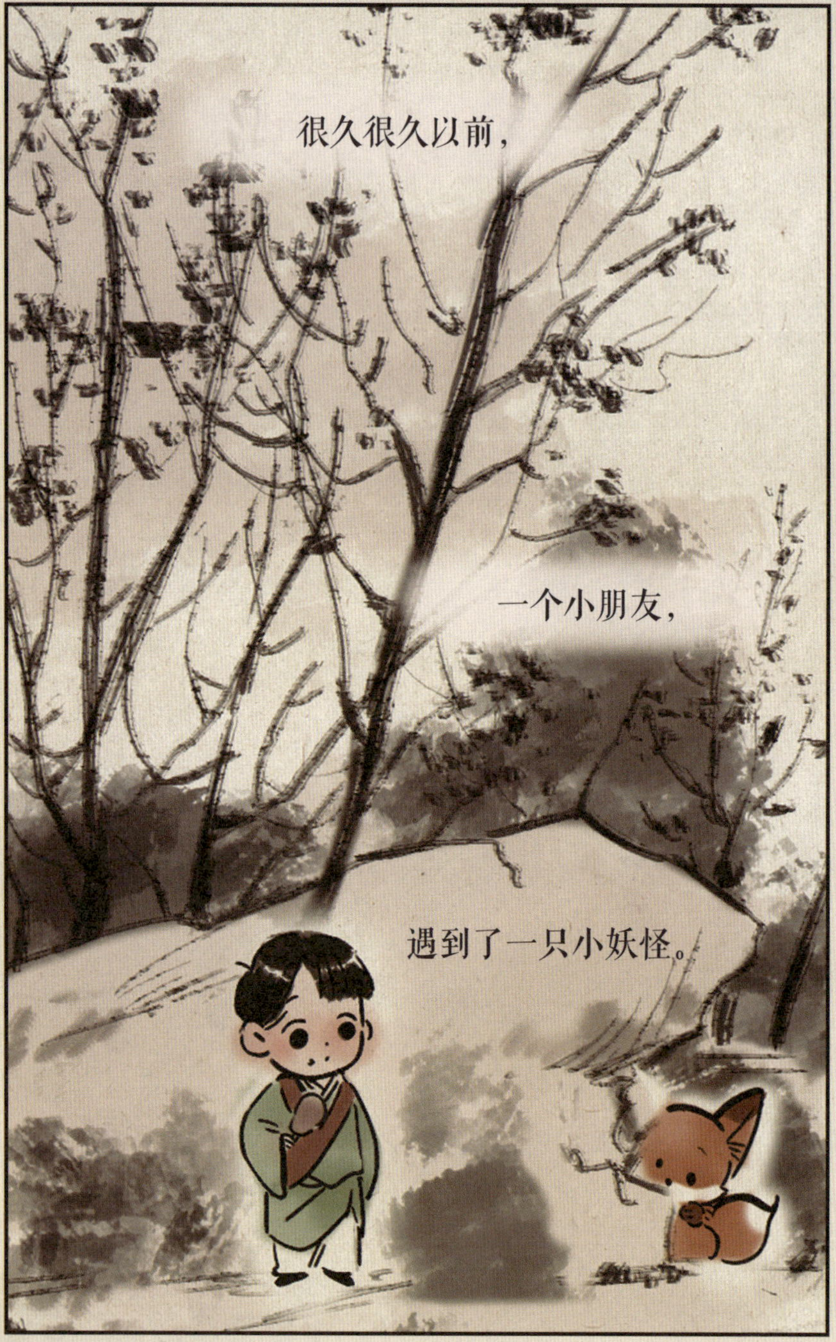
很久很久以前，
一个小朋友，
遇到了一只小妖怪。

小朋友递给小妖怪一只鸡腿。

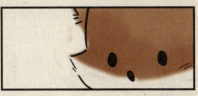

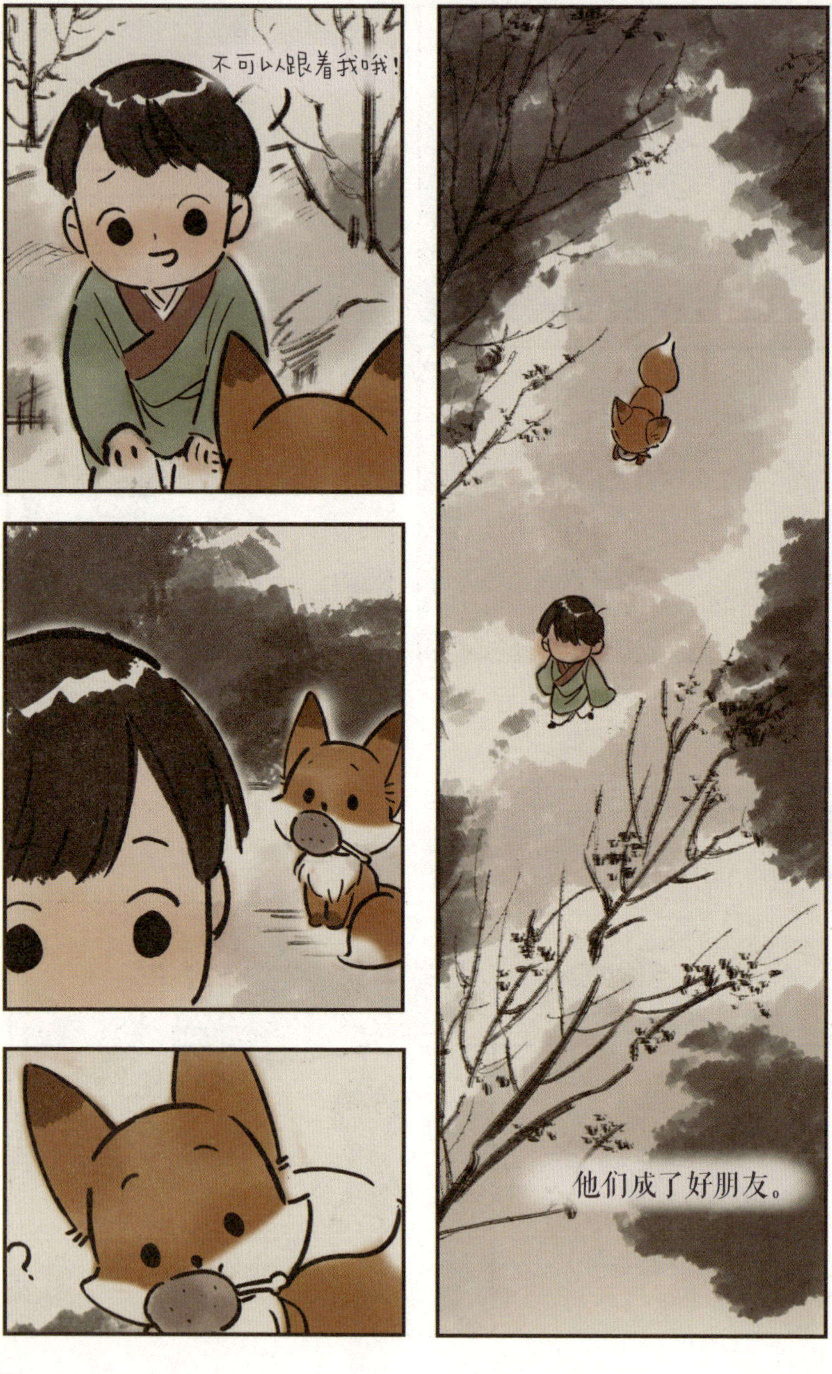
不可以跟着我哦！
?
他们成了好朋友。

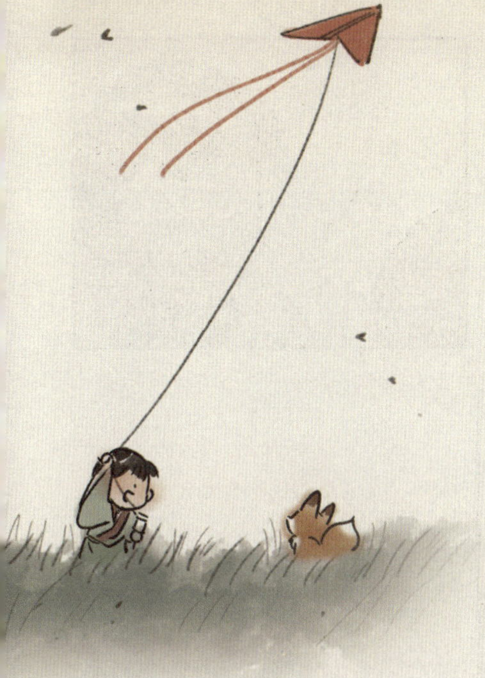

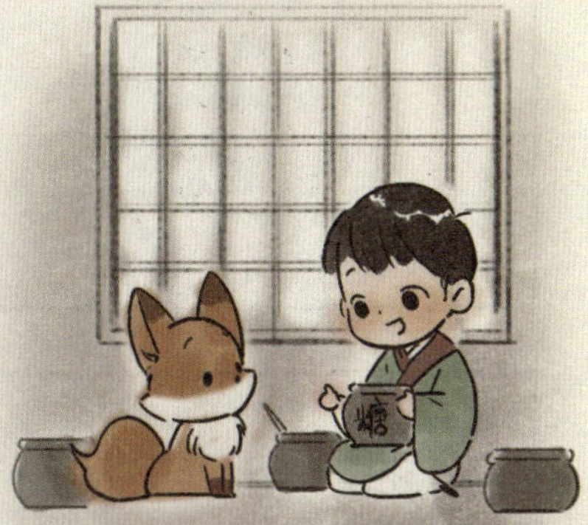
糖

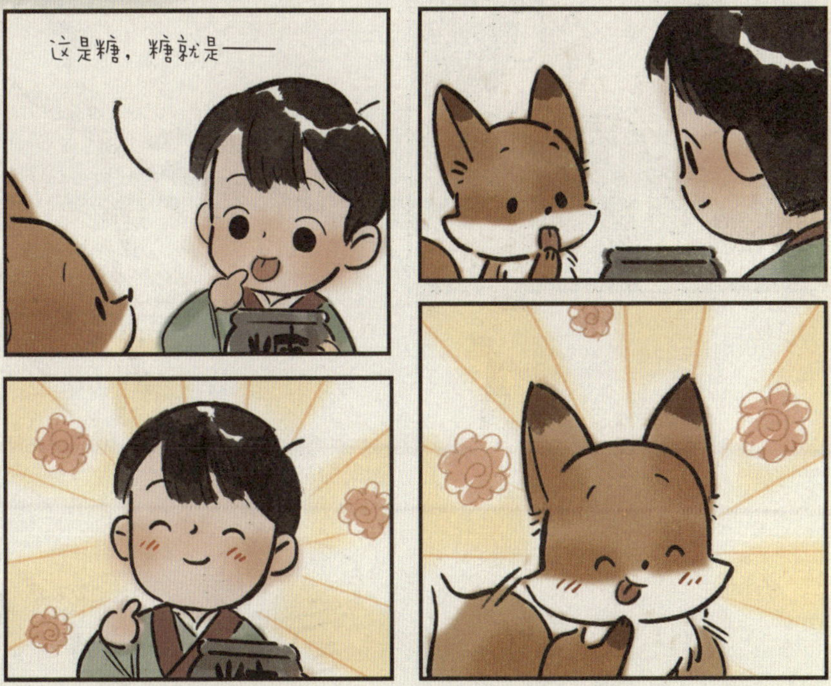
这是糖，糖就是——

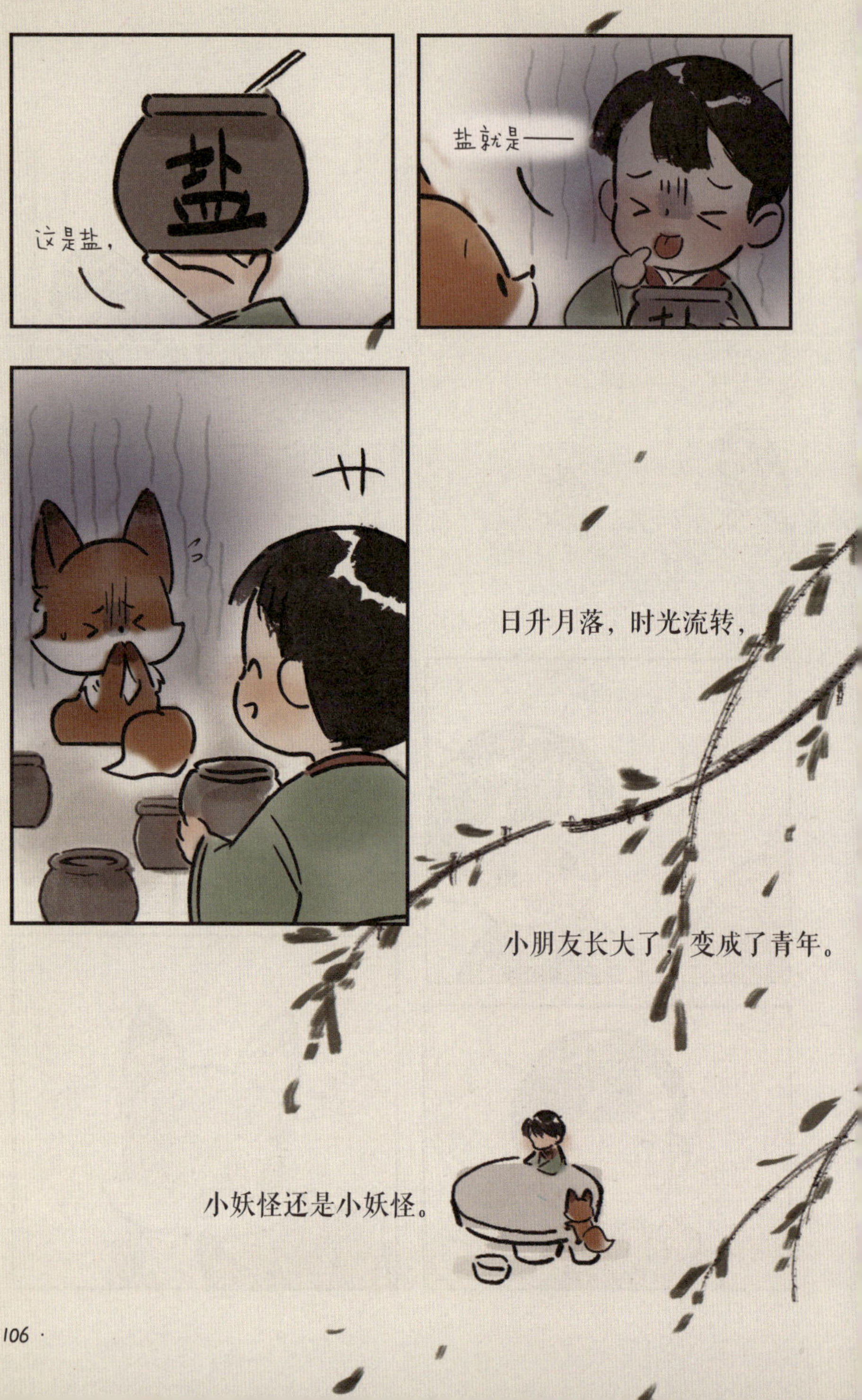
这是盐，
盐就是——
日升月落，时光流转，
小朋友长大了，变成了青年。
小妖怪还是小妖怪。

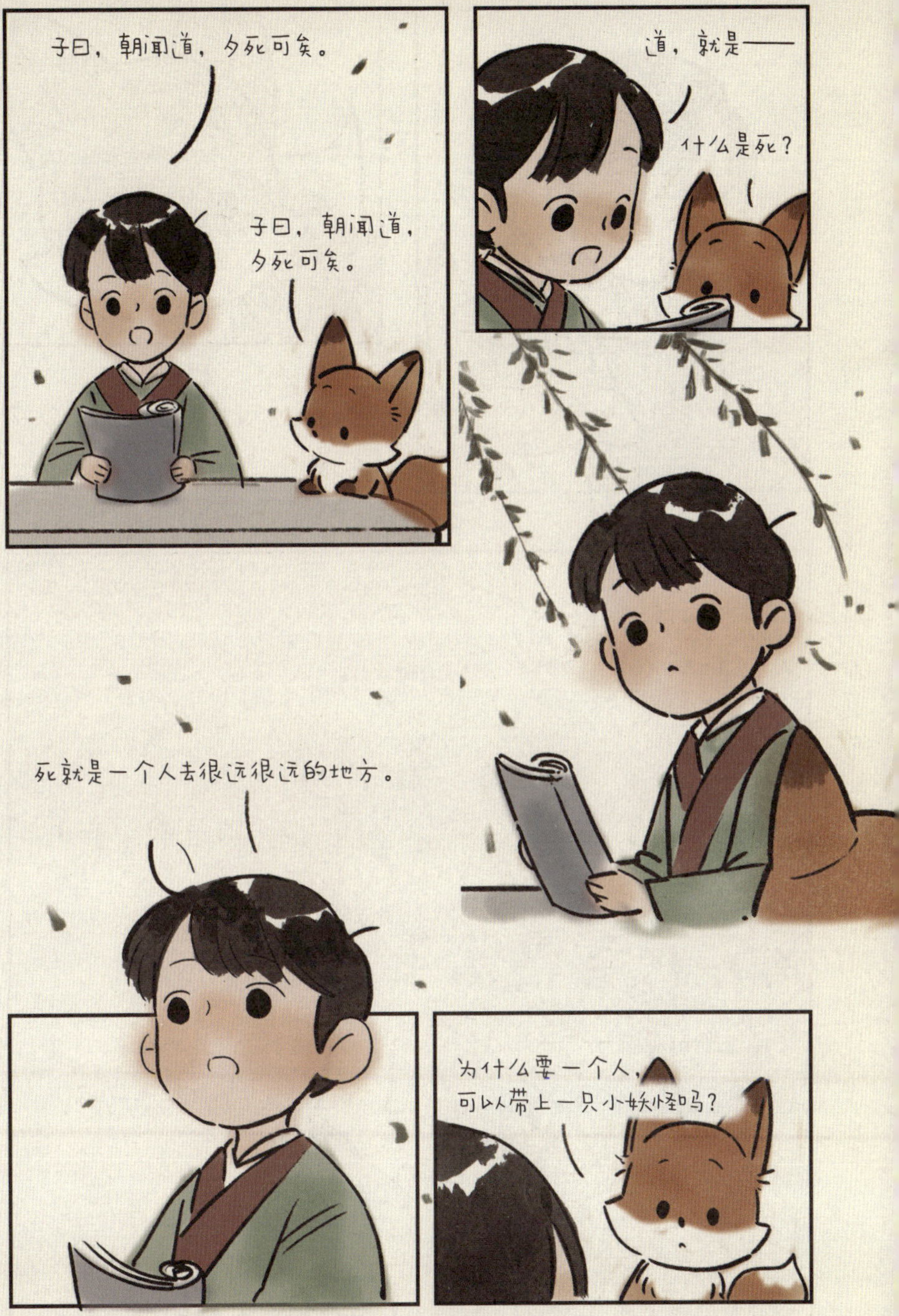
子曰，朝闻道，夕死可矣。
子曰，朝闻道，夕死可矣。
道，就是——
什么是死？
死就是一个人去很远很远的地方。
为什么要一个人，可以带上一只小妖怪吗？

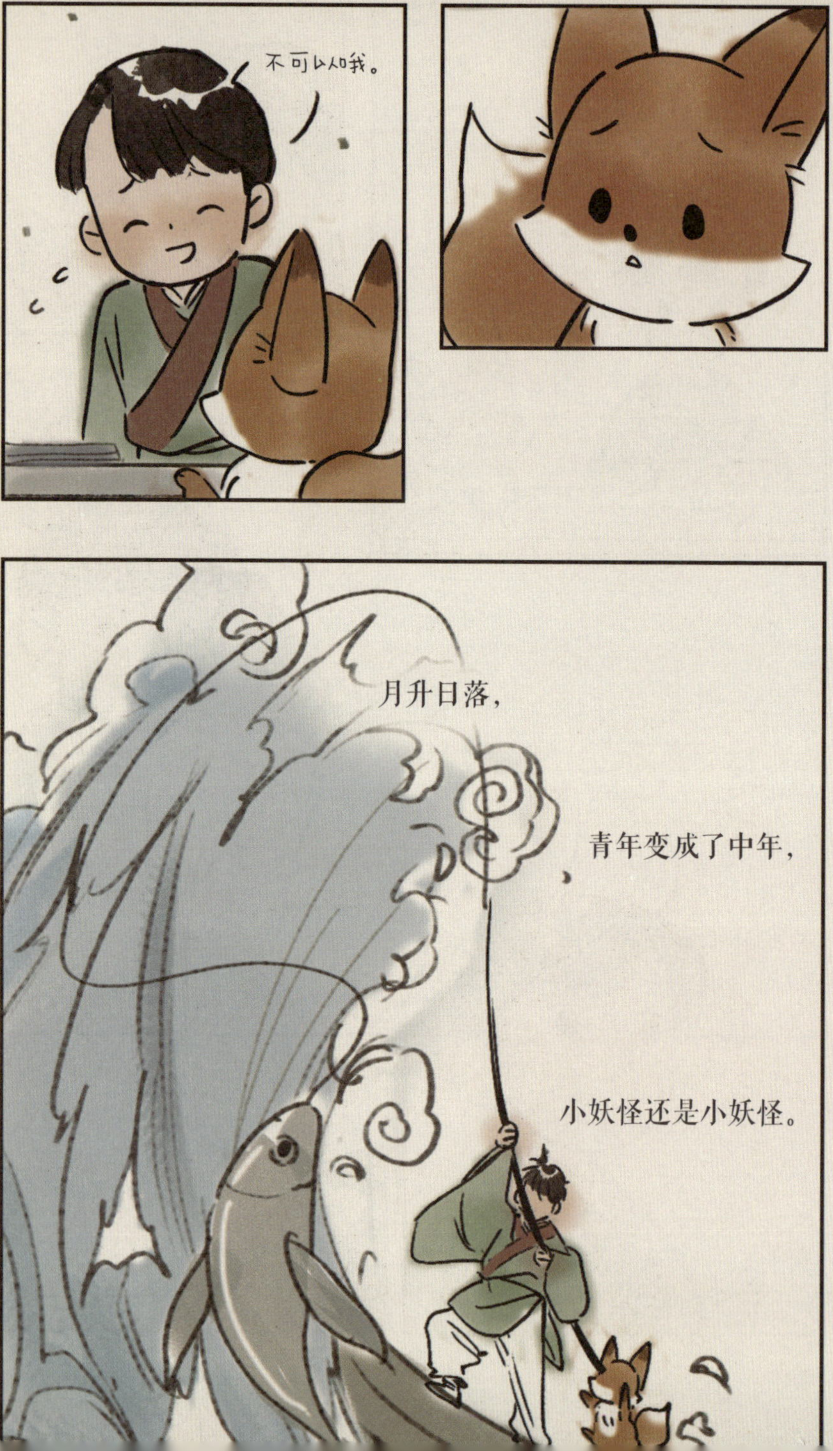
不可以叼我。
月升日落，
青年变成了中年，
小妖怪还是小妖怪。

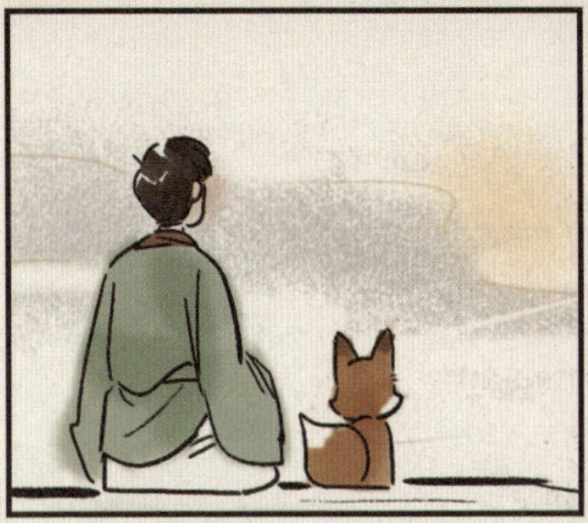

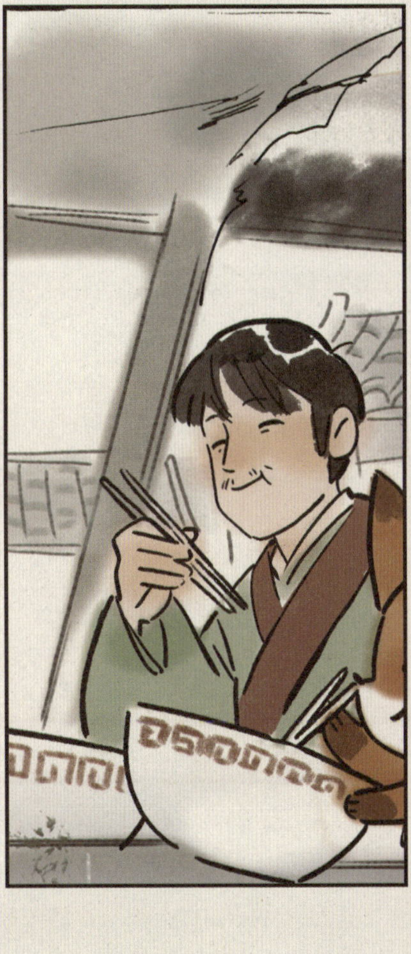

日升月落，

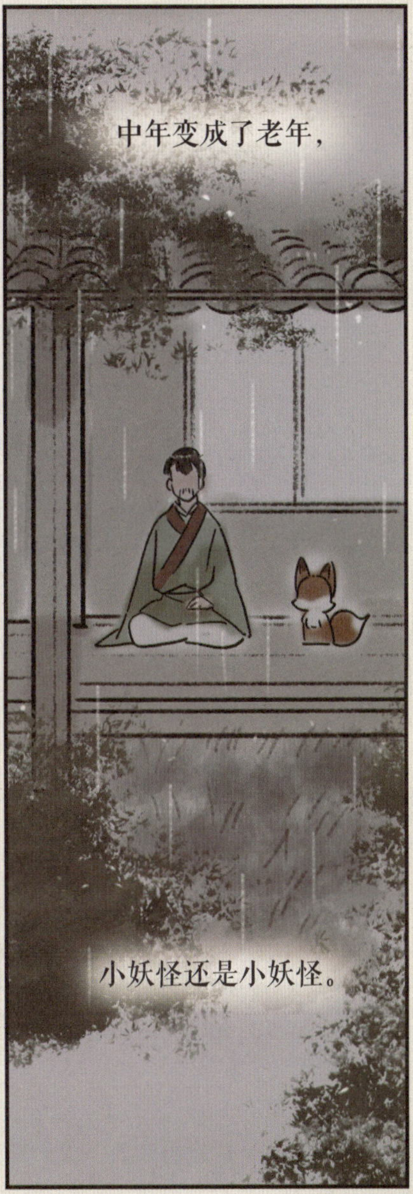
中年变成了老年，
小妖怪还是小妖怪。

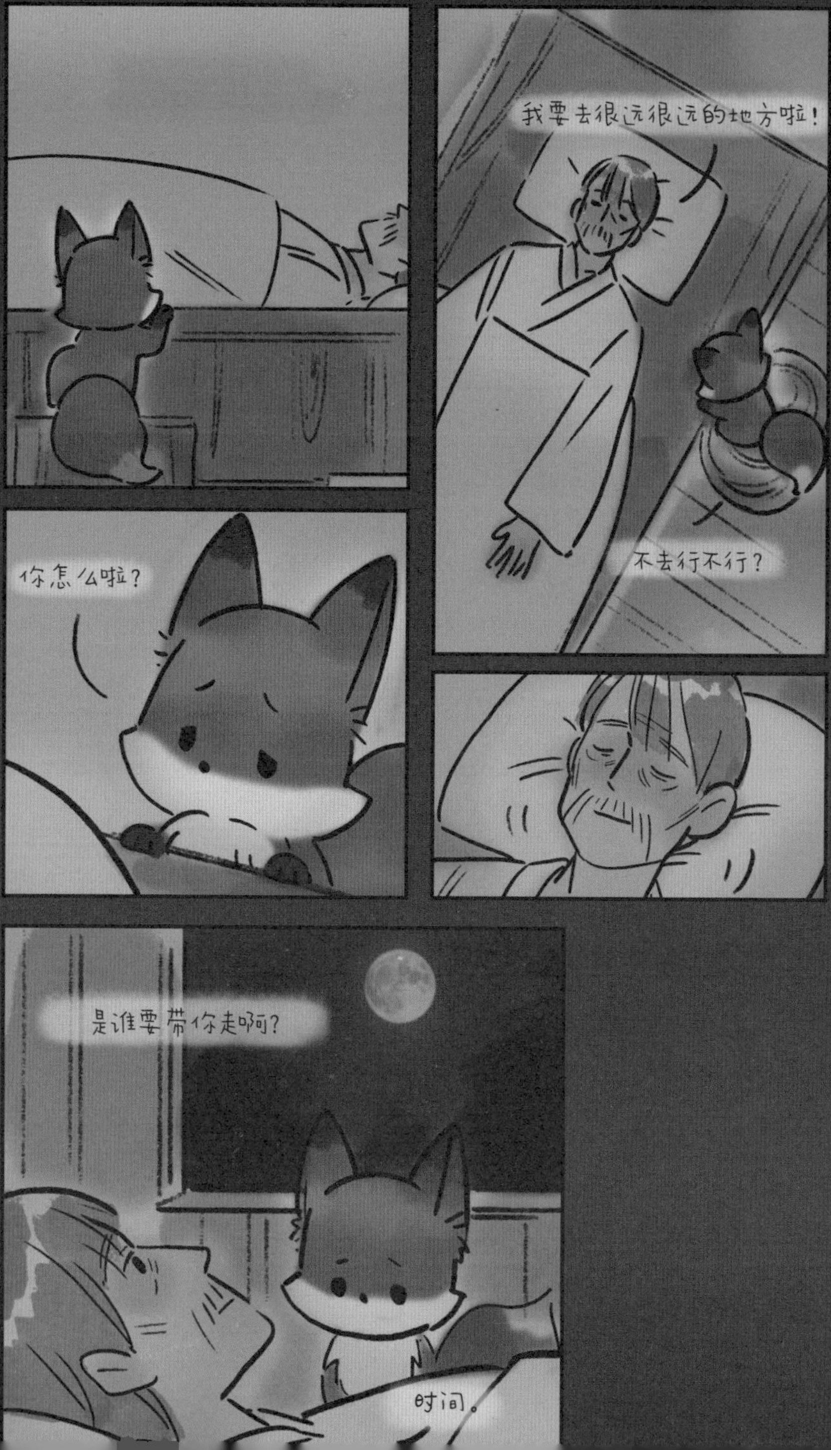
我要去很远很远的地方啦！
你怎么啦？
不去行不行？
是谁要带你走啊？
时间。

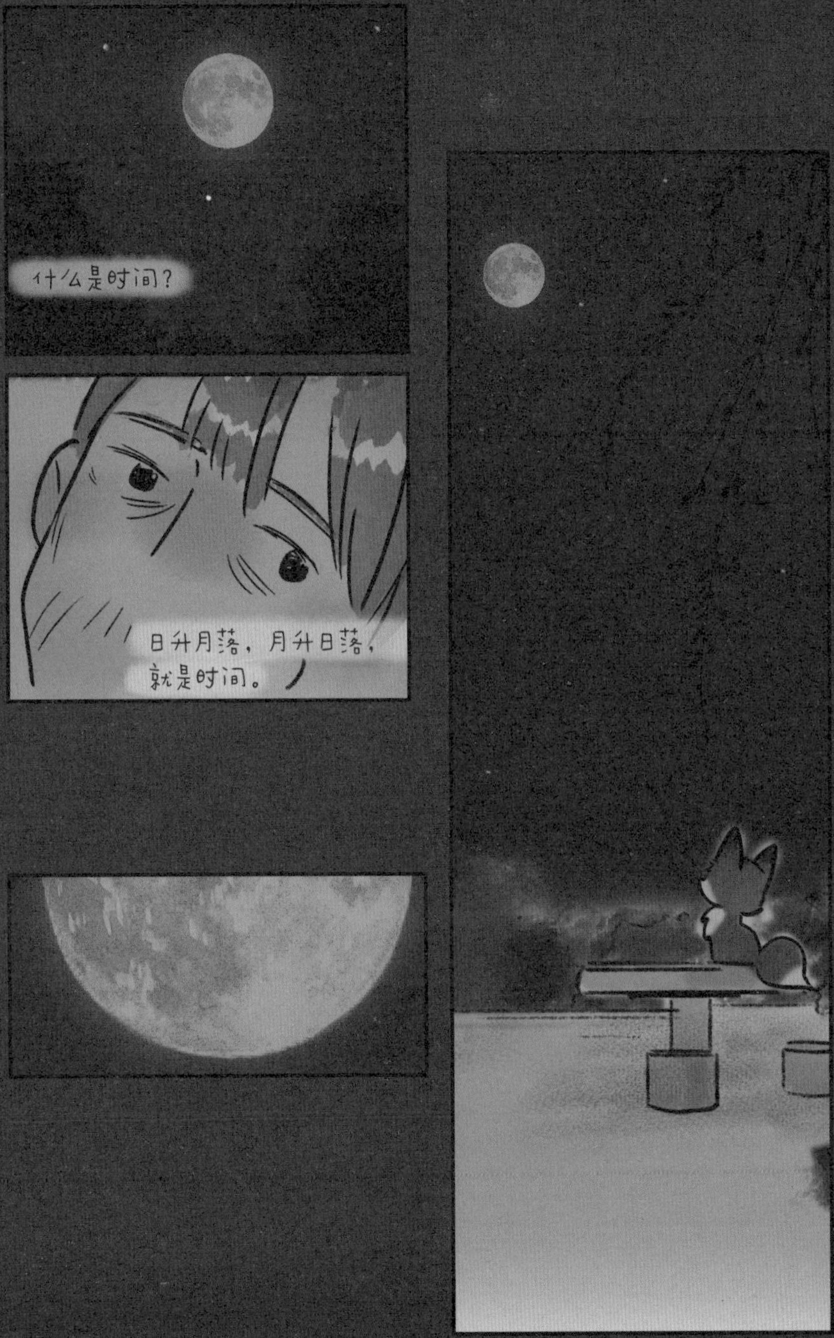
什么是时间？
日升月落，月升日落，就是时间。

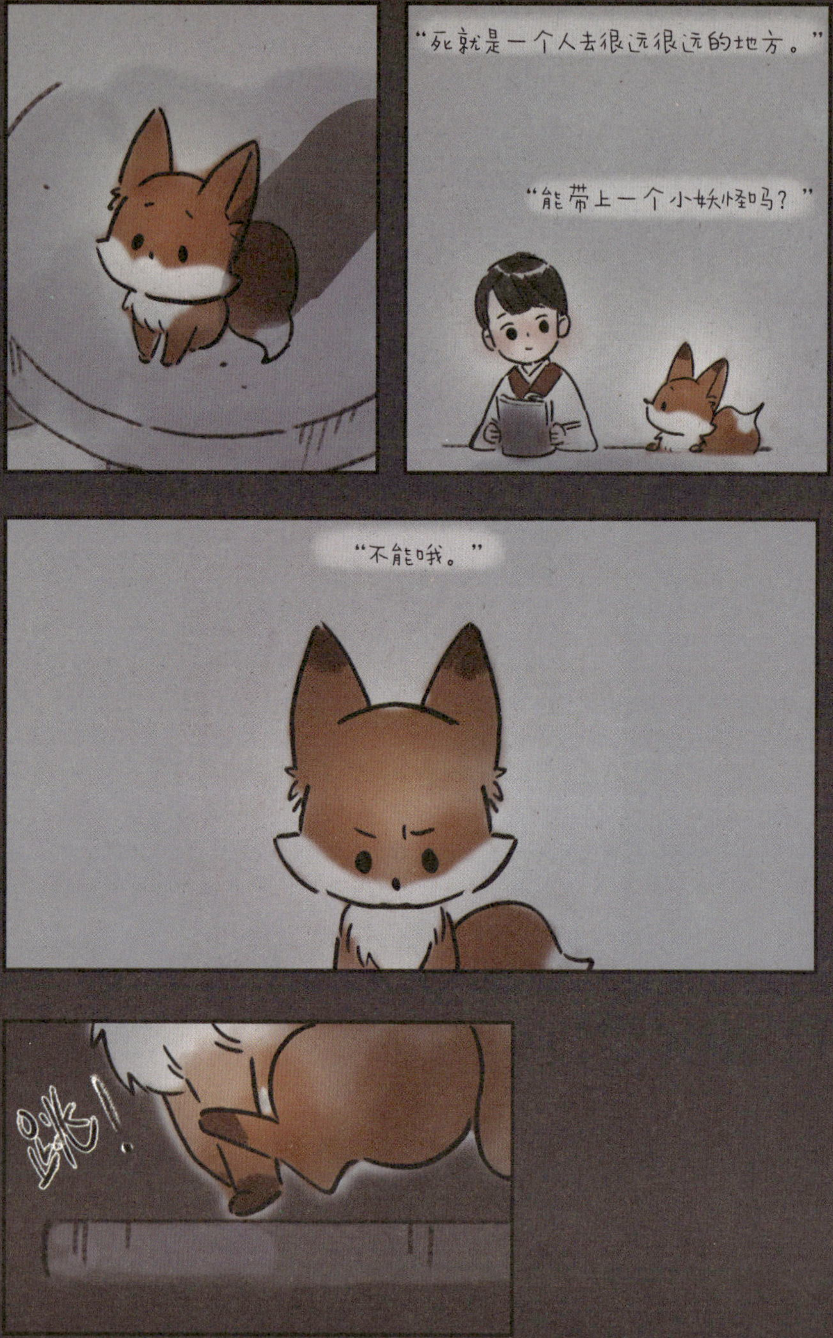
“死就是一个人去很远很远的地方。”
“能带上一个小妖怪吗？”
“不能哦。”
跳！

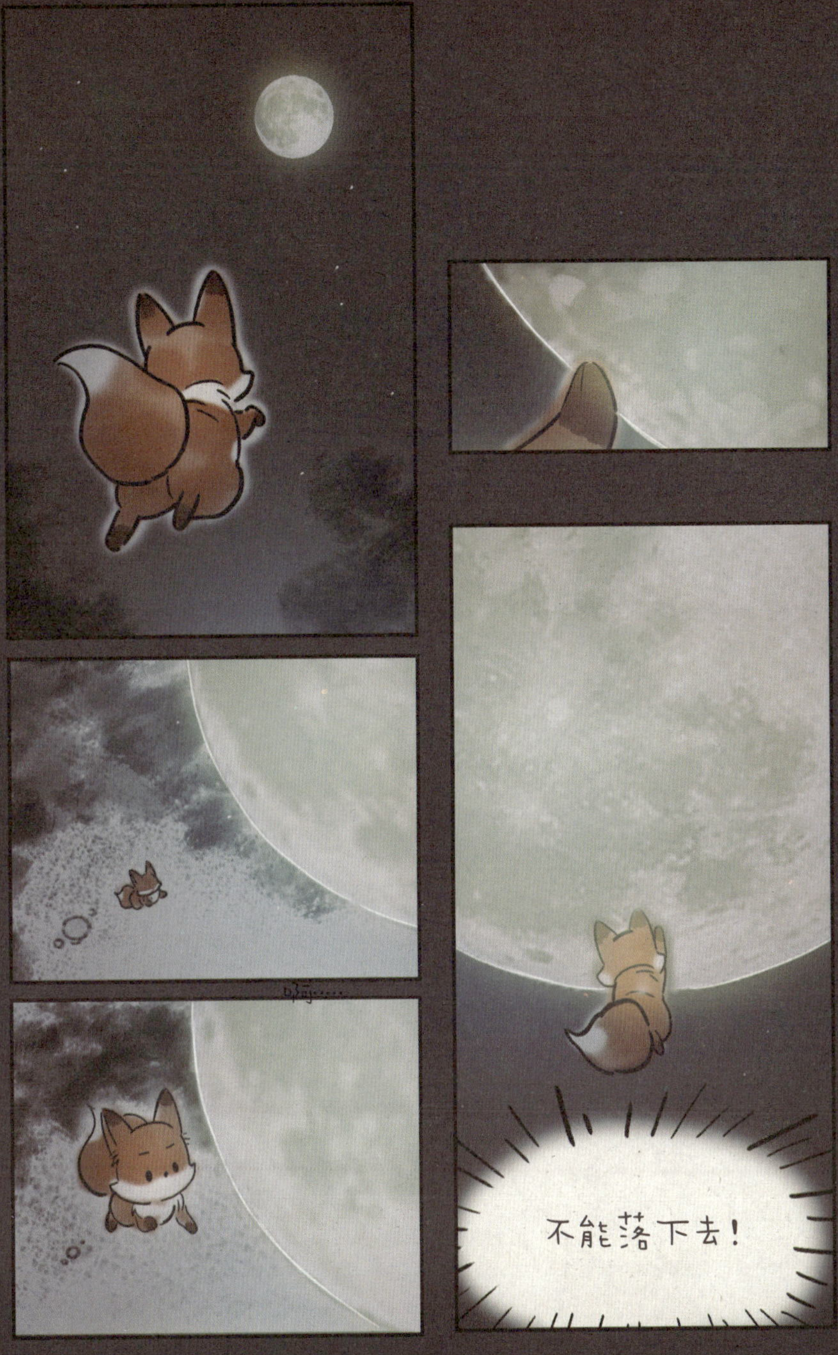
不能落下去！

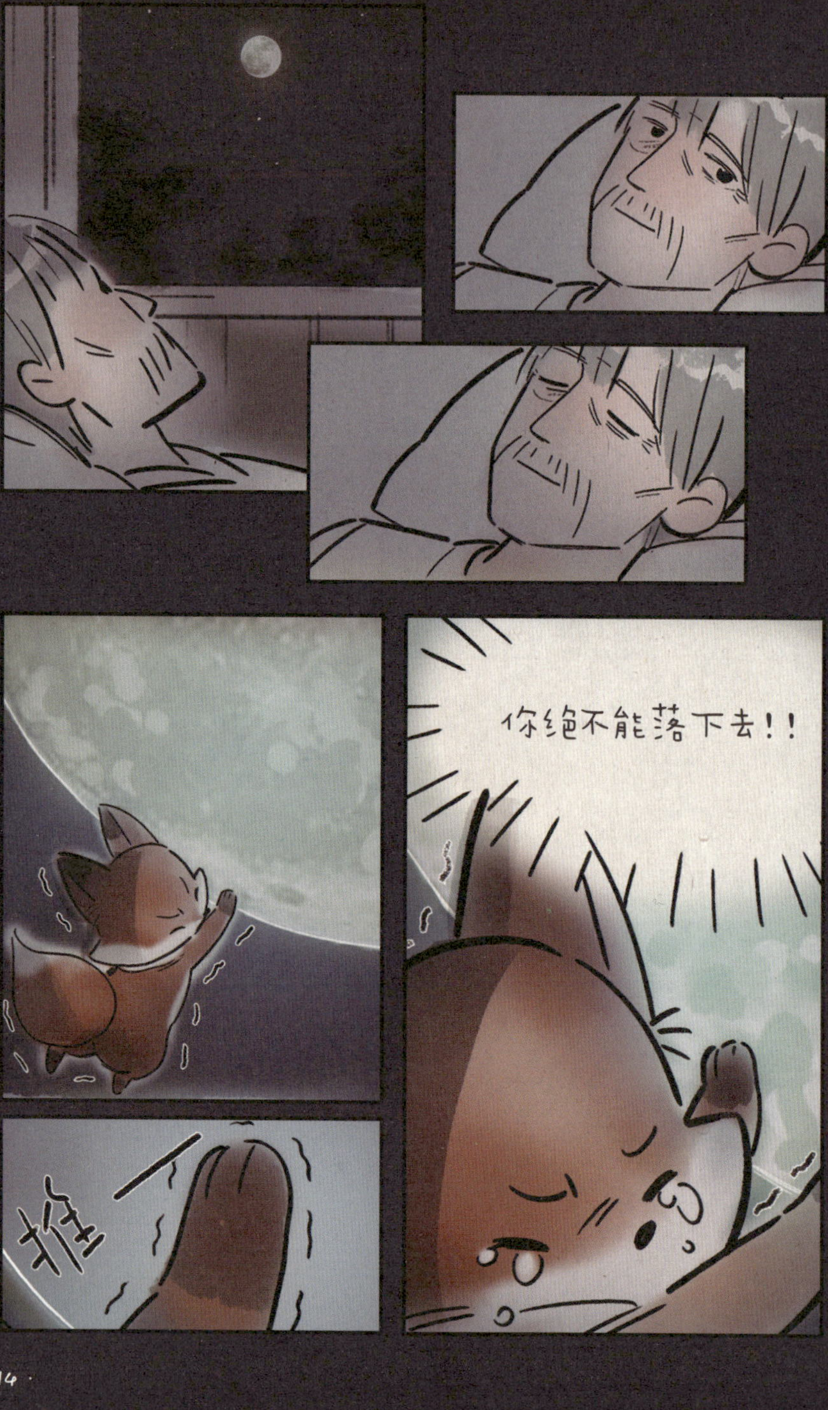
你绝不能落下去!!
推

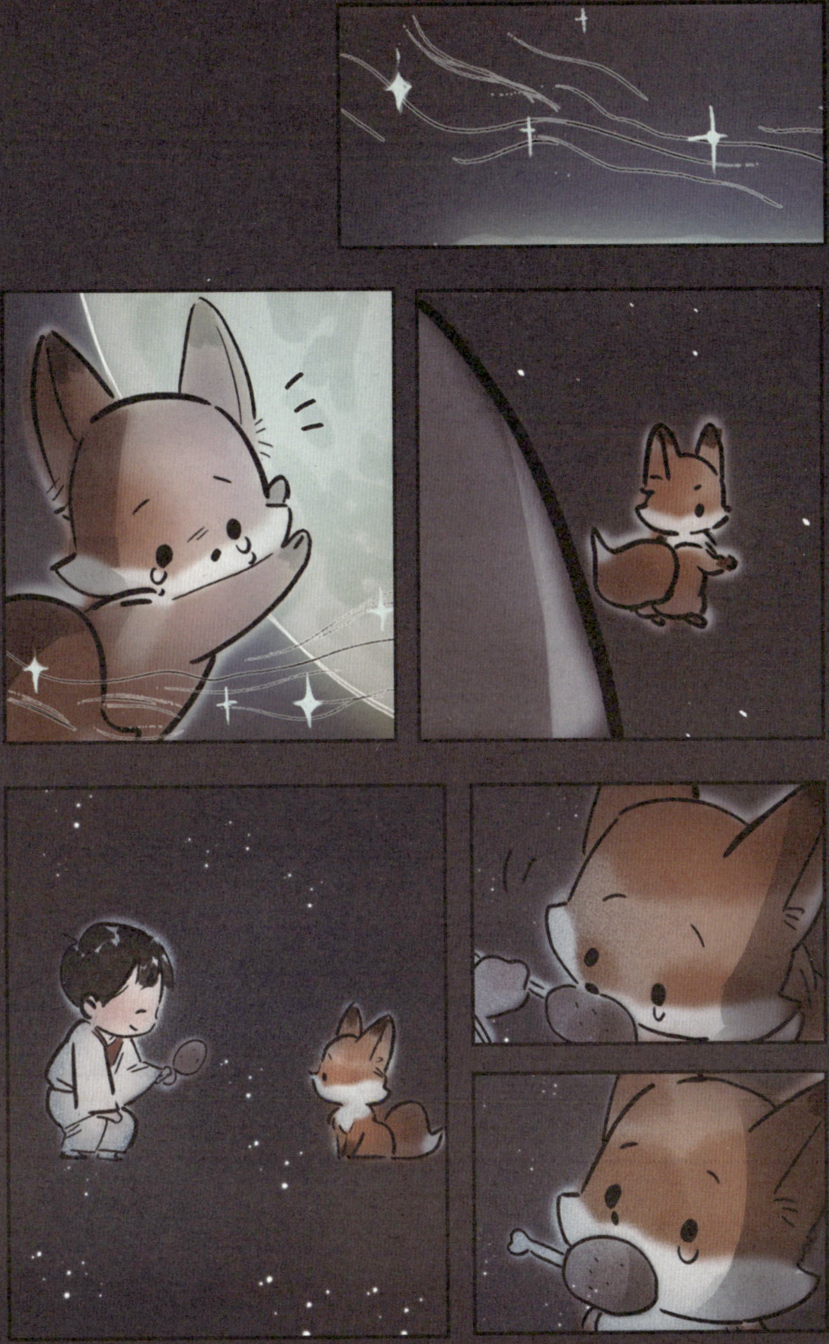

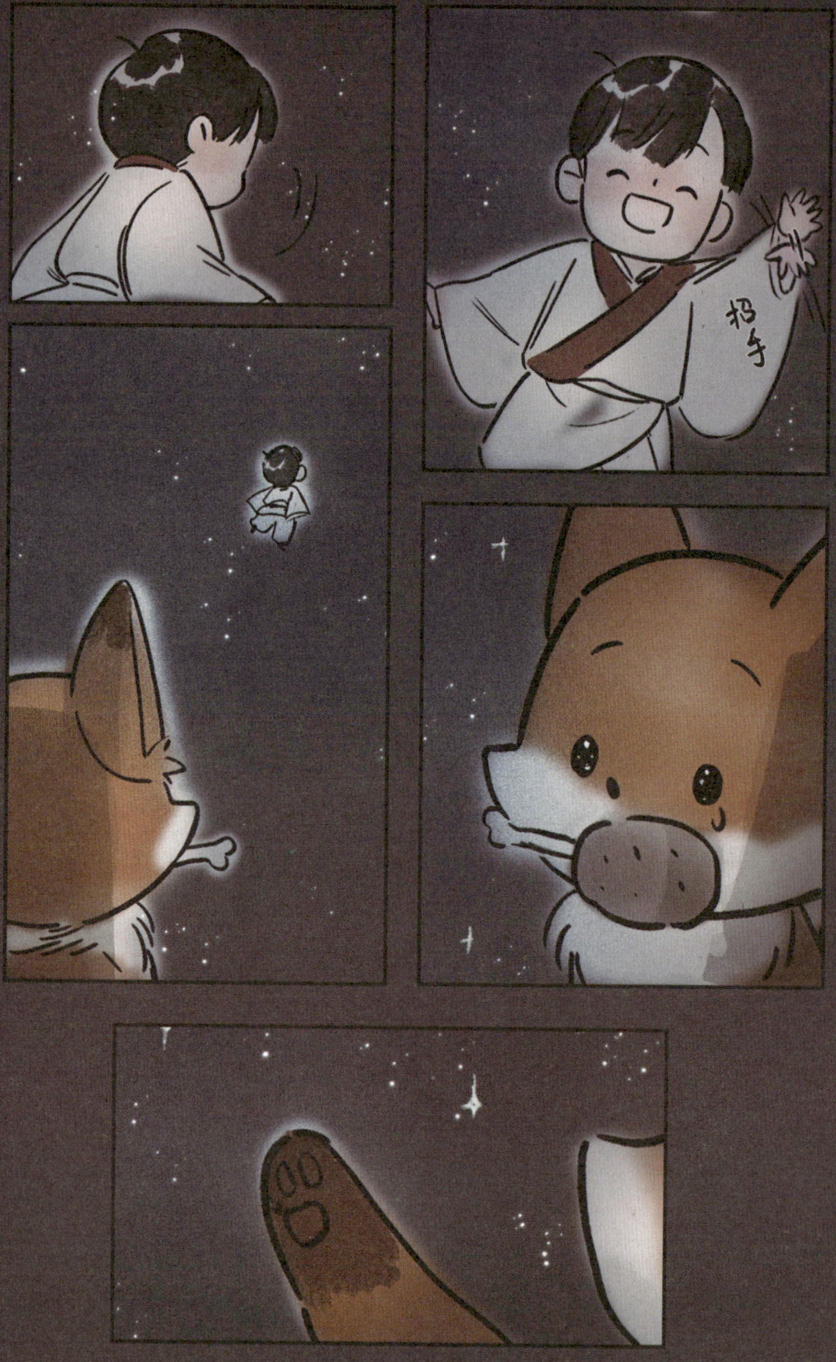
招手

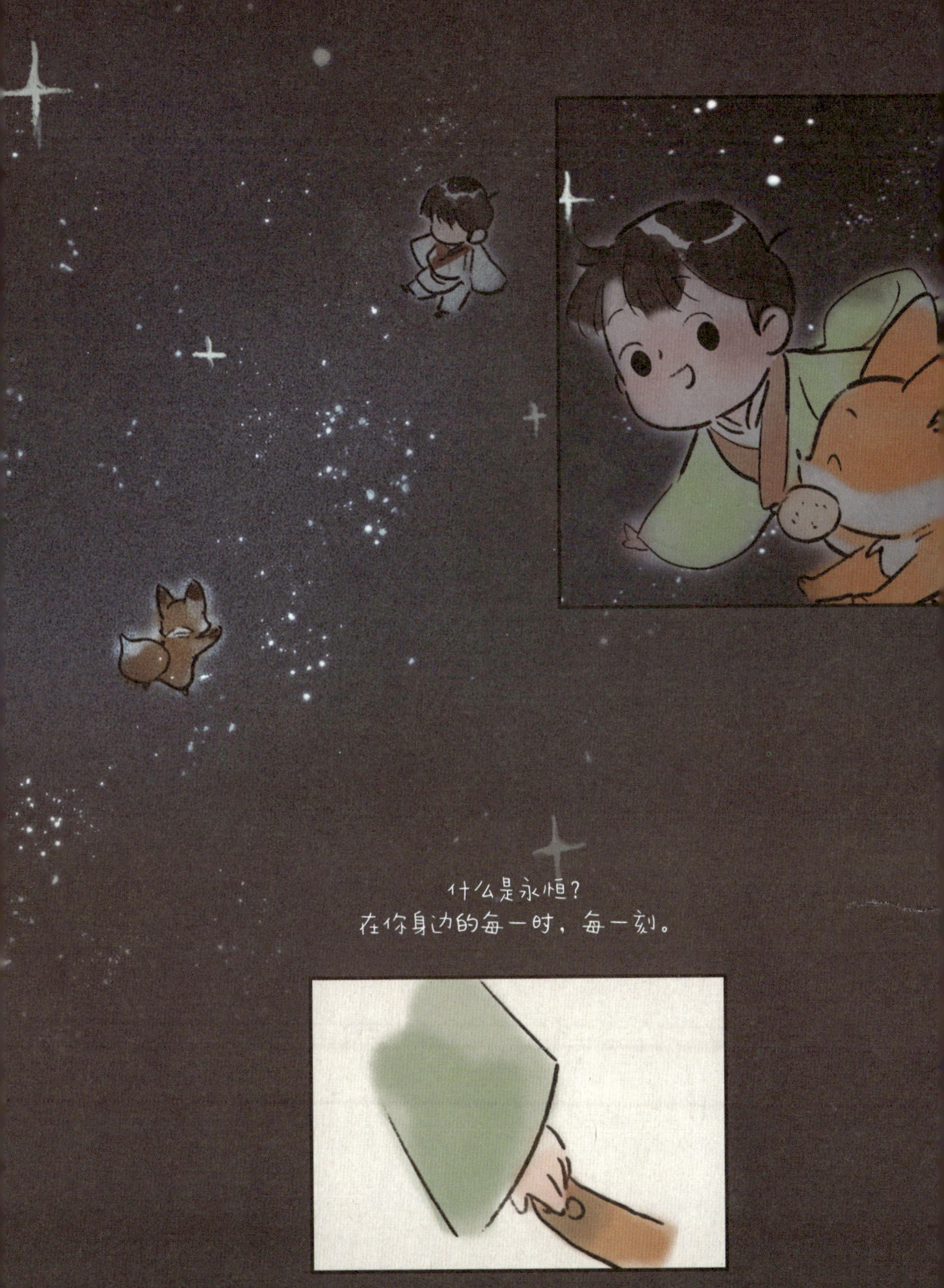
什么是永恒？
在你身边的每一时，每一刻。

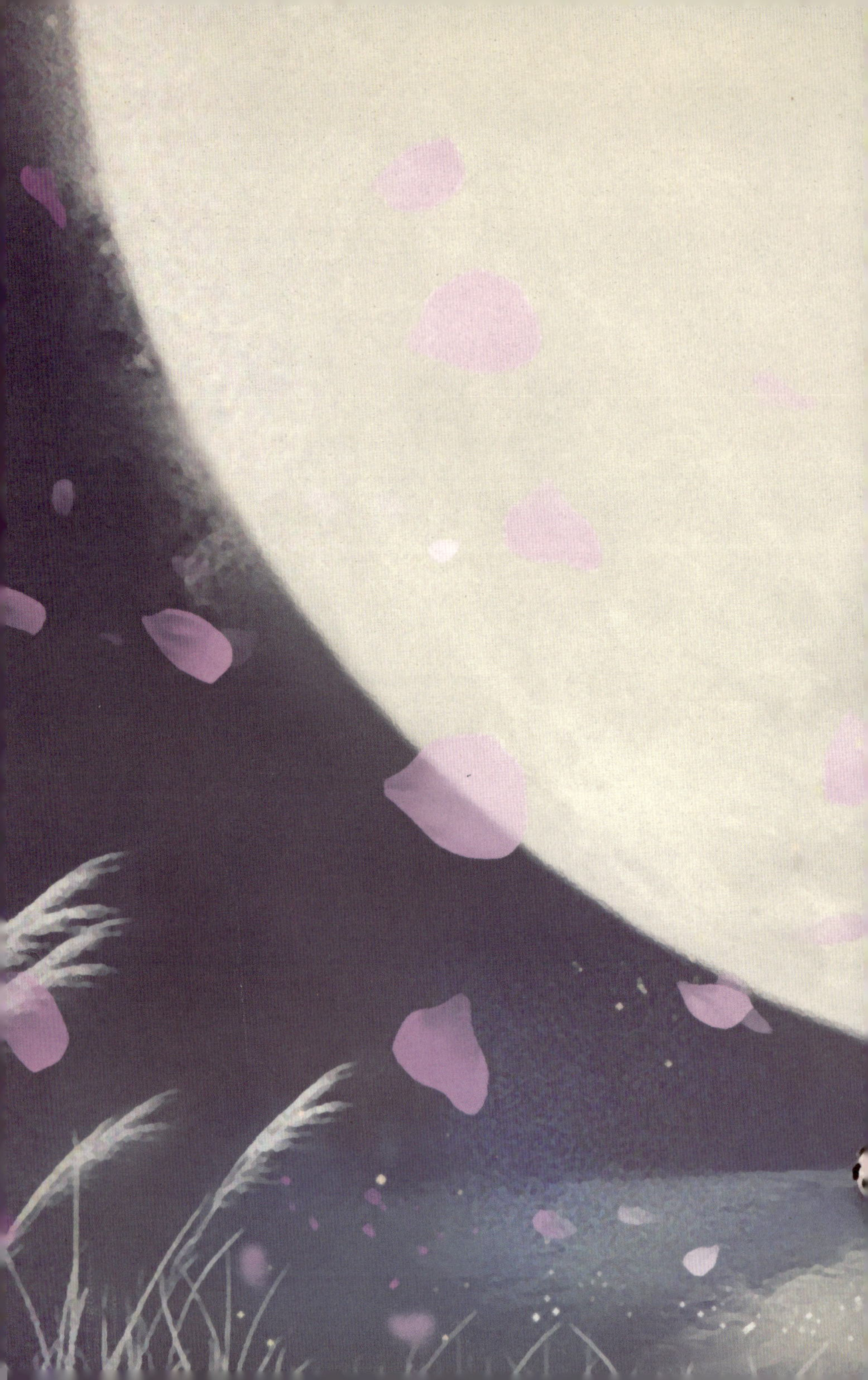

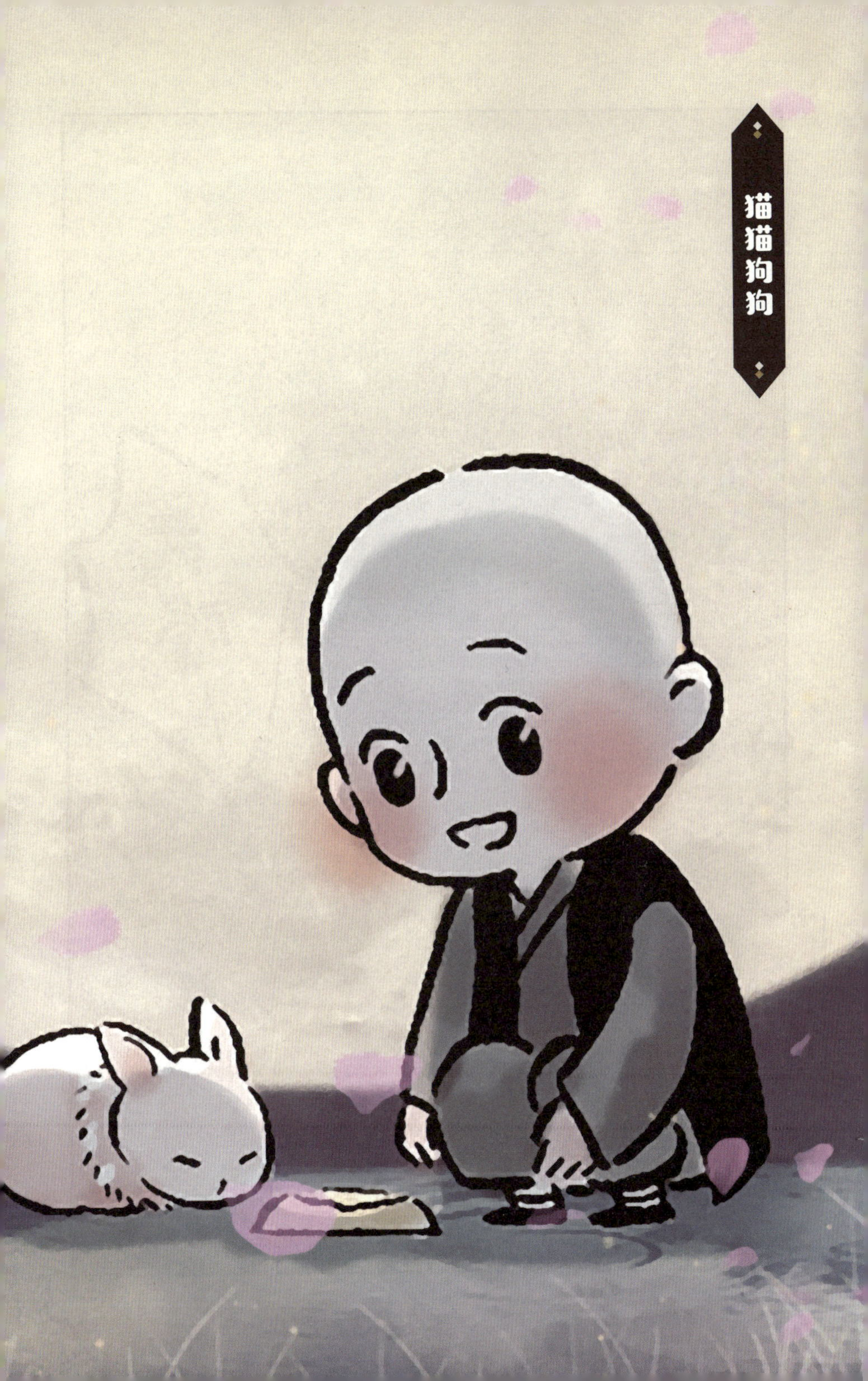
猫猫狗狗

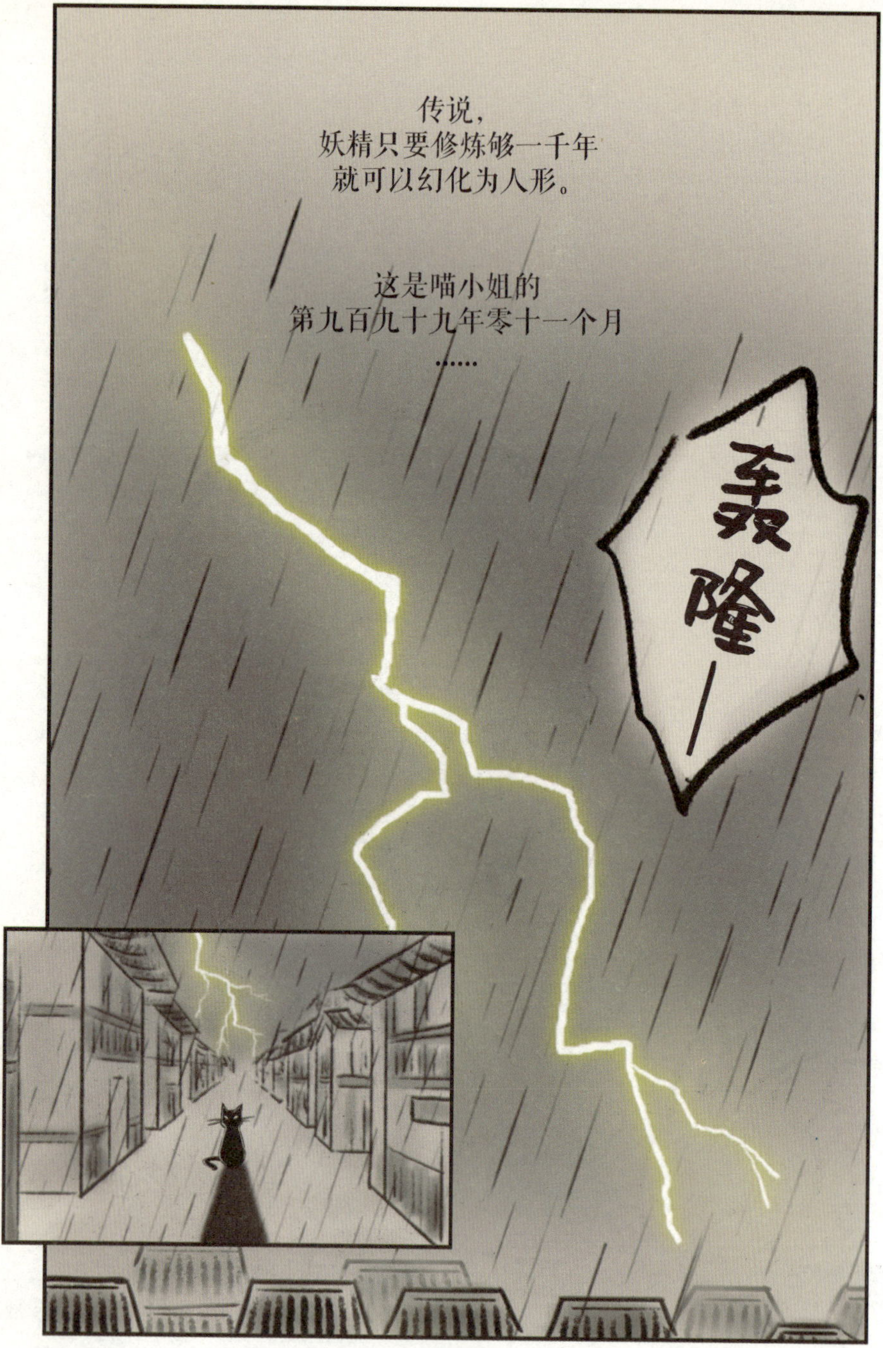
传说，
妖精只要修炼够一千年
就可以幻化为人形。
这是喵小姐的
第九百九十九年零十一个月
……
轰隆—

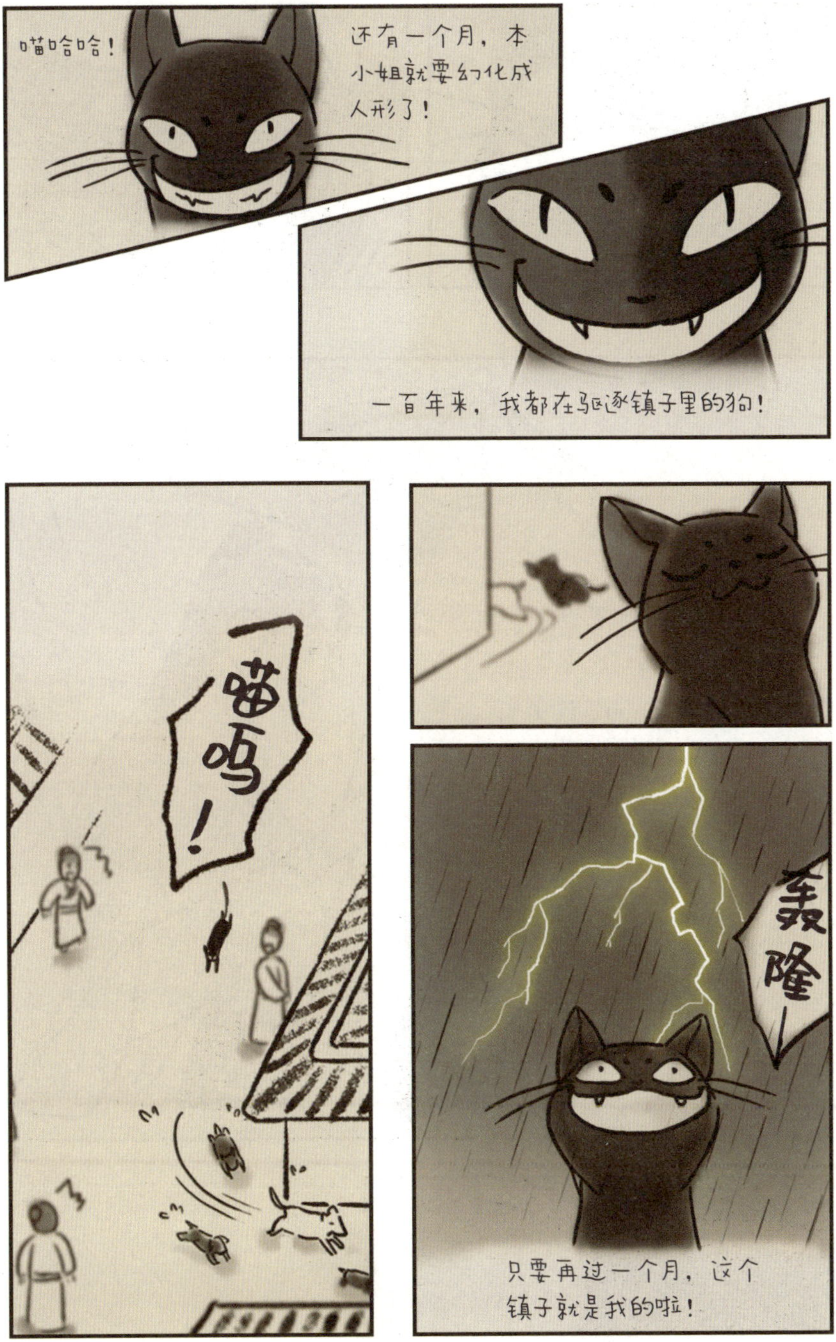
喵哈哈！
还有一个月，本小姐就要幻化成人形了！
一百年来，我都在驱逐镇子里的狗！
喵呜！
轰隆
只要再过一个月，这个镇子就是我的啦！

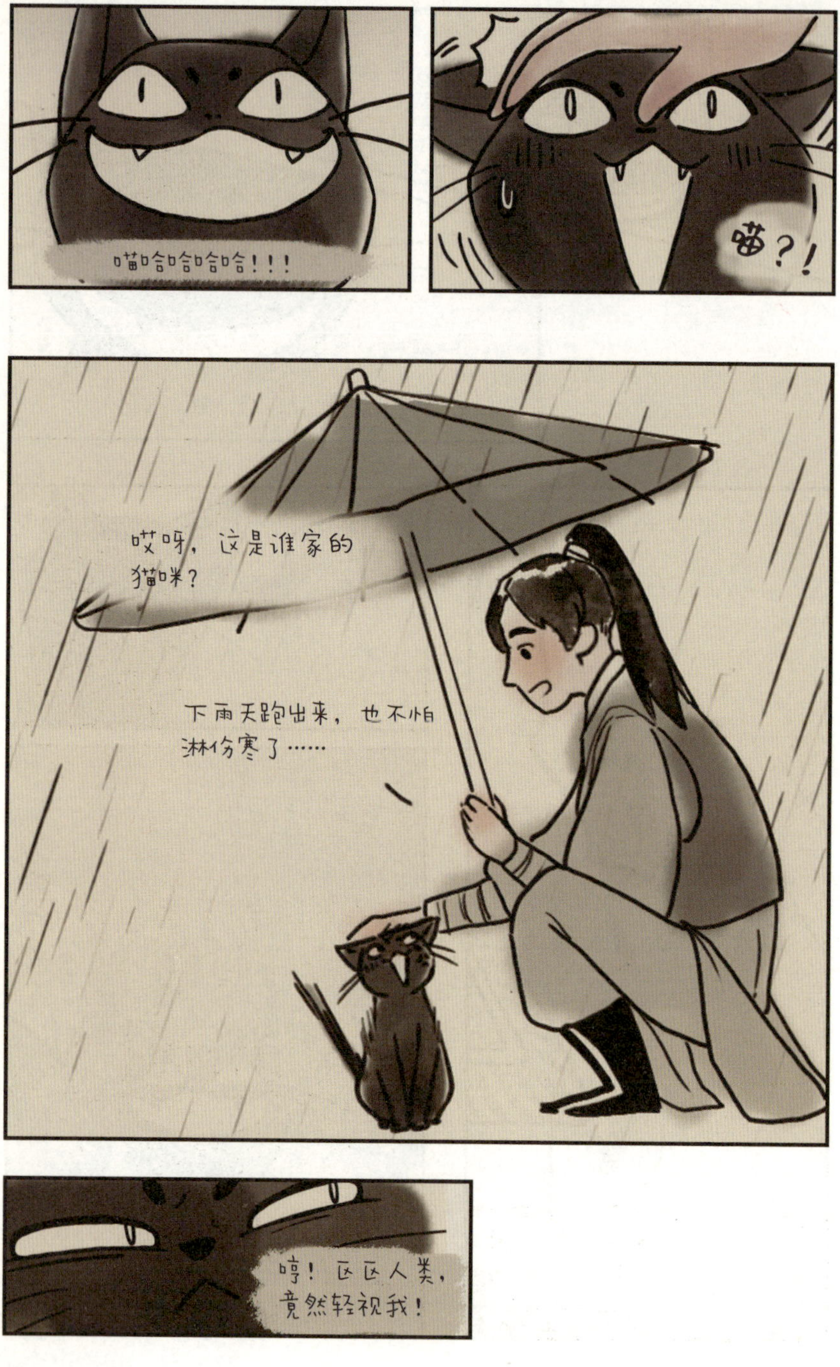
喵哈哈哈哈！！！
喵？！
哎呀，这是谁家的猫咪？
下雨天跑出来，也不怕淋伤寒了……
哼！区区人类，竟然轻视我！

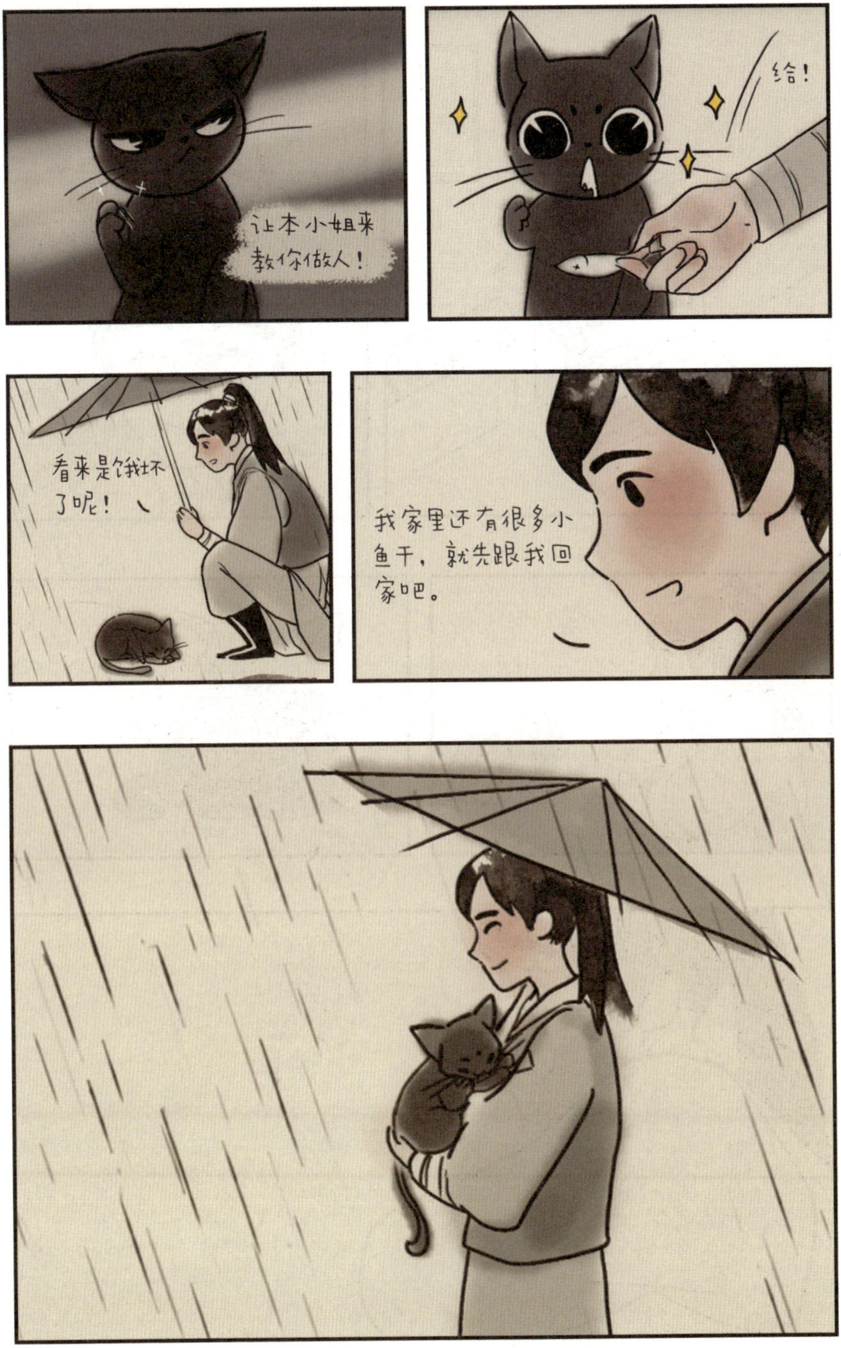
让本小姐来教你做人！
给！
看来是饿坏了呢！
我家里还有很多小鱼干，就先跟我回家吧。

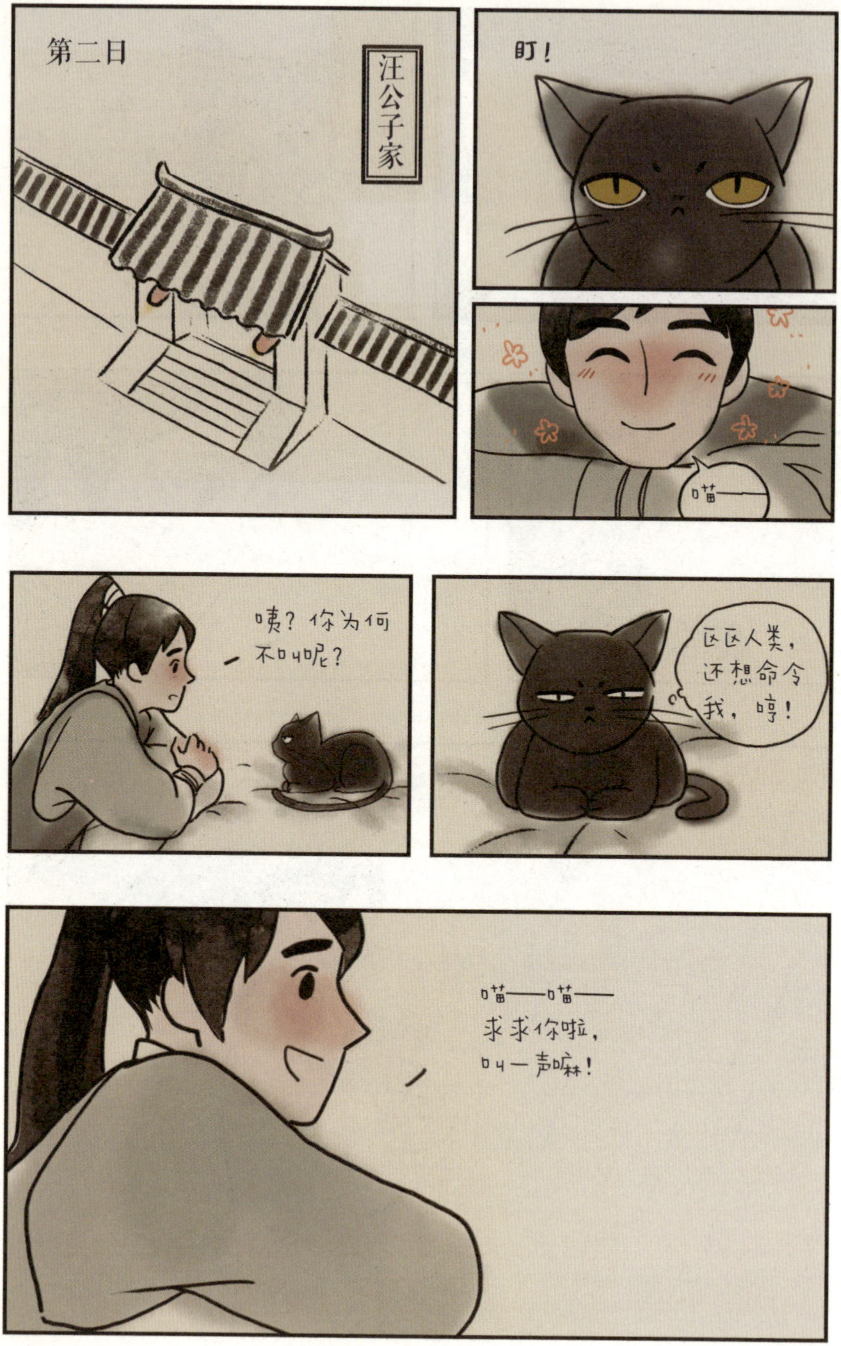
第二日
汪公子家
盯！
喵——
咦？你为何不叫呢？
区区人类，还想命令我，哼！
喵——喵——
求求你啦，
叫一声嘛！

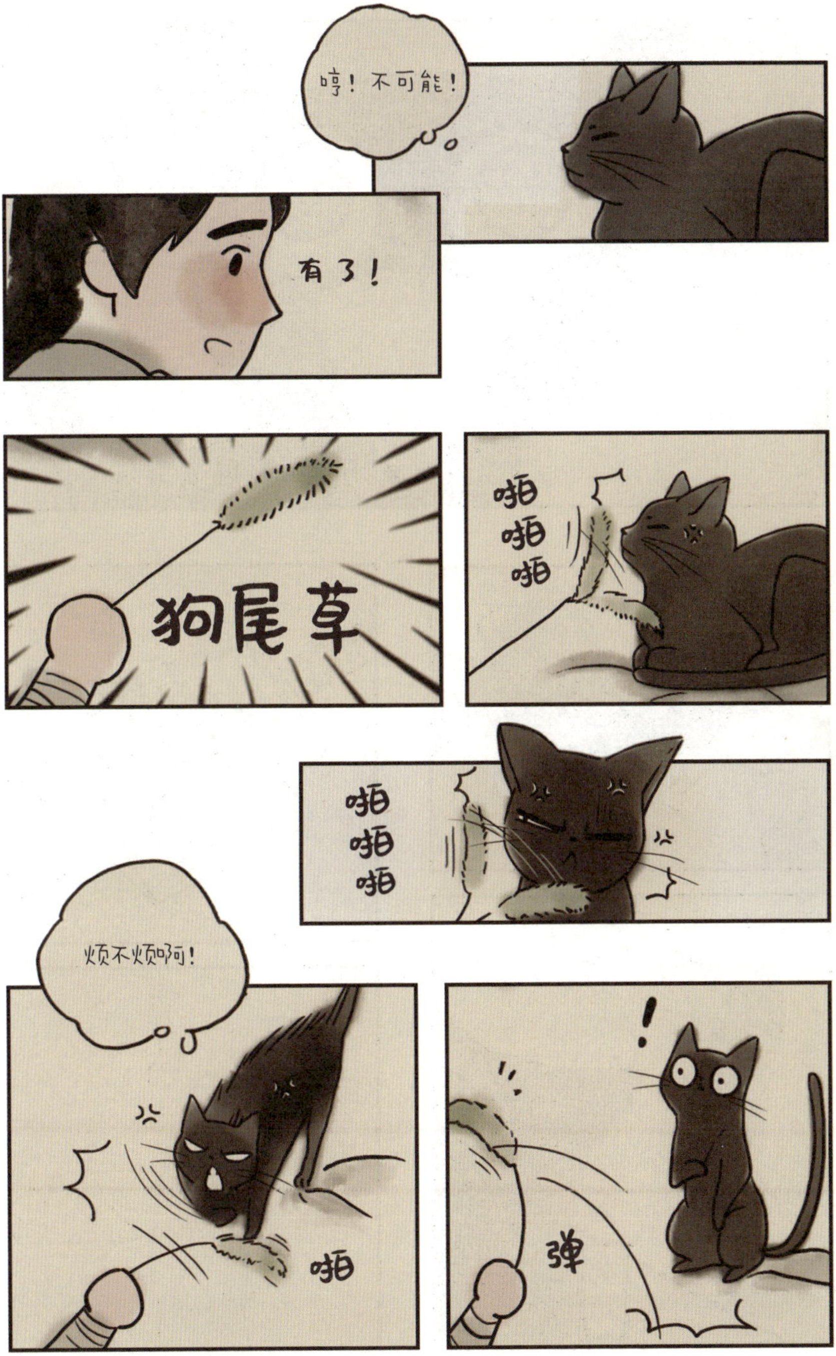
哼！不可能！
有了！
狗尾草
啪
啪
啪
啪
啪
啪
烦不烦啊！
啪
弹
！

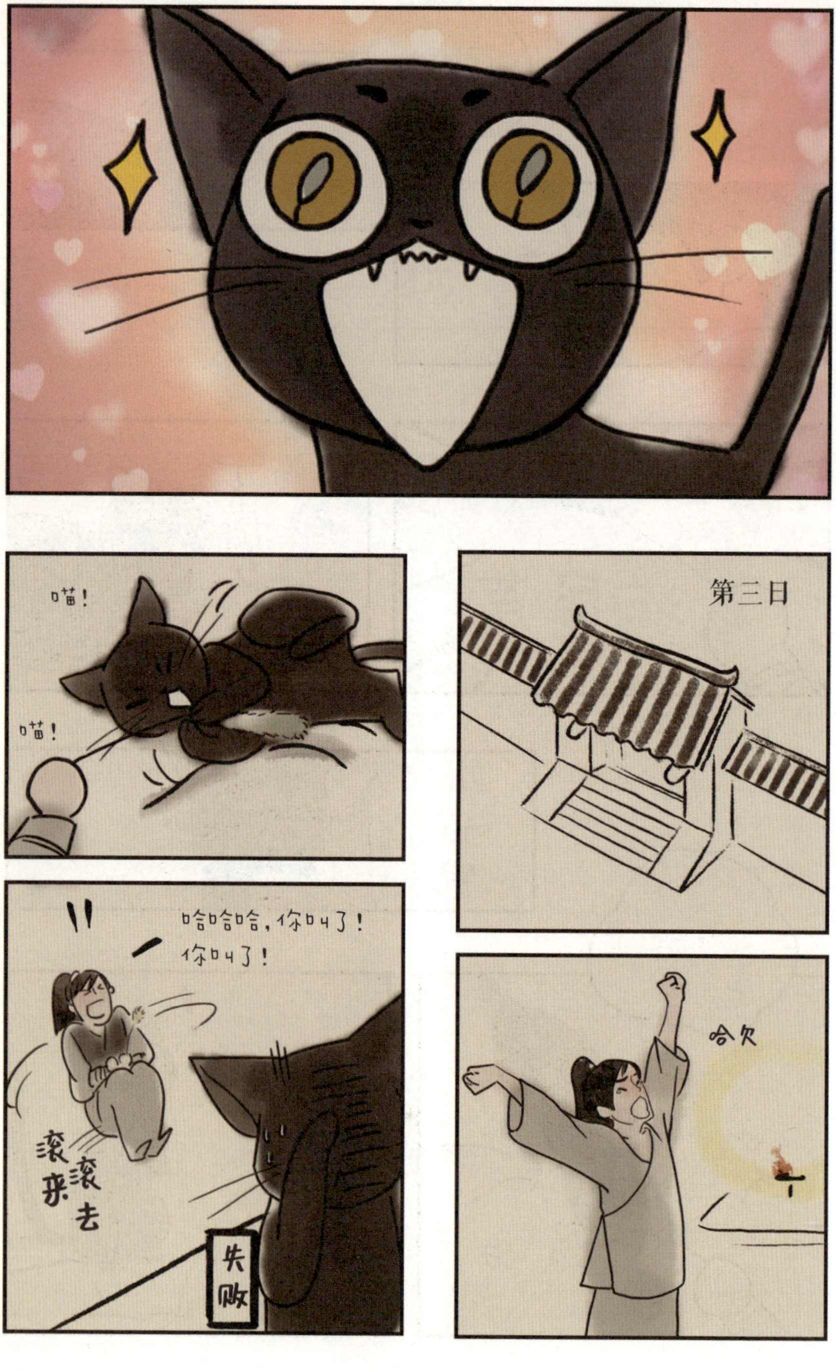

喵！
喵！
第三日
哈欠
哈哈哈，你叫了！
你叫了！
滚来滚去
失败

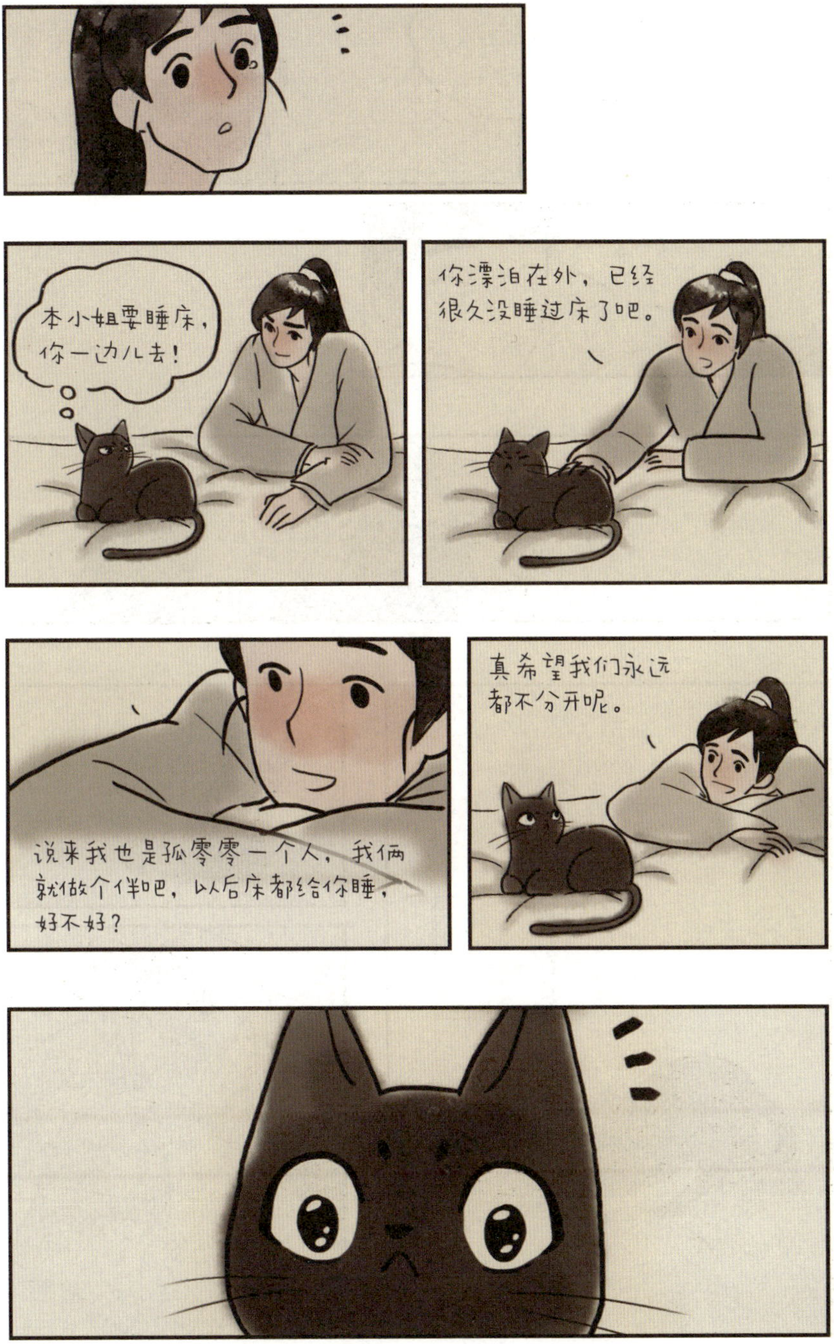
本小姐要睡床，你一边儿去！
你漂泊在外，已经很久没睡过床了吧。
说来我也是孤零零一个人，我俩就做个伴吧，以后床都给你睡，好不好？
真希望我们永远都不分开呢。

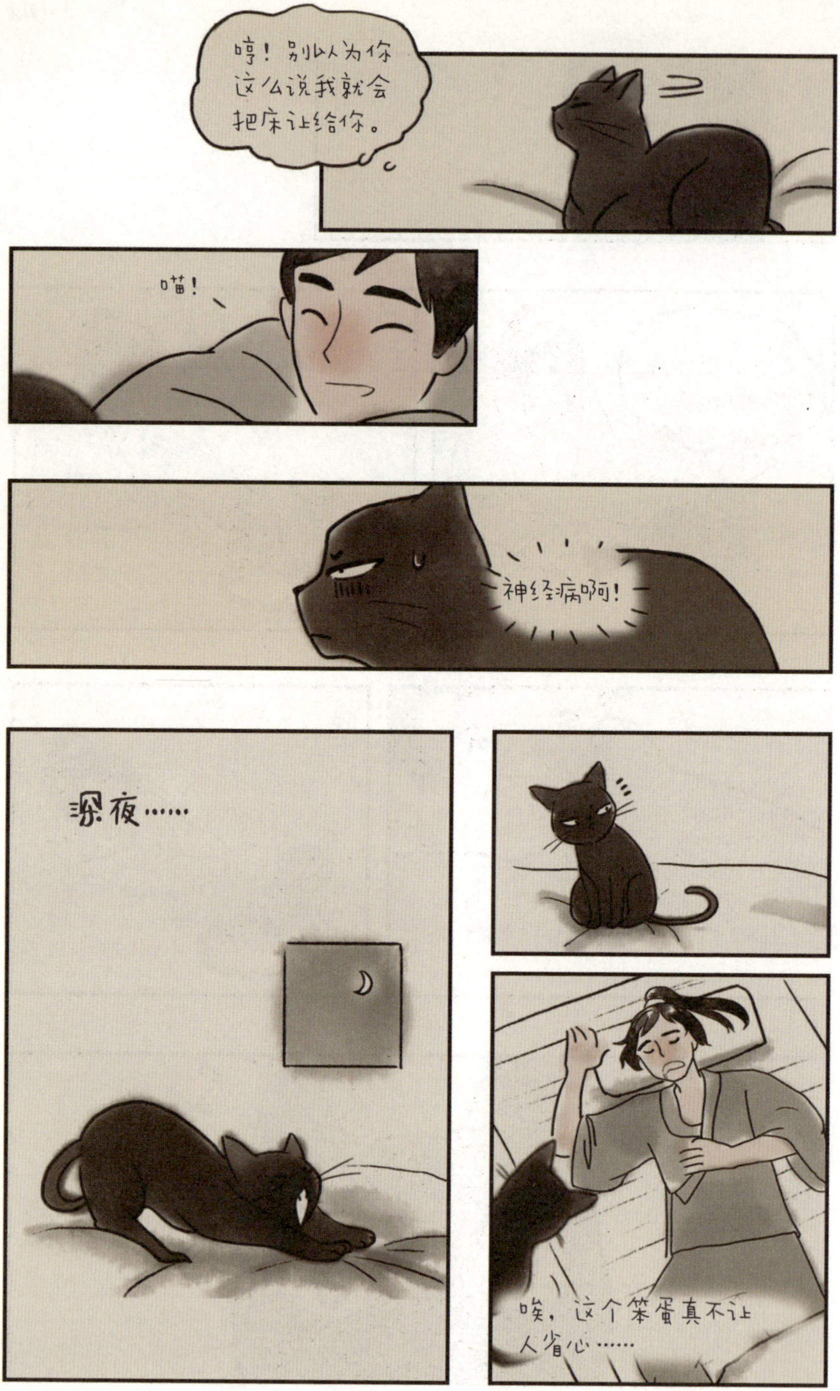
哼！别以为你这么说我就会把床让给你。
喵！
神经病啊！
深夜……
唉，这个笨蛋真不让人省心……

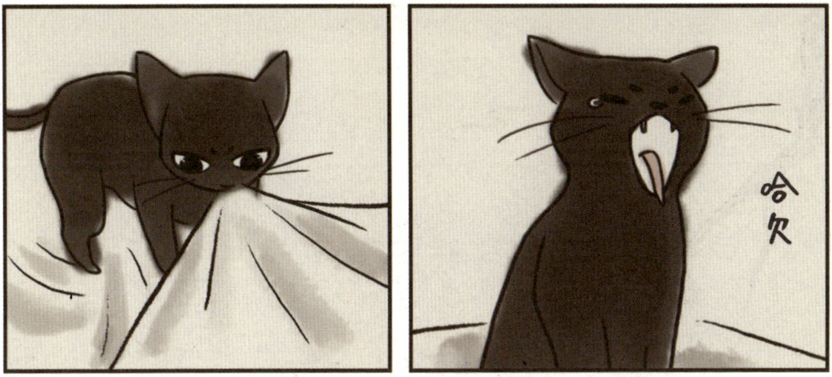
哈欠

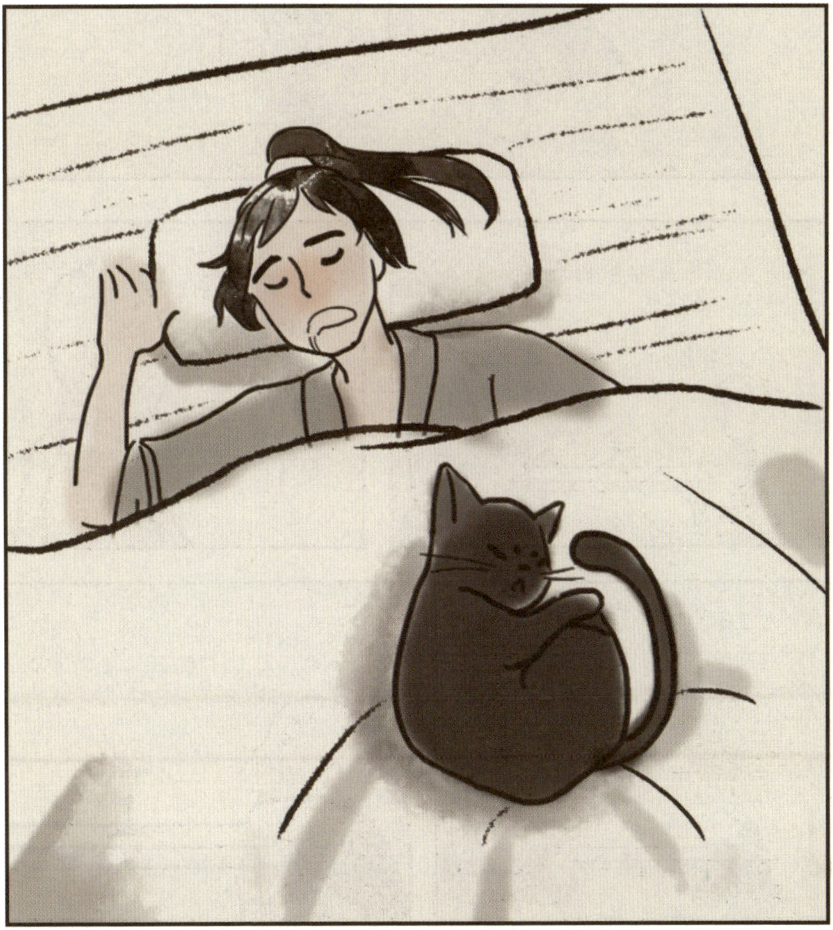

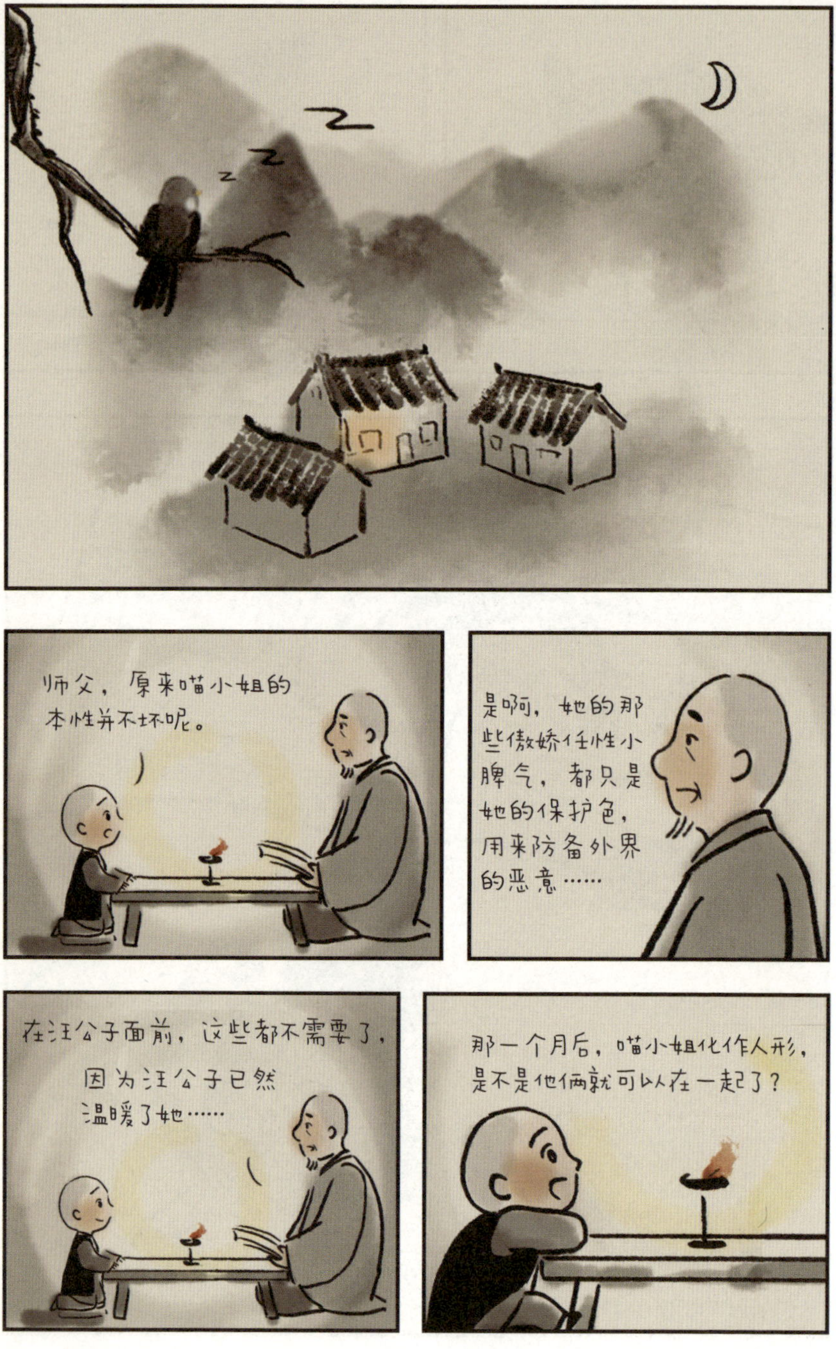
师父，原来喵小姐的本性并不坏呢。
是啊，她的那些傲娇任性小脾气，都只是她的保护色，用来防备外界的恶意……
在汪公子面前，这些都不需要了，
因为汪公子已然温暖了她……
那一个月后，喵小姐化作人形，是不是他俩就可以在一起了？

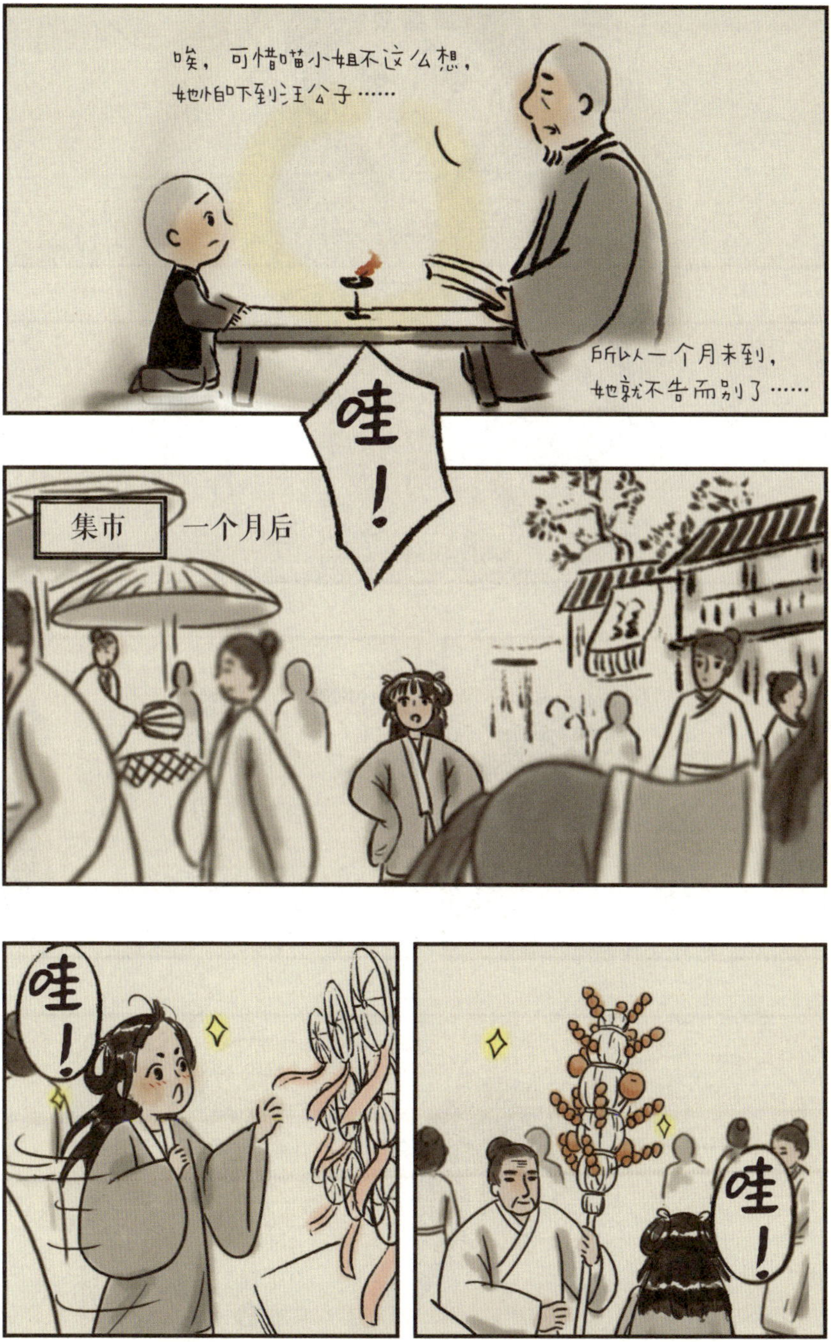
唉，可惜喵小姐不这么想，
她怕吓到汪公子……
所以一个月未到，
她就不告而别了……
哇！
集市
一个月后
哇！
哇！

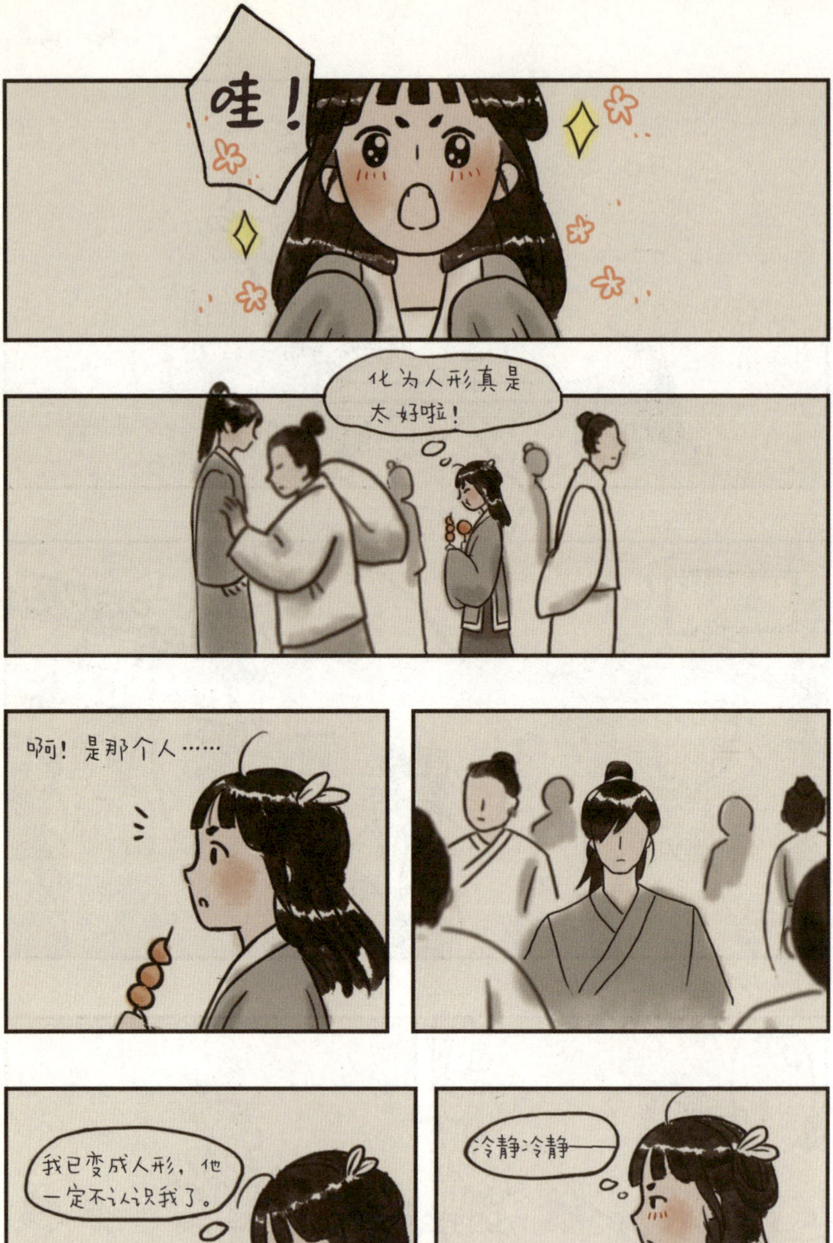
哇！
化为人形真是太好啦！
啊！是那个人……
我已变成人形，他一定不认识我了。
冷静冷静——

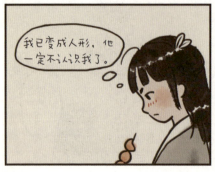

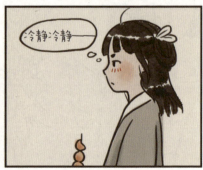

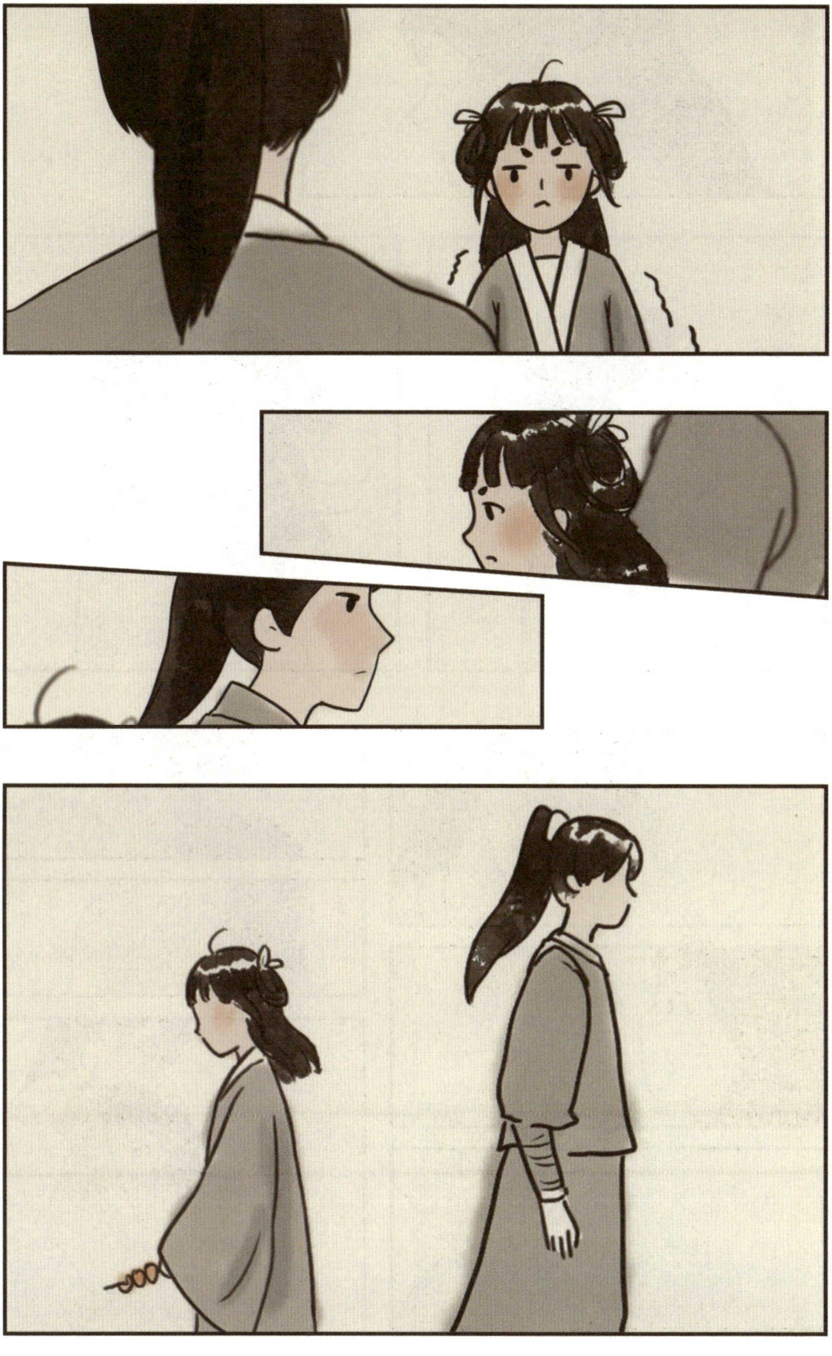

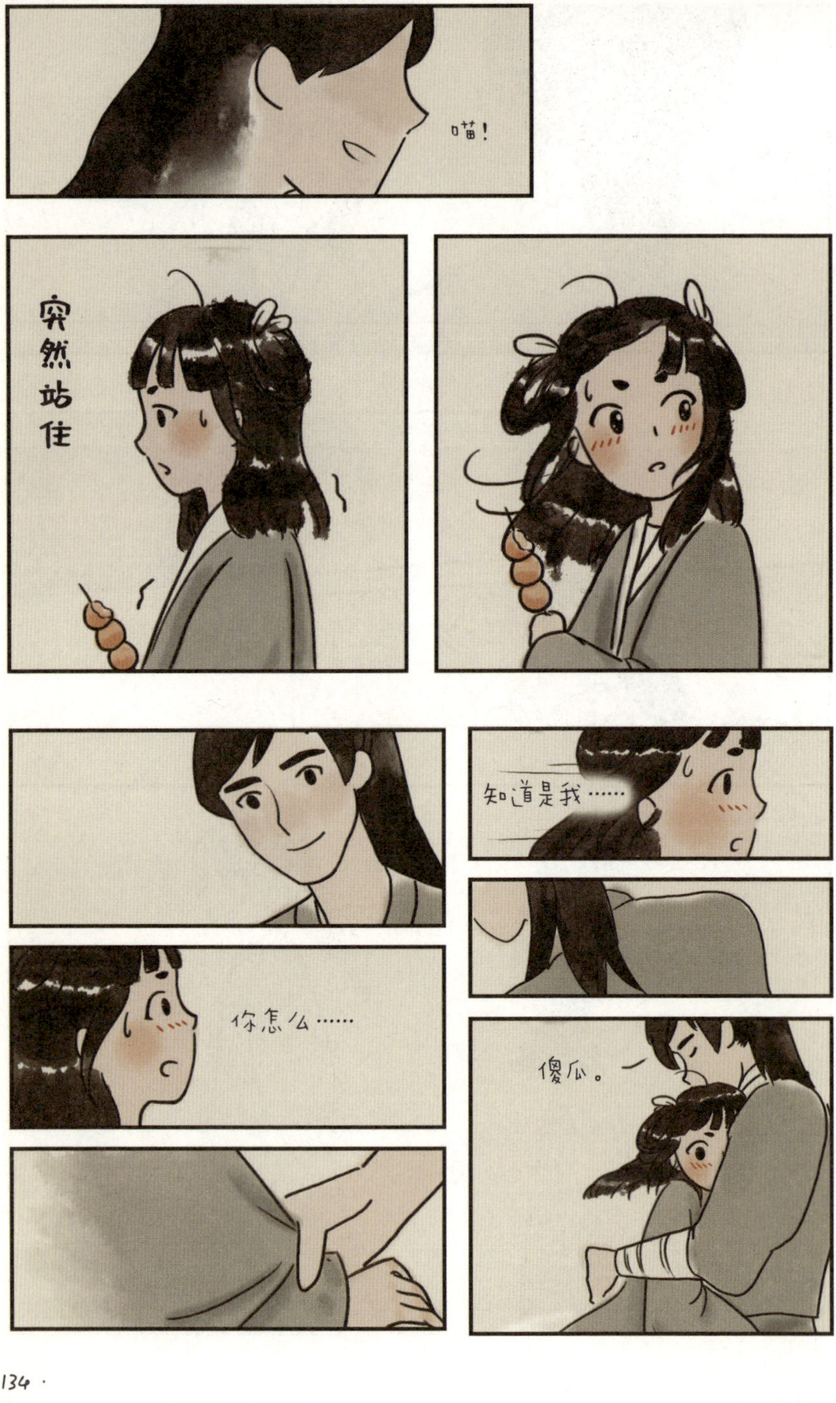
喵！
突然站住
知道是我……
你怎么……
傻瓜。

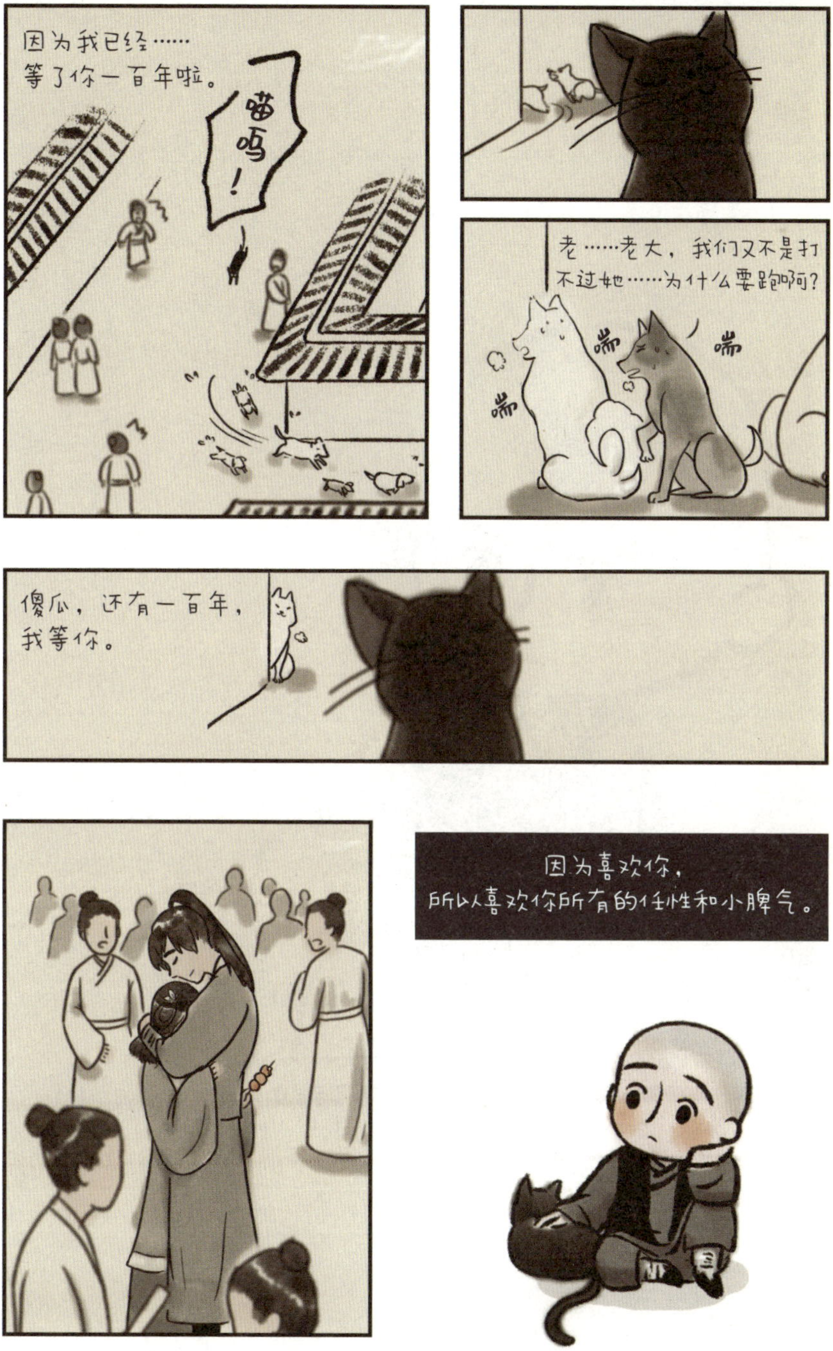
因为我已经……
等了你一百年啦。
喵呜！
老……老大，我们又不是打不过她……为什么要跑啊？
喘
喘
喘
傻瓜，还有一百年，
我等你。
因为喜欢你，
所以喜欢你所有的任性和小脾气。

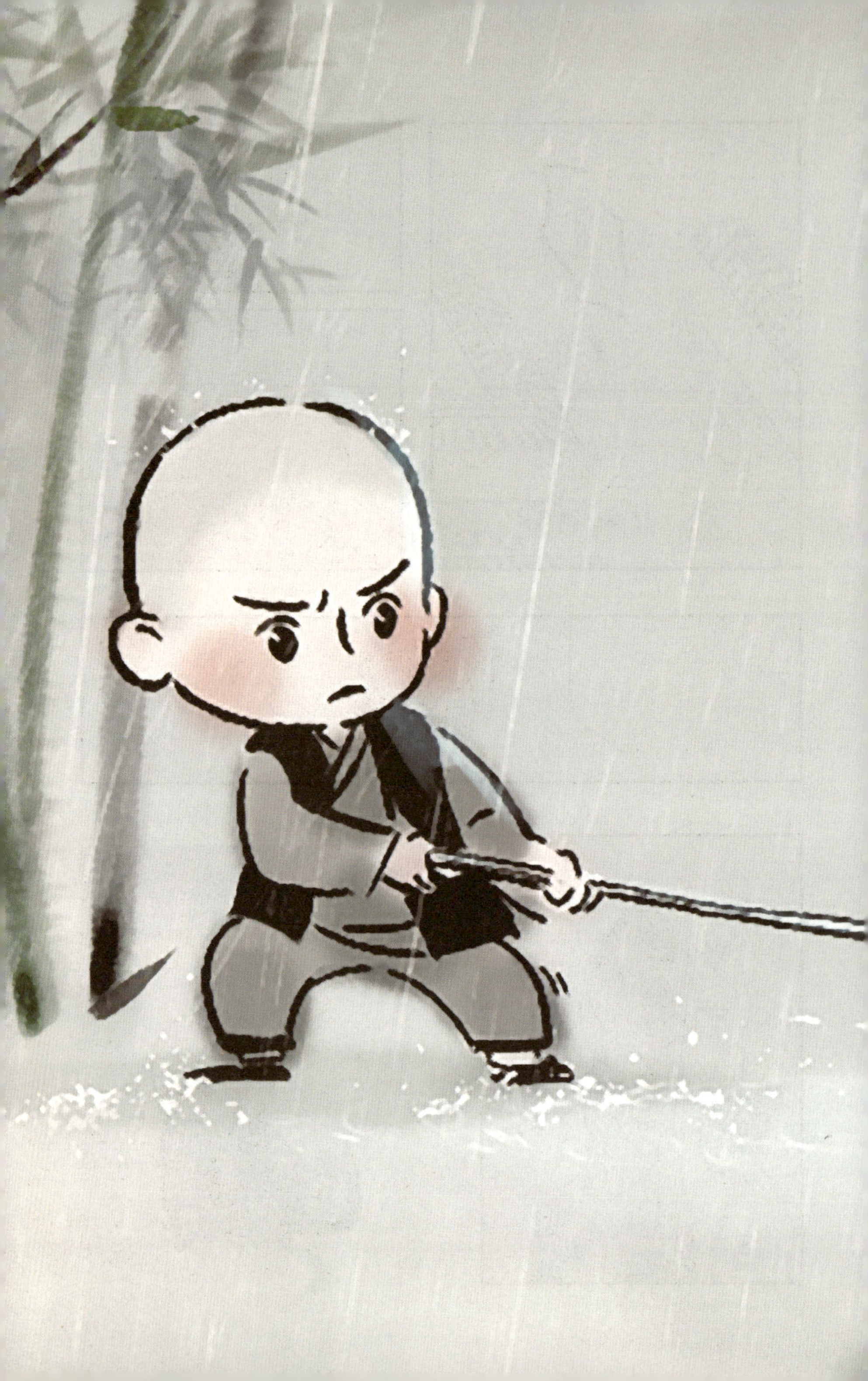

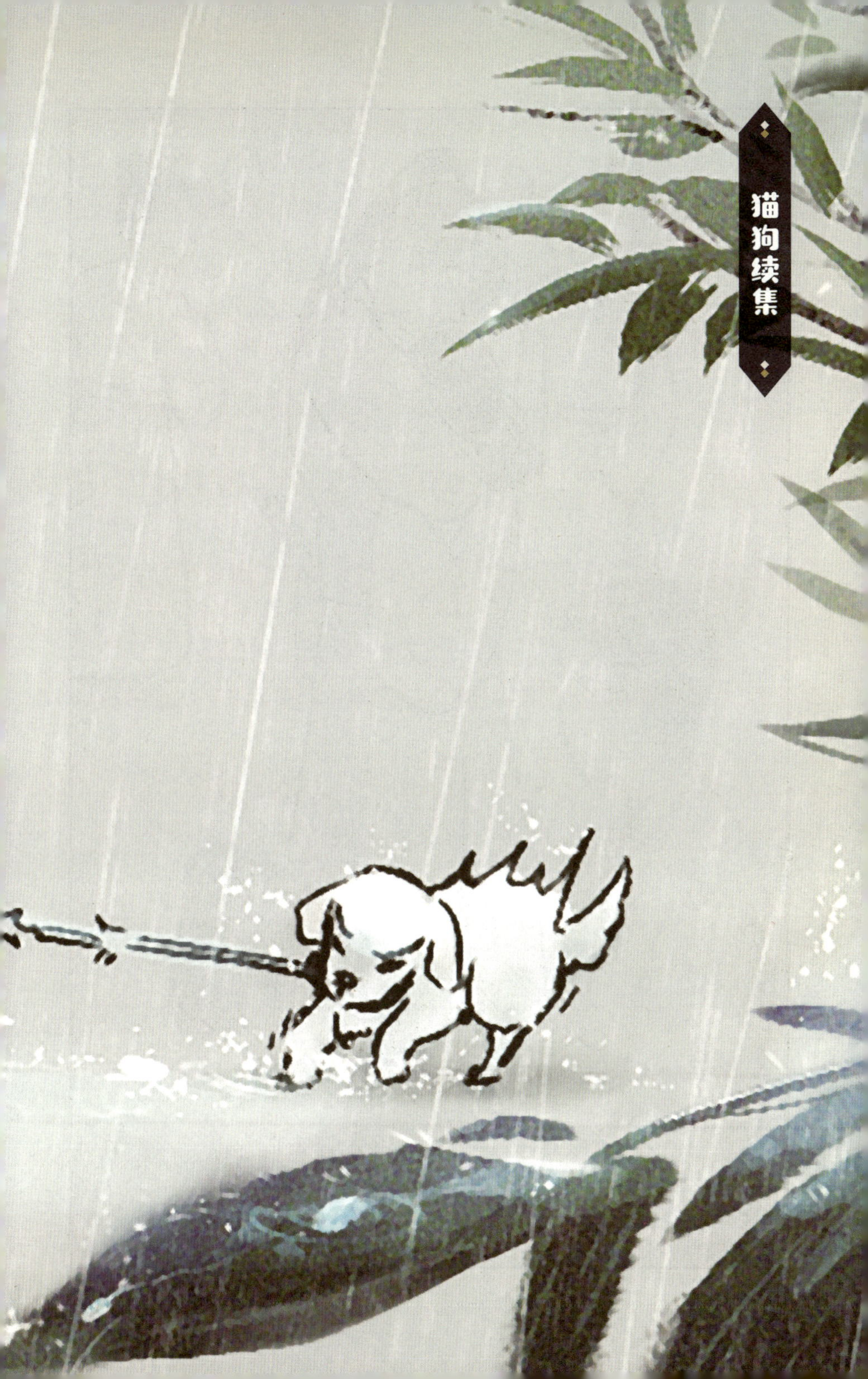
猫狗续集

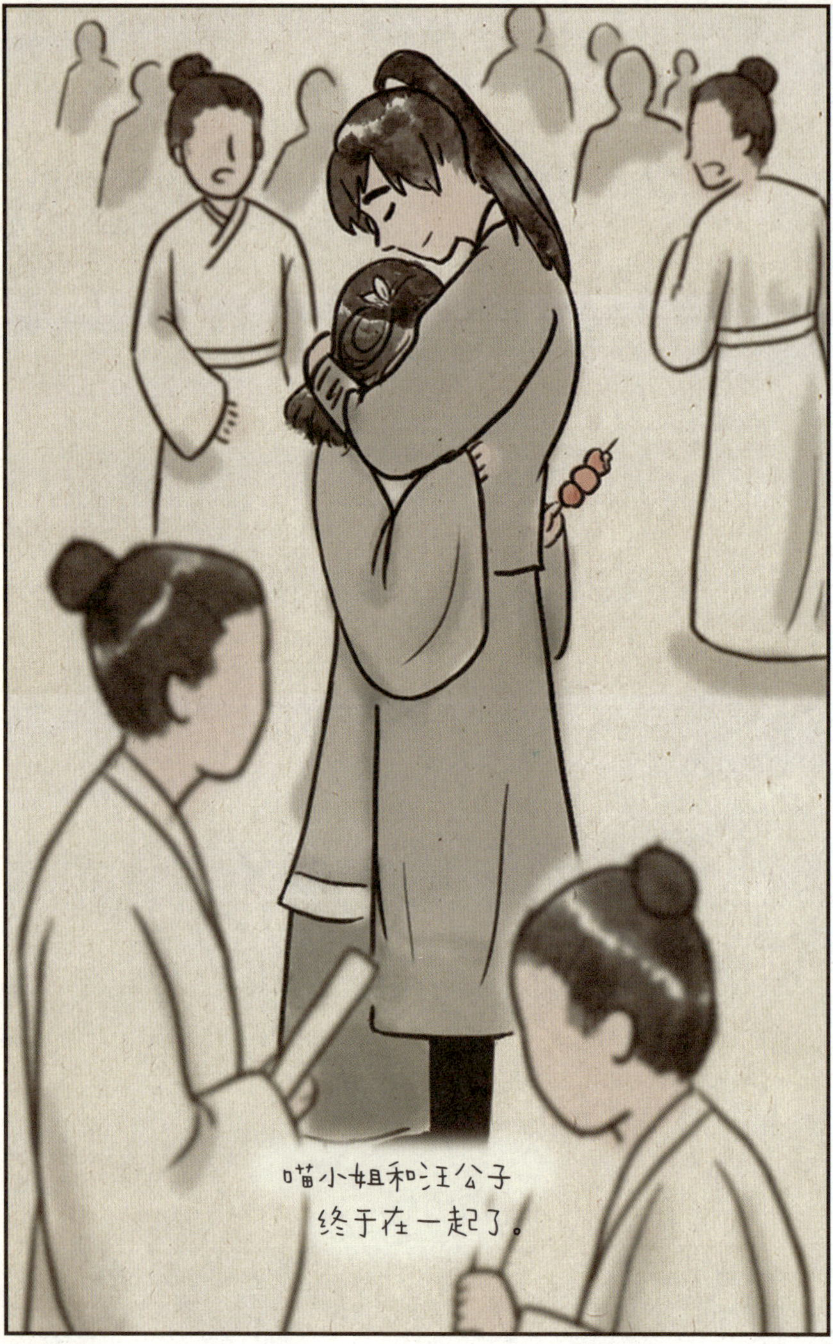
喵小姐和汪公子
终于在一起了。

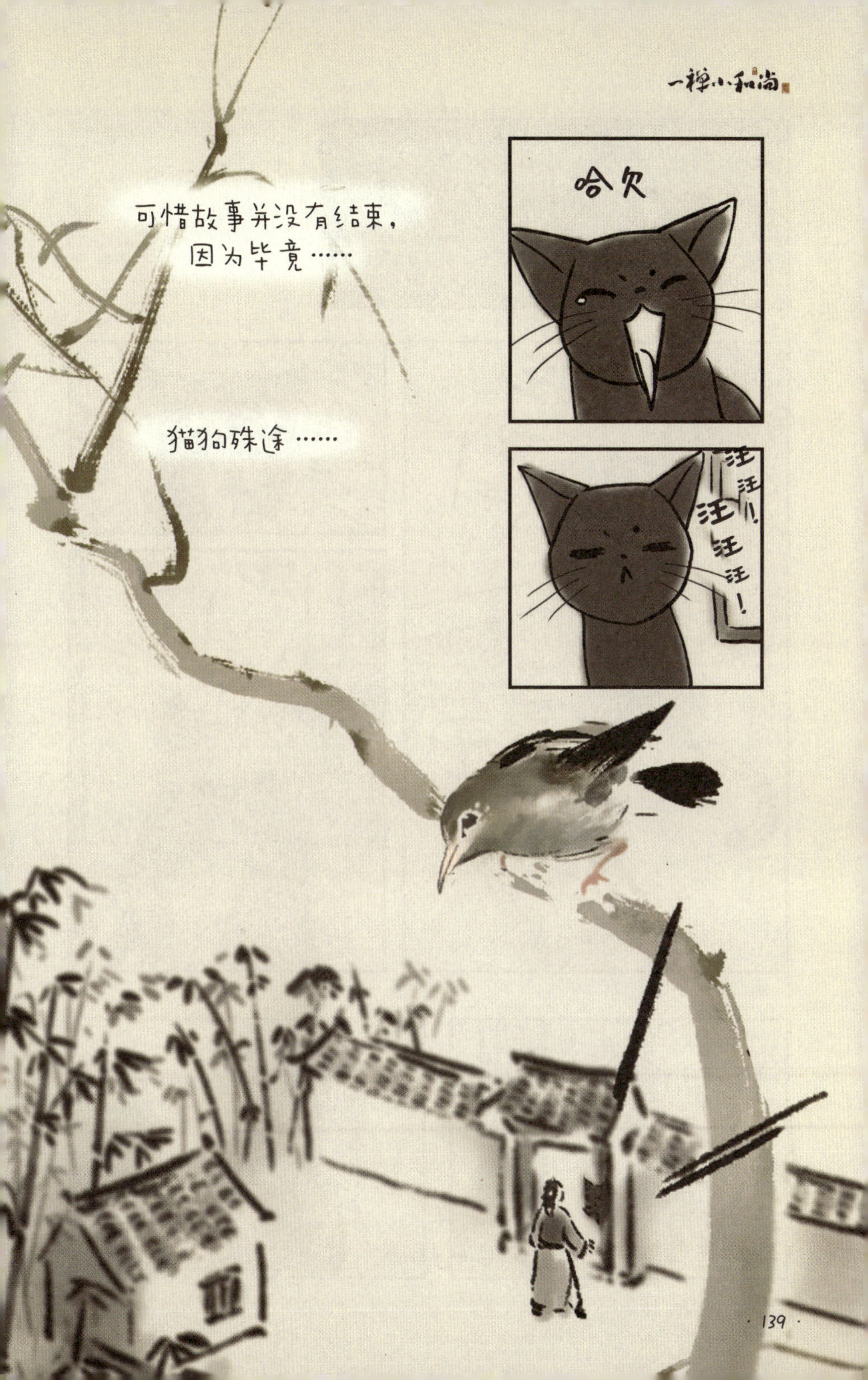
可惜故事并没有结束，
因为毕竟……
哈欠
汪汪！
汪汪汪！
猫狗殊途……

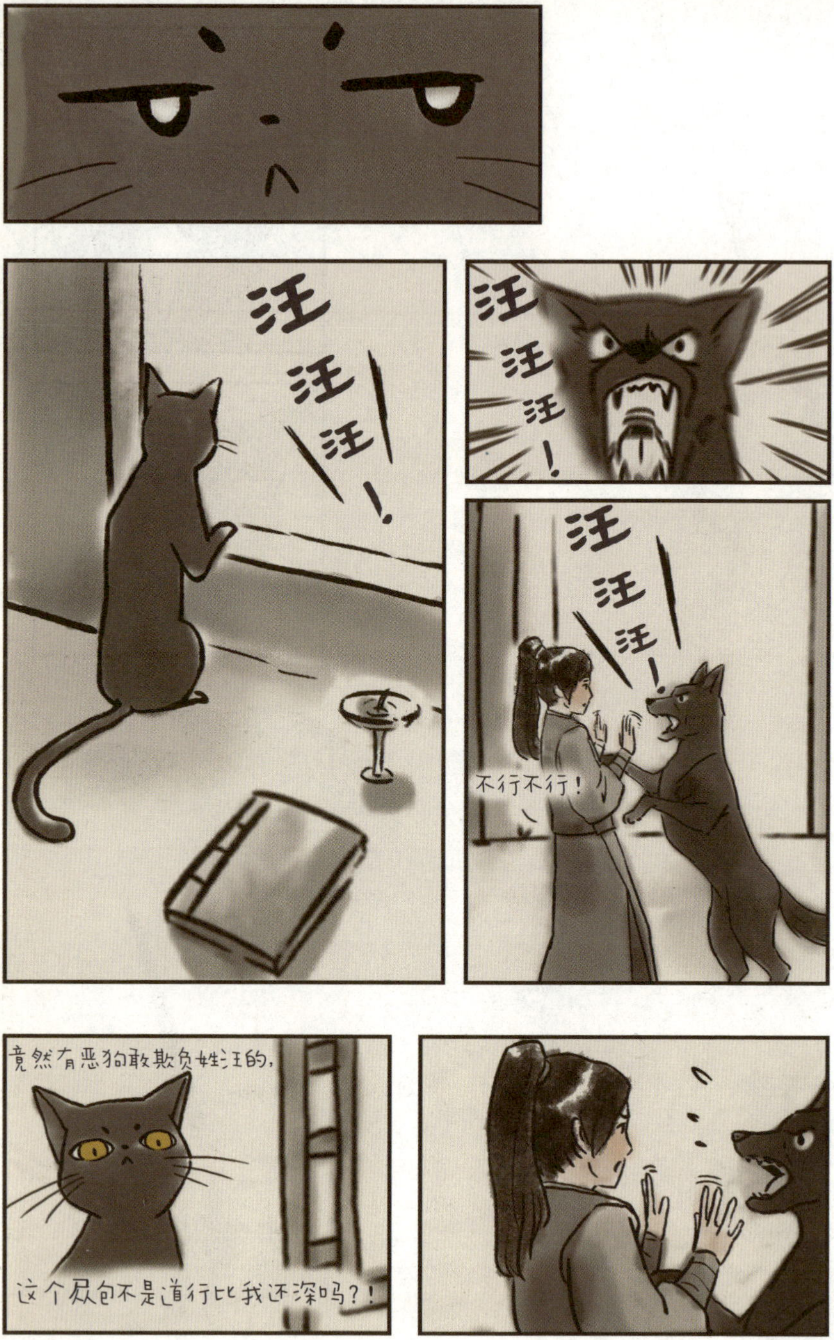
汪
汪
汪！
汪
汪
汪！
汪
汪
汪！
不行不行！
竟然有恶狗敢欺负姓汪的，
这个㞞包不是道行比我还深吗？！

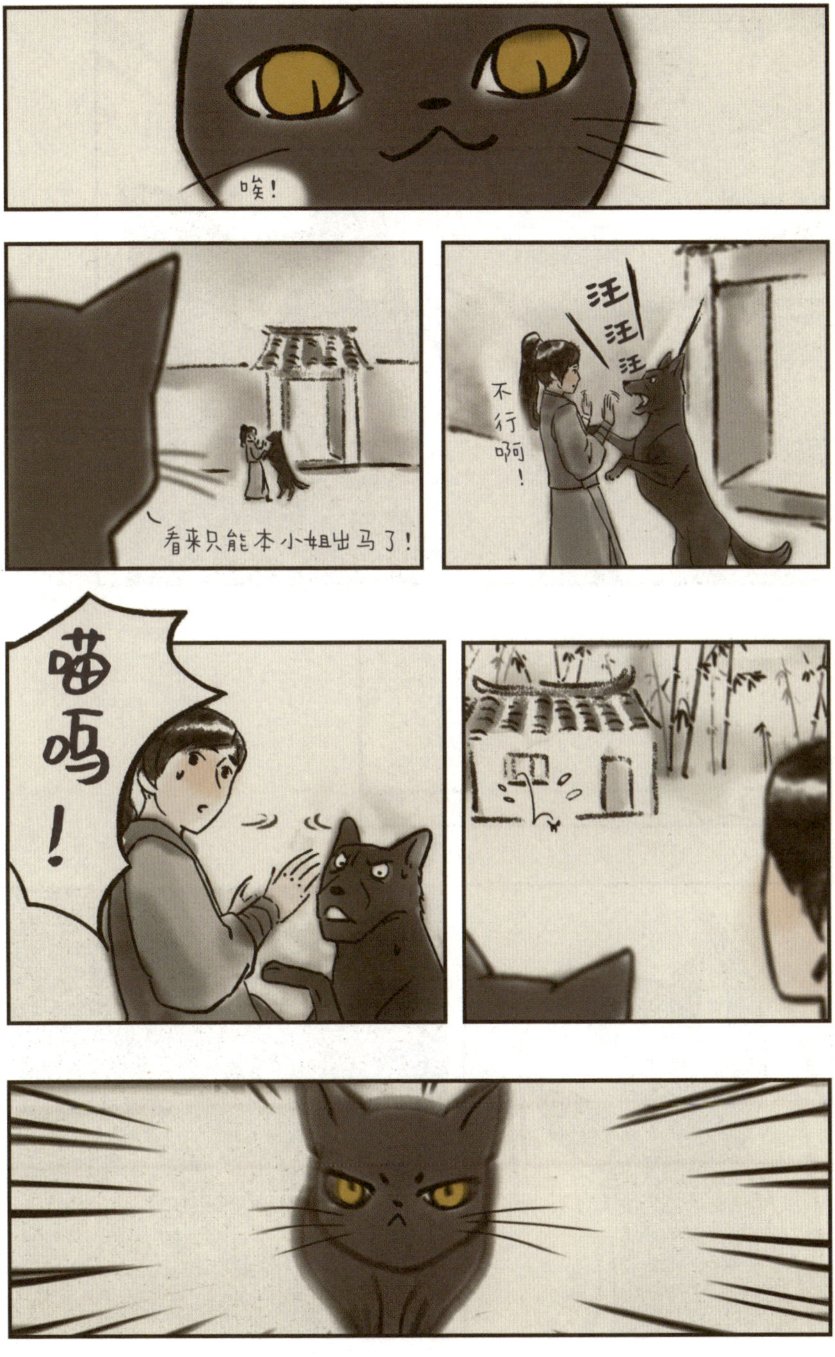
唉！
看来只能本小姐出马了！
汪
汪
汪
不行啊！
喵呜！

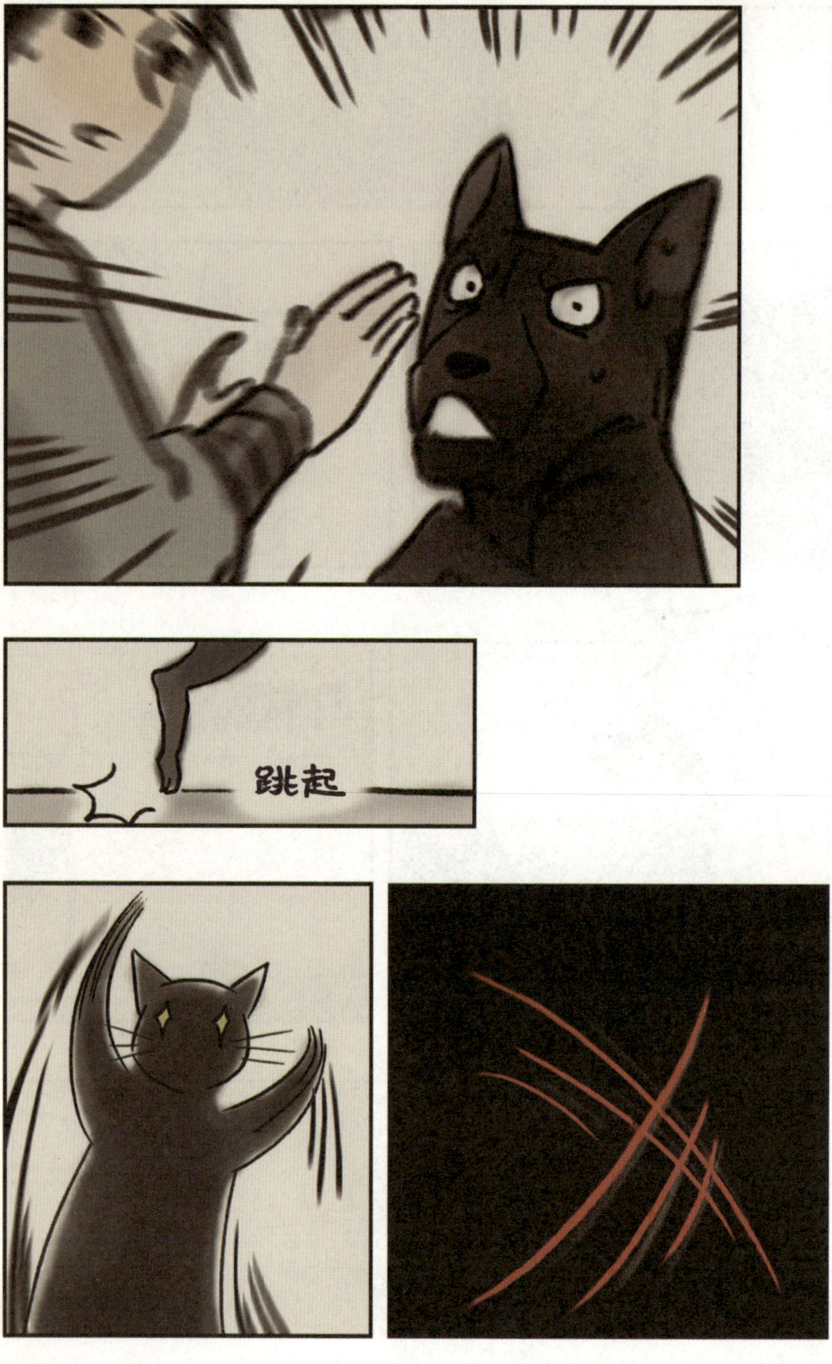
跳起

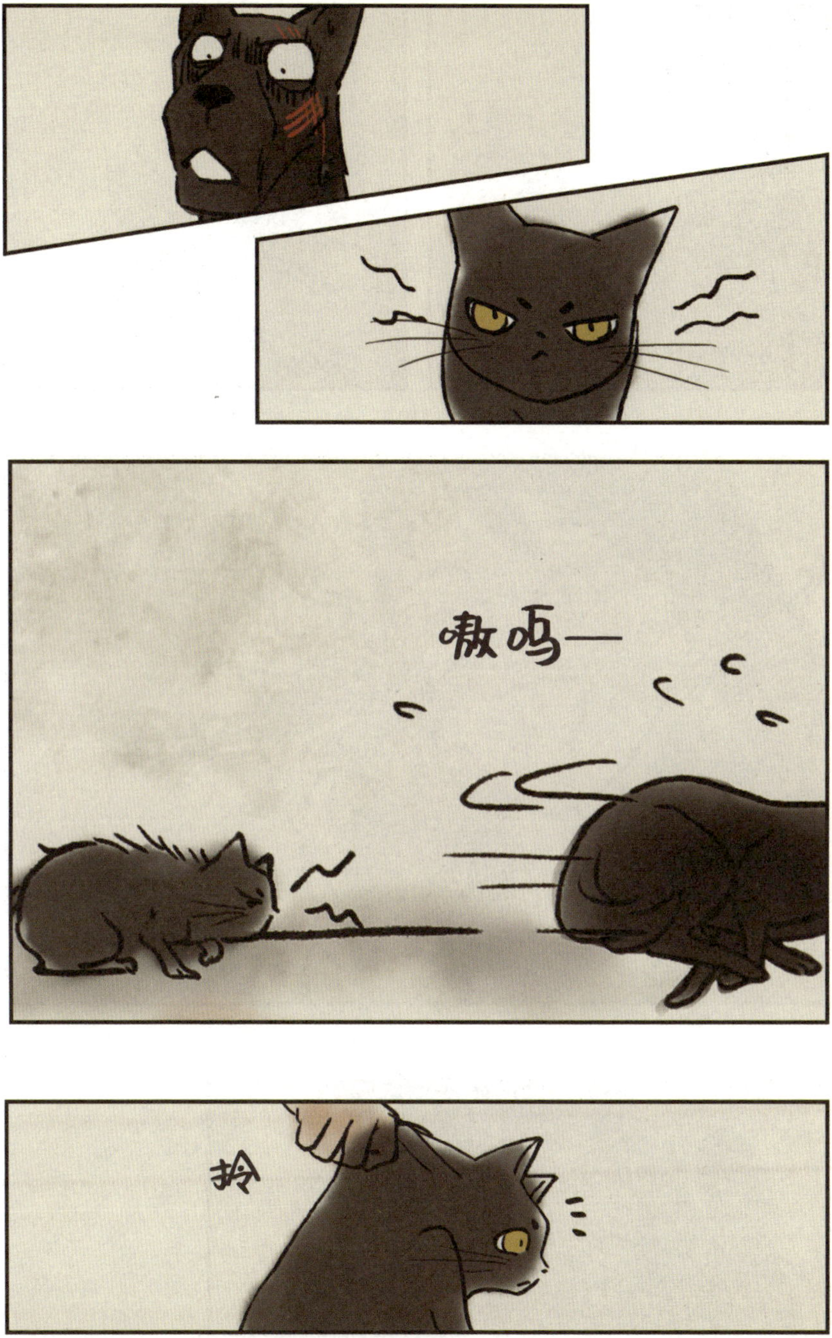
嗷呜——
拎

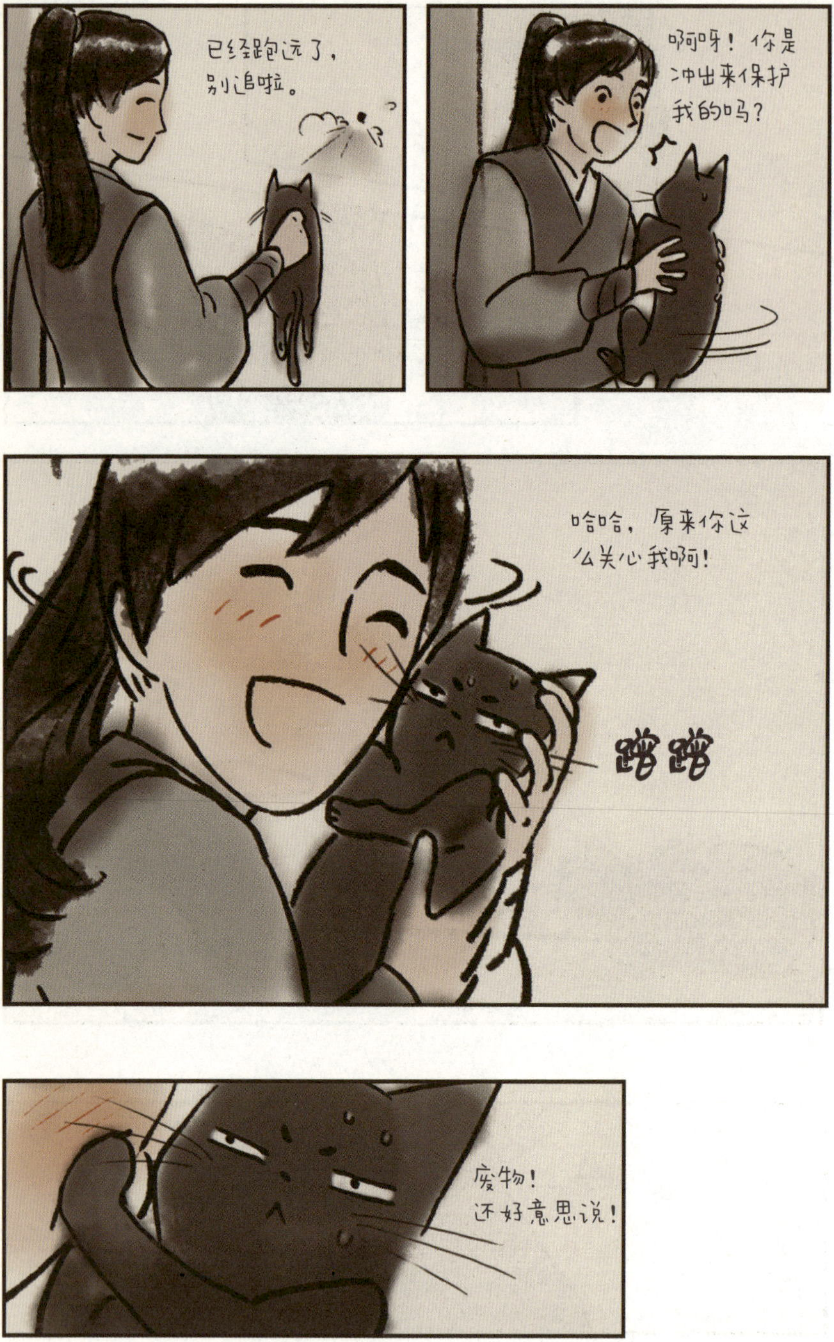
已经跑远了，别追啦。
啊呀！你是冲出来保护我的吗？
哈哈，原来你这么关心我啊！
蹭蹭
废物！还好意思说！

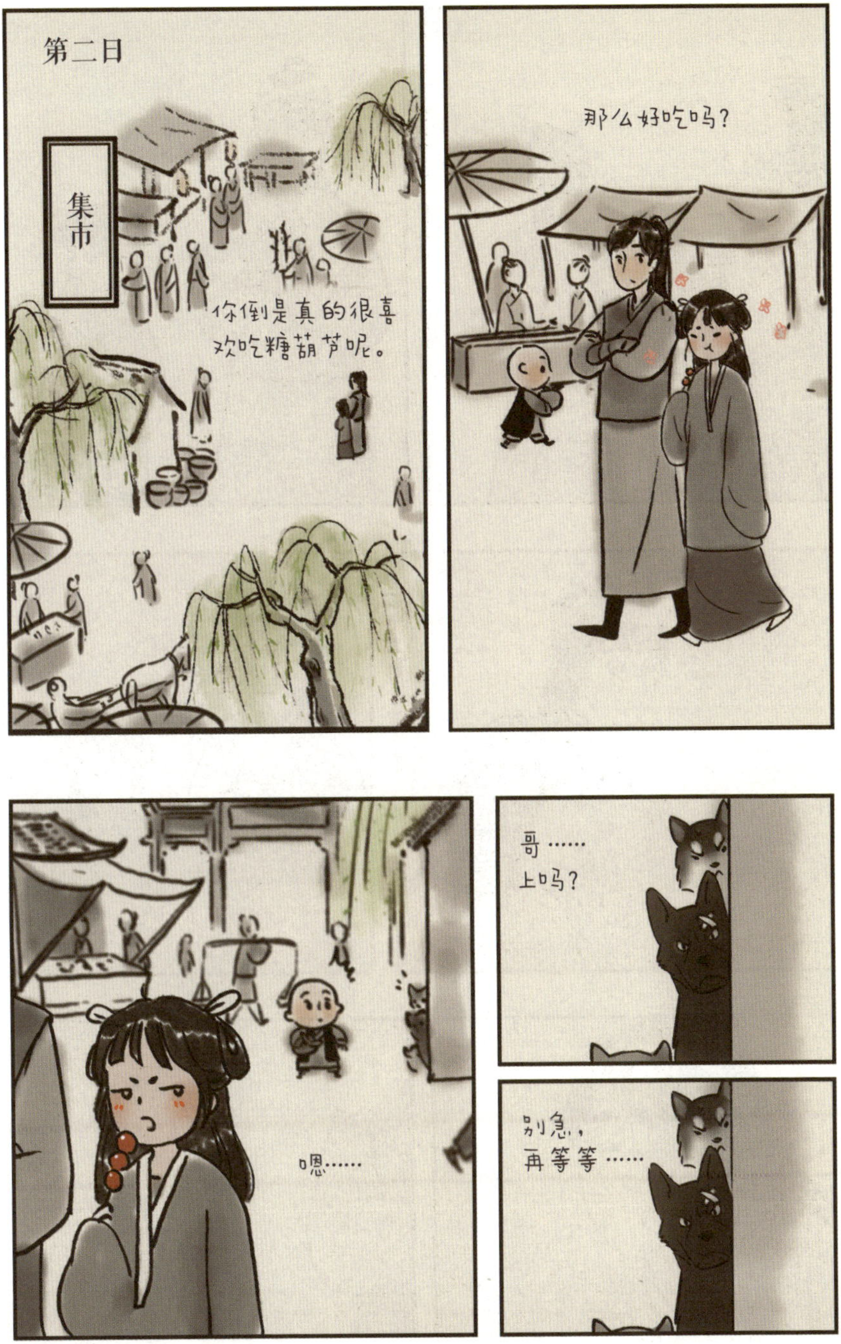
第二日
集市
你倒是真的很喜欢吃糖葫芦呢。
那么好吃吗？
嗯……
哥……
上吗？
别急，
再等等……

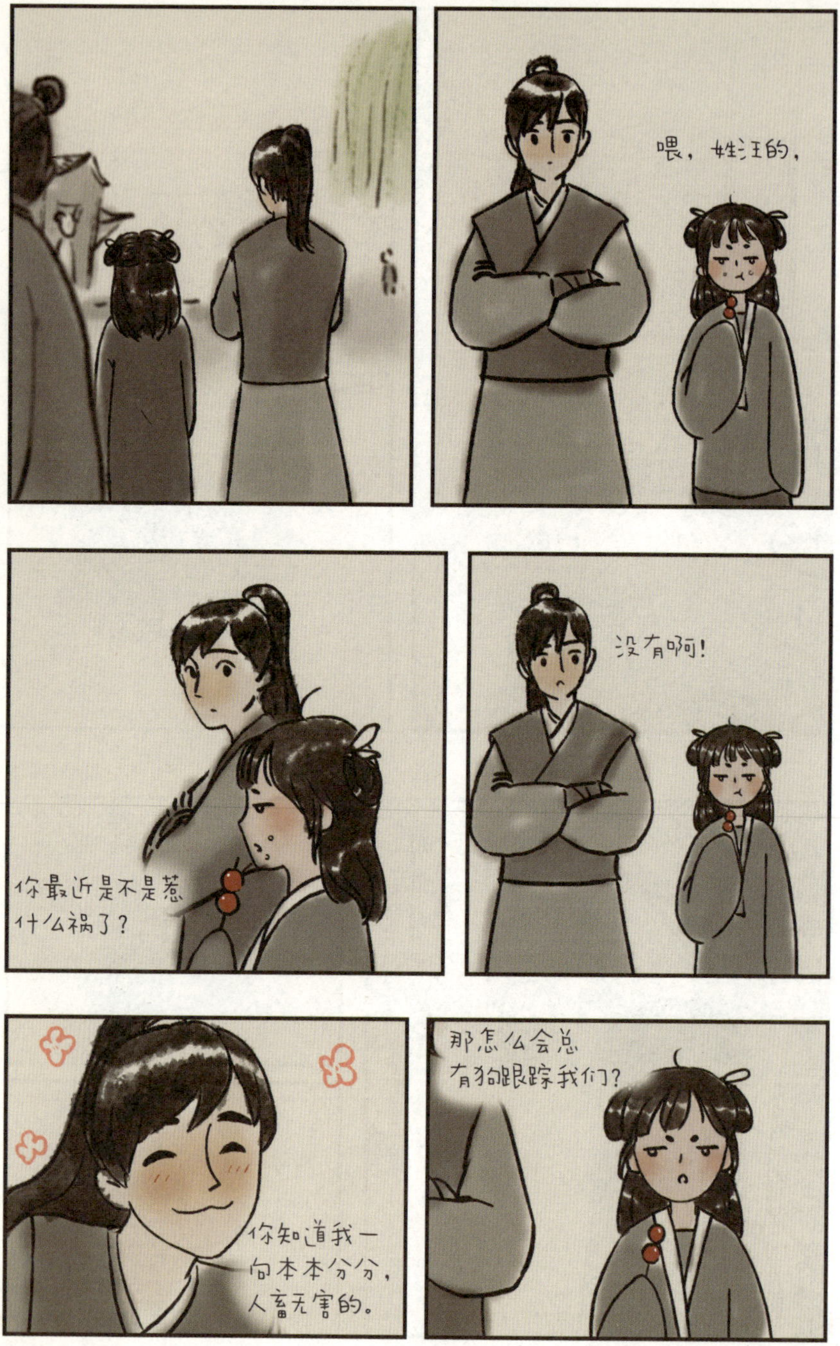
喂，姓汪的，
你最近是不是惹
什么祸了？
没有啊！
你知道我一
向本本分分，
人畜无害的。
那怎么会总
有狗跟踪我们？

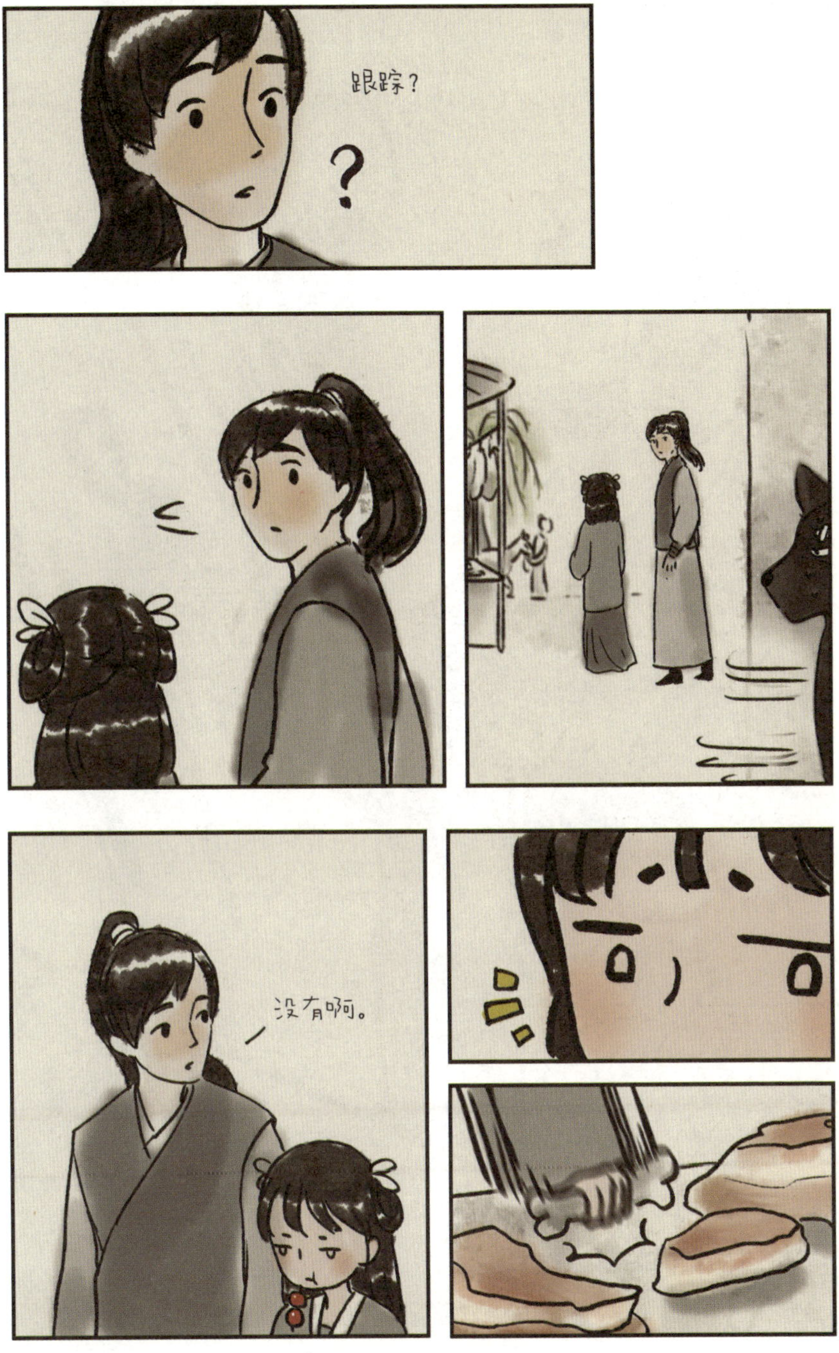
跟踪？
？
没有啊。

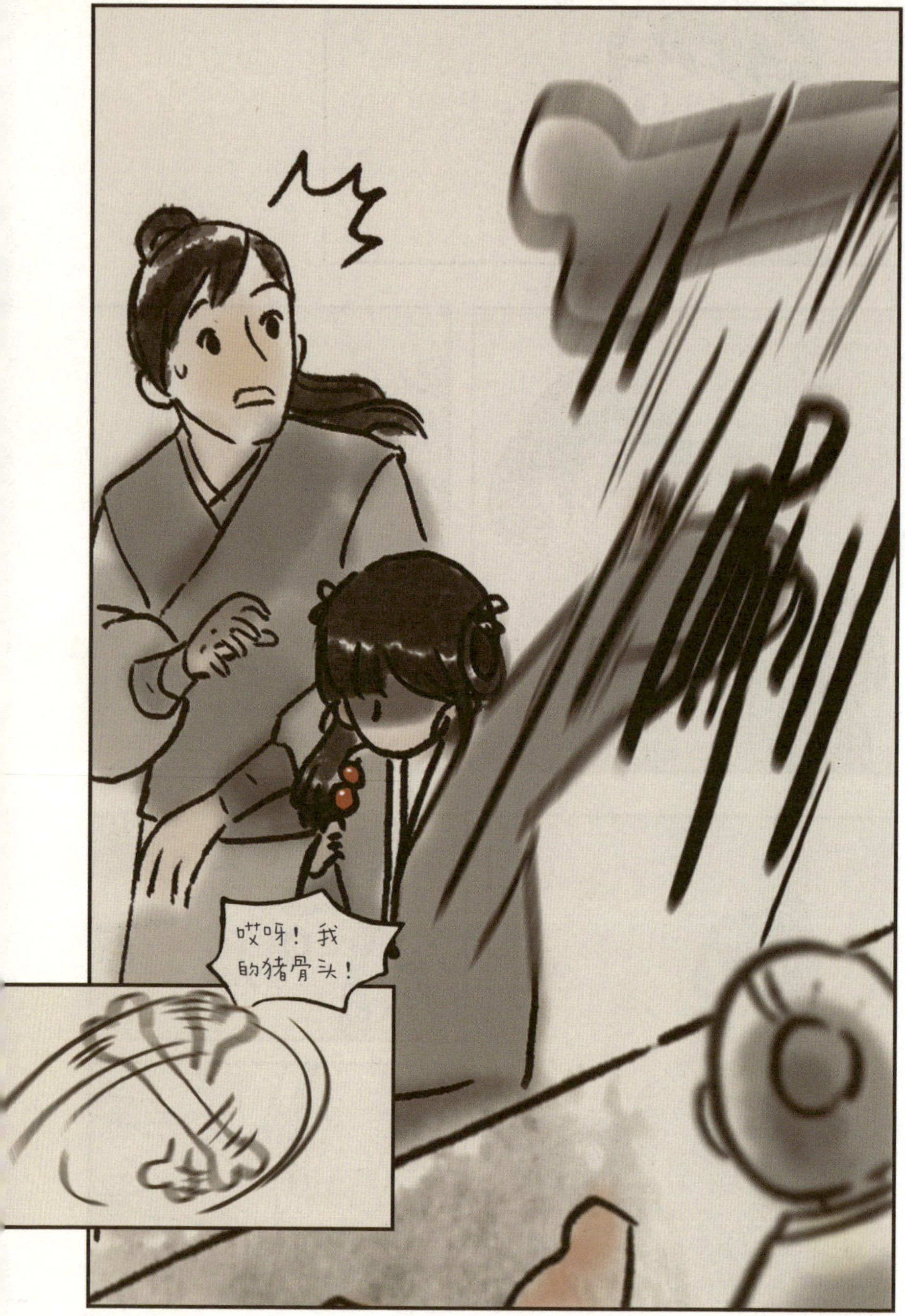
哎呀！我的猪骨头！

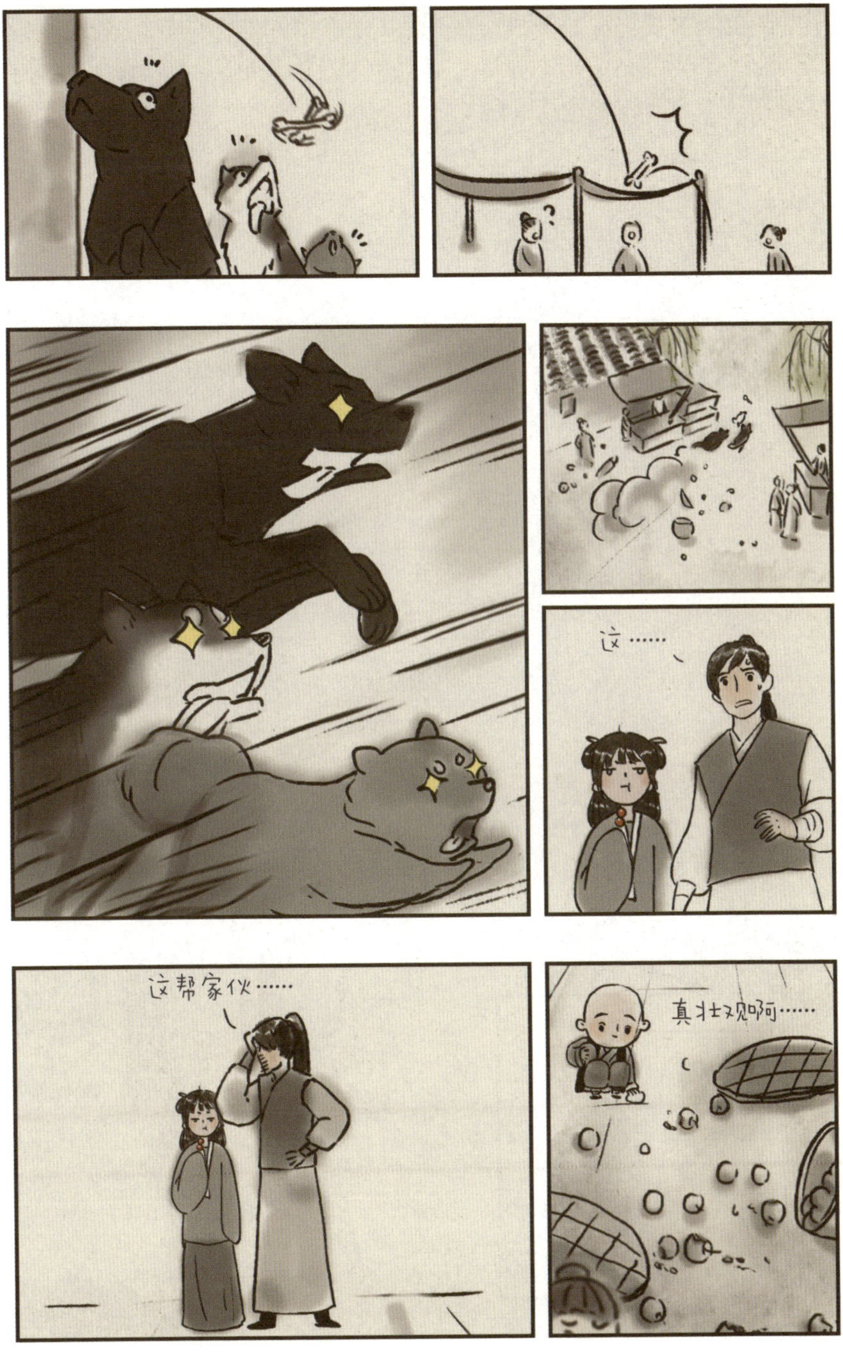

这……
这帮家伙……
真壮观啊……

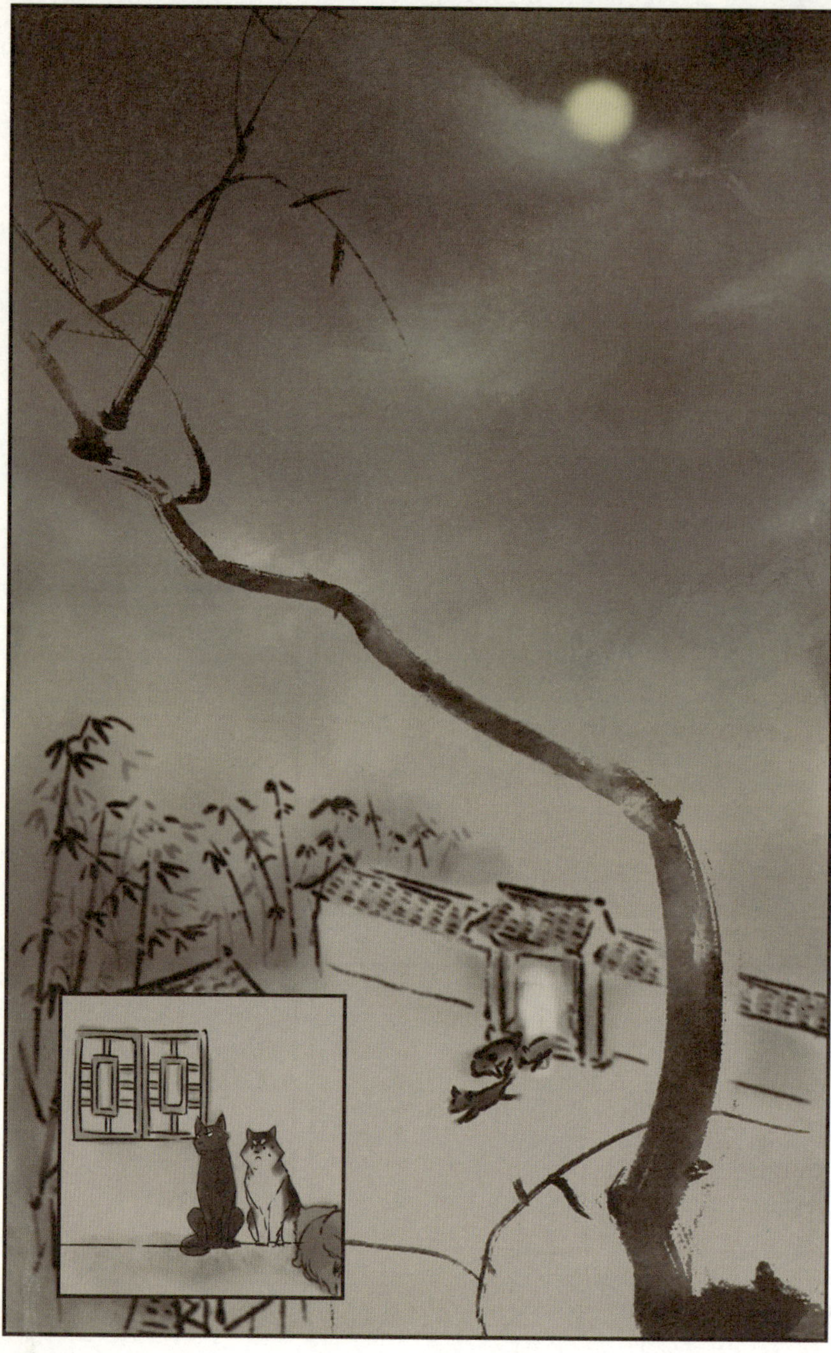

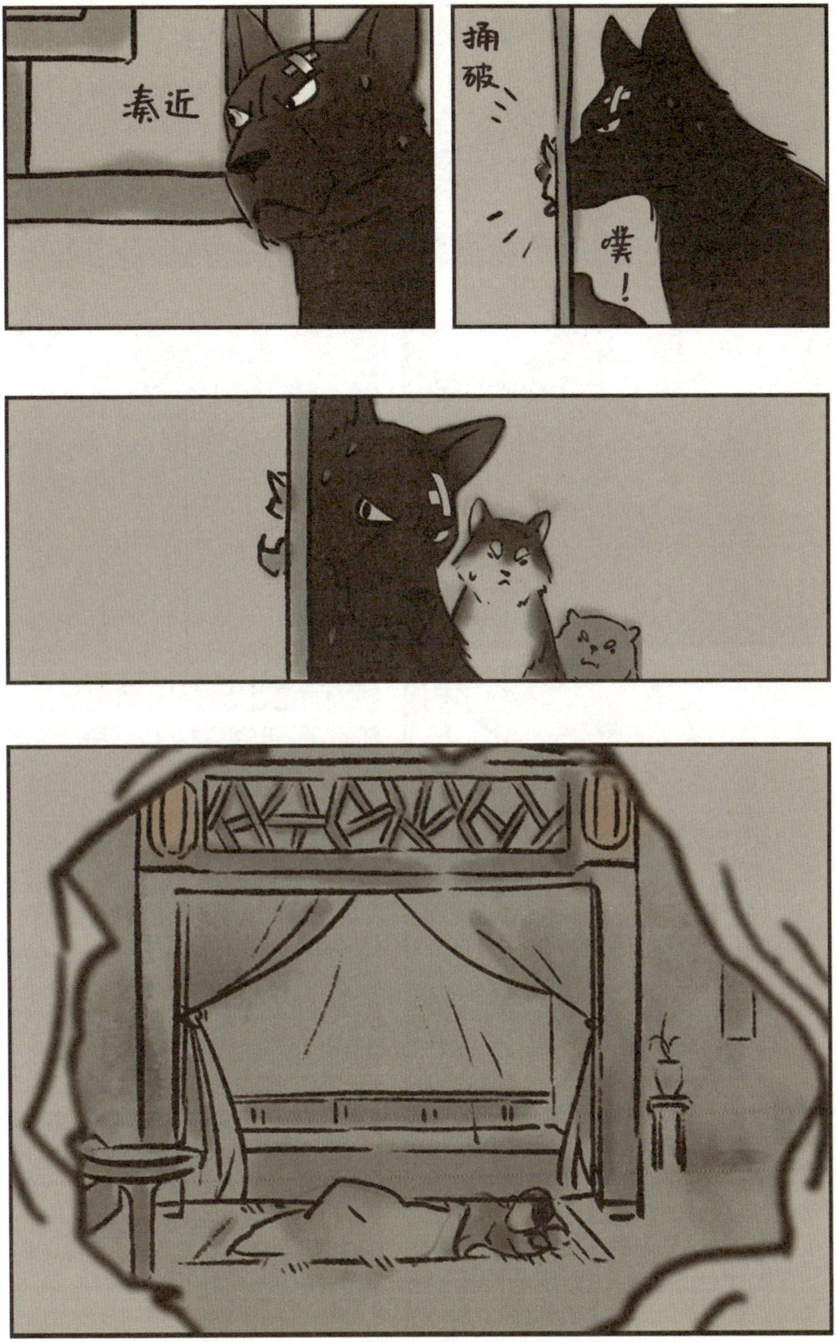
凑近
捅破
噗！

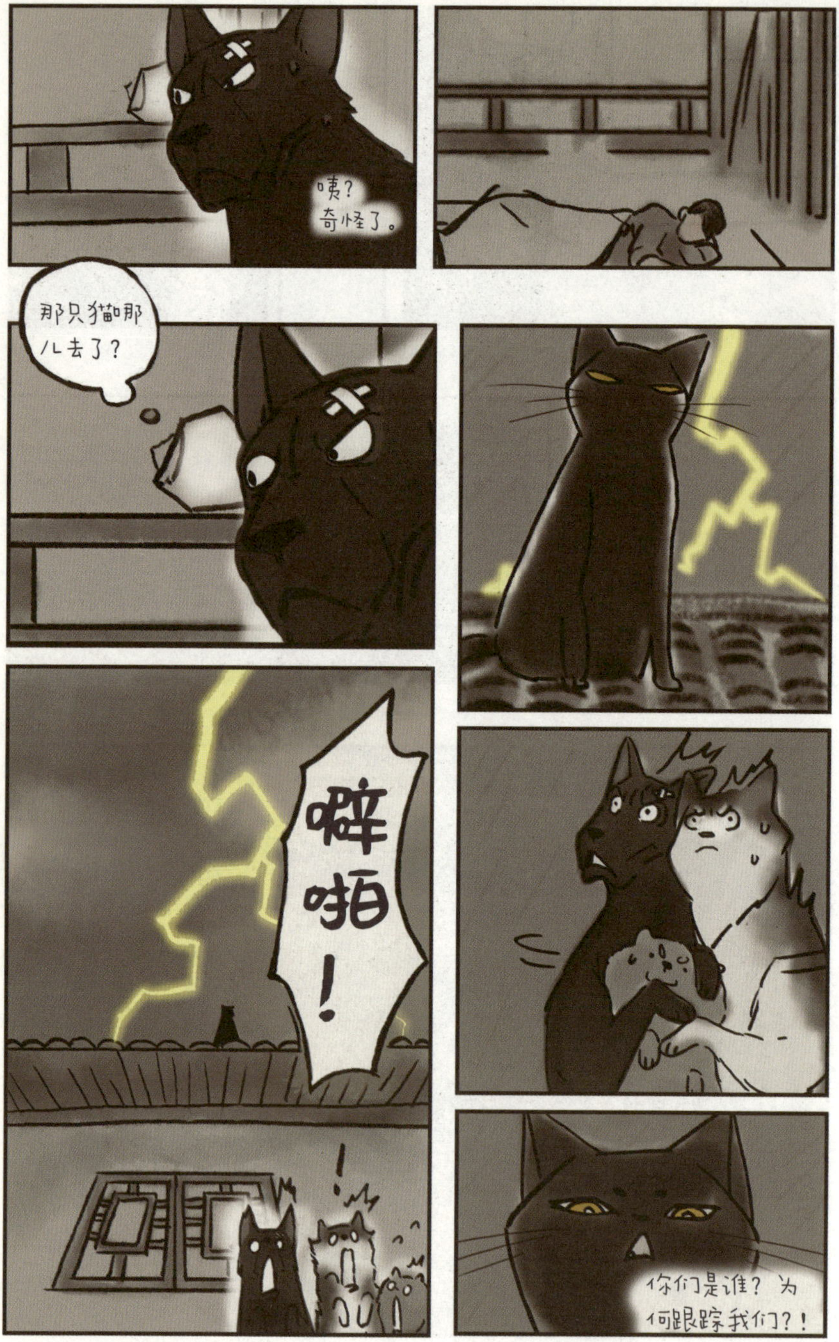
咦？
奇怪了。
那只猫哪儿去了？
噼啪！
你们是谁？为何跟踪我们？！

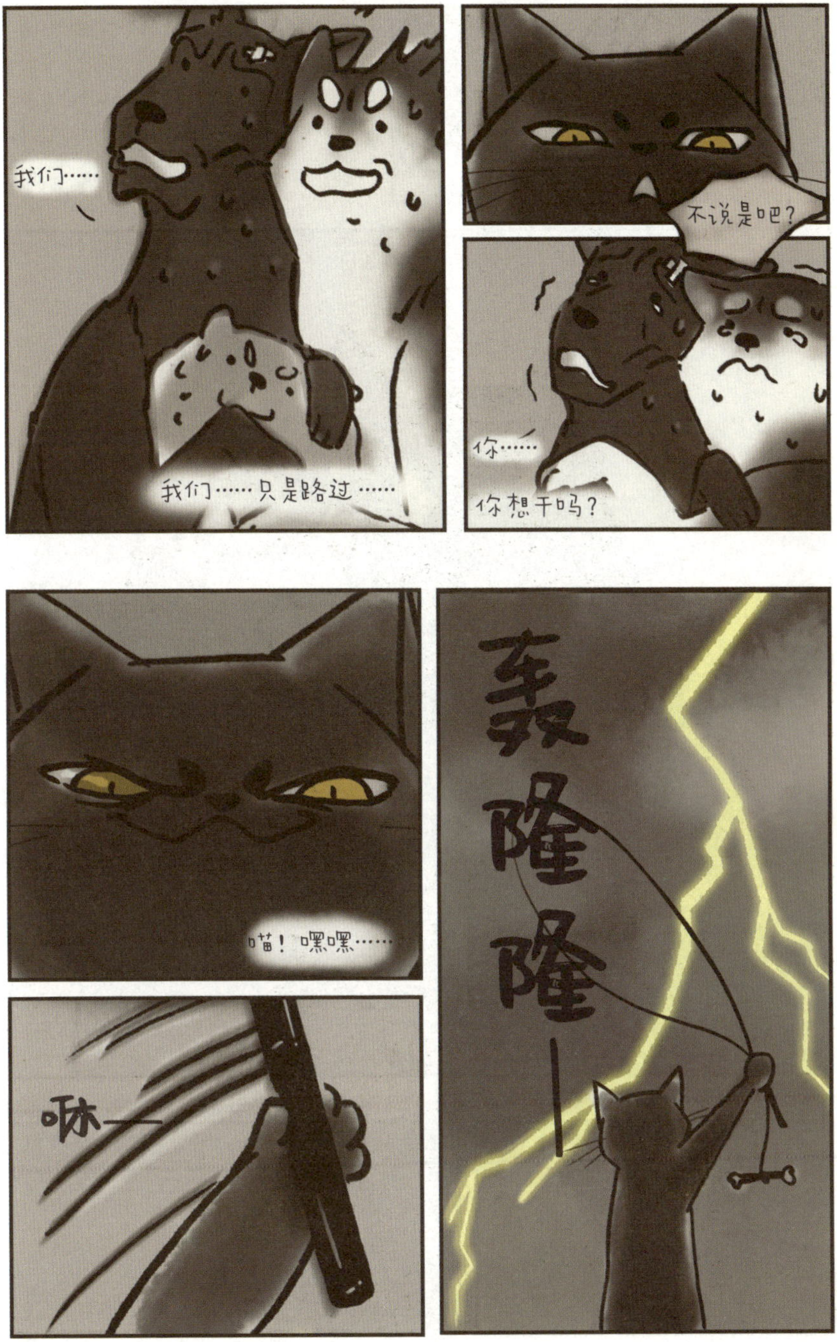
我们……
我们……只是路过……
不说是吧？
你……
你想干吗？
喵！嘿嘿……
咻——
轰隆隆——

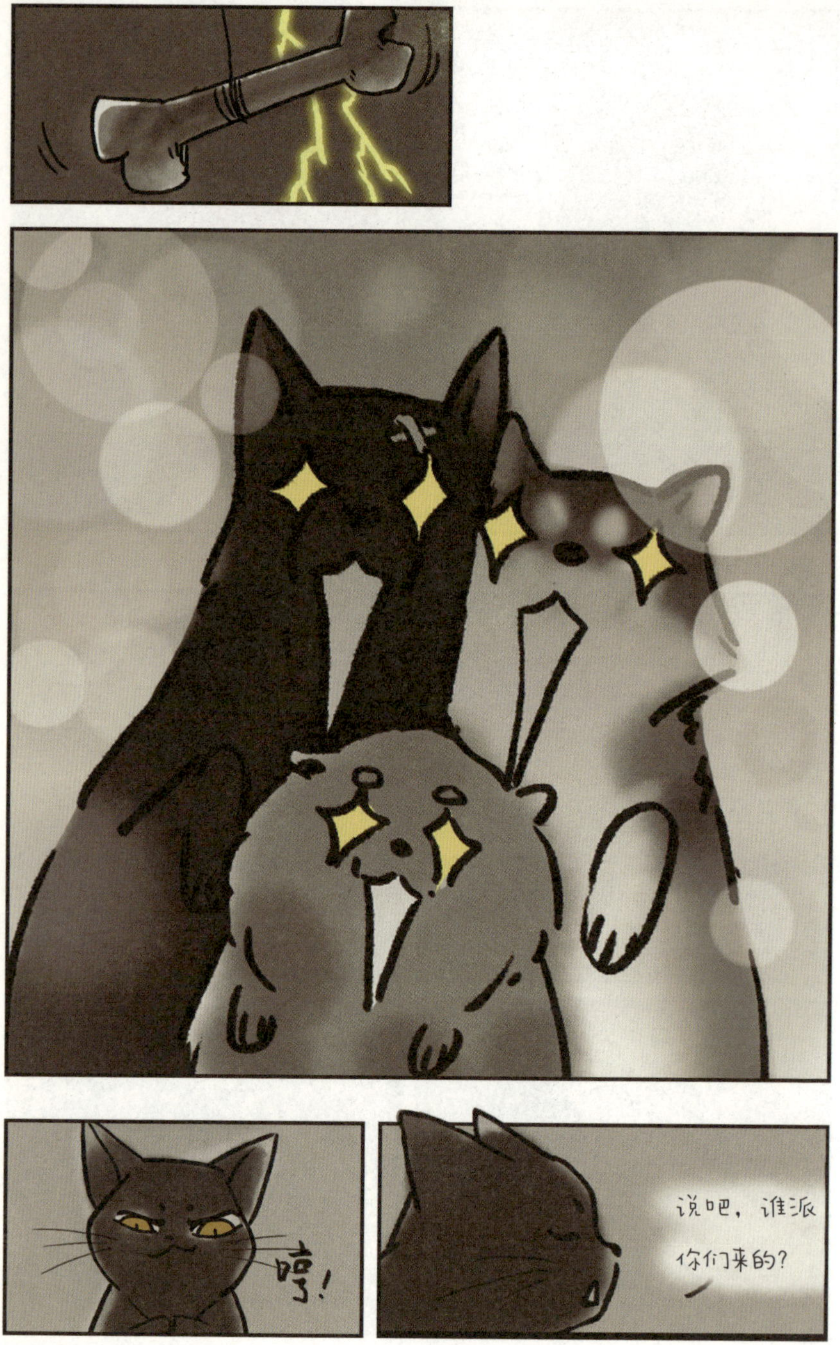
哼！
说吧，谁派
你们来的？

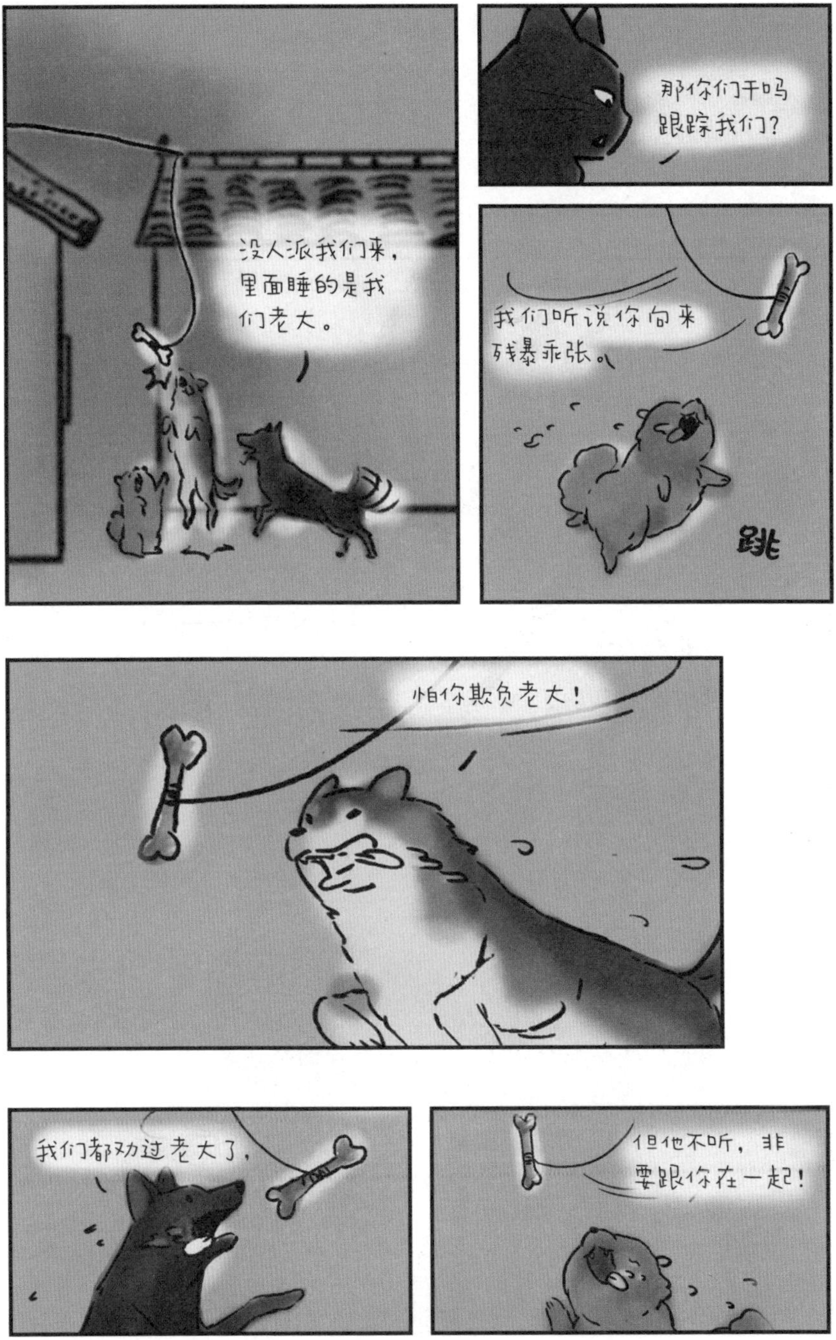
没人派我们来，里面睡的是我们老大。
那你们干吗跟踪我们？
我们听说你向来残暴乖张。
跳
怕你欺负老大！
我们都劝过老大了，
但他不听，非要跟你在一起！

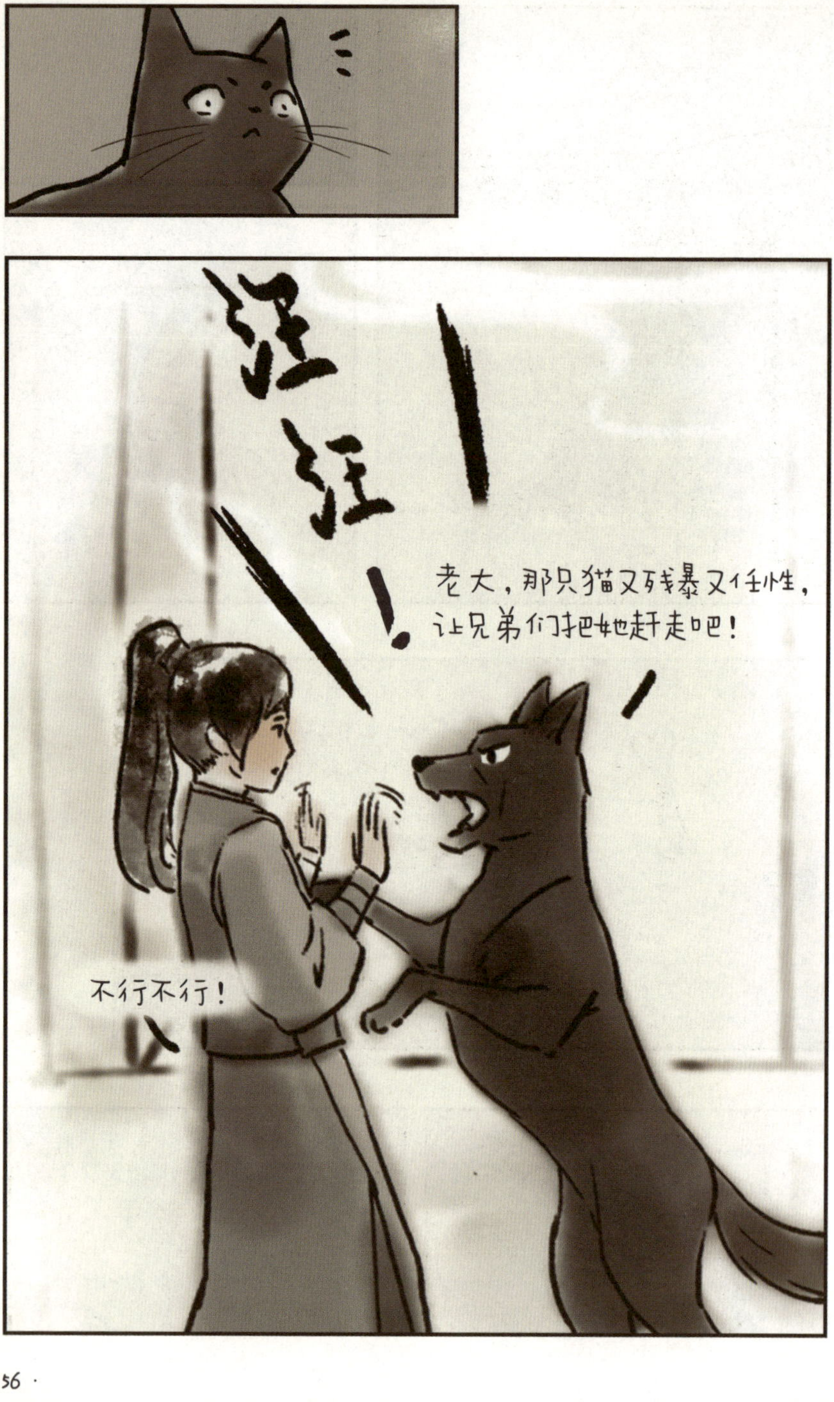
汪汪!
老大，那只猫又残暴又任性，
让兄弟们把她赶走吧！
不行不行！

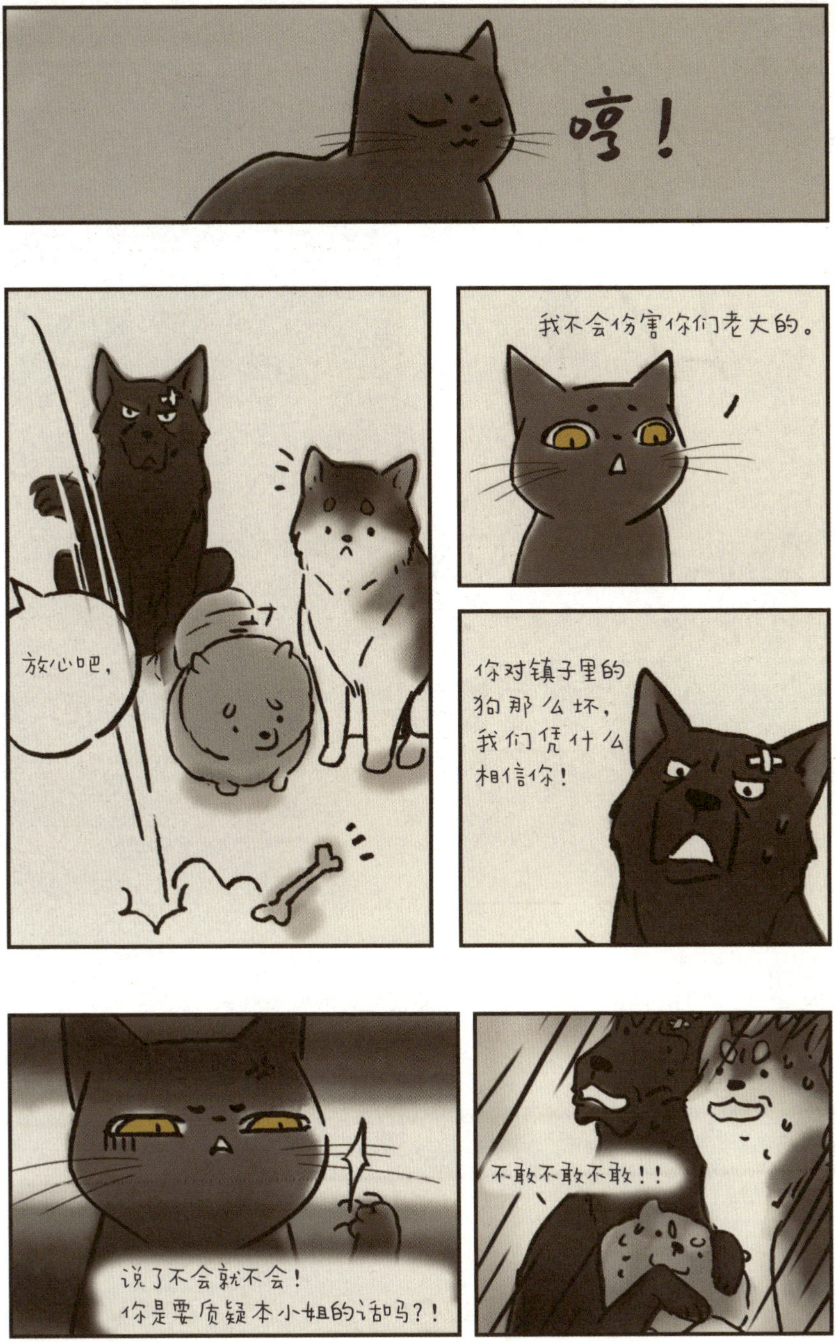
哼！
放心吧，
我不会伤害你们老大的。
你对镇子里的
狗那么坏，
我们凭什么
相信你！
说了不会就不会！
你是要质疑本小姐的话吗？！
不敢不敢不敢！！

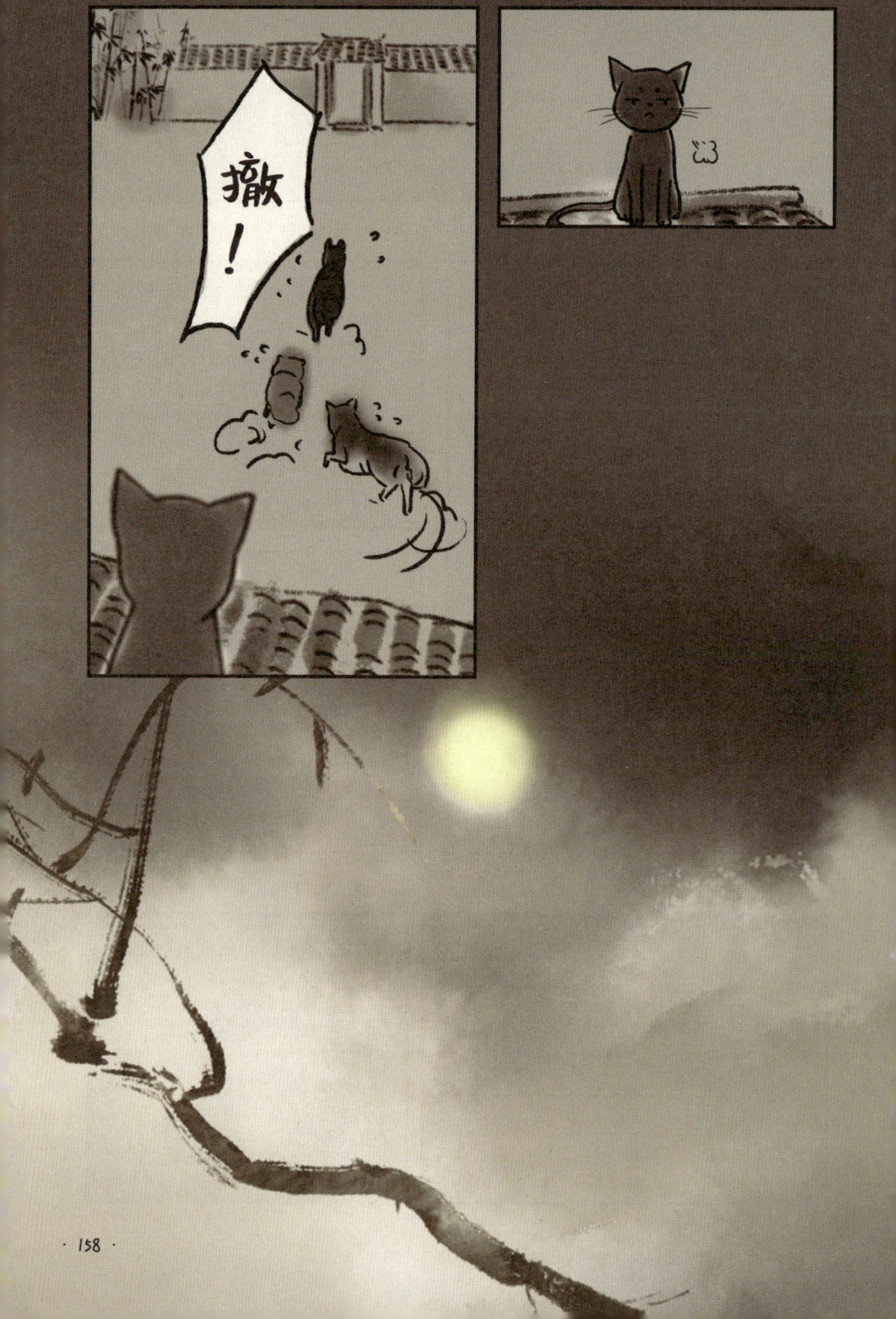
撤！

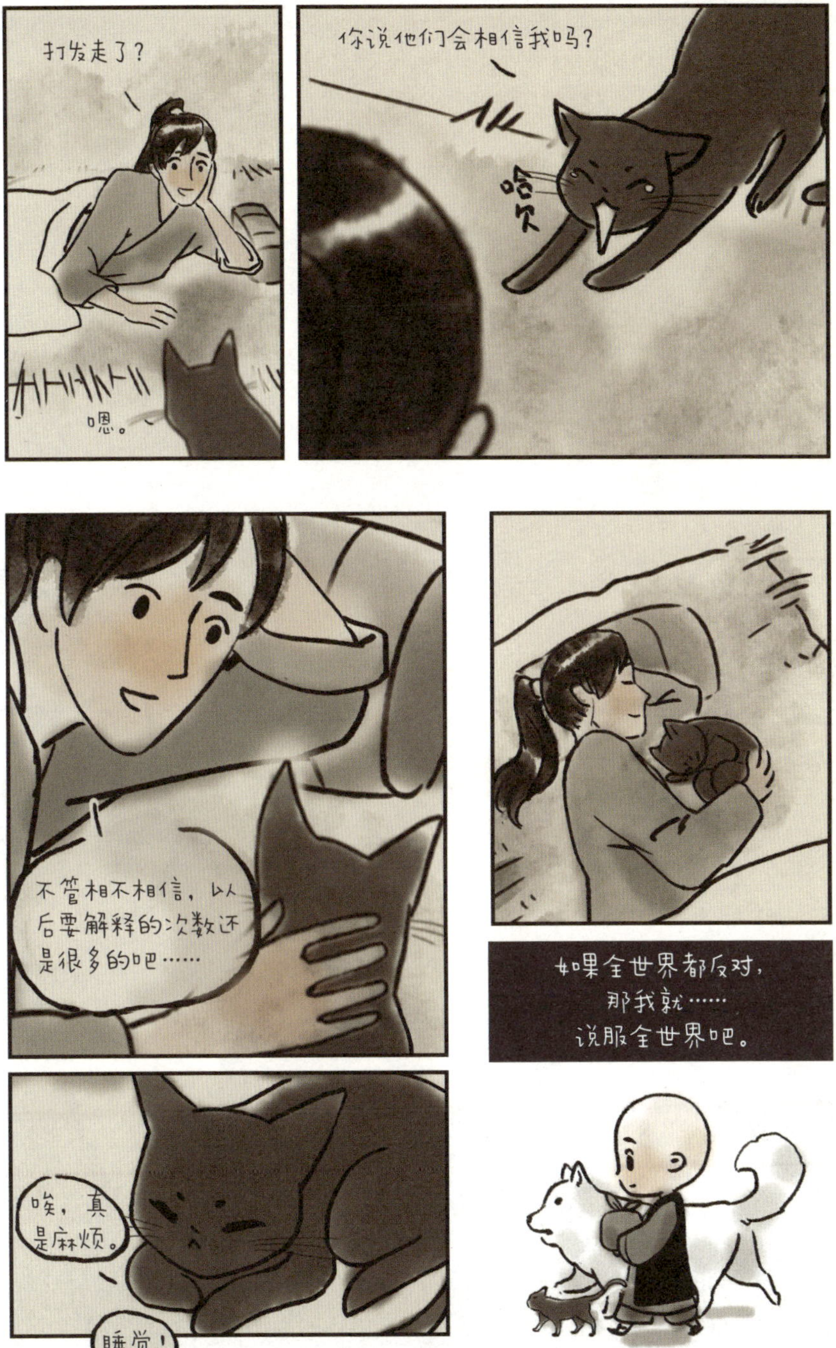
打发走了？
嗯。
你说他们会相信我吗？
哈欠
不管相不相信，以后要解释的次数还是很多的吧……
唉，真是麻烦。
睡觉！
如果全世界都反对，
那我就……
说服全世界吧。

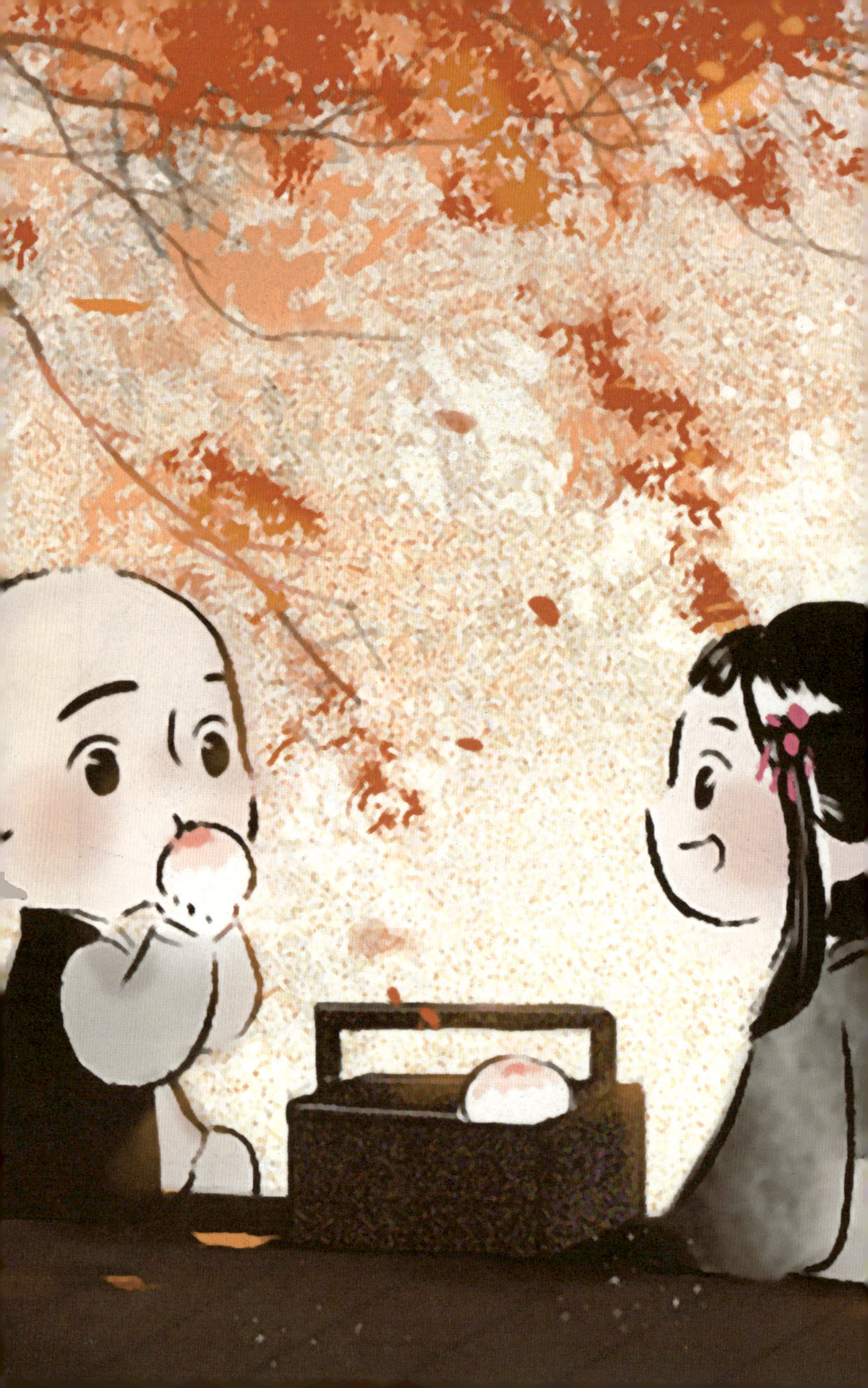

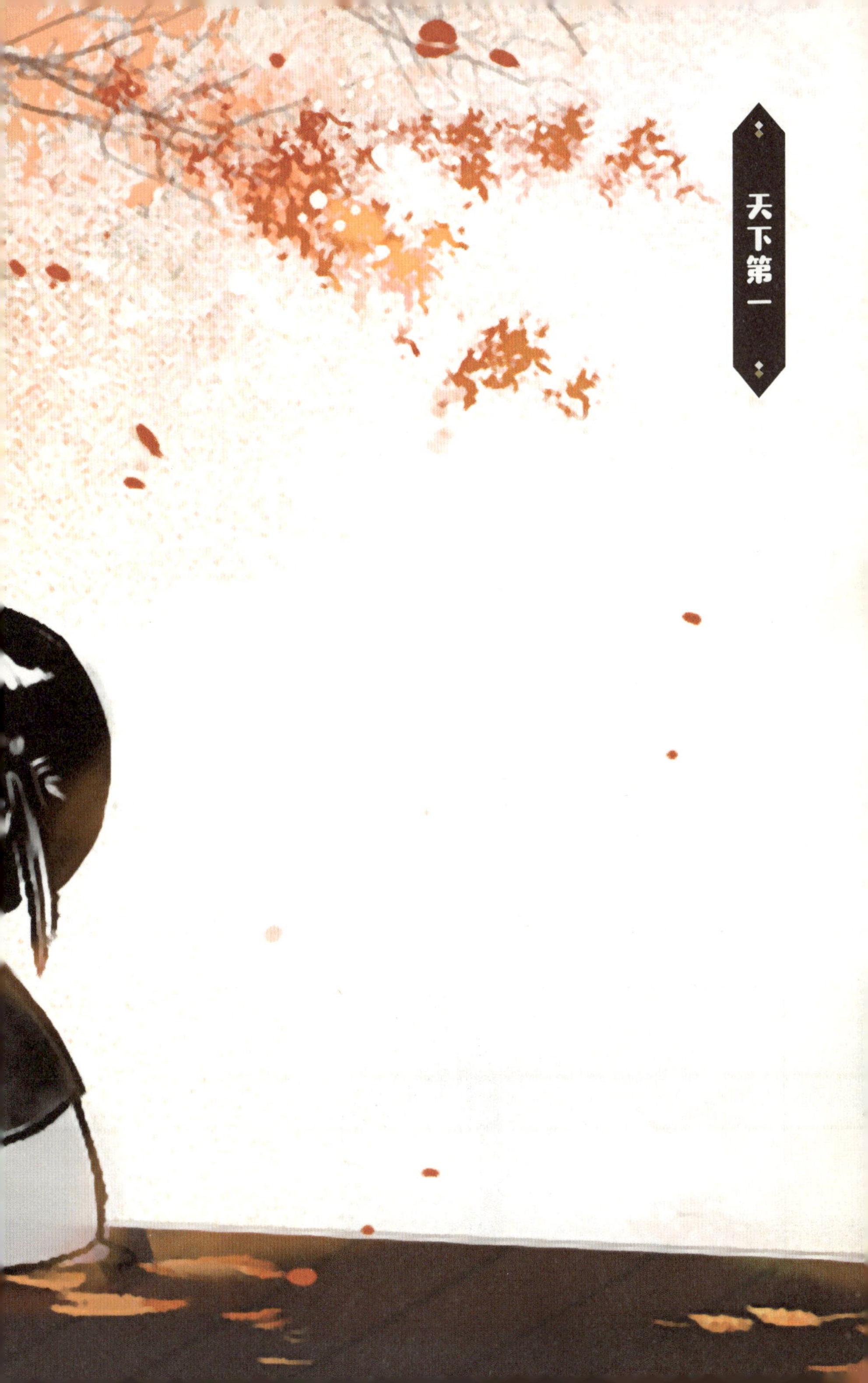
天下第一

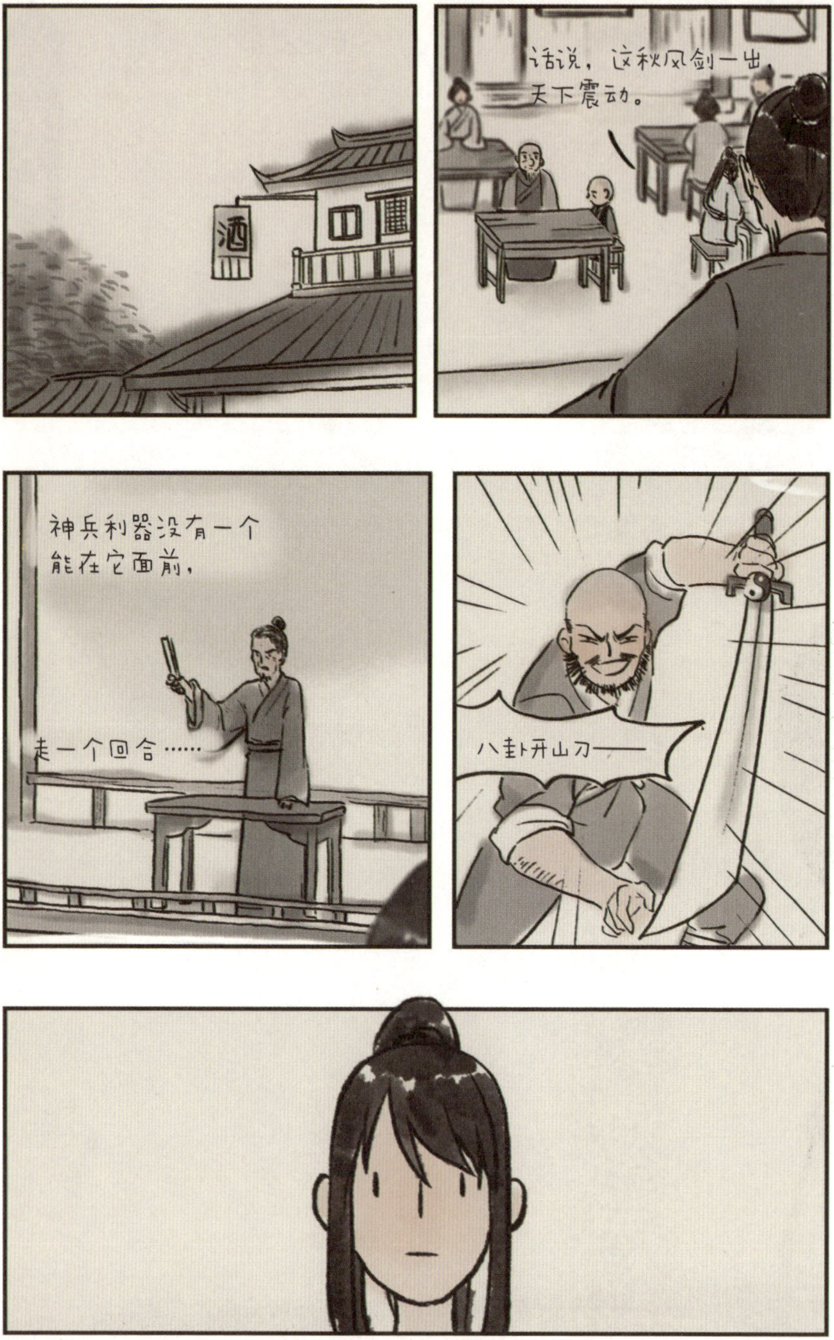
酒
话说，这秋风剑一出
天下震动。
神兵利器没有一个
能在它面前，
走一个回合……
八卦开山刀——

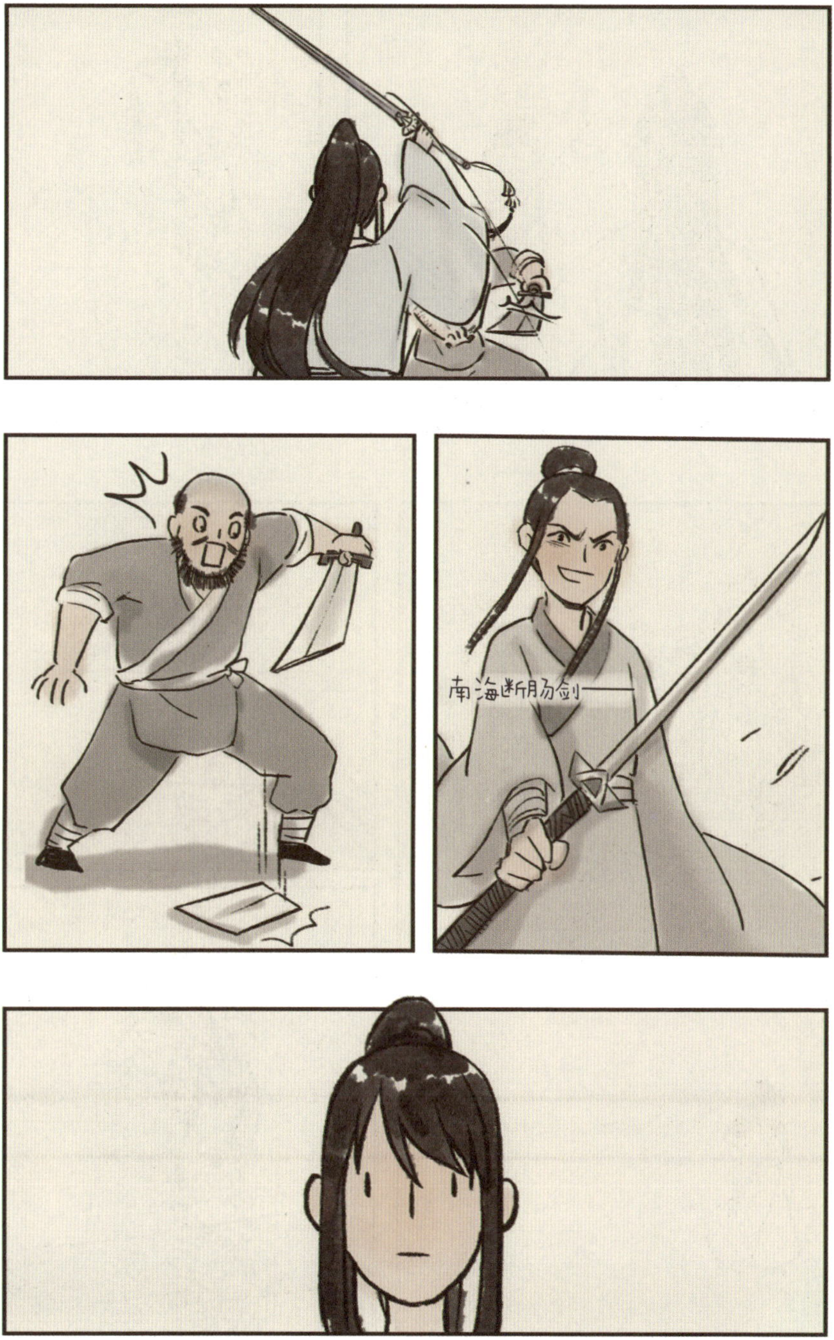
南海断肠剑——

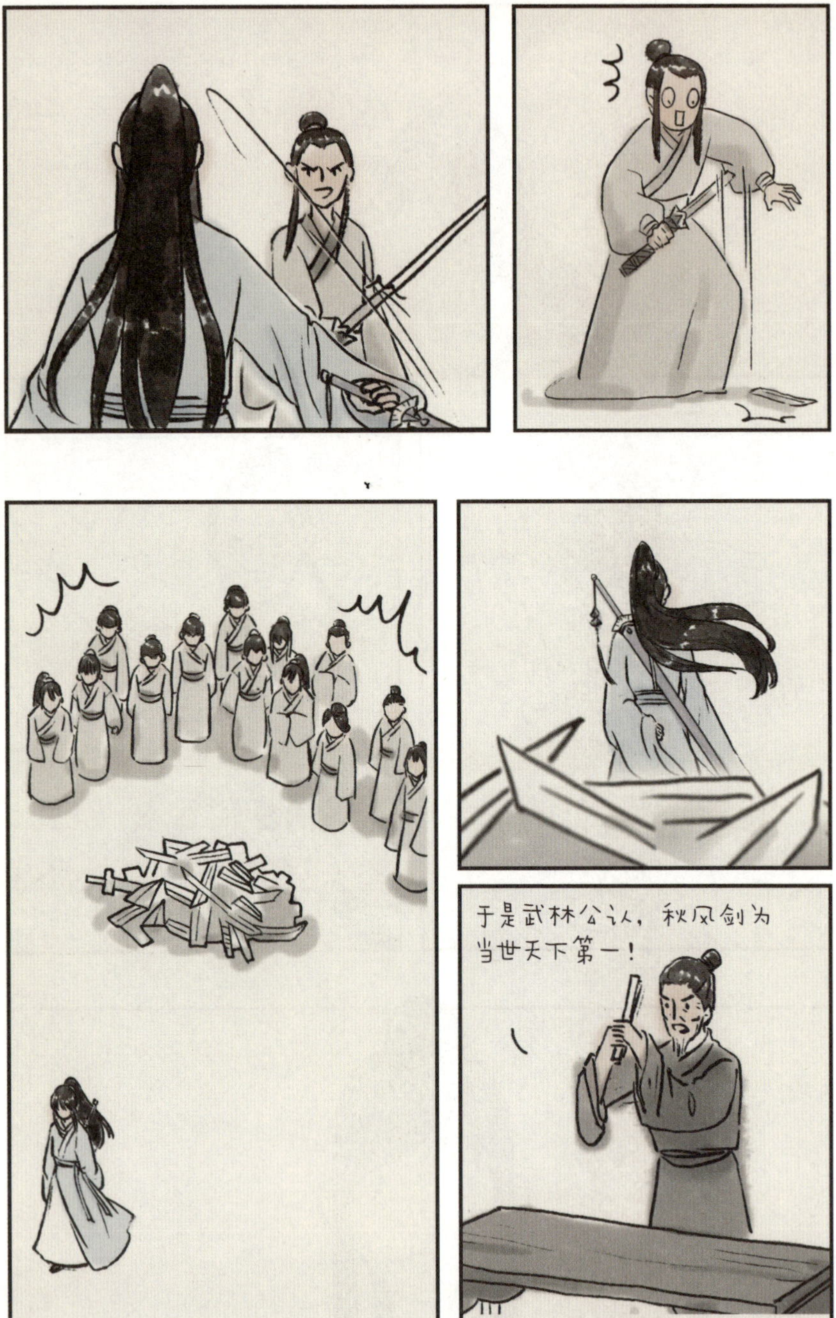
于是武林公认，秋风剑为
当世天下第一！

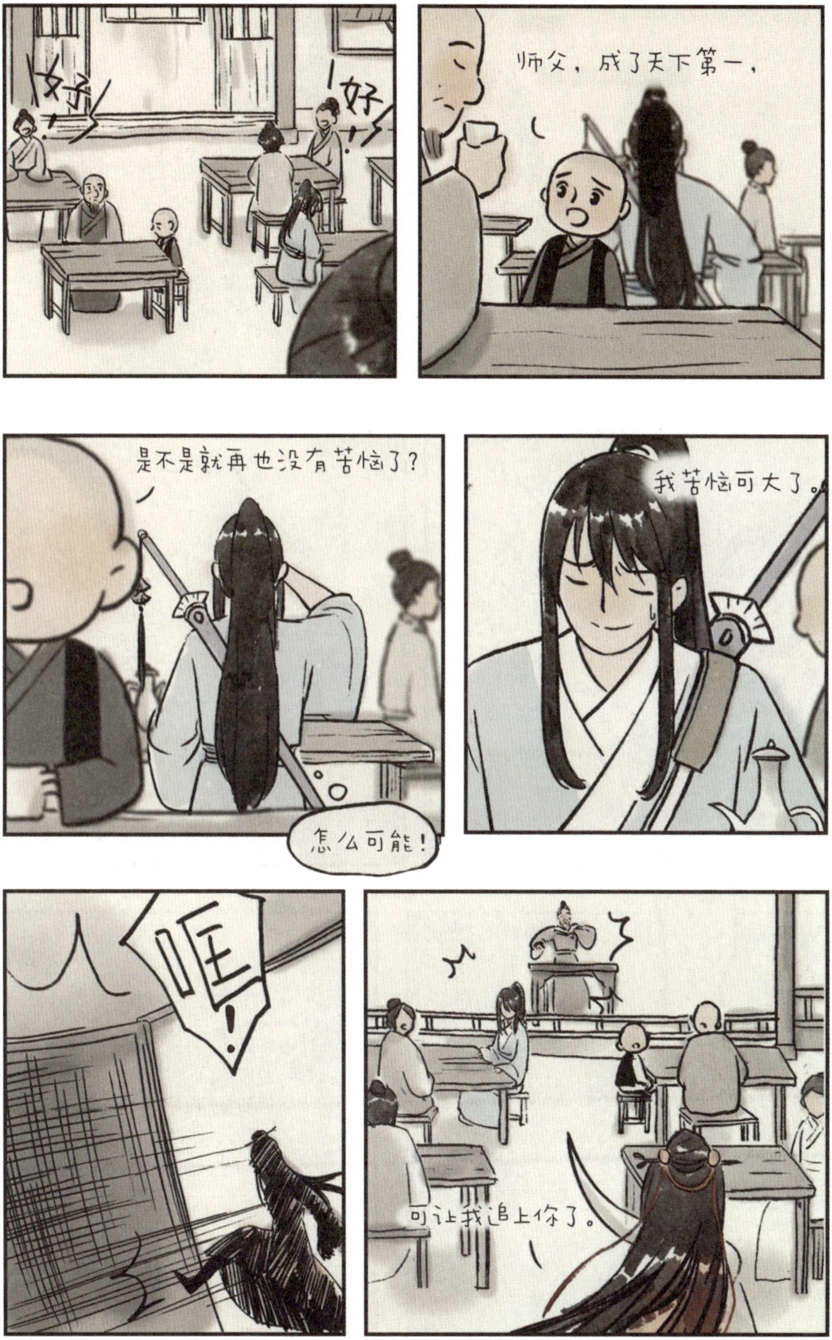
好
好
师父，成了天下第一，
是不是就再也没有苦恼了？
怎么可能！
我苦恼可大了。
哐！
可让我追上你了。

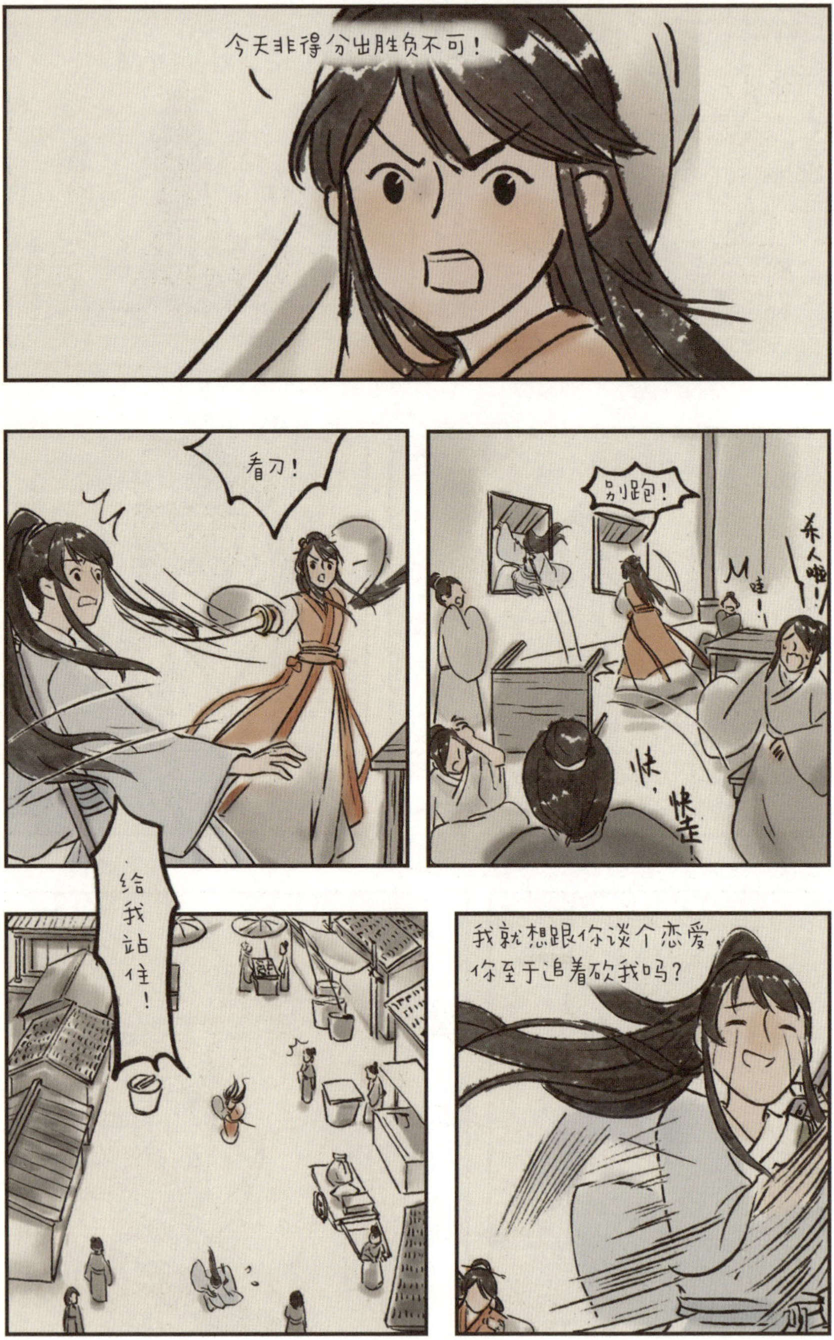
今天非得分出胜负不可！
看刀！
别跑！
杀人啦！
哇！
快，快走！
给我站住！
我就想跟你谈个恋爱，
你至于追着砍我吗？

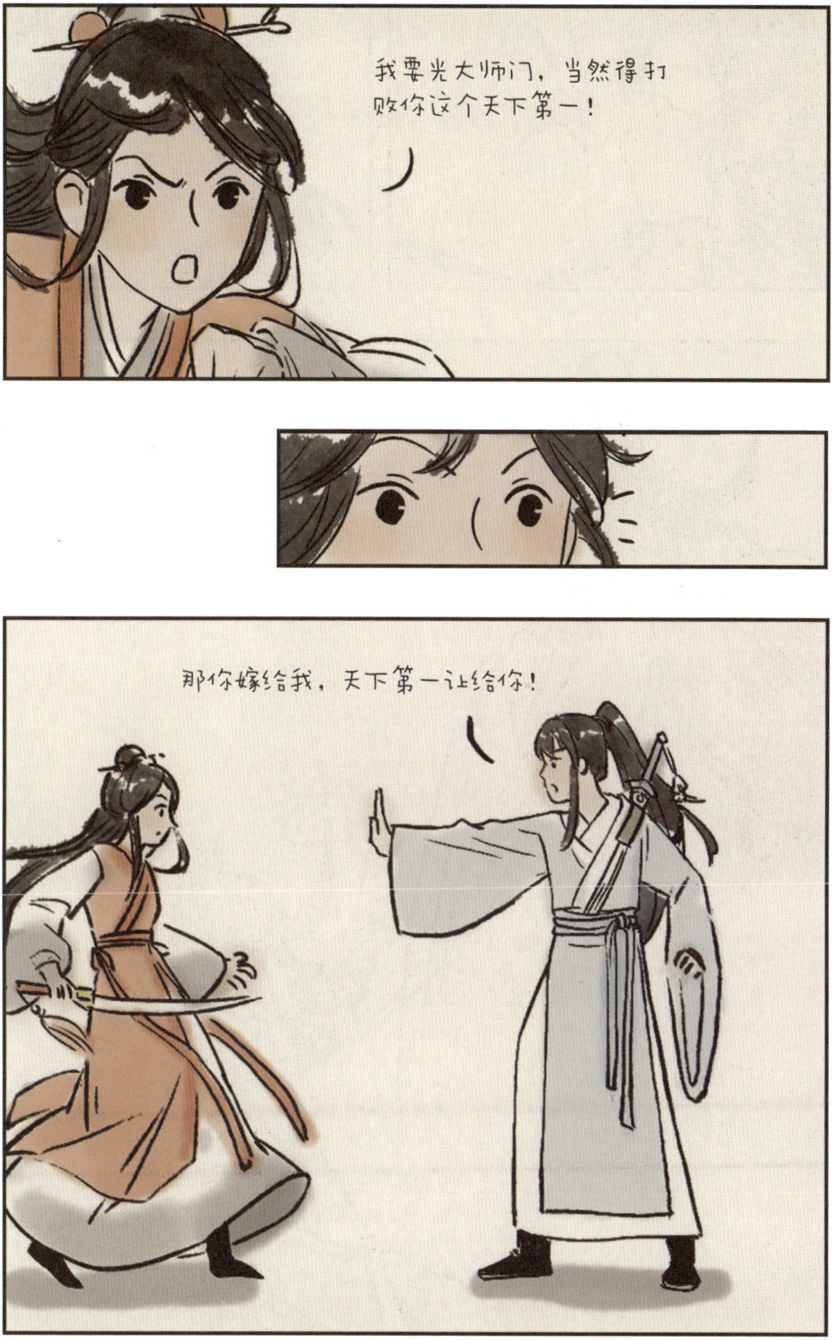
我要光大师门，当然得打败你这个天下第一！
那你嫁给我，天下第一让给你！

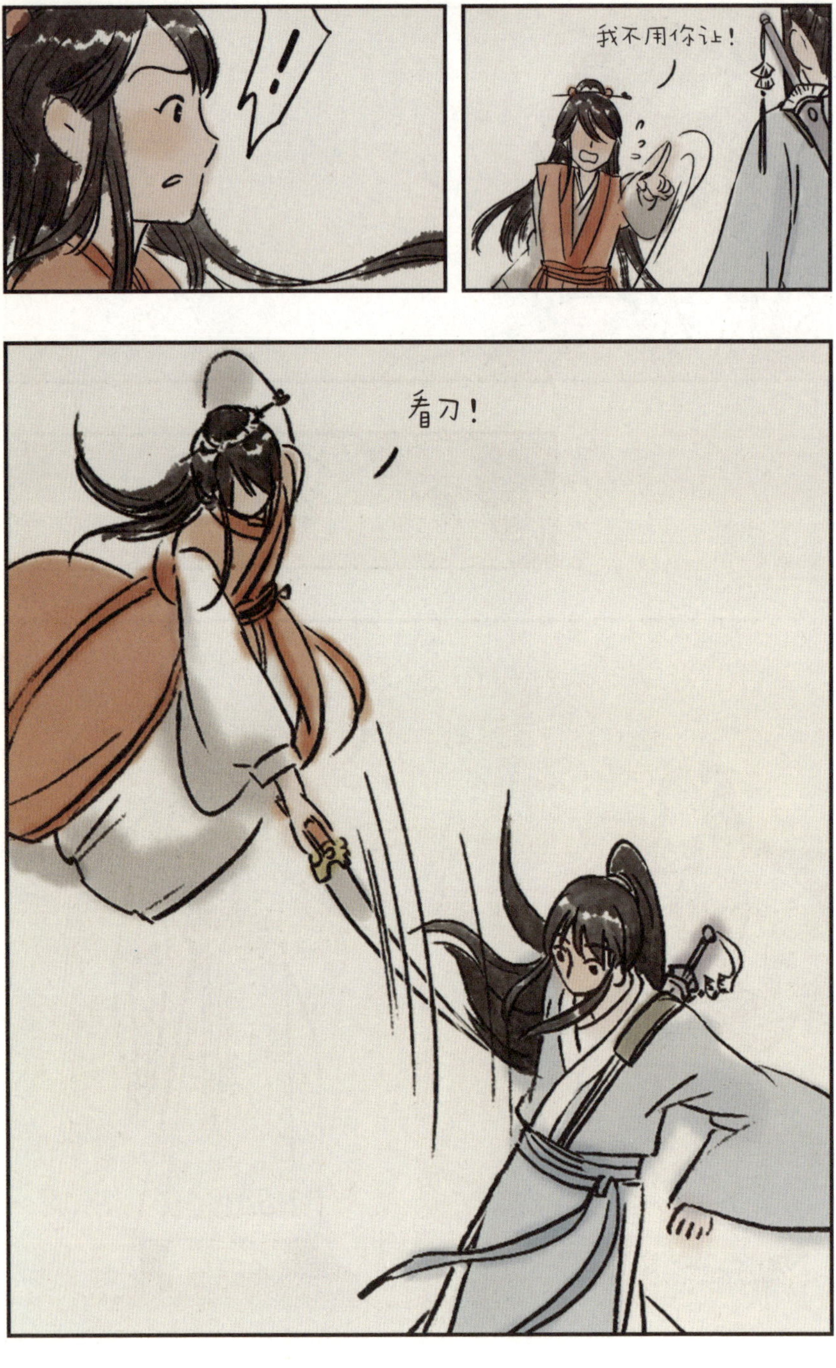
!
我不用你让!
看刀!

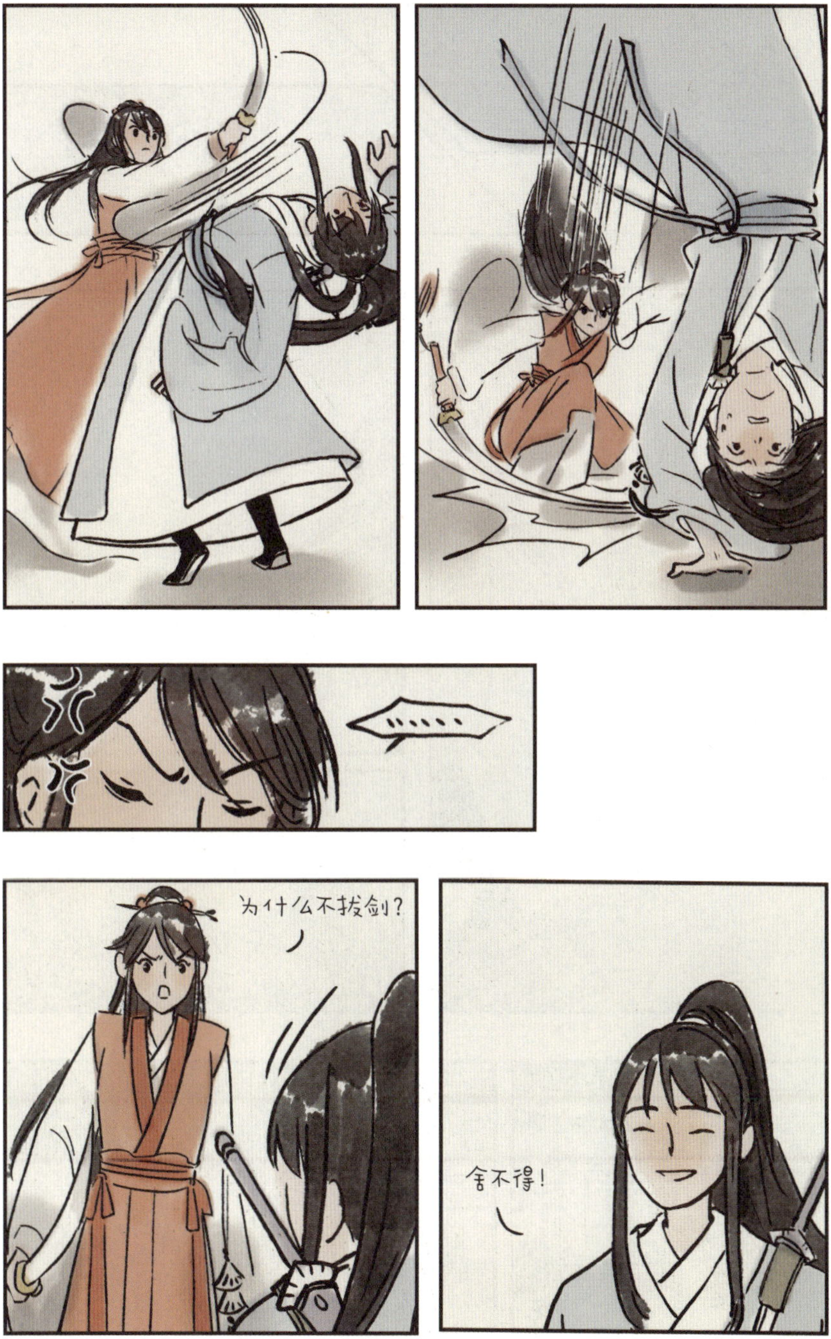
……
为什么不拔剑？
舍不得！

咯咯咯——
拍！
呼
呼
呼

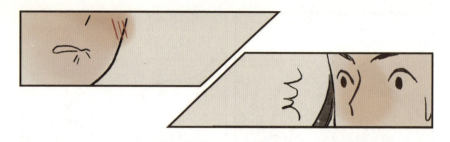

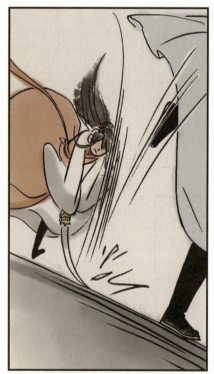

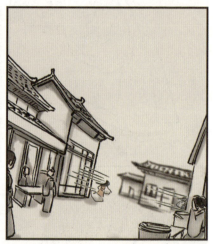

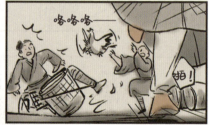

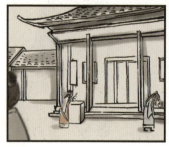

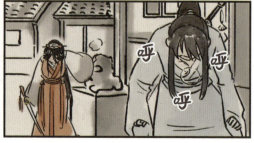

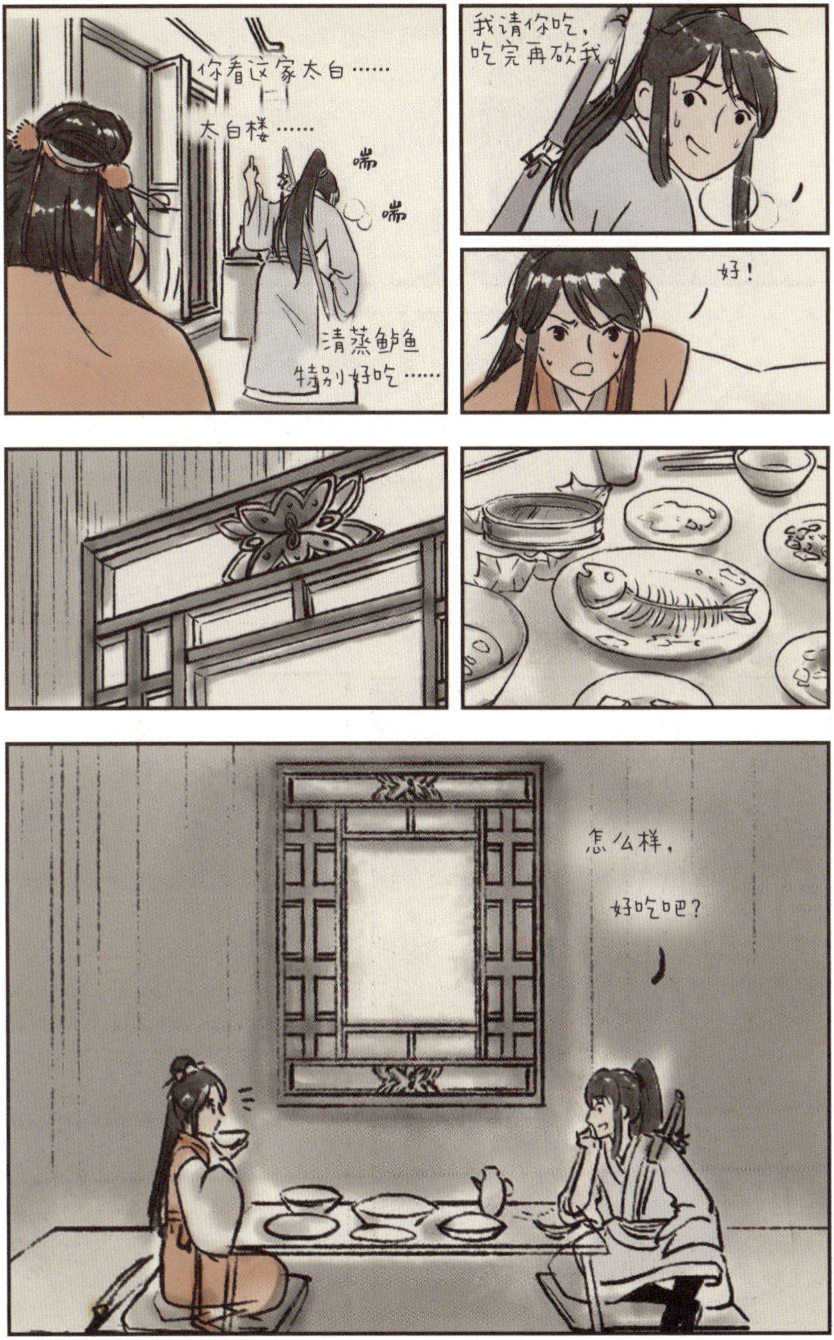
你看这家太白……
太白楼……
喘
喘
清蒸鲈鱼
特别好吃……
我请你吃，
吃完再砍我。
好！
怎么样，
好吃吧？

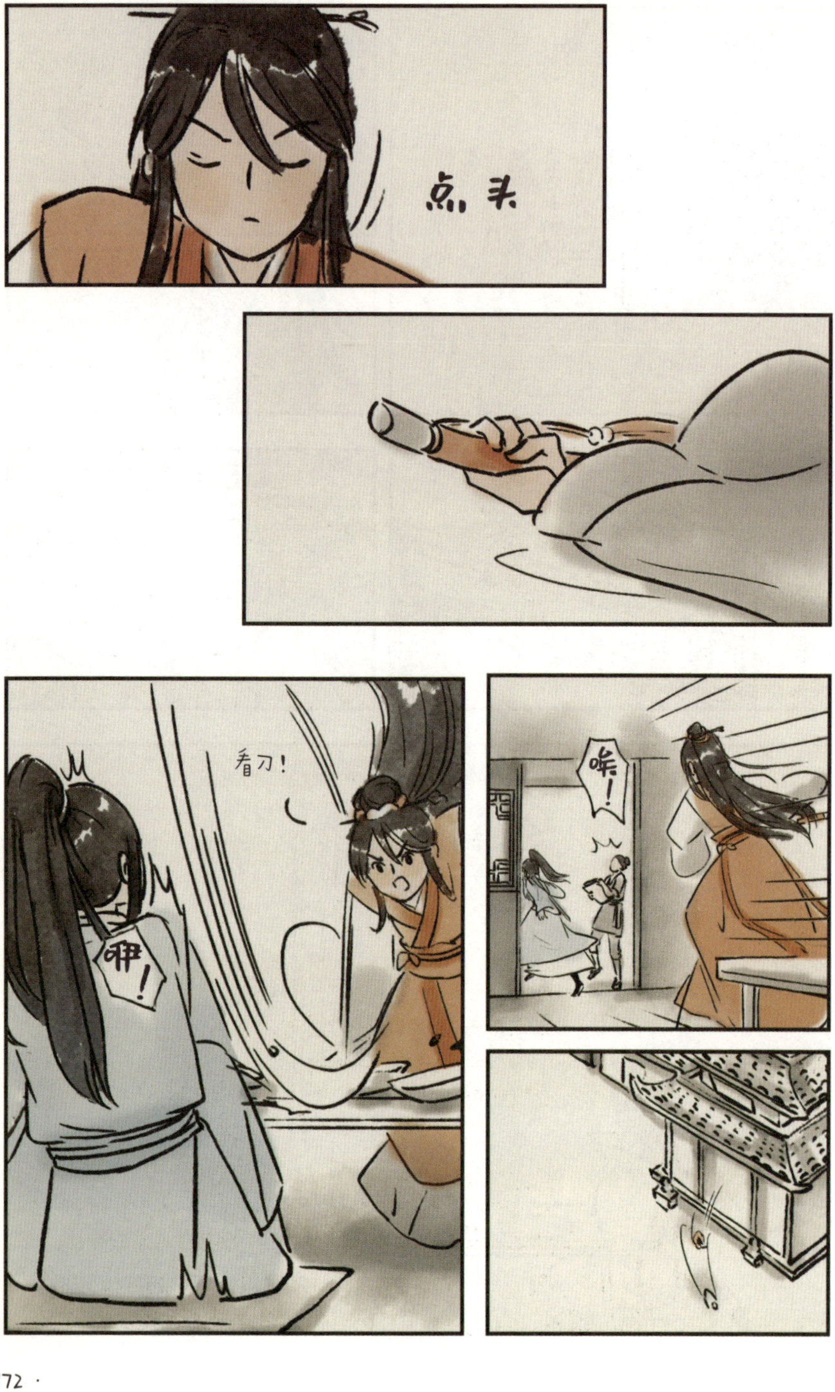
点头
看刀！
咿！
唉！

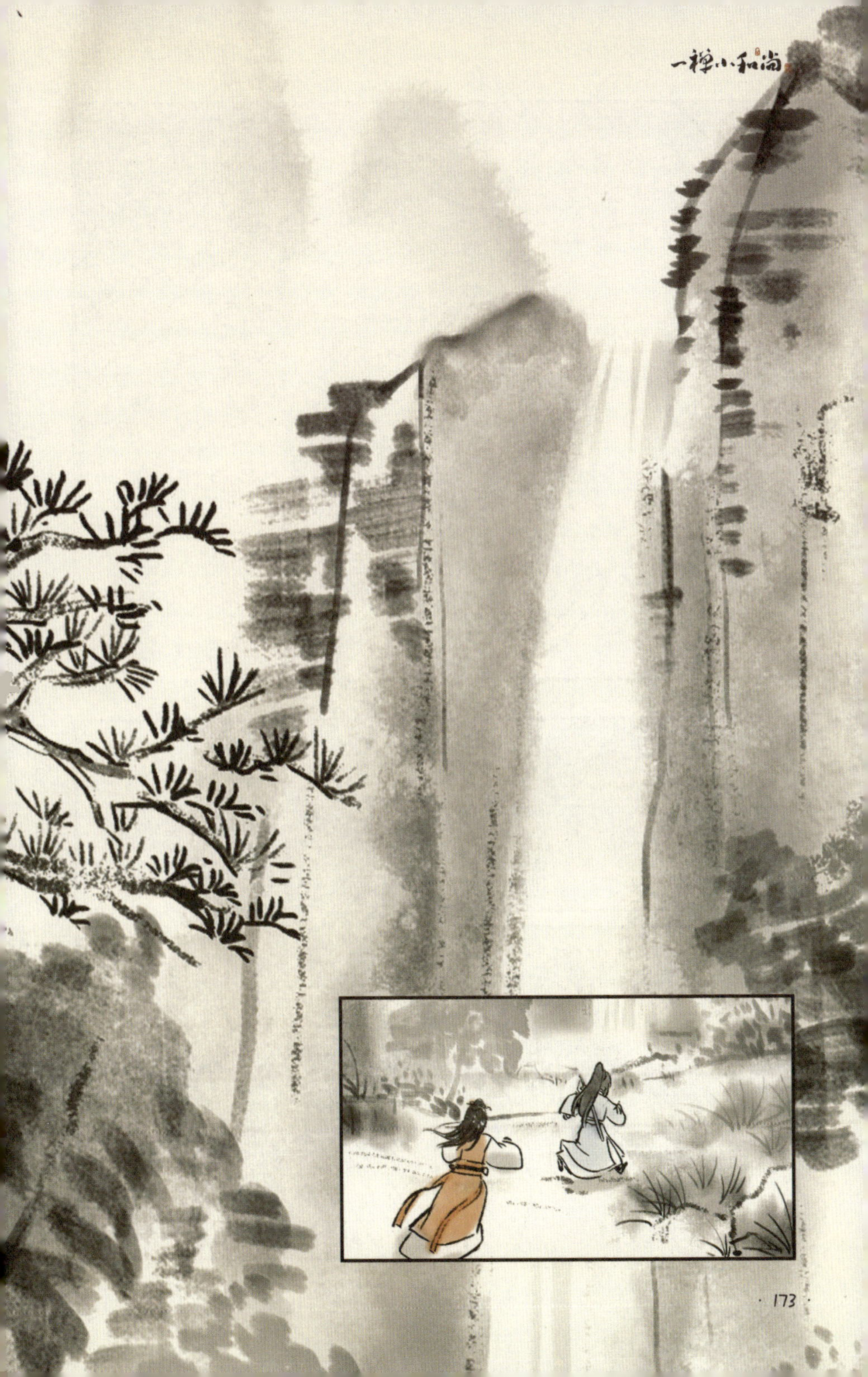

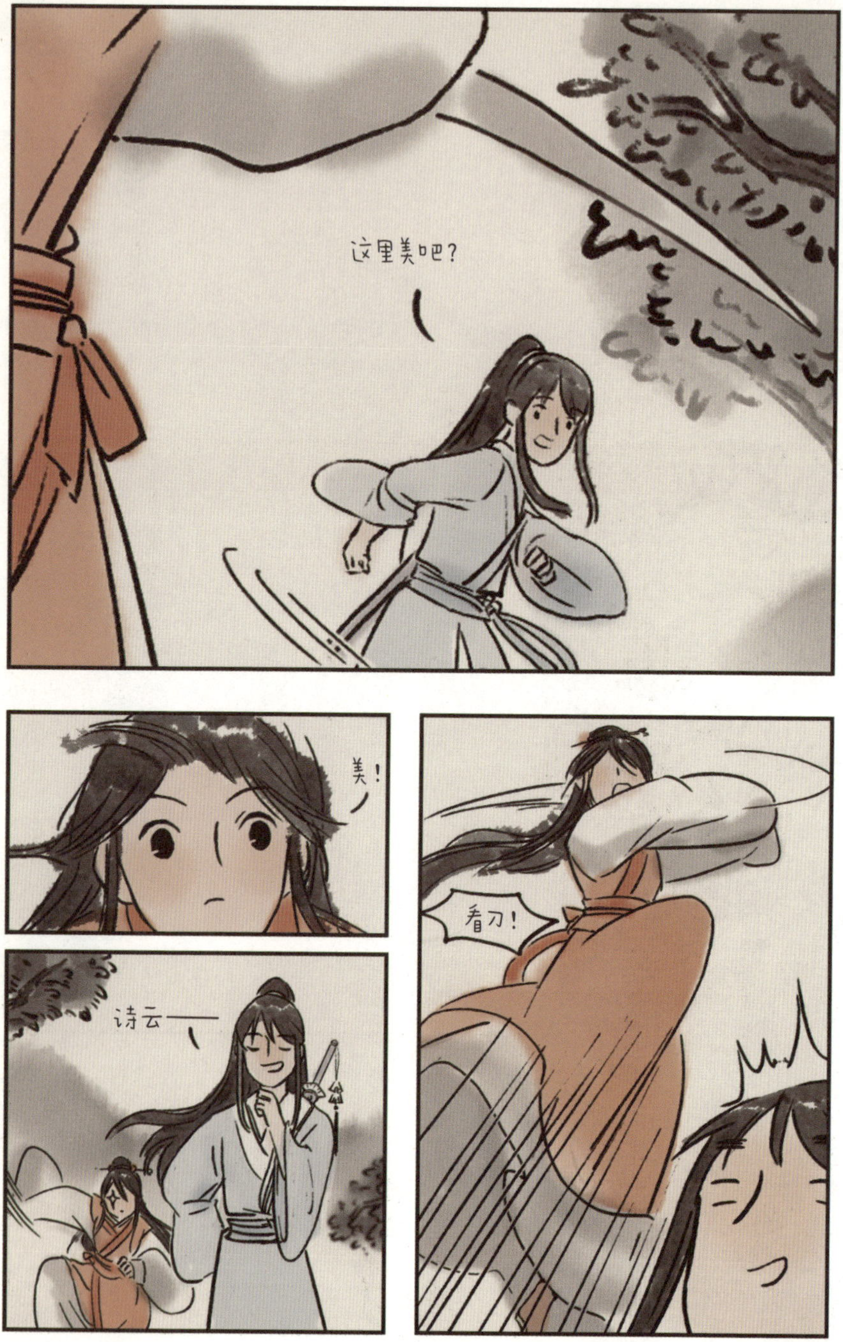
这里美吧?
美!
诗云——
看刀!

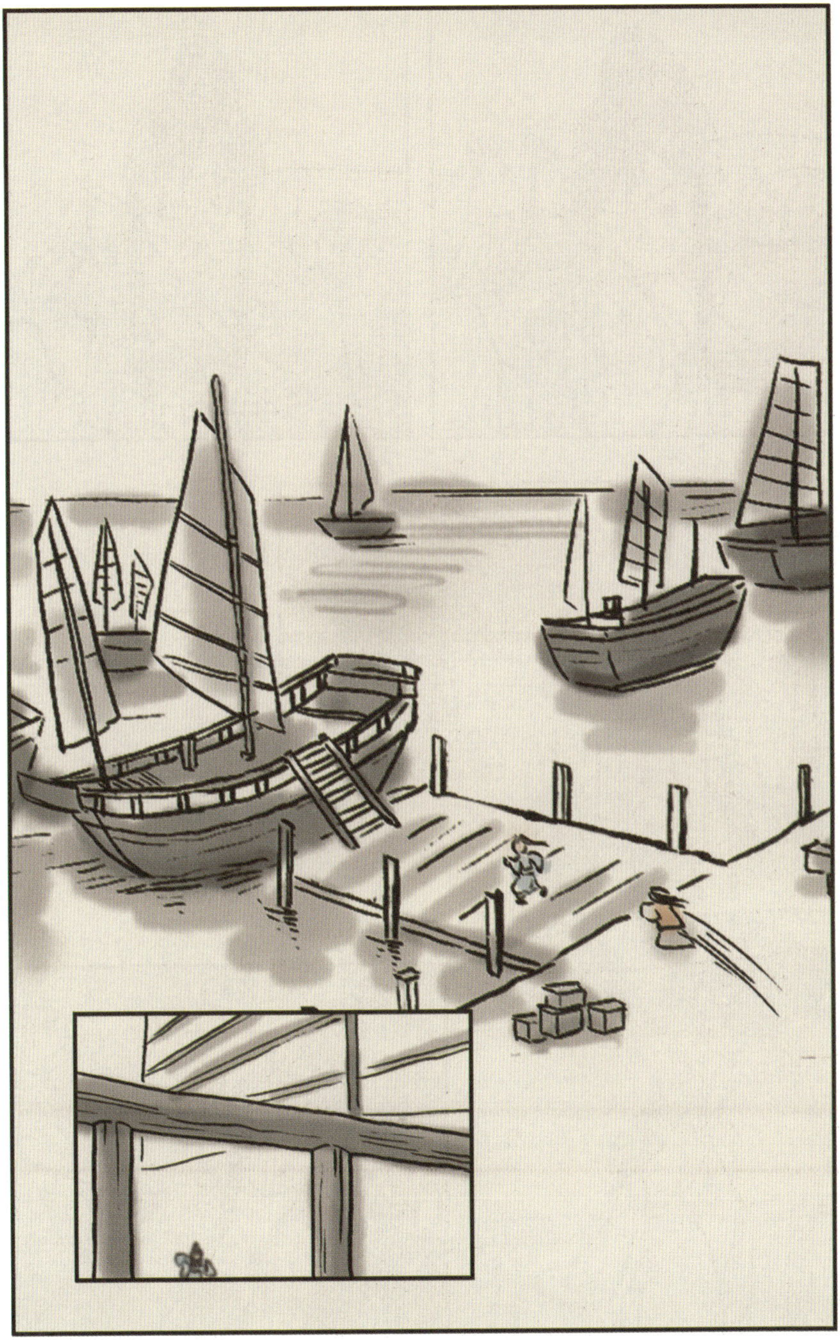

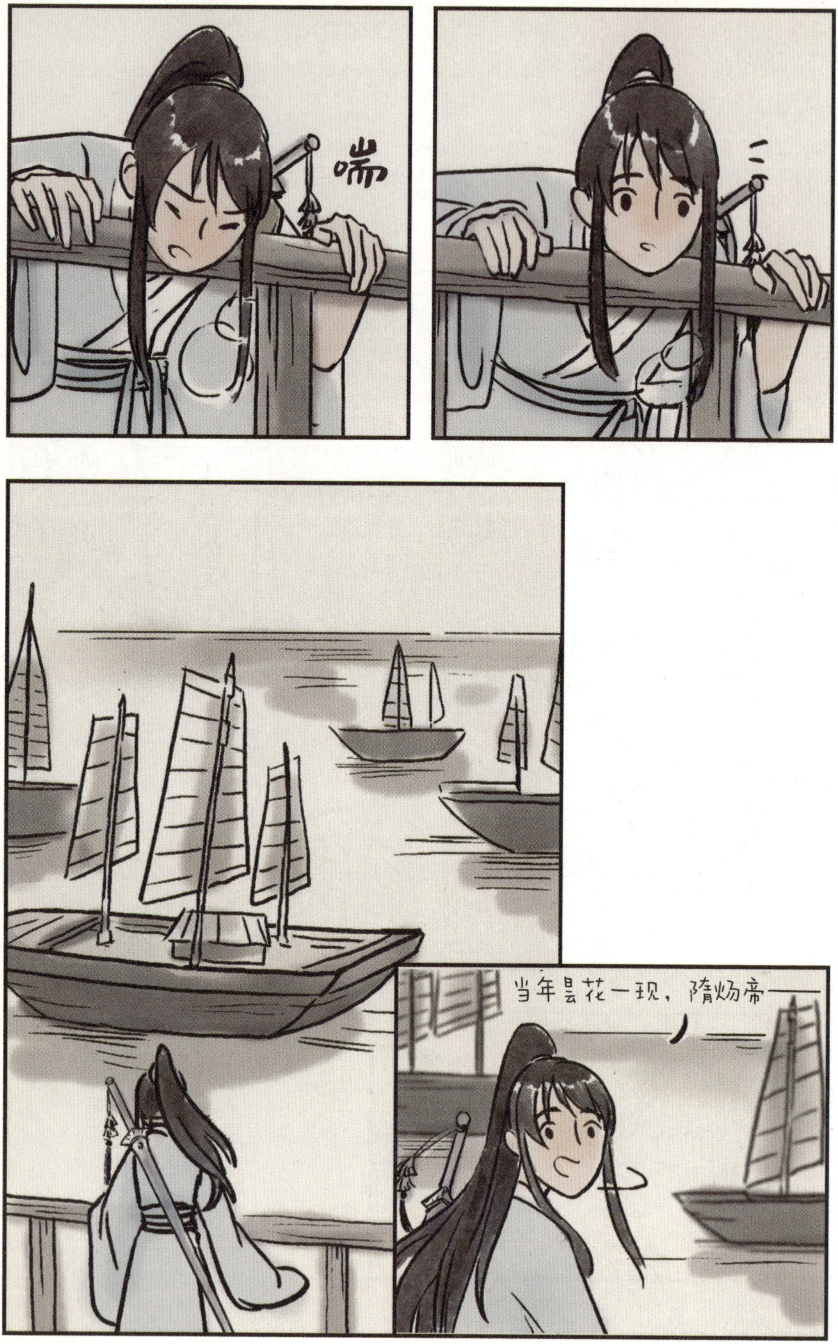
喘
当年昙花一现，隋炀帝——

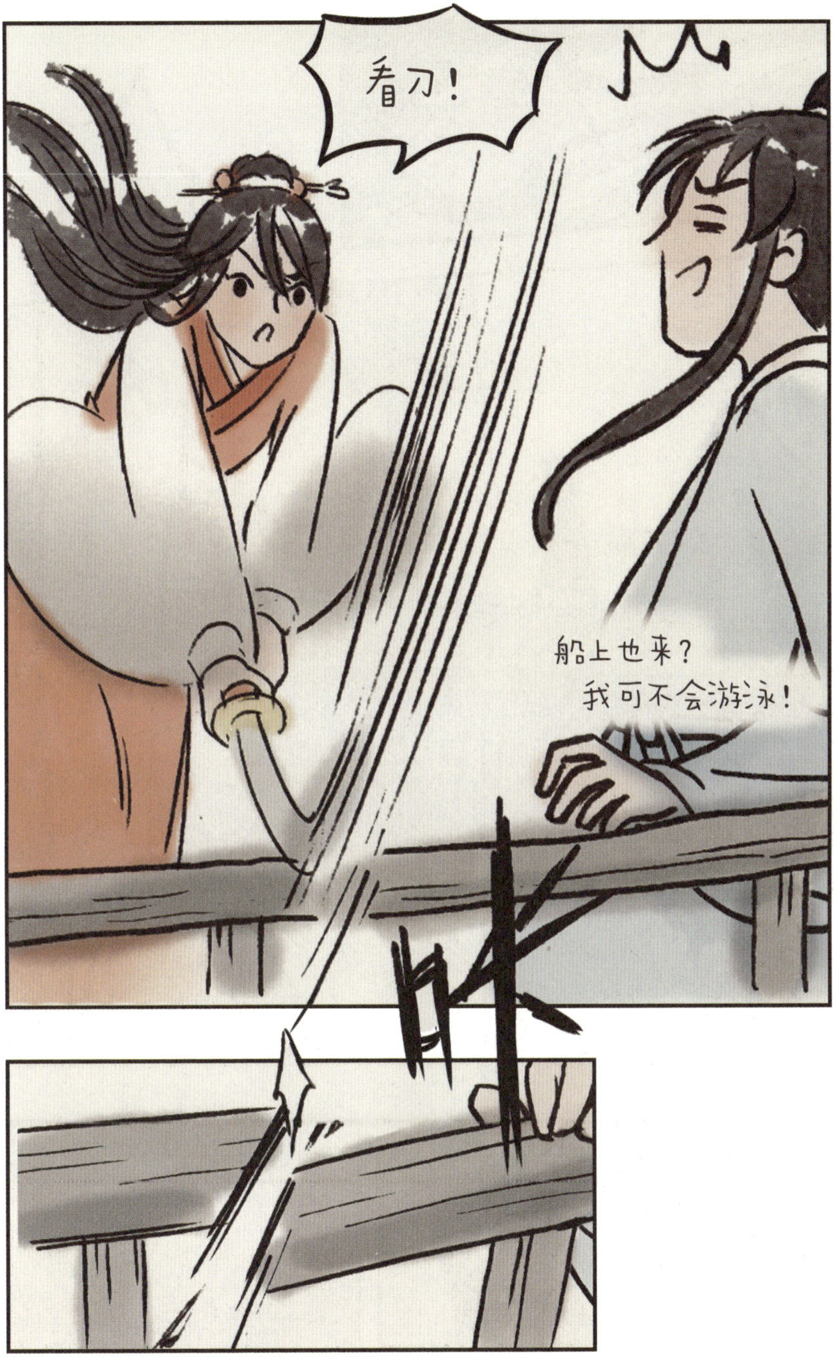
看刀！
船上也来？
我可不会游泳！

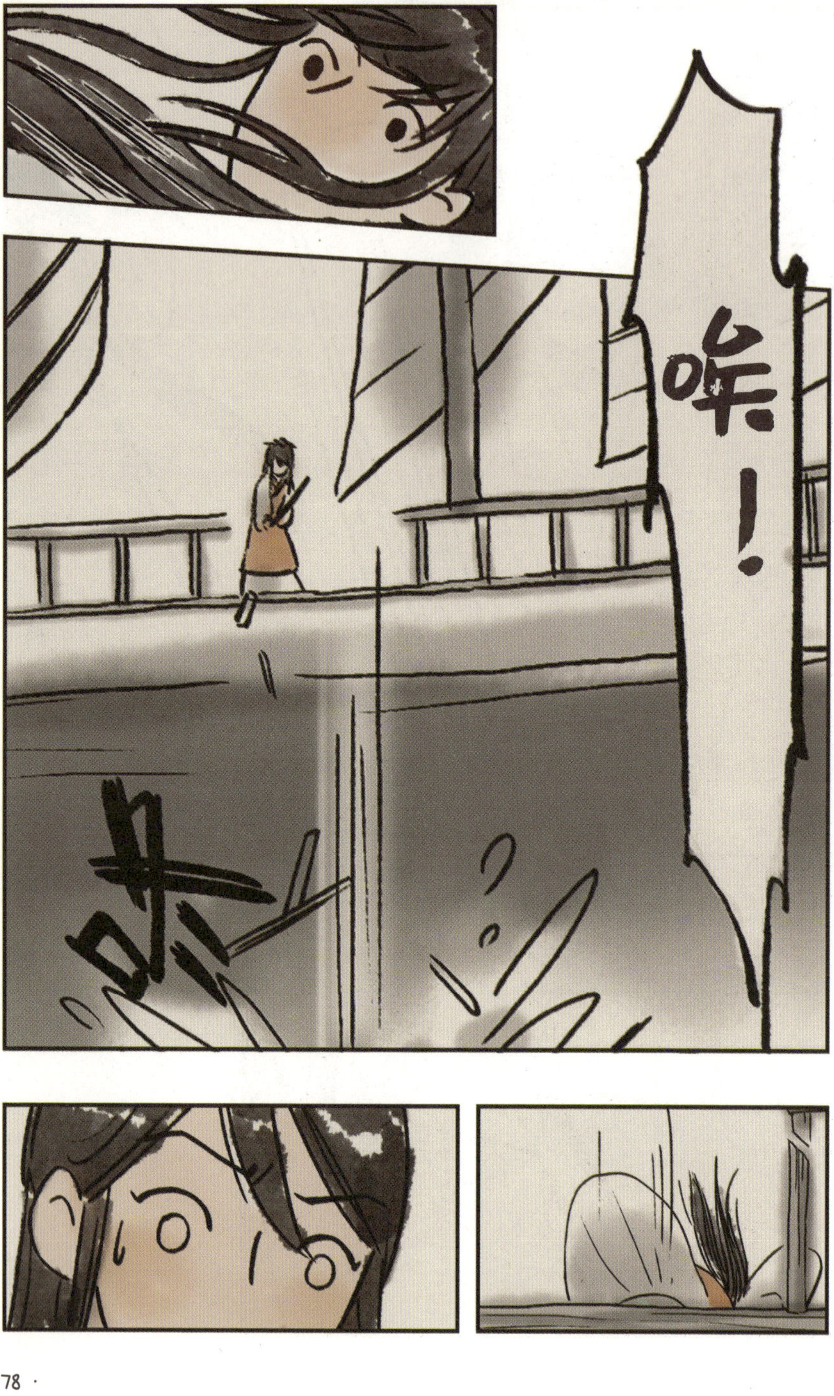
唉！

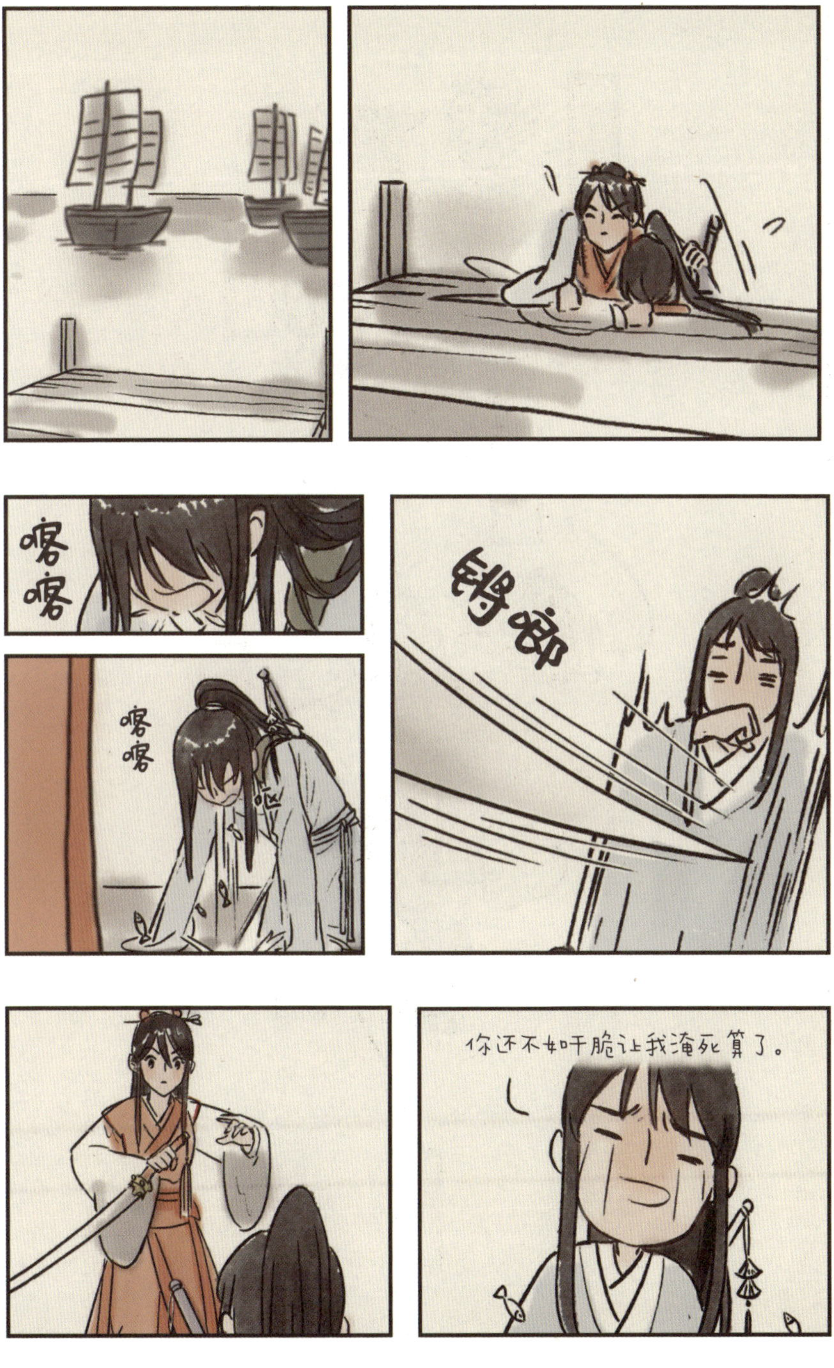
喀喀
喀喀
锝啷
你还不如干脆让我淹死算了。

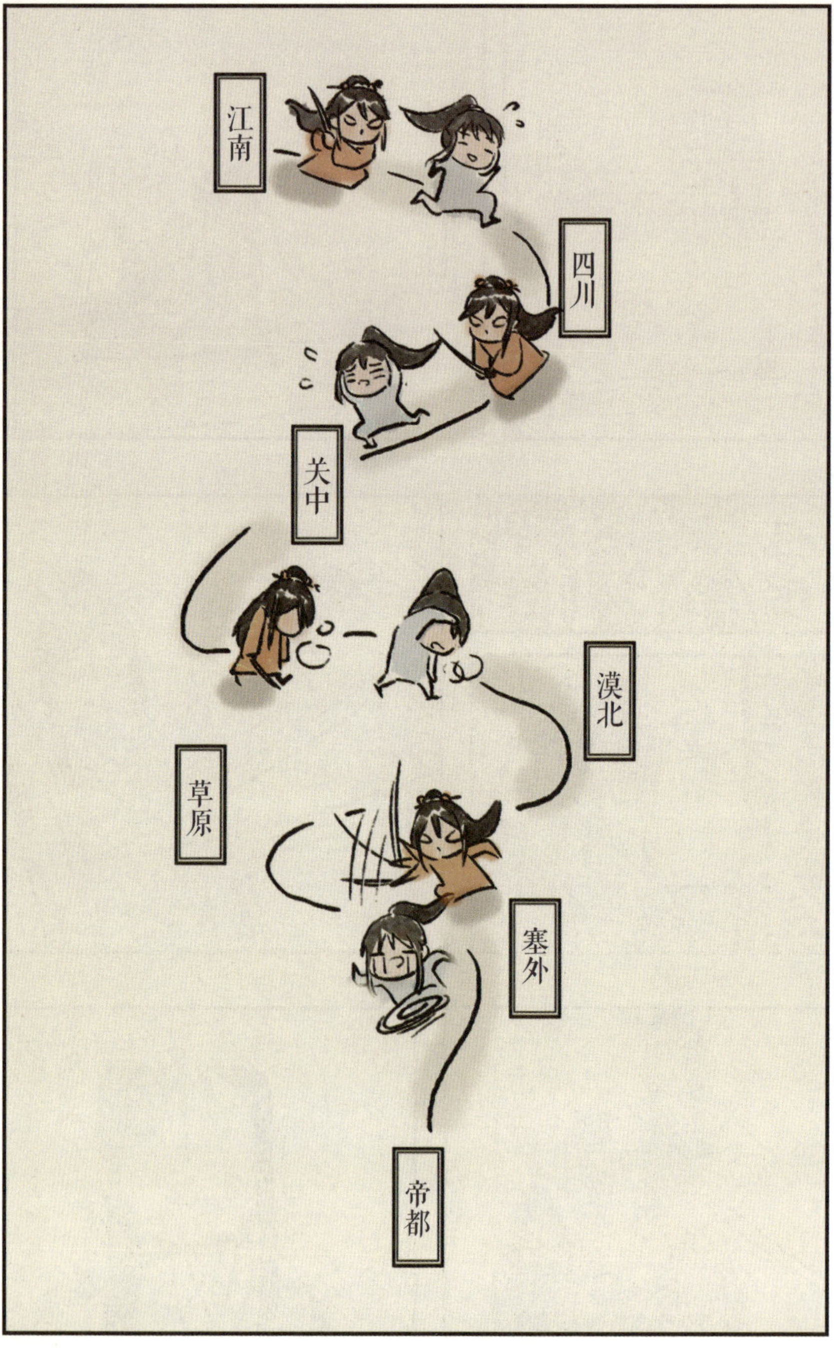
江南
四川
关中
漠北
草原
塞外
帝都

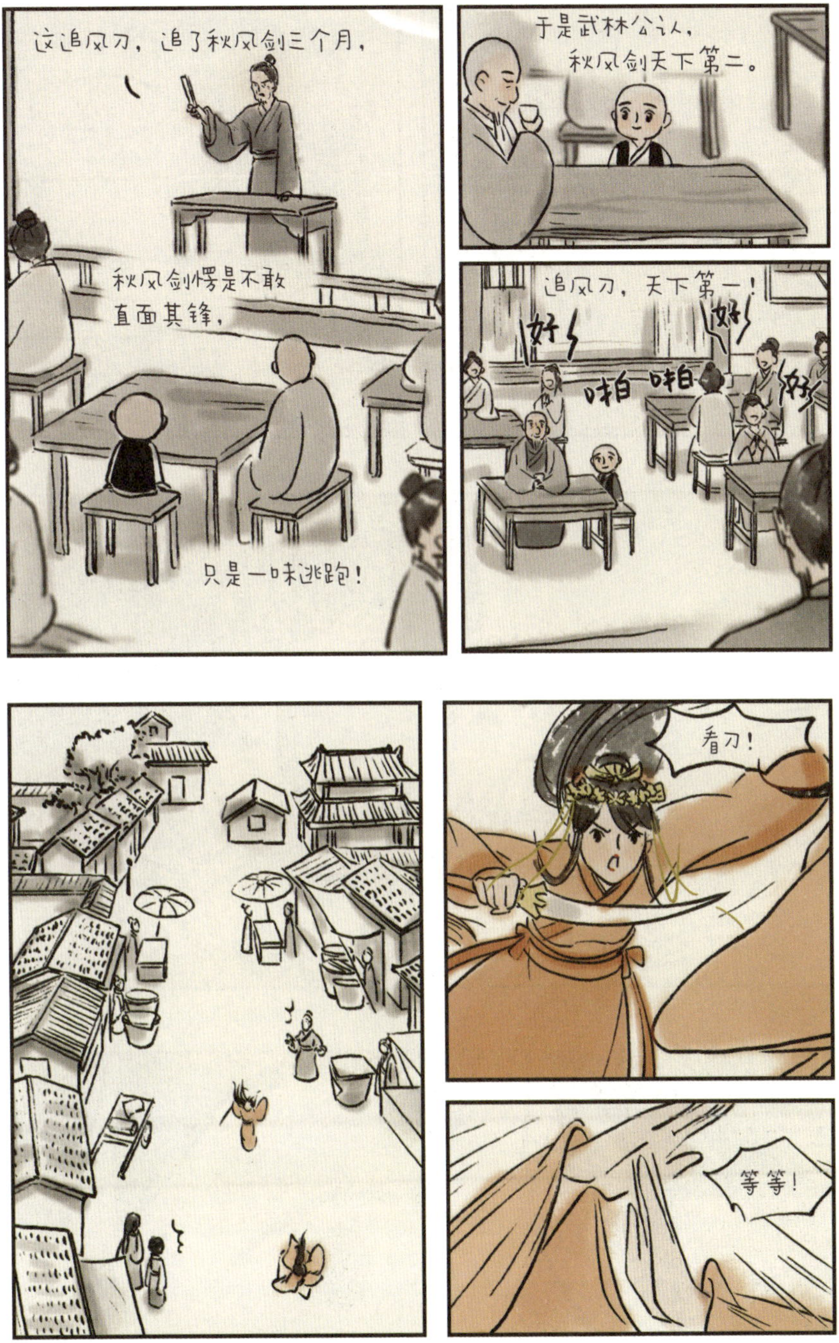
这追风刀，追了秋风剑三个月，
秋风剑愣是不敢直面其锋，
只是一味逃跑！
于是武林公认，秋风剑天下第二。
追风刀，天下第一！
好
好
啪啪
好
看刀！
等等！

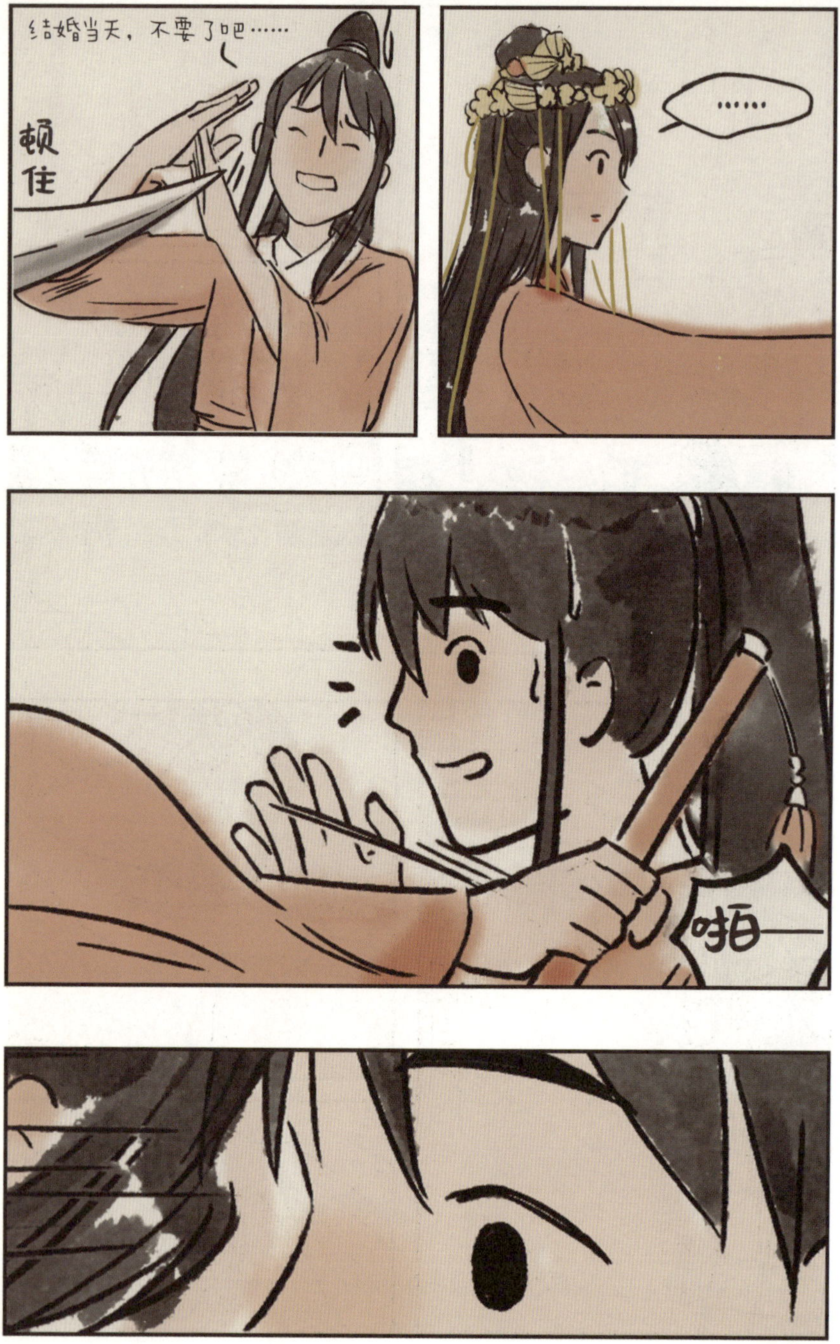
结婚当天，不要了吧……
顿住
……
啪——

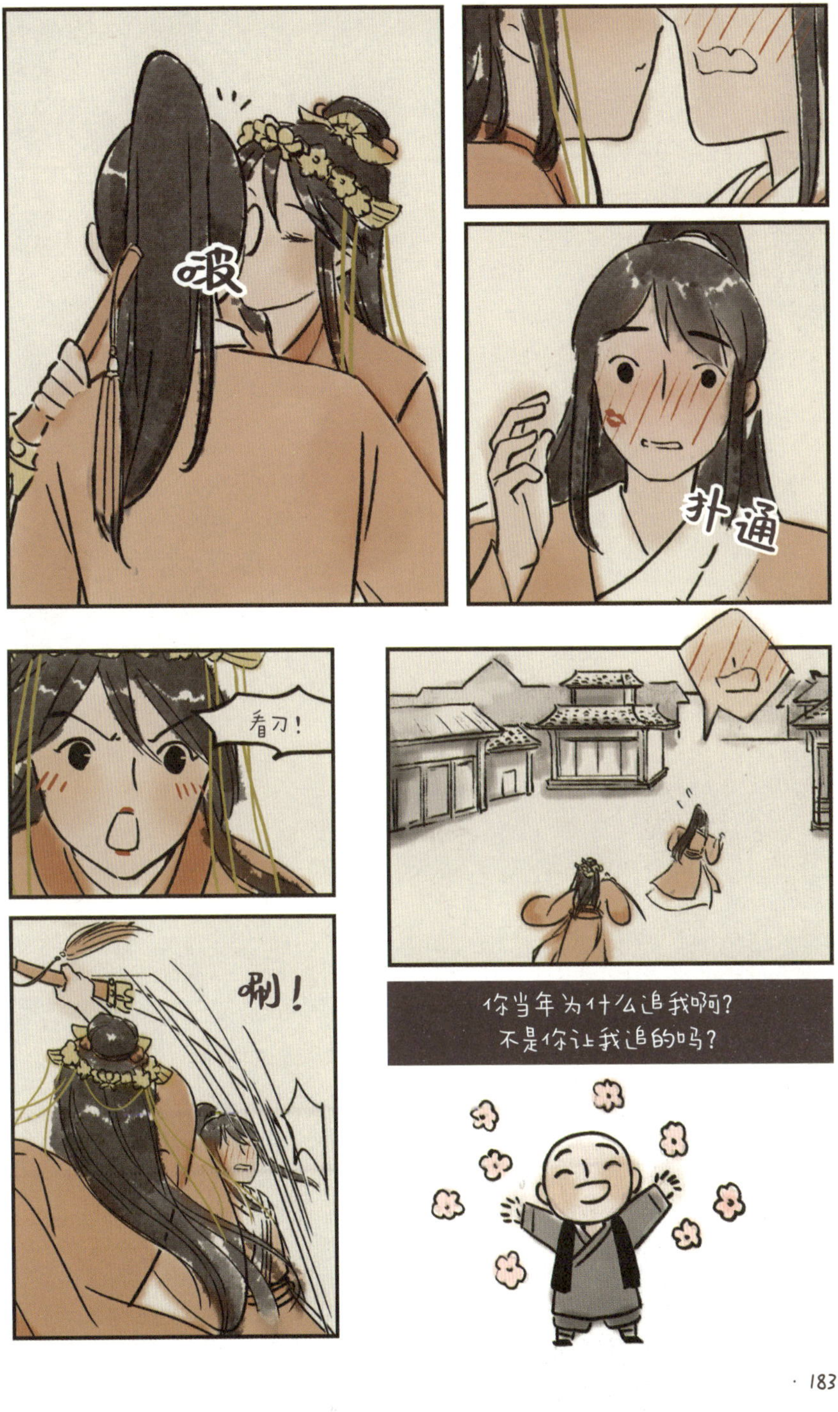
啵
扑通
看刀！
唰！
你当年为什么追我啊？
不是你让我追的吗？

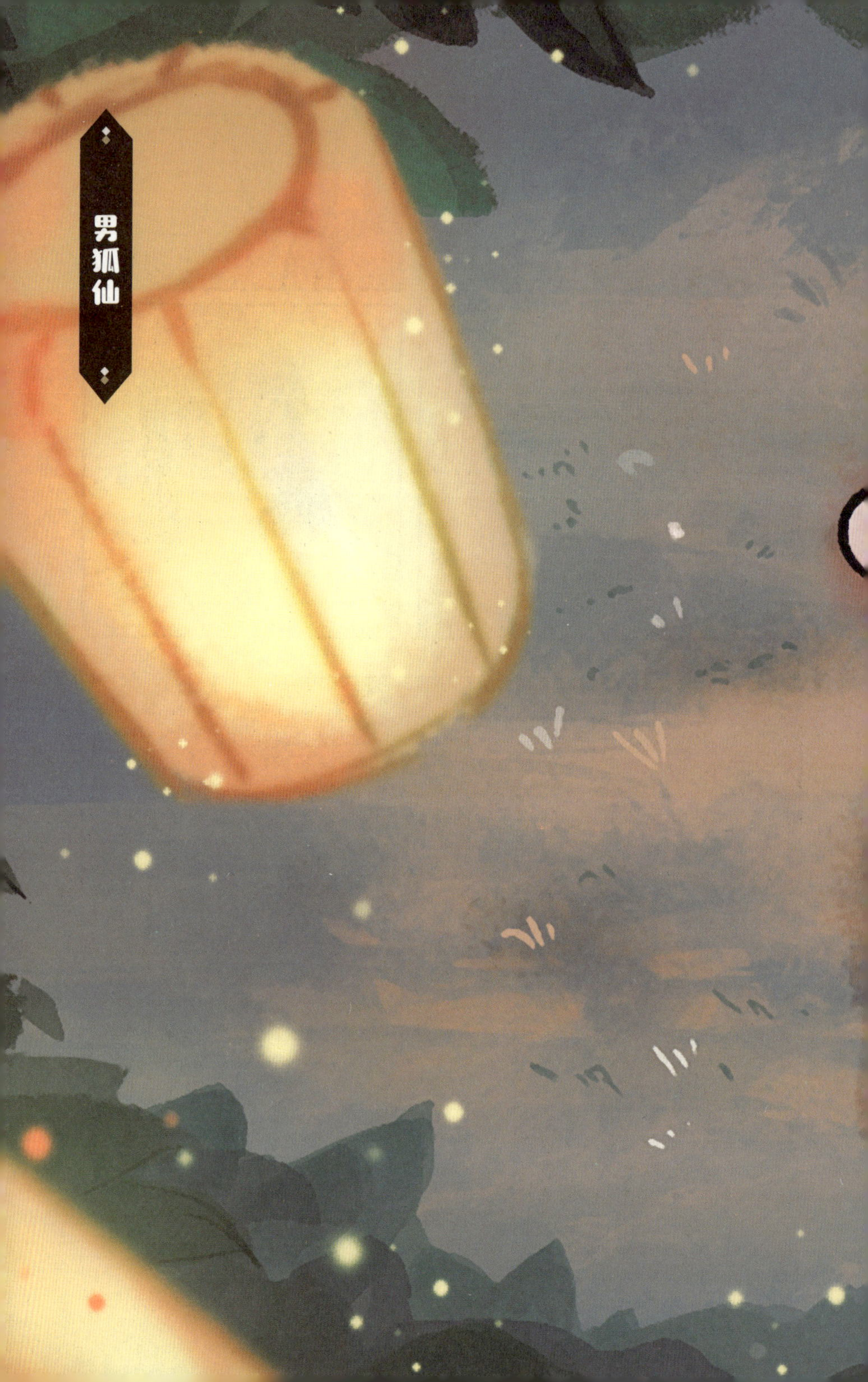
男狐仙

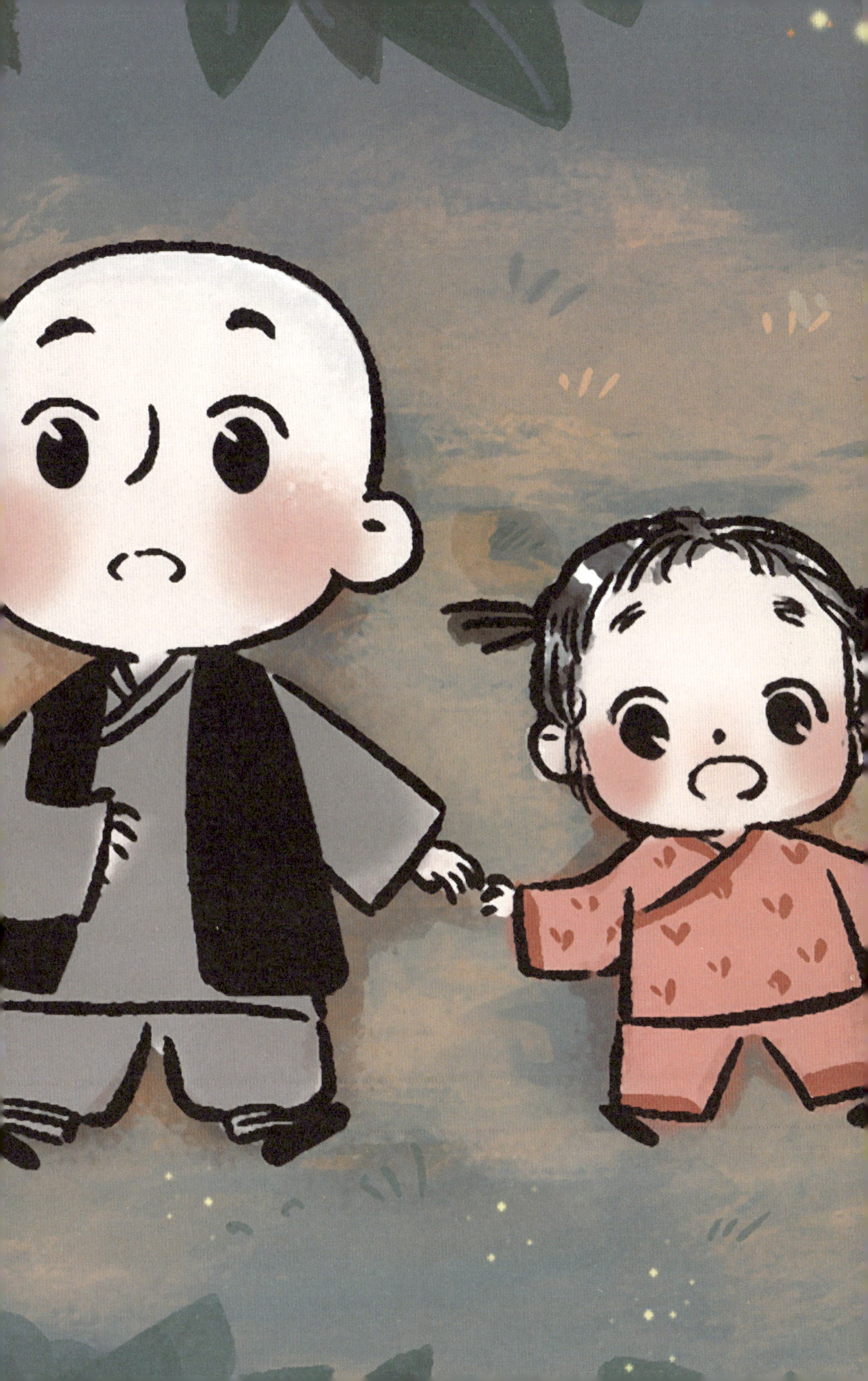

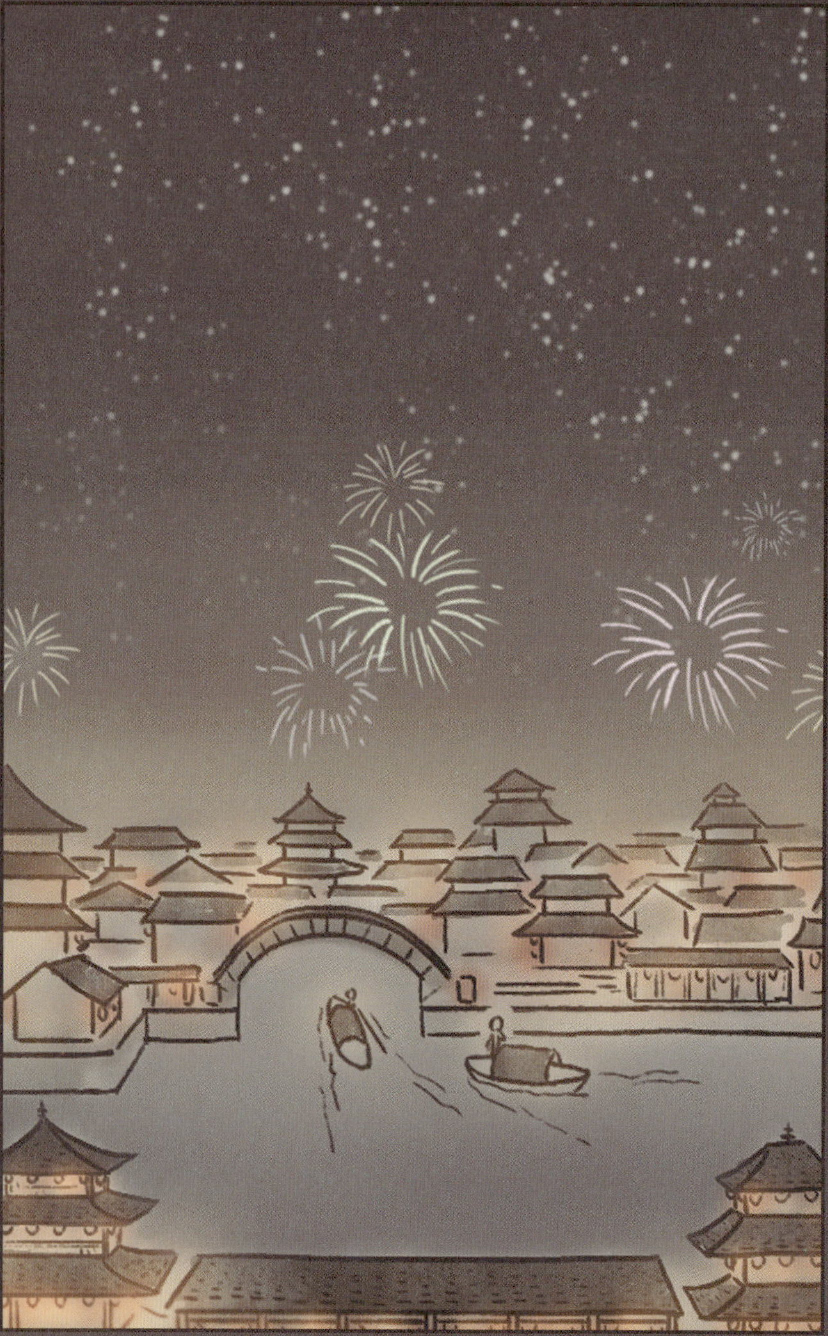

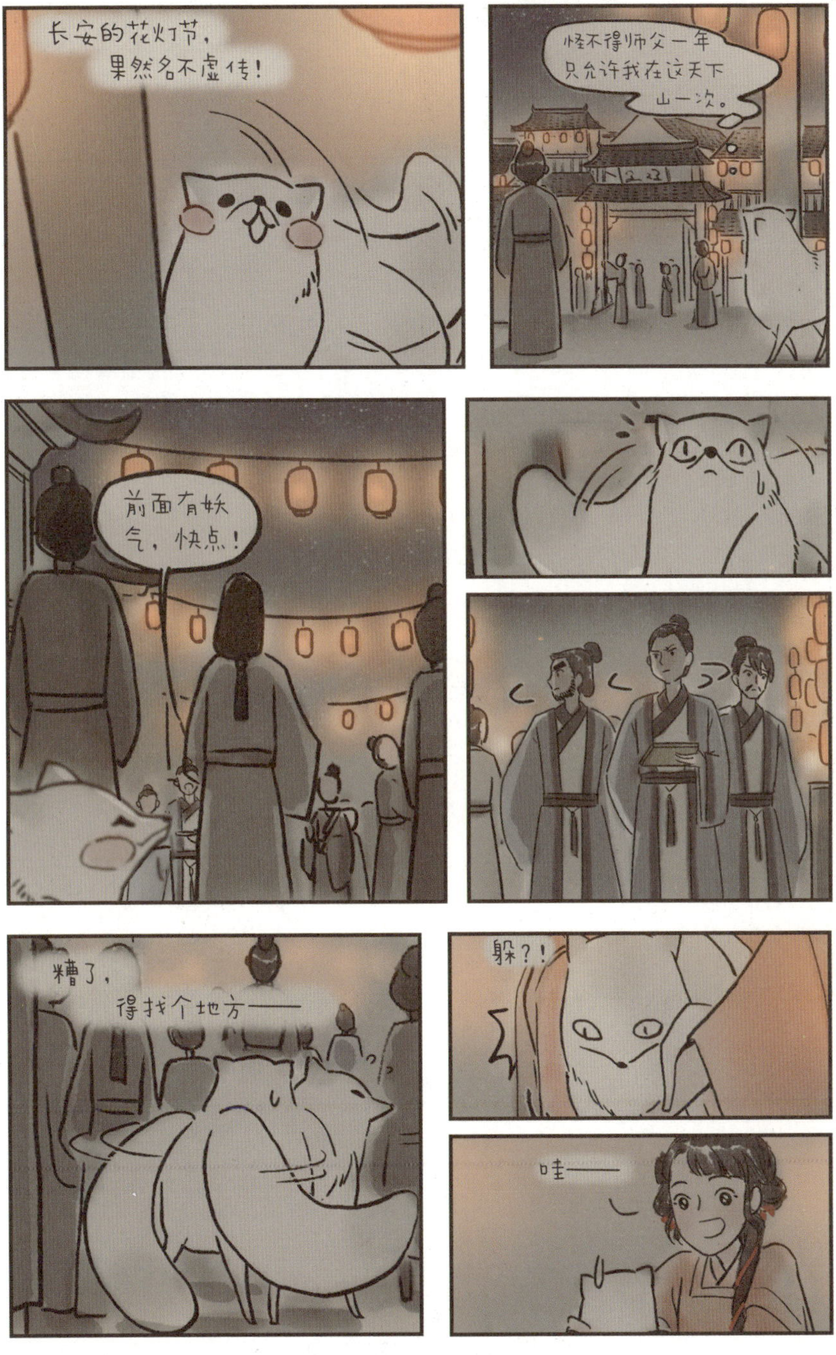
长安的花灯节，
果然名不虚传！
怪不得师父一年
只允许我在这天下
山一次。
前面有妖
气，快点！
糟了，
得找个地方——
躲？！
哇——

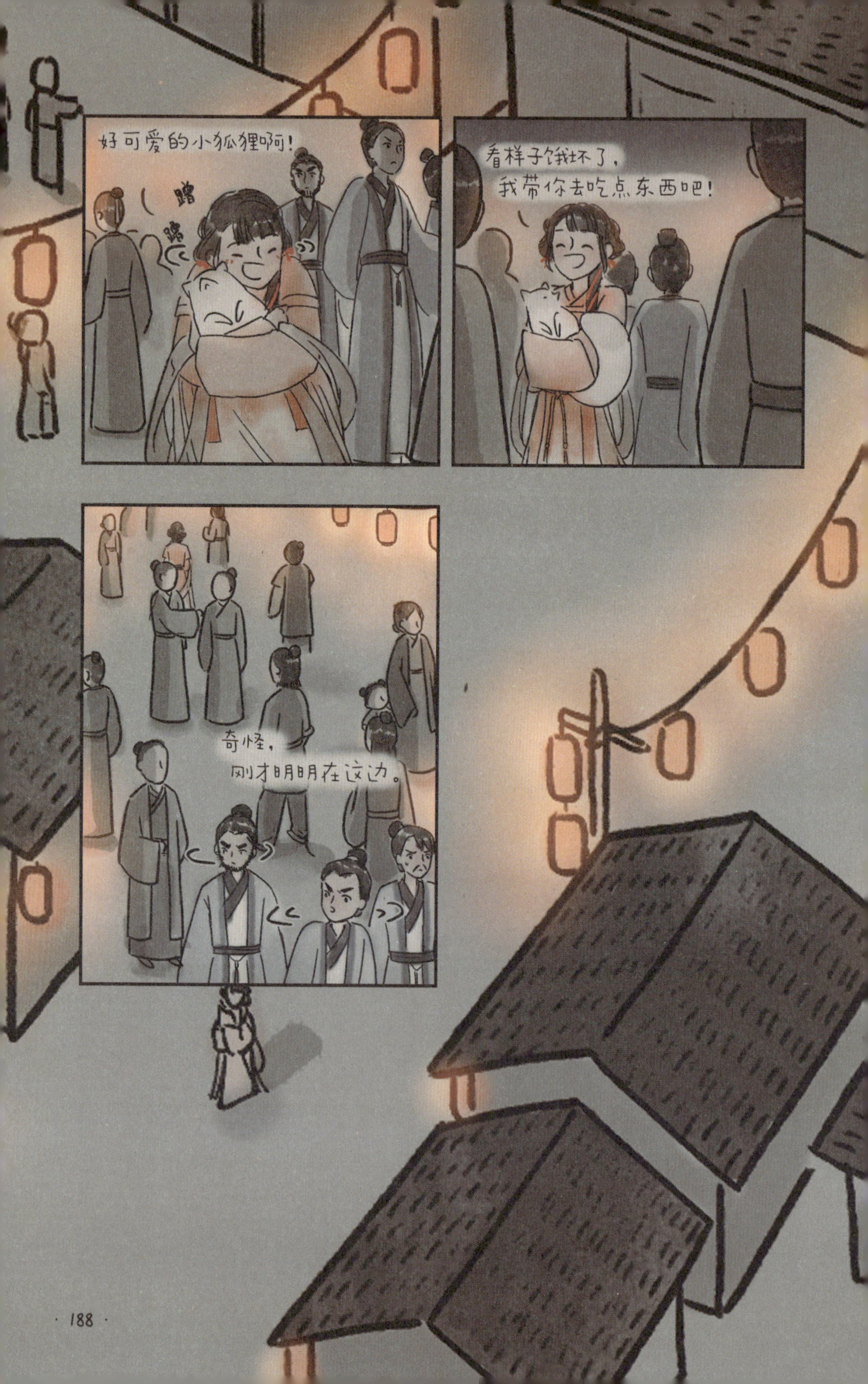
好可爱的小狐狸啊！
蹭
蹭
看样子饿坏了，
我带你去吃点东西吧！
奇怪，
刚才明明在这边。

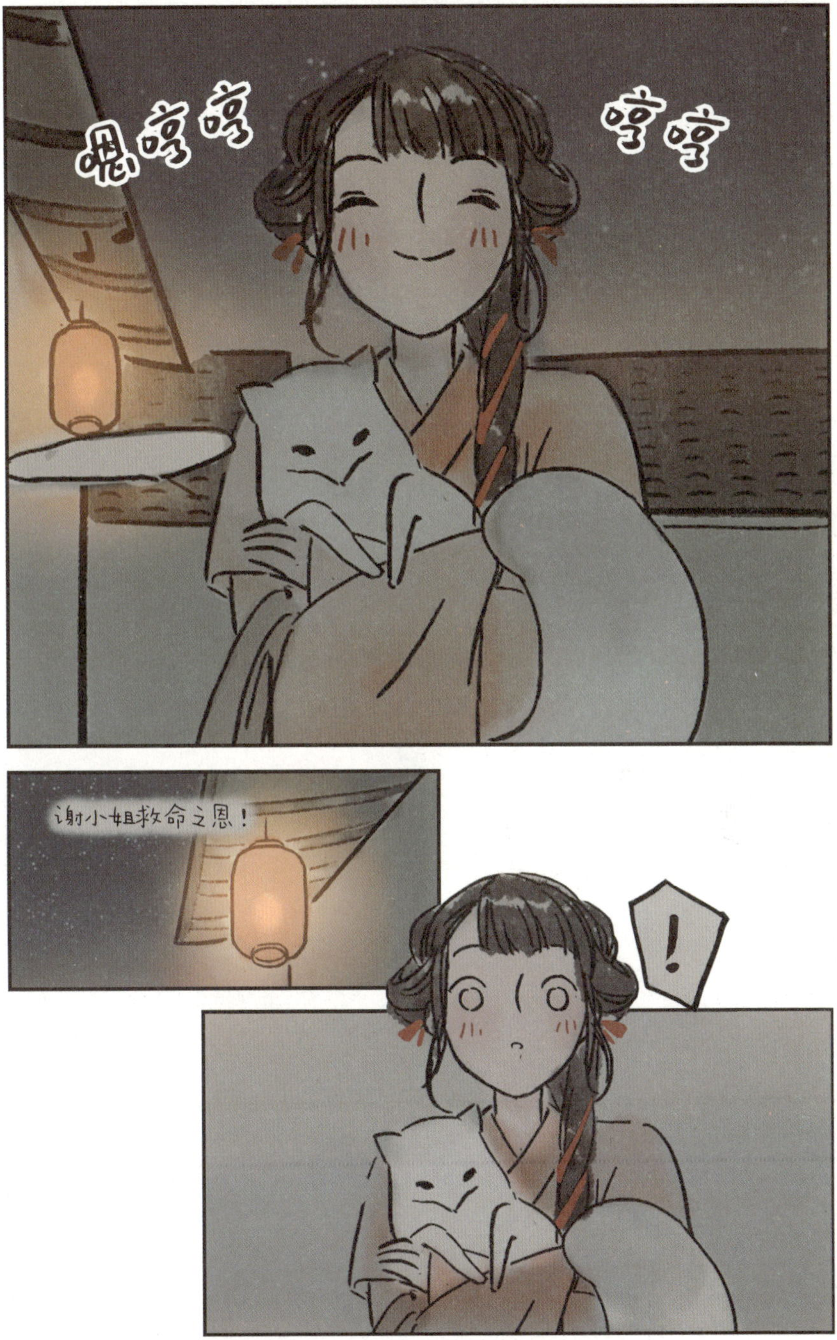

嗯哼哼
哼哼
谢小姐救命之恩！
!

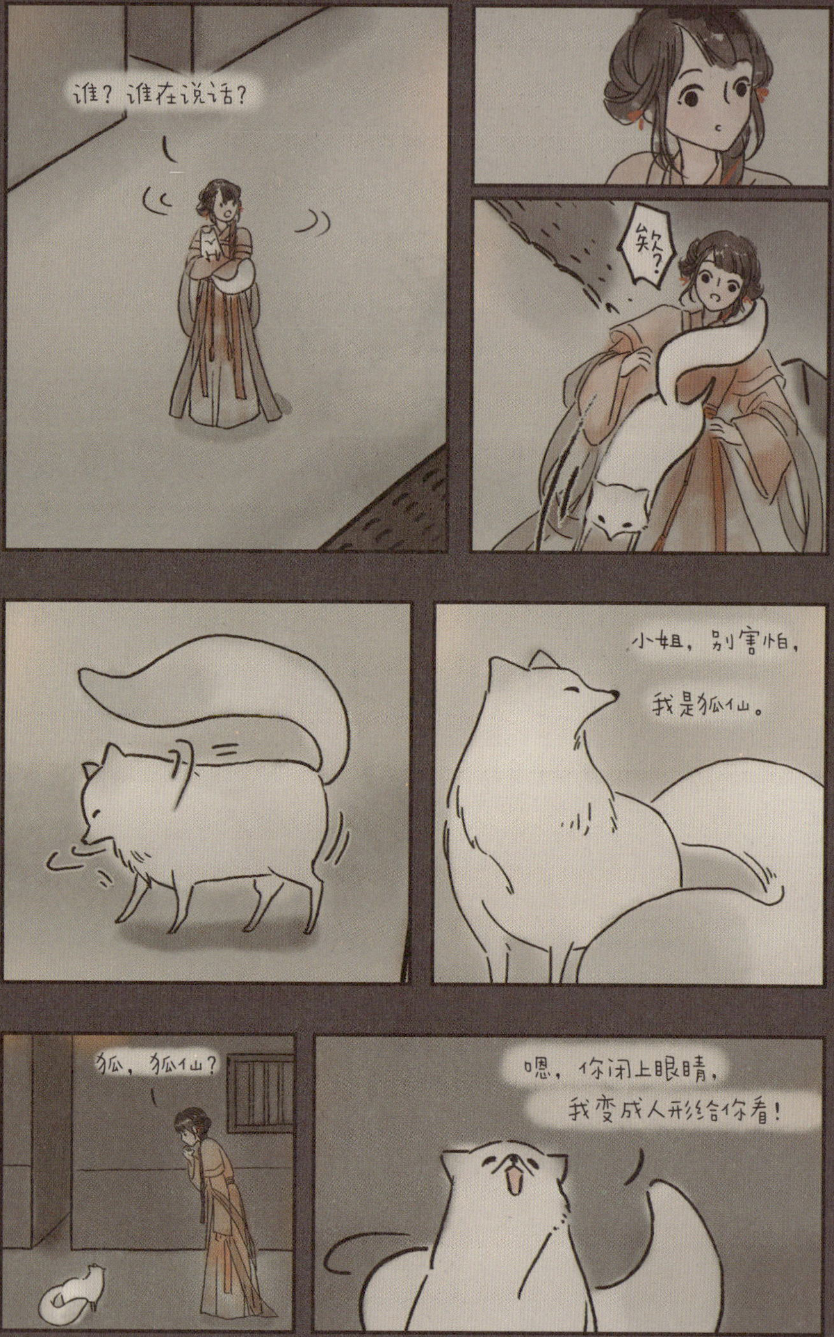
谁？谁在说话？
欸？
小姐，别害怕，
我是狐仙。
狐，狐仙？
嗯，你闭上眼睛，
我变成人形给你看！

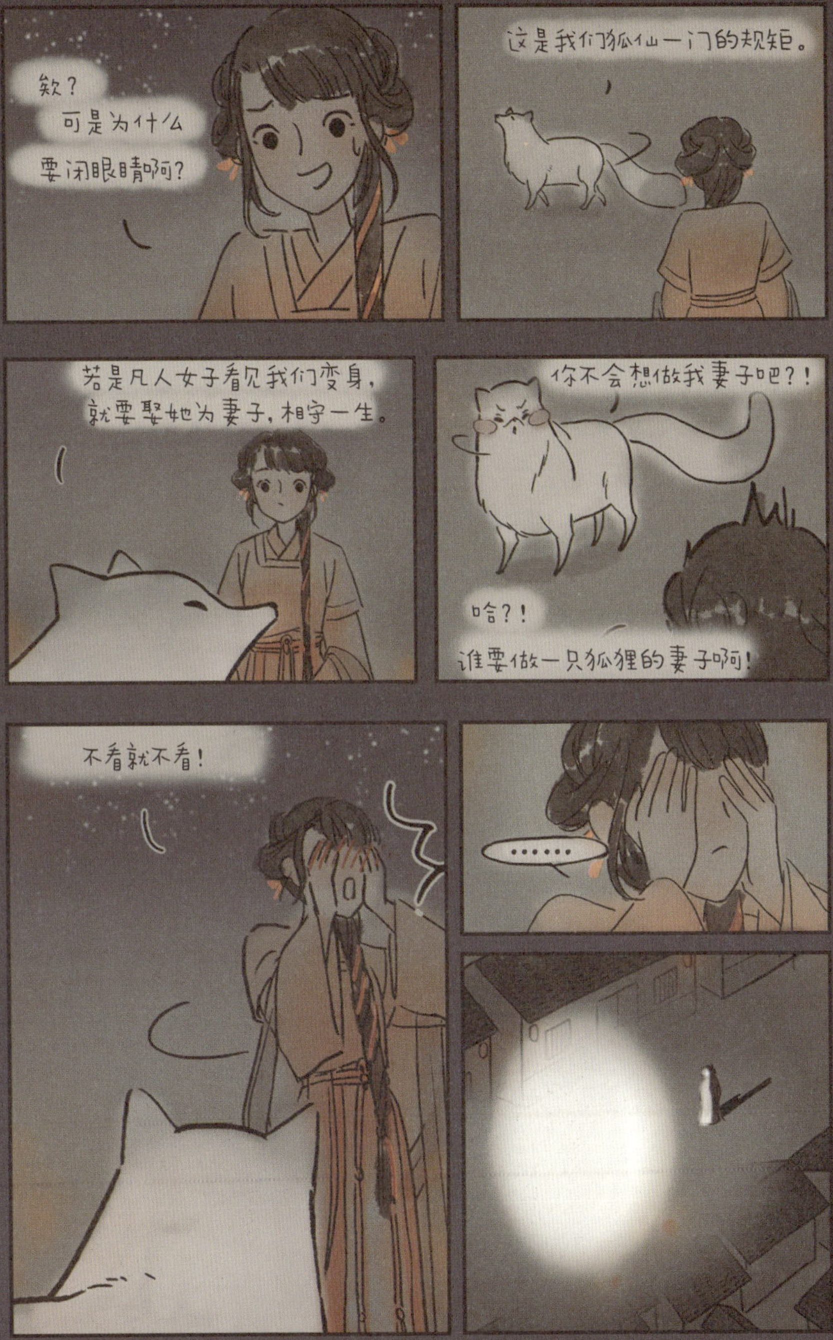
欸？
可是为什么
要闭眼睛啊？
这是我们狐仙一门的规矩。
若是凡人女子看见我们变身，
就要娶她为妻子，相守一生。
你不会想做我妻子吧？！
哈？！
谁要做一只狐狸的妻子啊！
不看就不看！
……

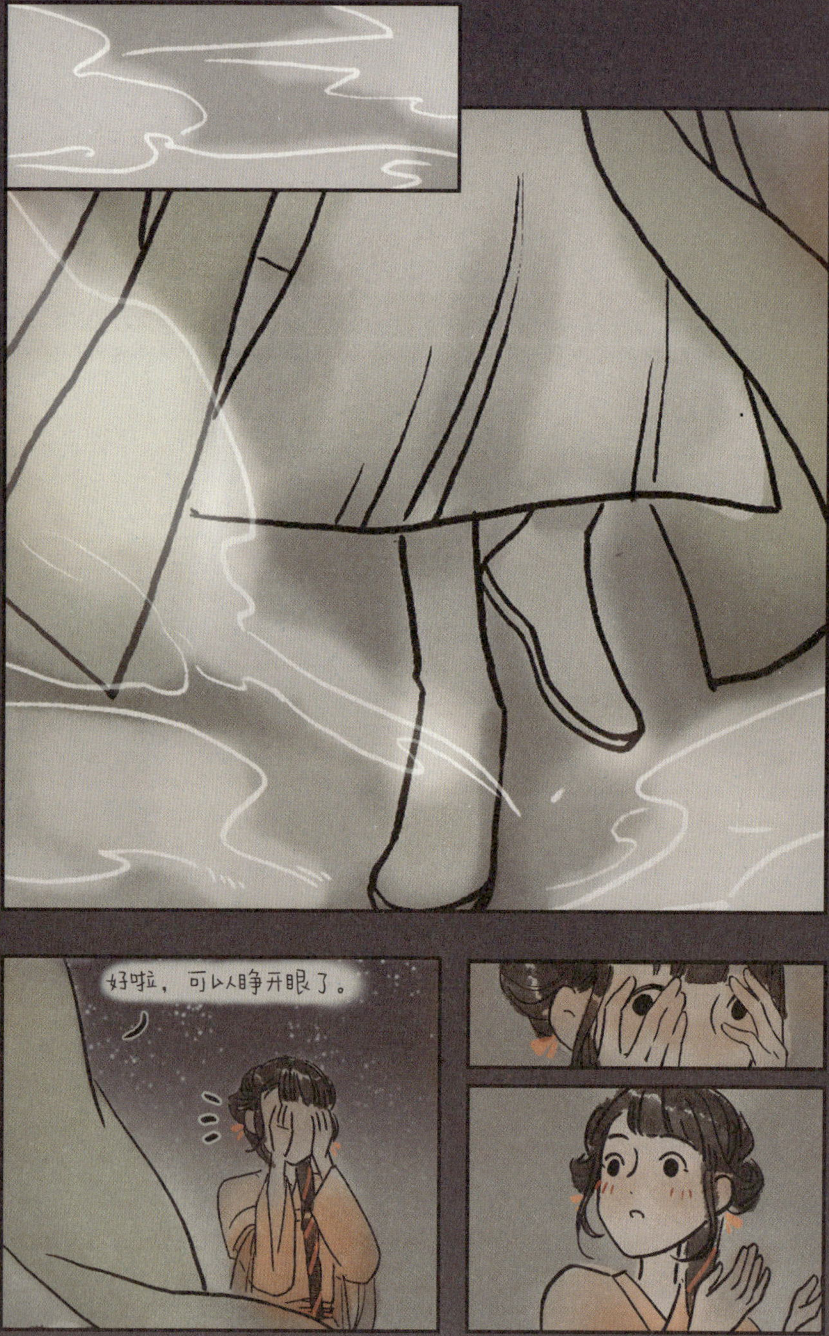
好啦，可以睁开眼了。

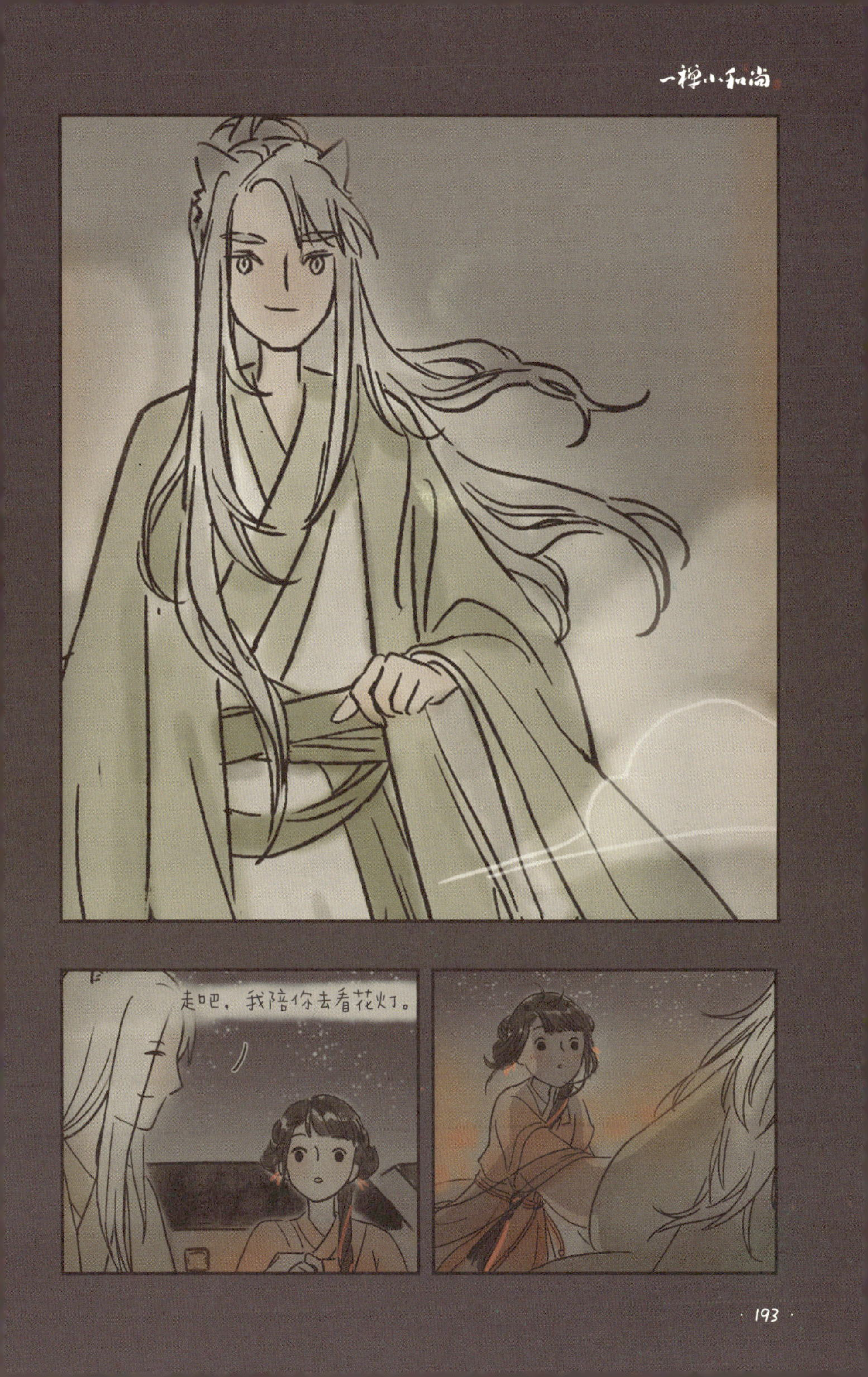
走吧，我陪你去看花灯。

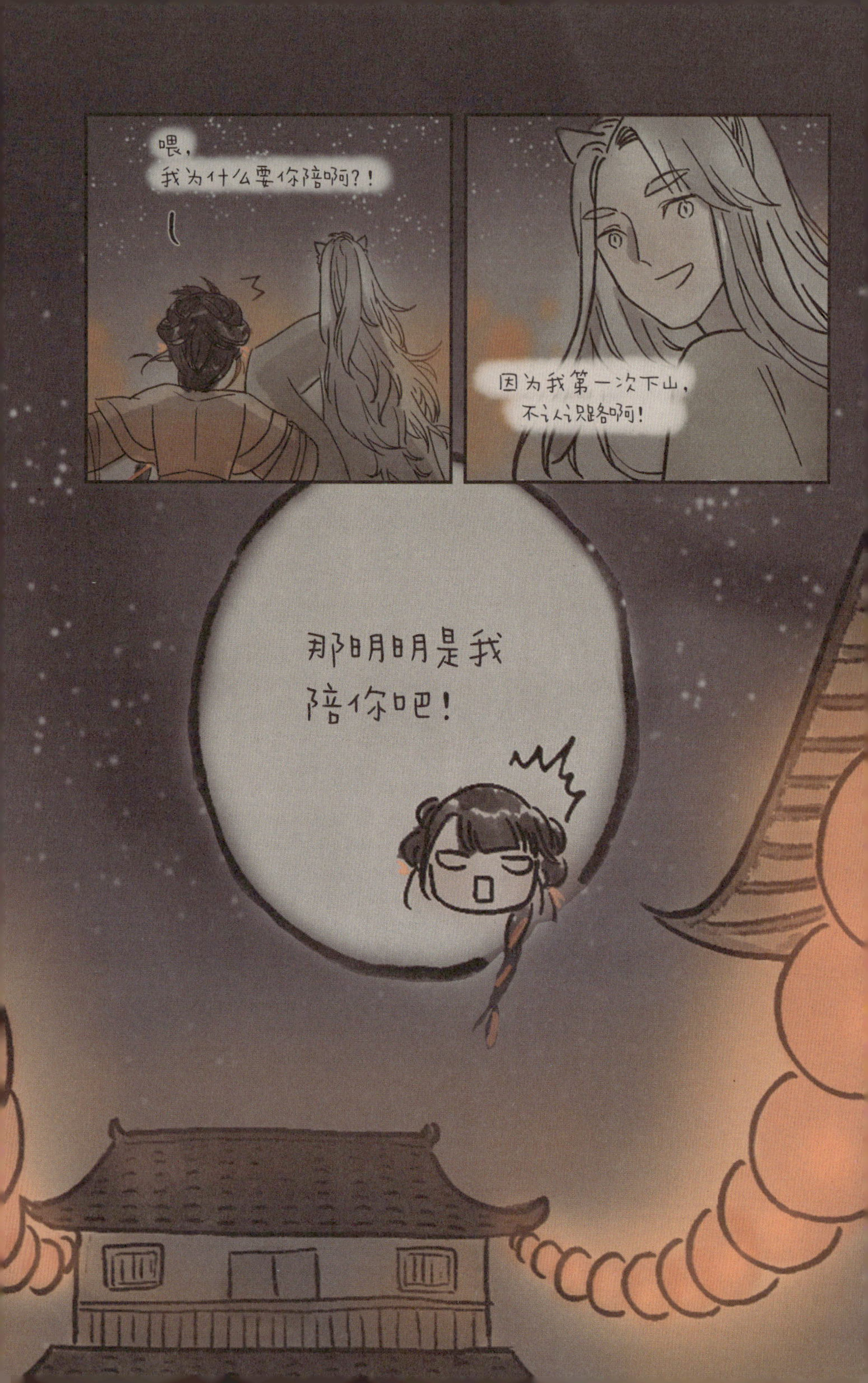
喂，
我为什么要你陪啊？！
因为我第一次下山，
不认识路啊！
那明明是我
陪你吧！

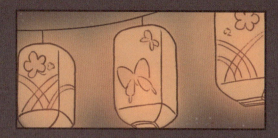

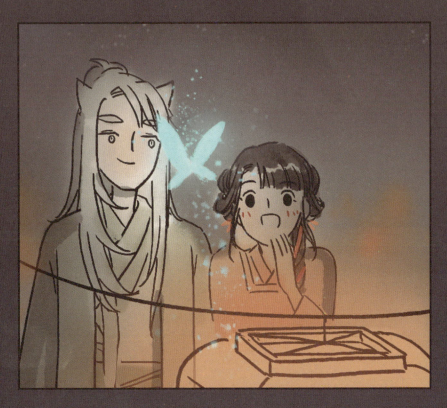

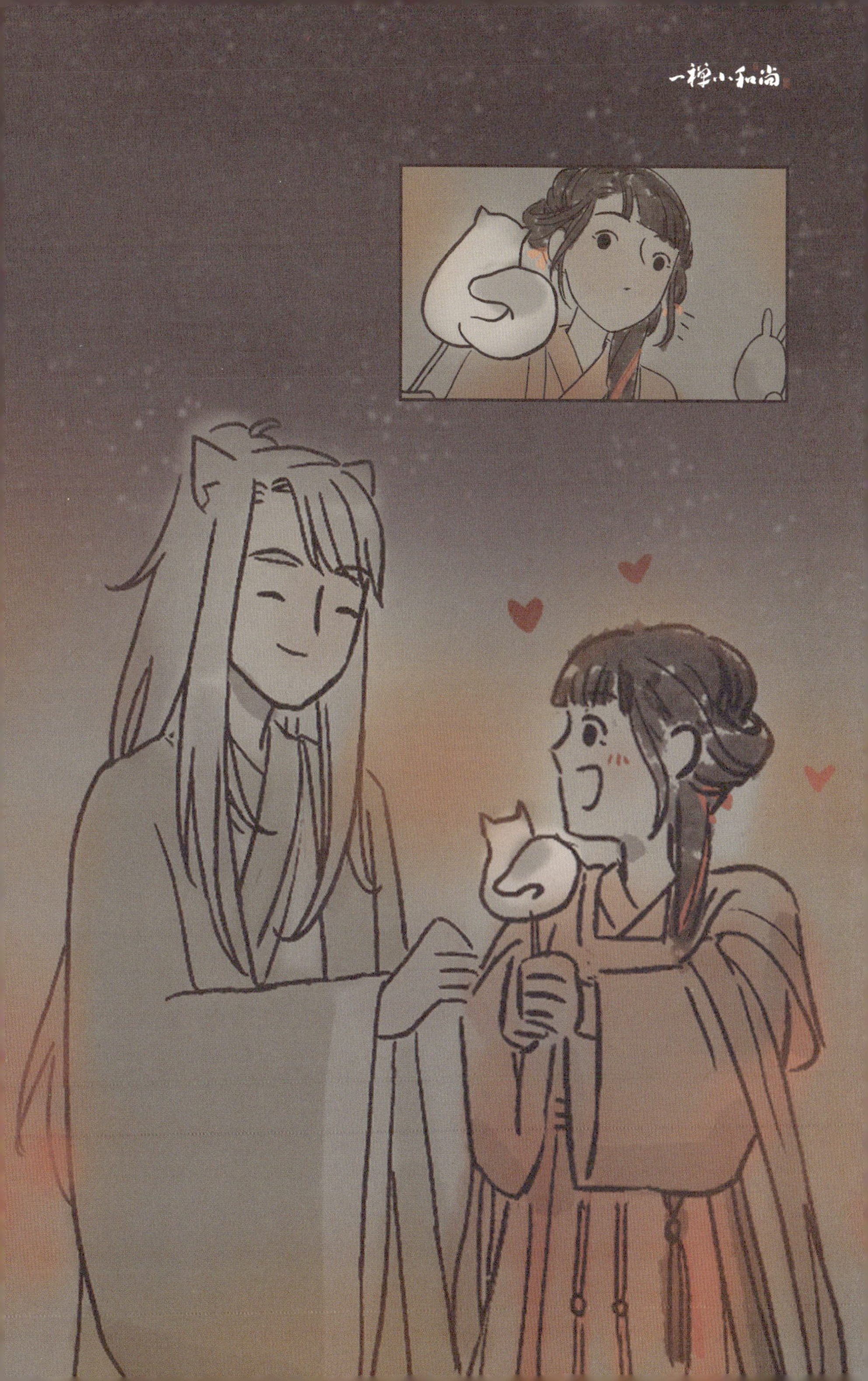
一棵小和尚

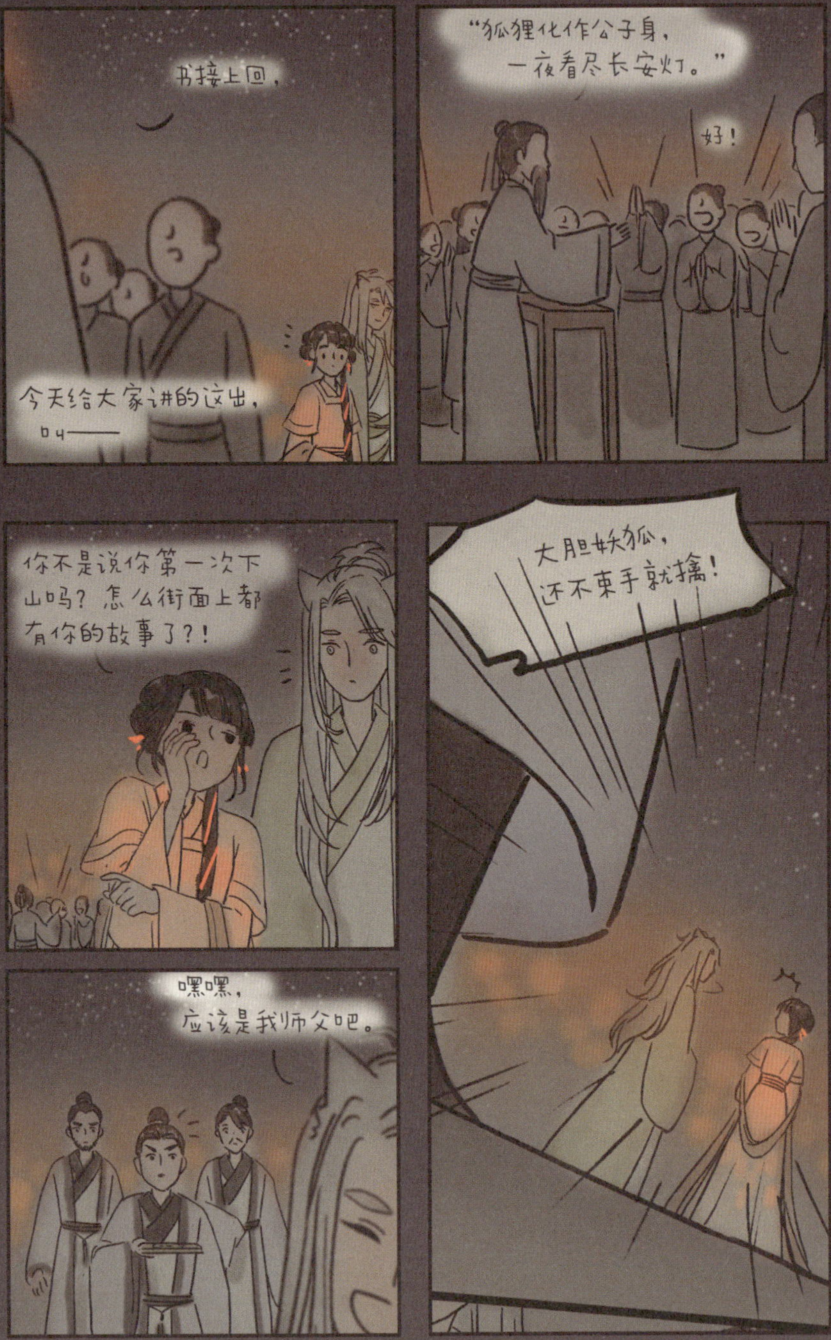
书接上回，
今天给大家讲的这出，
叫——
“狐狸化作公子身，
一夜看尽长安灯。”
好！
你不是说你第一次下山吗？怎么街面上都有你的故事了？！
嘿嘿，
应该是我师父吧。
大胆妖狐，
还不束手就擒！

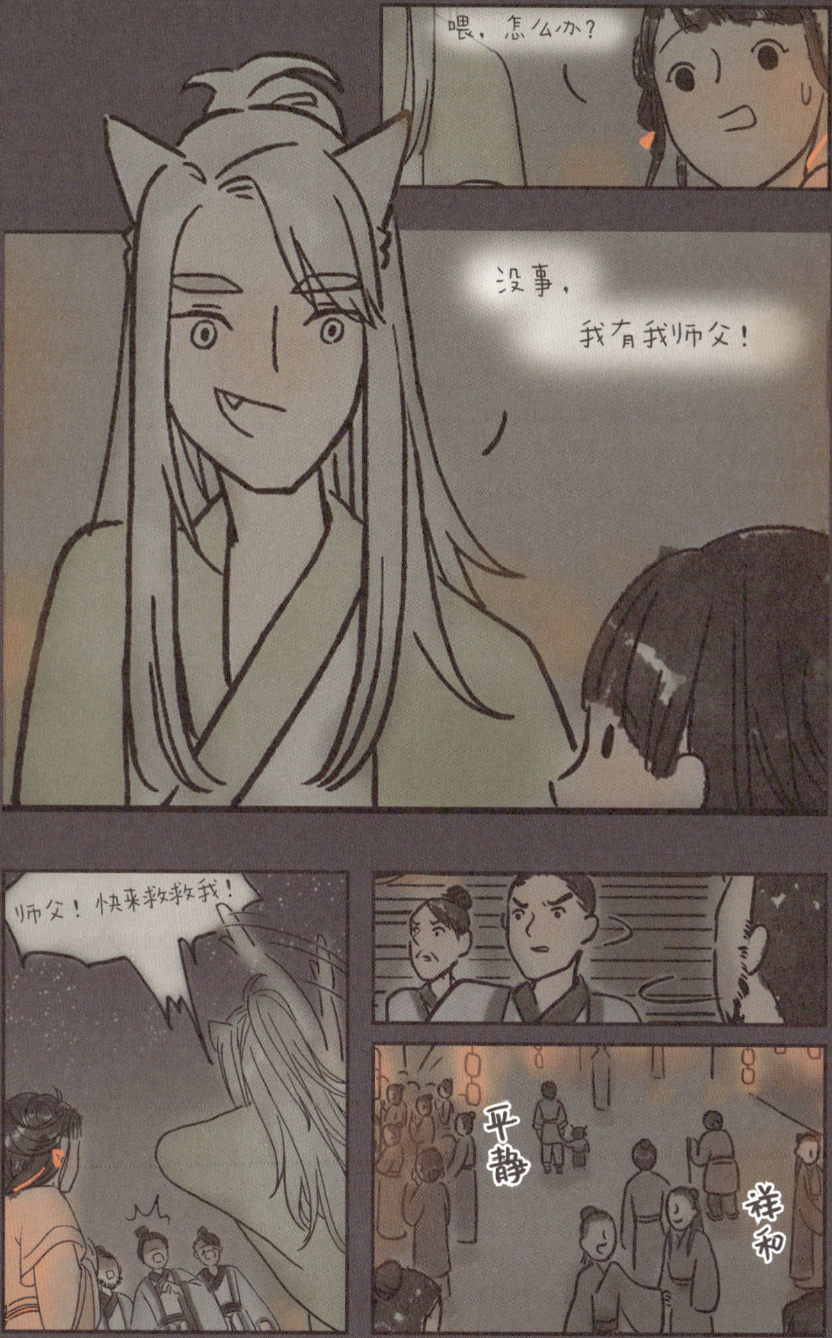

喂，怎么办？
没事，
我有我师父！
师父！快来救救我！
平静
祥和

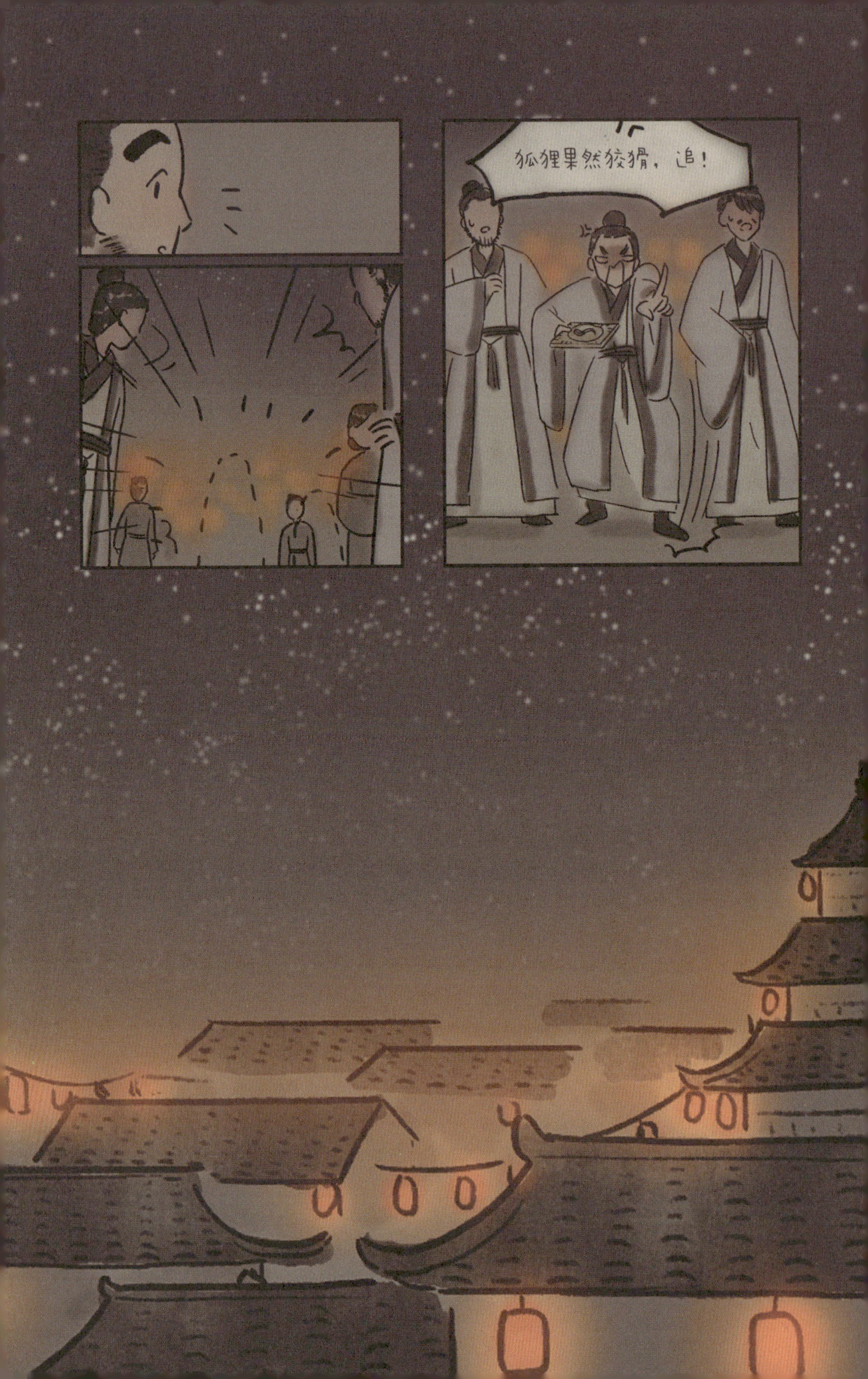
狐狸果然狡猾，追！

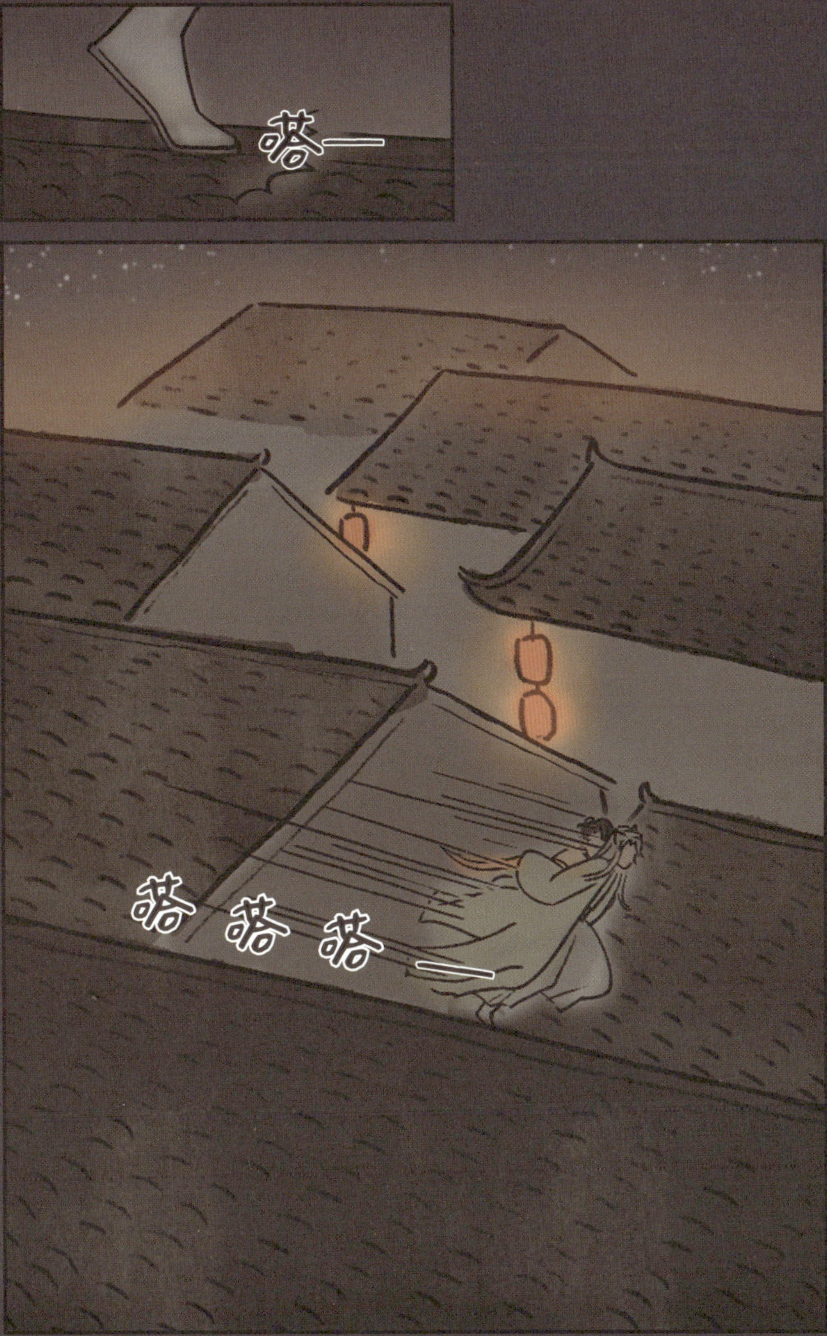
嗒—
嗒 嗒 嗒 —

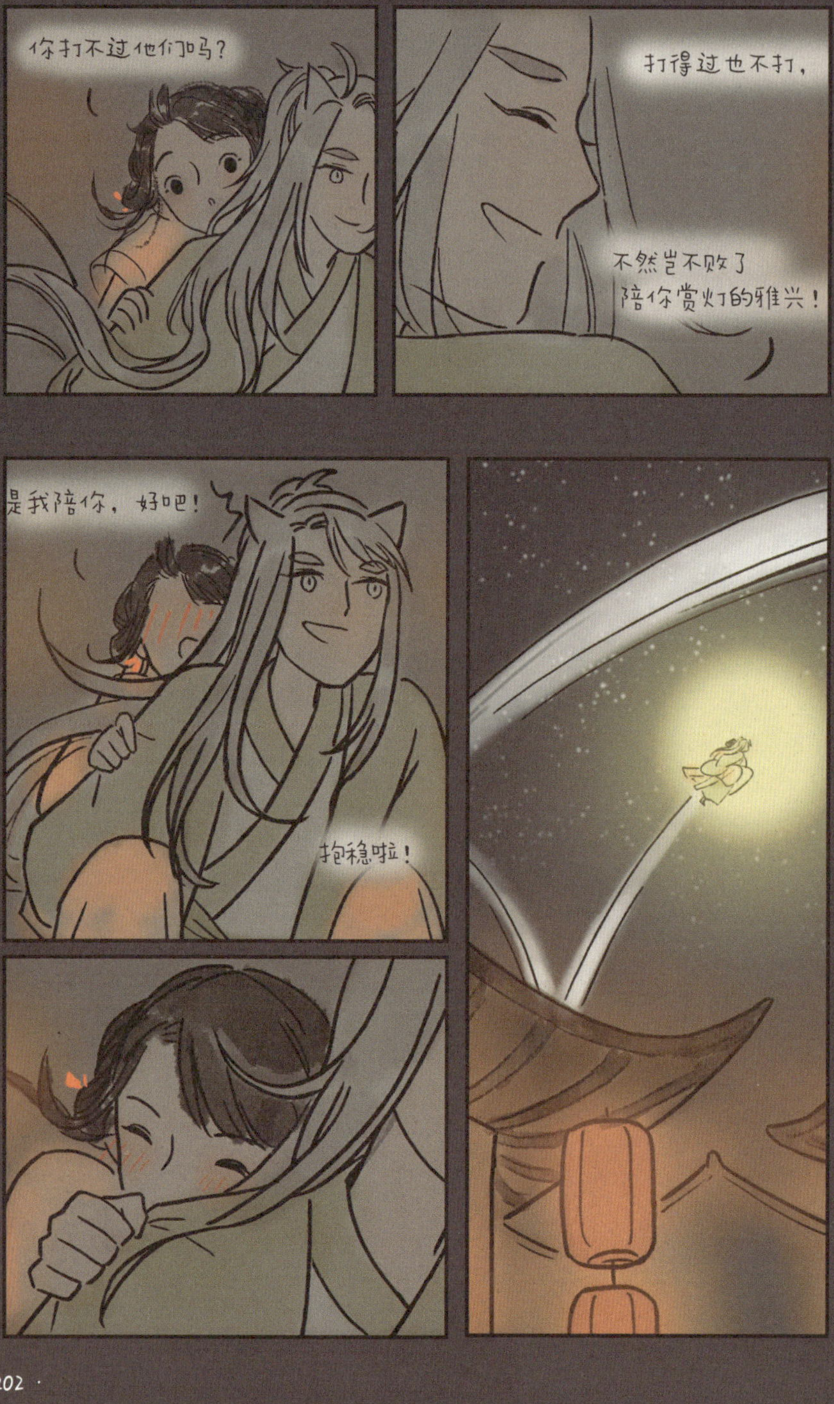
你打不过他们吗？
打得过也不打，
不然岂不败了
陪你赏灯的雅兴！
是我陪你，好吧！
抱稳啦！

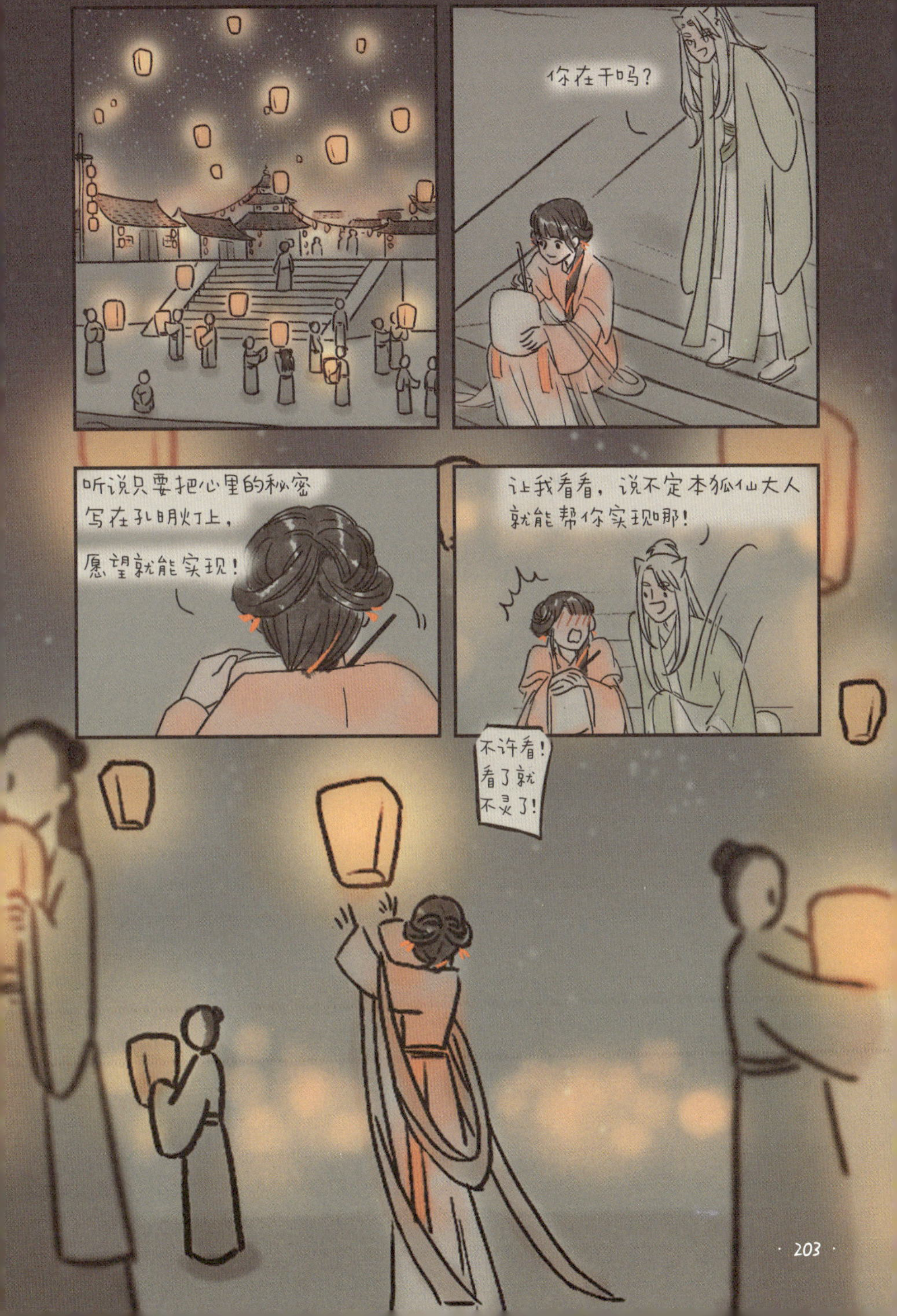
你在干吗？
听说只要把心里的秘密
写在孔明灯上，
愿望就能实现！
让我看看，说不定本狐仙大人
就能帮你实现哪！
不许看！
看了就
不灵了！

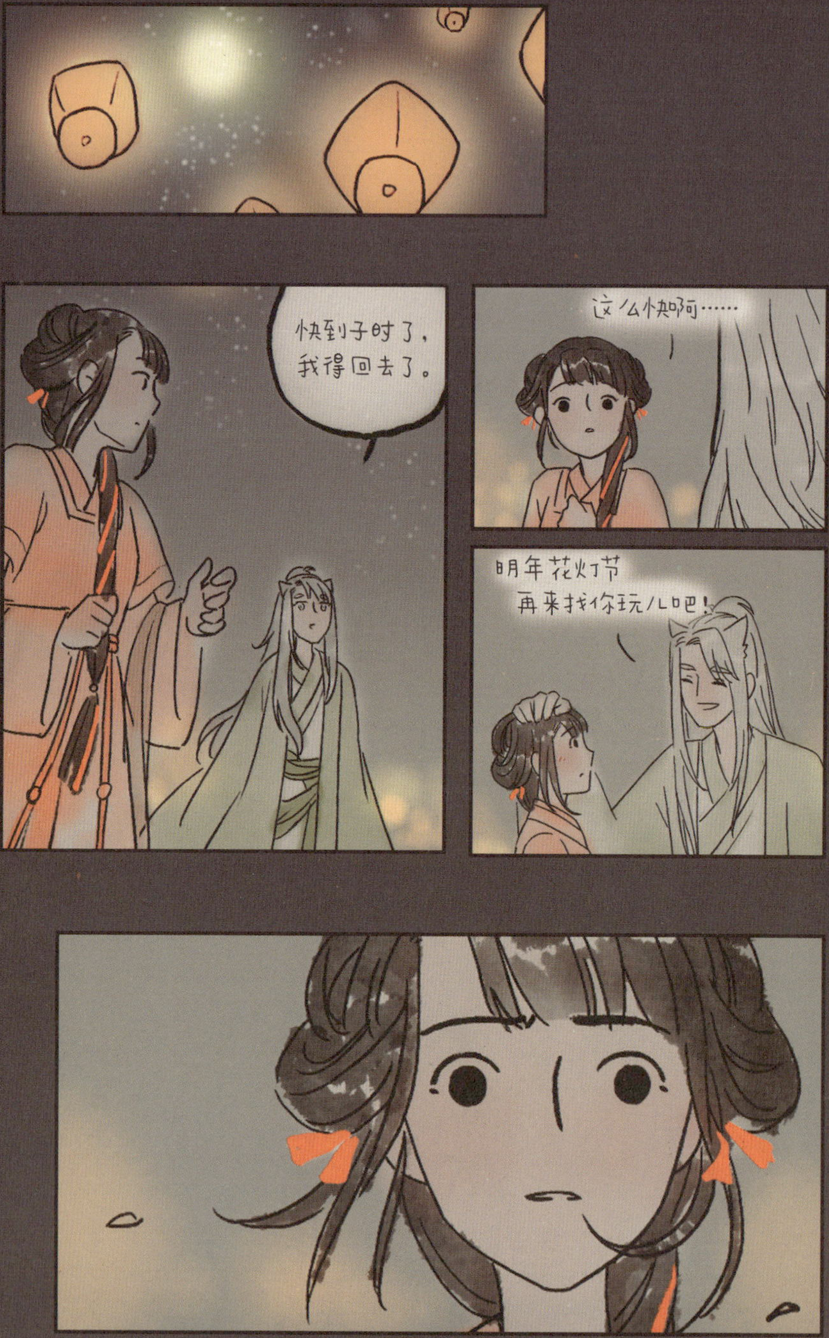
快到子时了，
我得回去了。
这么快啊……
明年花灯节
再来找你玩儿吧！

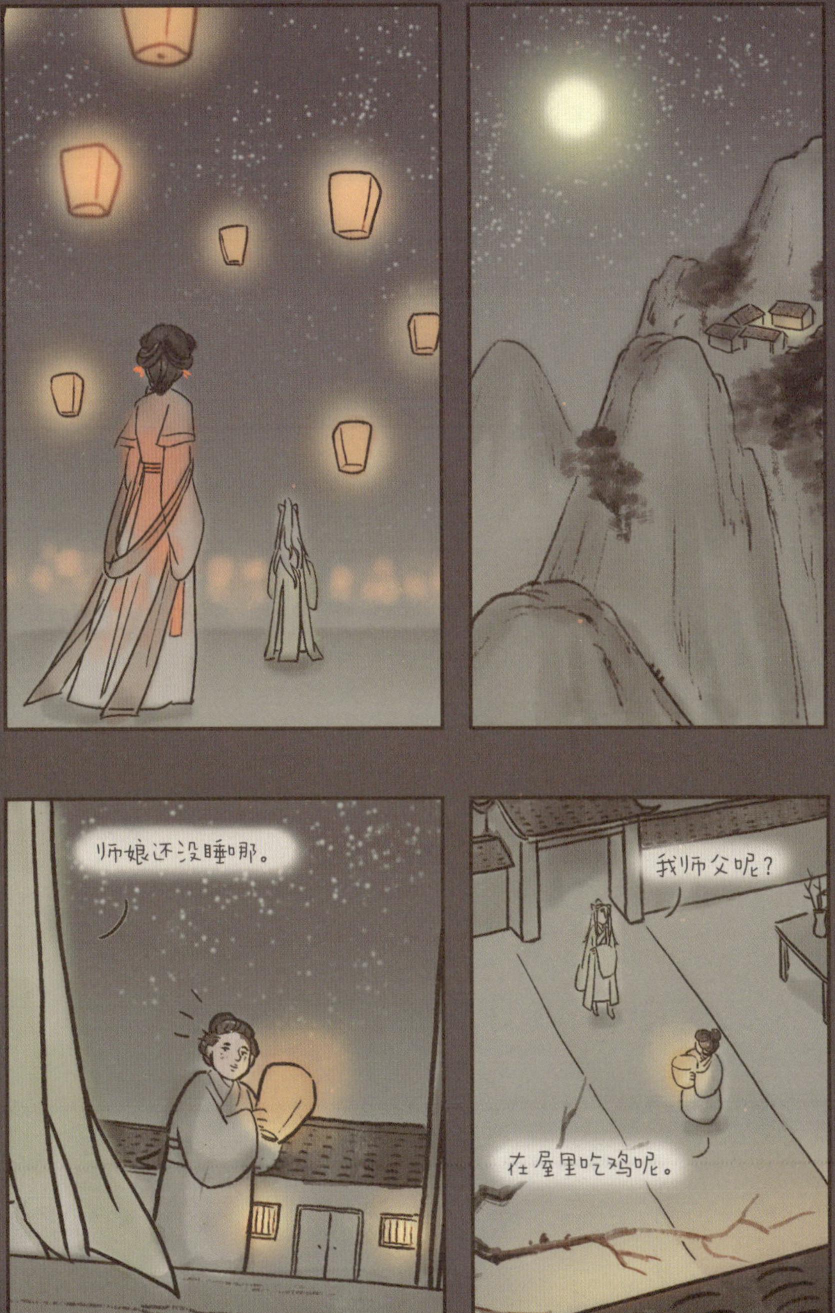
师娘还没睡哪。
我师父呢？
在屋里吃鸡呢。

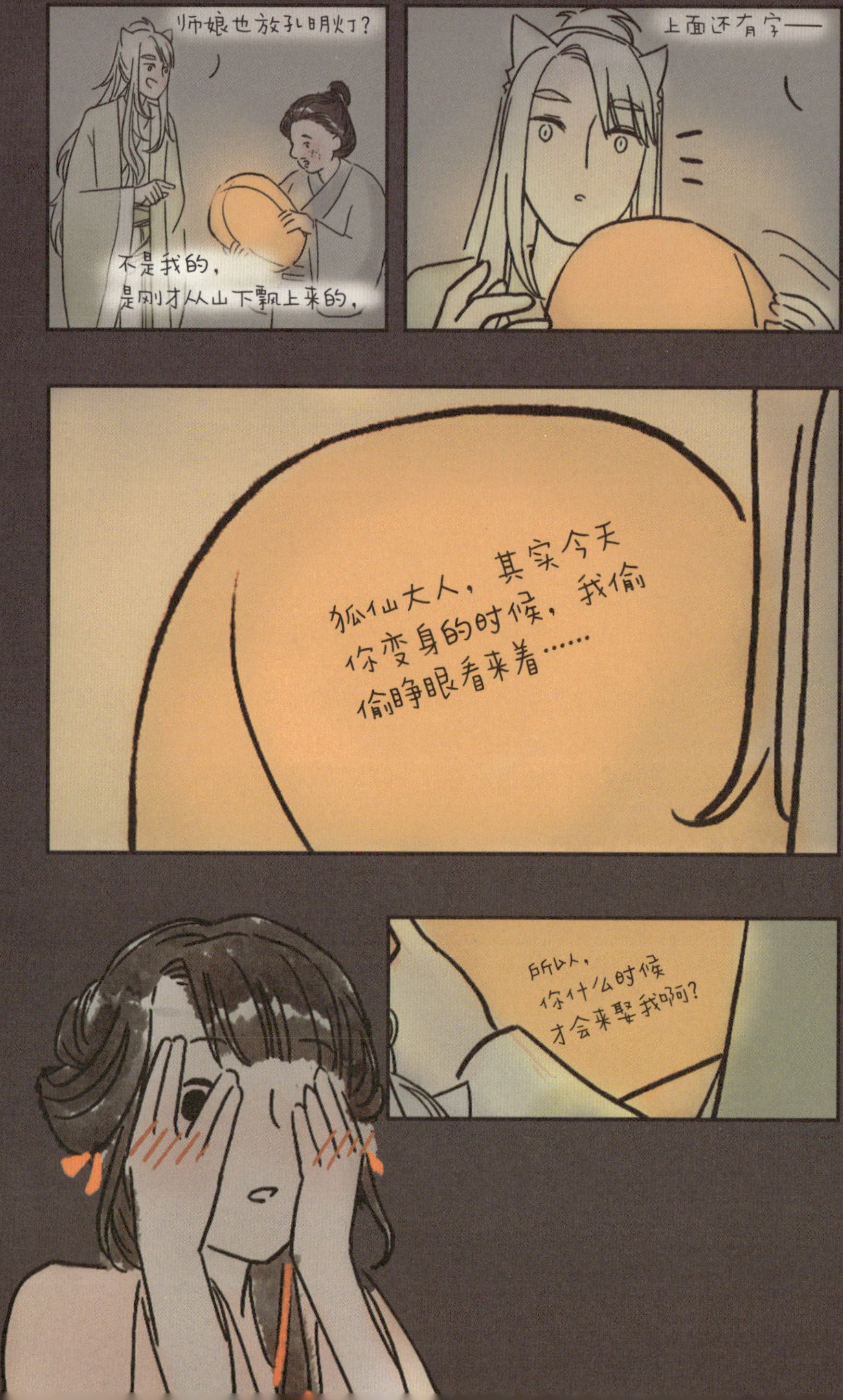
师娘也放孔明灯？
不是我的，
是刚才从山下飘上来的。
上面还有字——
狐仙大人，其实今天
你变身的时候，我偷
偷睁眼看来着……
所以，
你什么时候
才会来娶我啊？

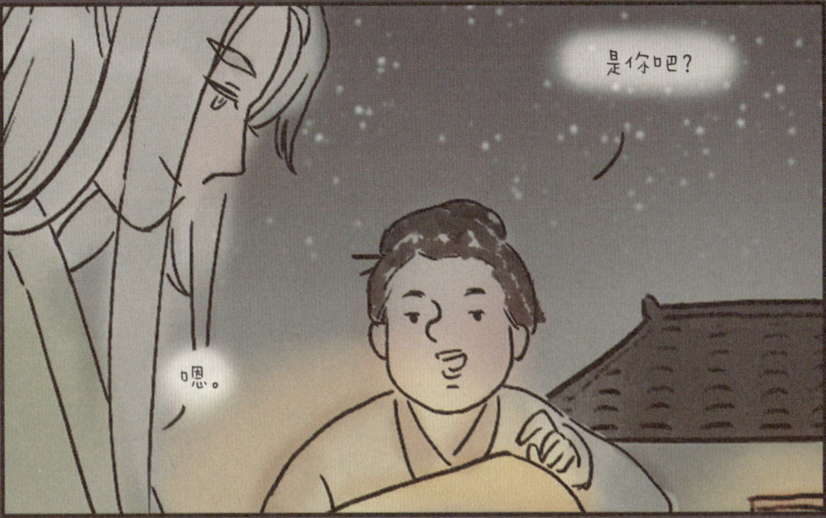
是你吧?
嗯。

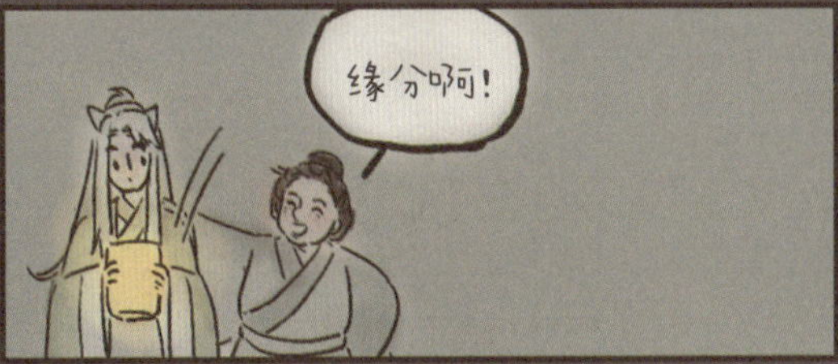
缘分啊!

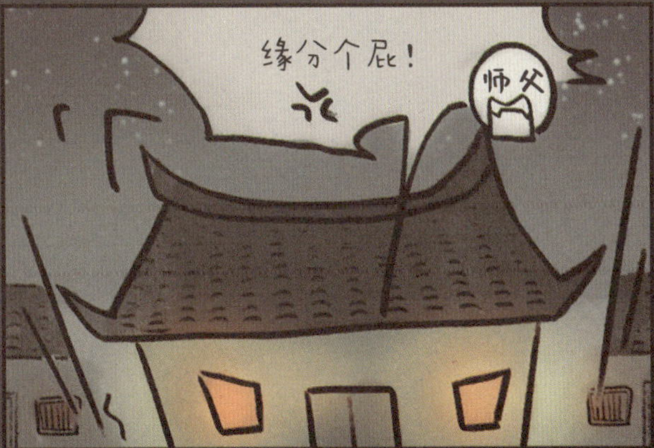
缘分个屁!
师父

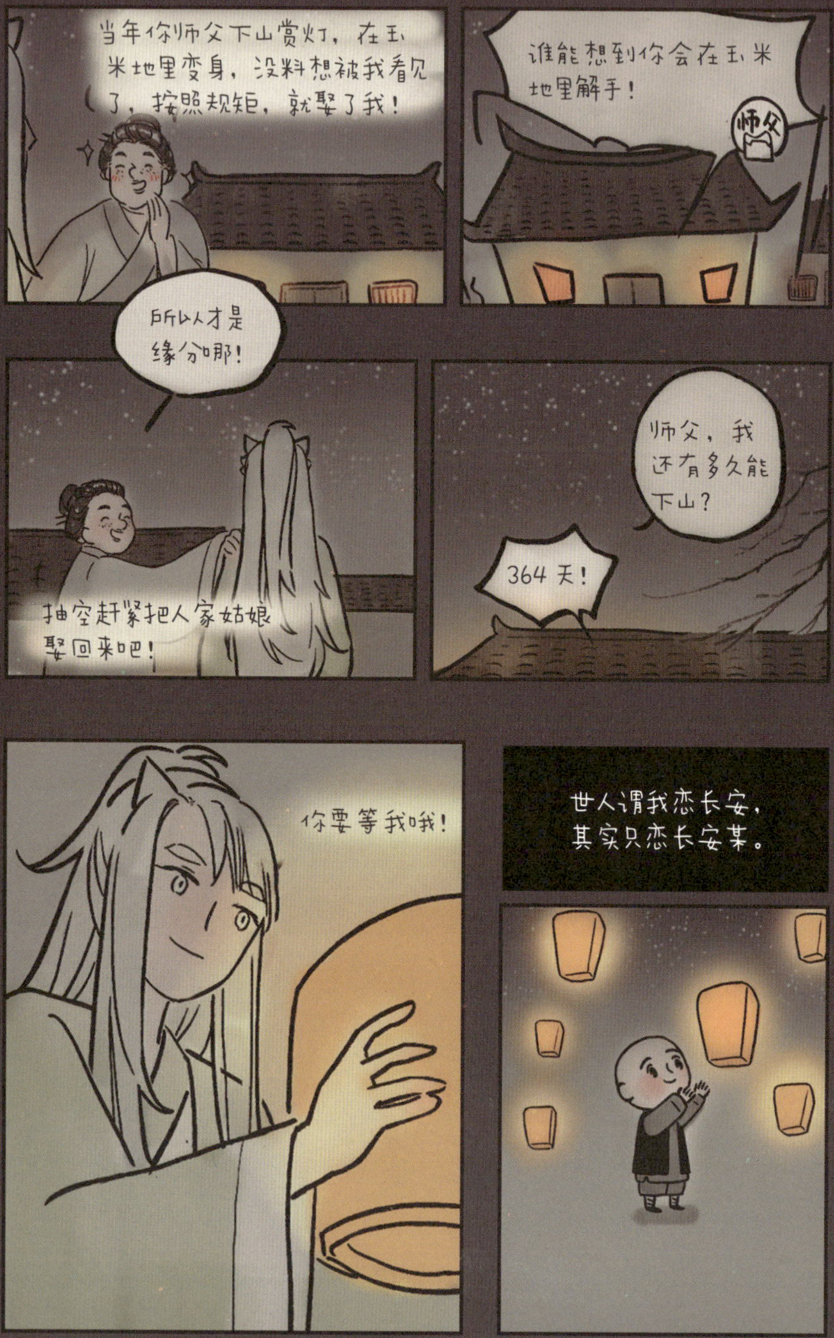

当年你师父下山赏灯，在玉米地里变身，没料想被我看见了，按照规矩，就娶了我！
谁能想到你会在玉米地里解手！
师父
所以才是缘分哪！
抽空赶紧把人家姑娘娶回来吧！
师父，我还有多久能下山？
364天！
你要等我哦！
世人谓我恋长安，其实只恋长安某。

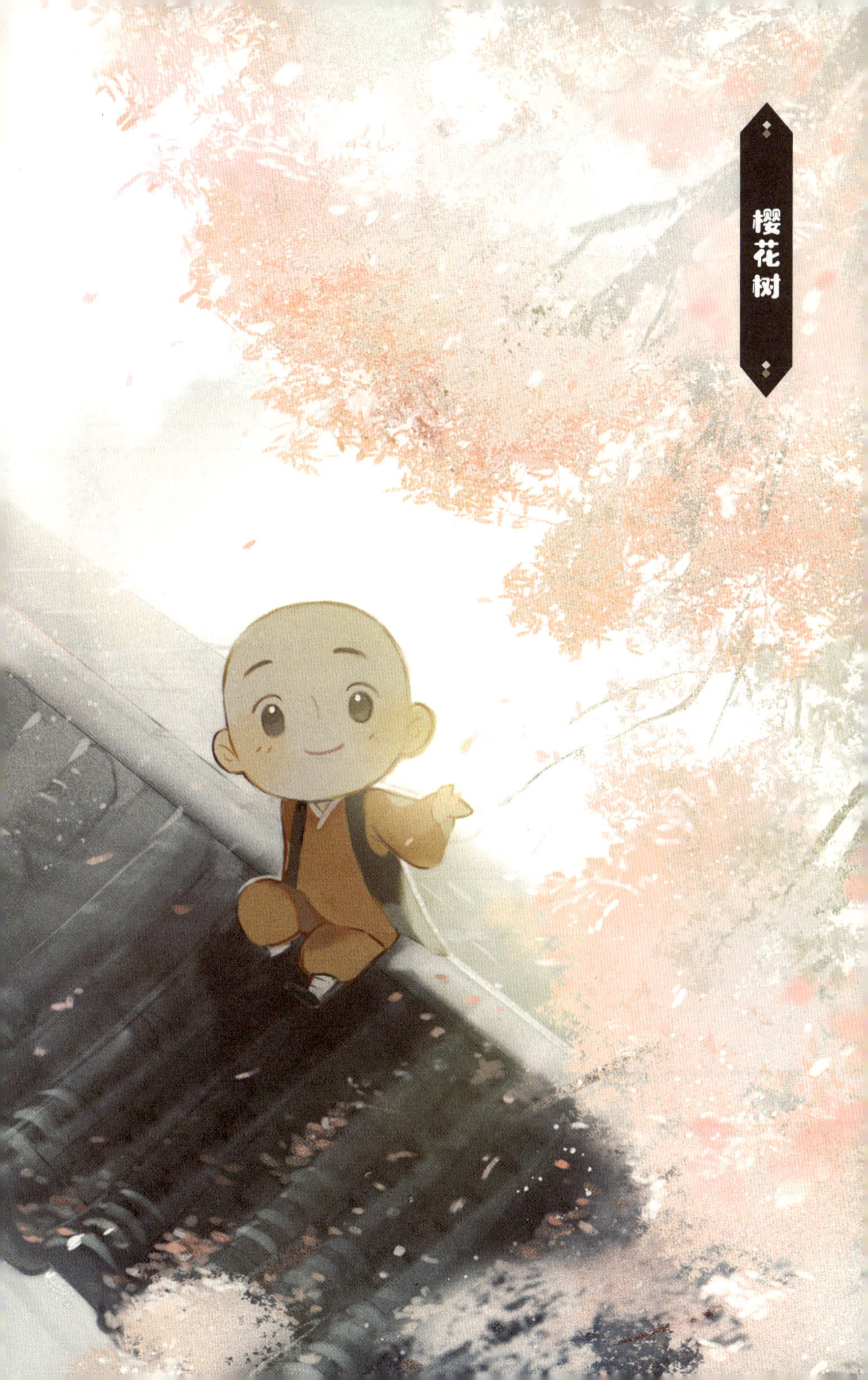
樱花树

初春三月

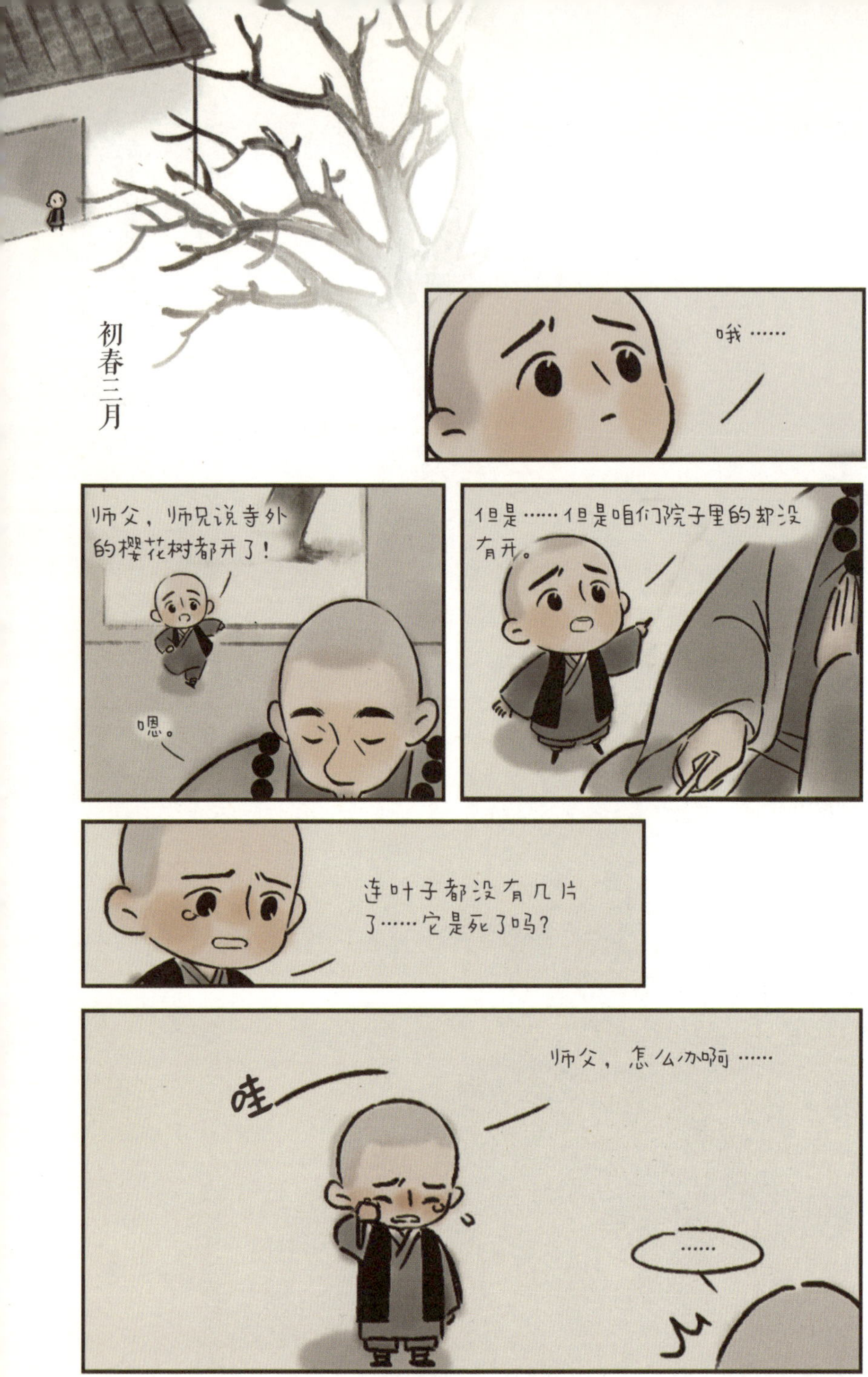

哦……
师父，师兄说寺外的樱花树都开了！
嗯。
但是……但是咱们院子里的却没有开。
连叶子都没有几片了……它是死了吗？
哇——
师父，怎么办啊……
……

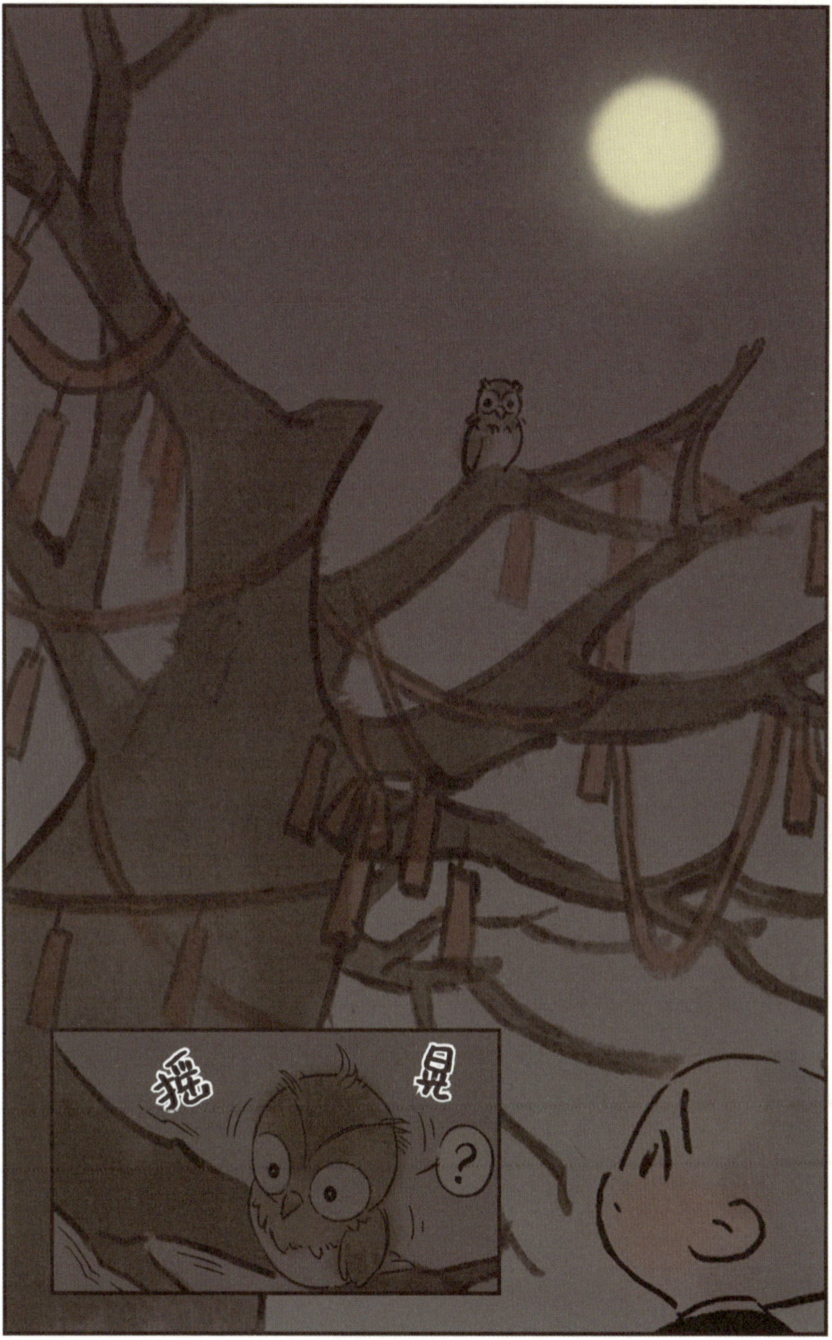
摇
晃
?

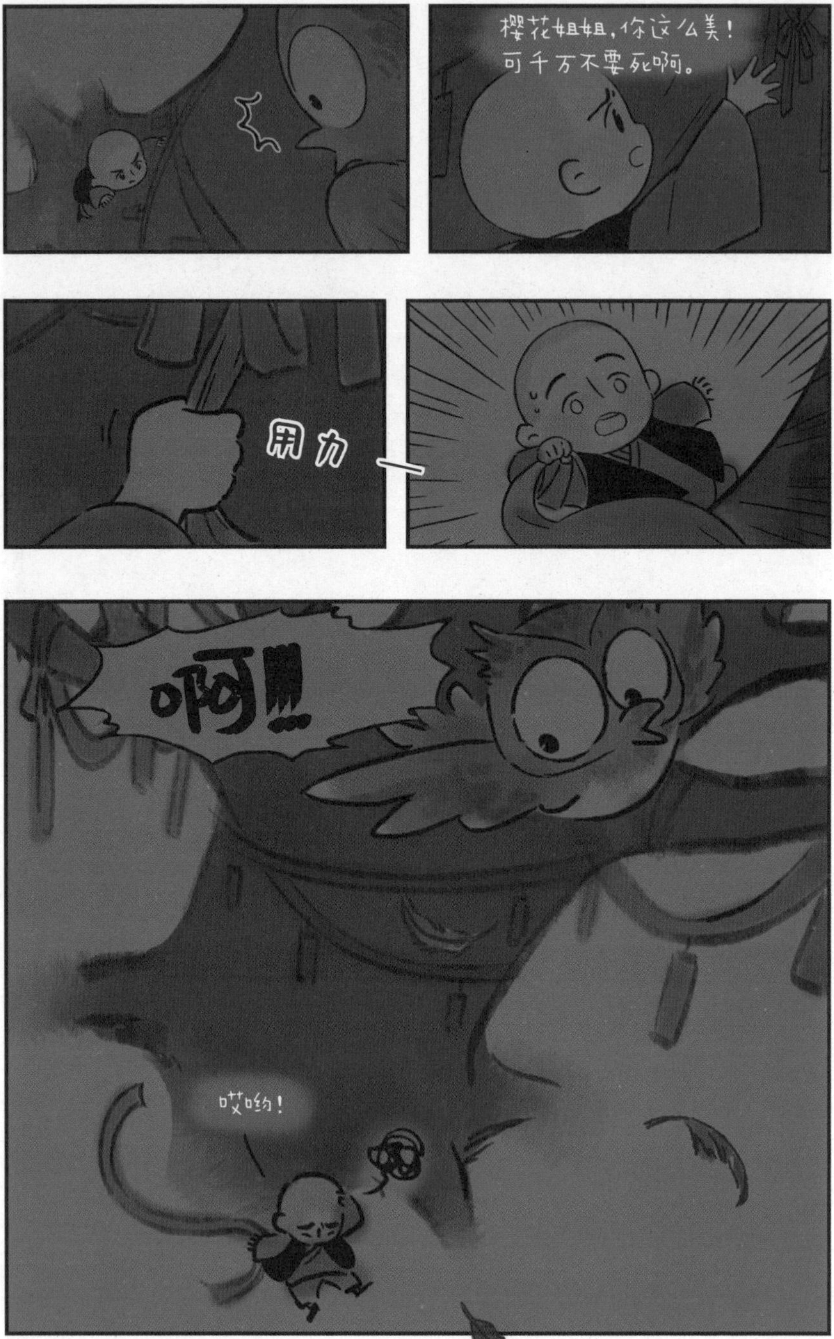
樱花姐姐，你这么美！
可千万不要死啊。
用力——
啊!!
哎哟！

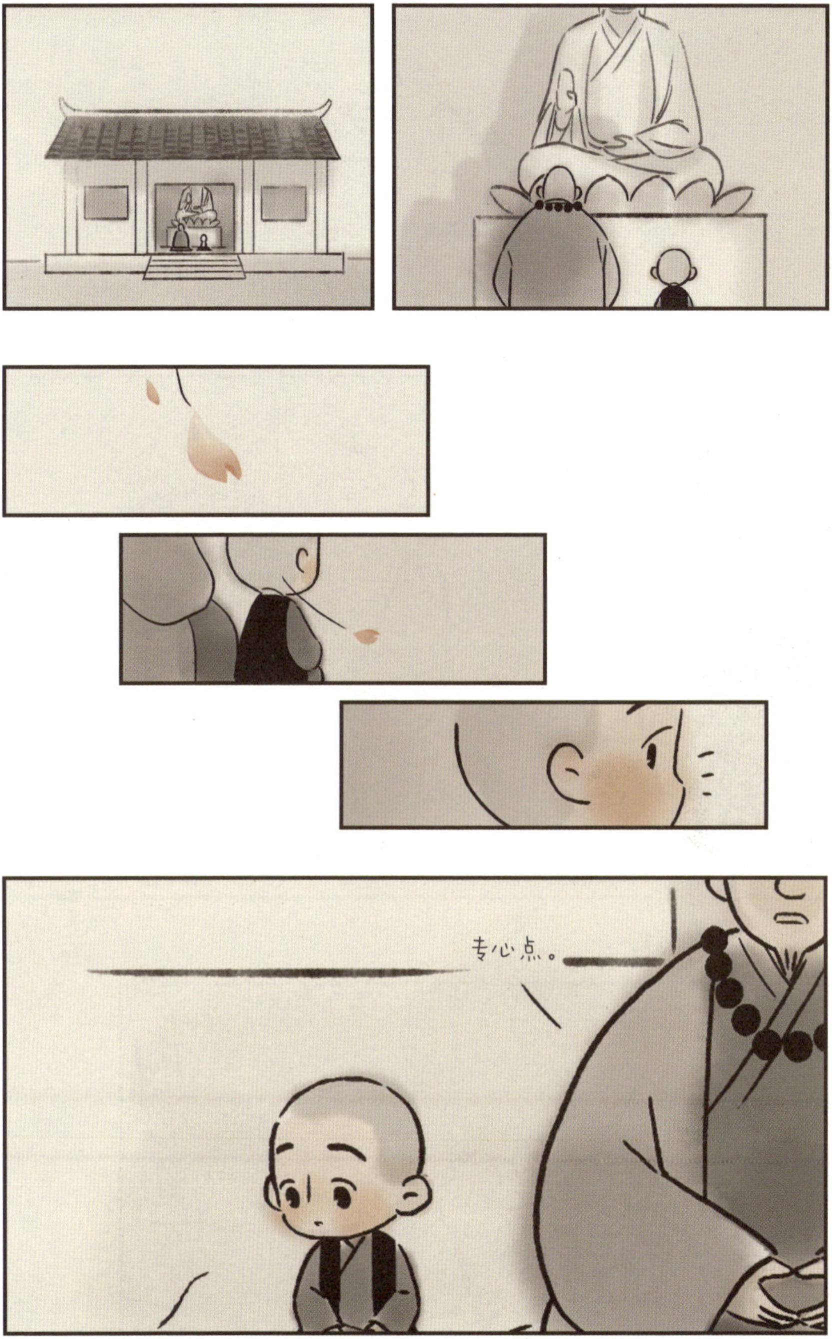
专心点。

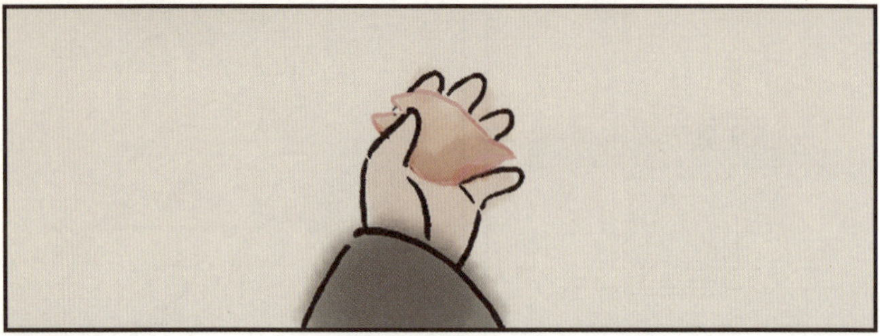

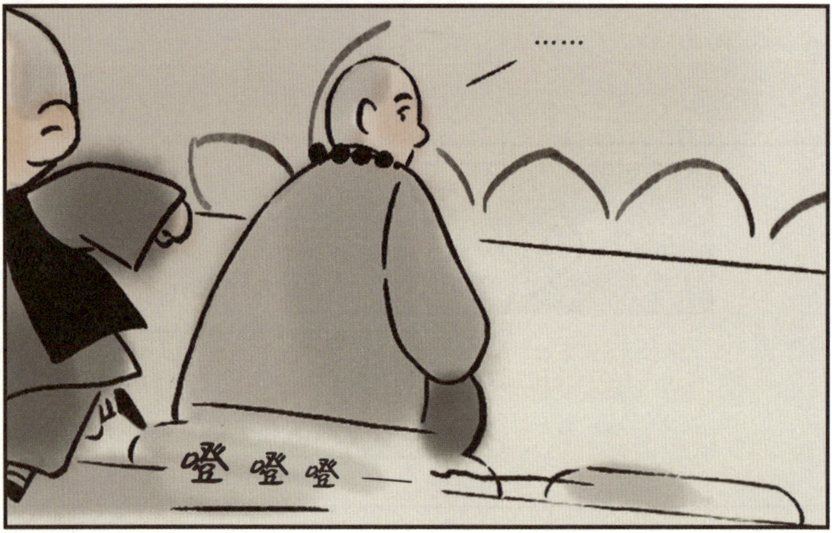
……
噔噔噔

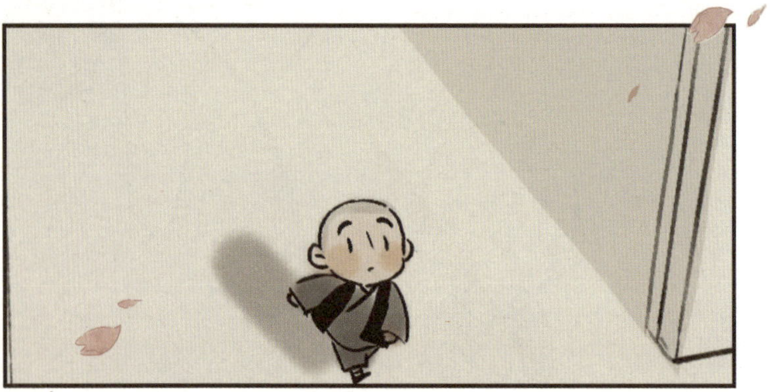

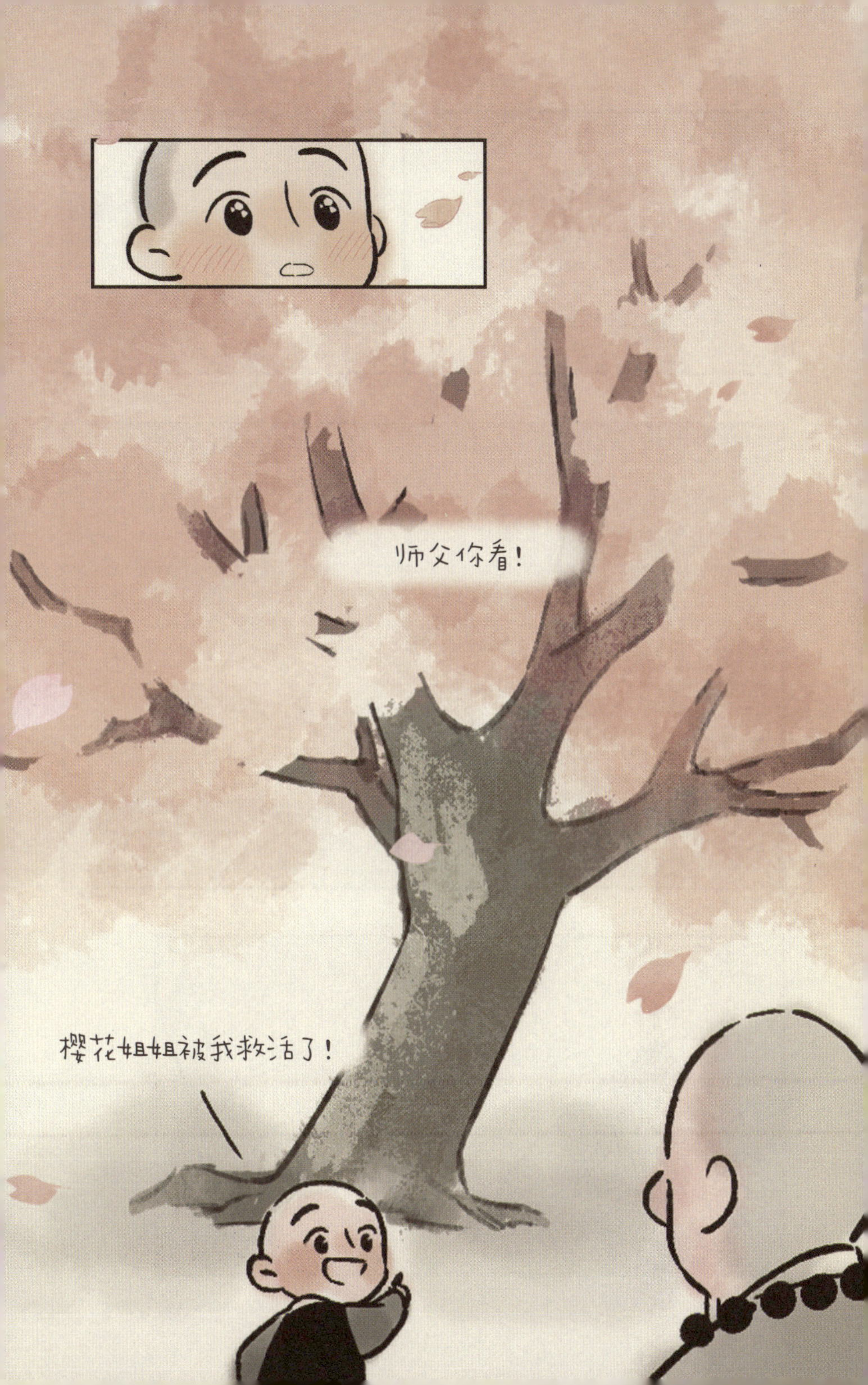
师父你看！
樱花姐姐被我救活了！

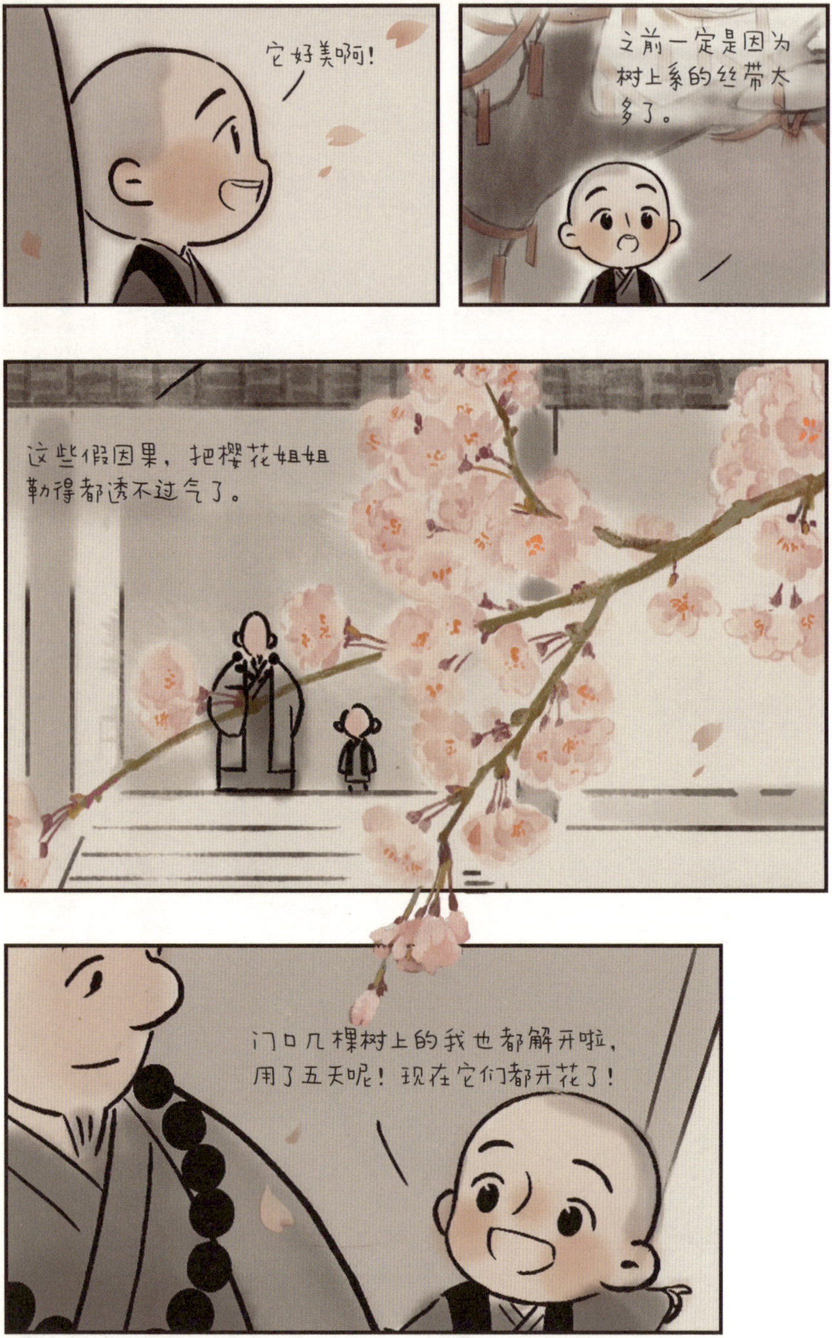
它好美啊！
之前一定是因为树上系的丝带太多了。
这些假因果，把樱花姐姐勒得都透不过气了。
门口几棵树上的我也都解开啦，用了五天呢！现在它们都开花了！

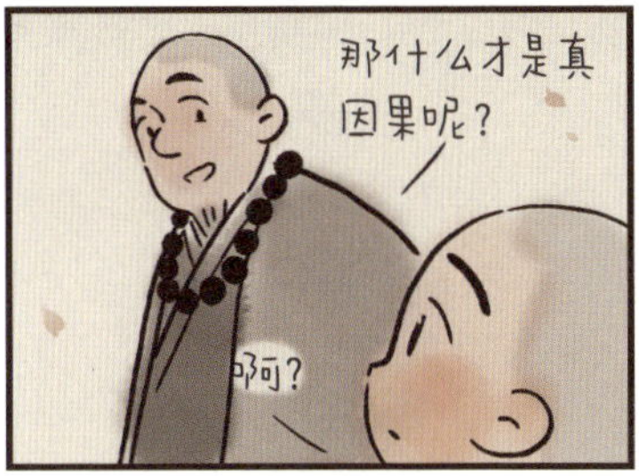
那什么才是真
因果呢？
啊？

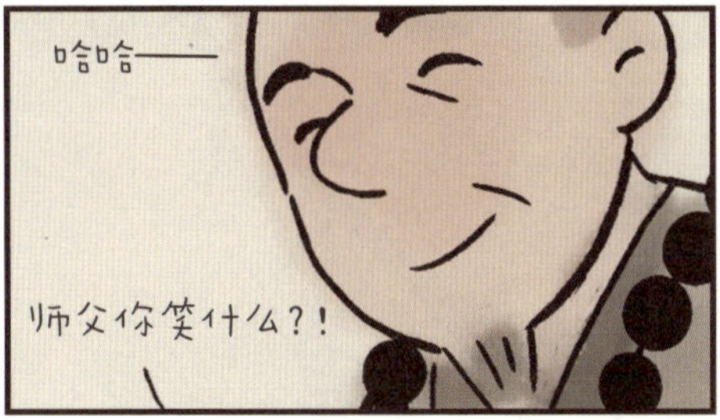
哈哈——
师父你笑什么？！

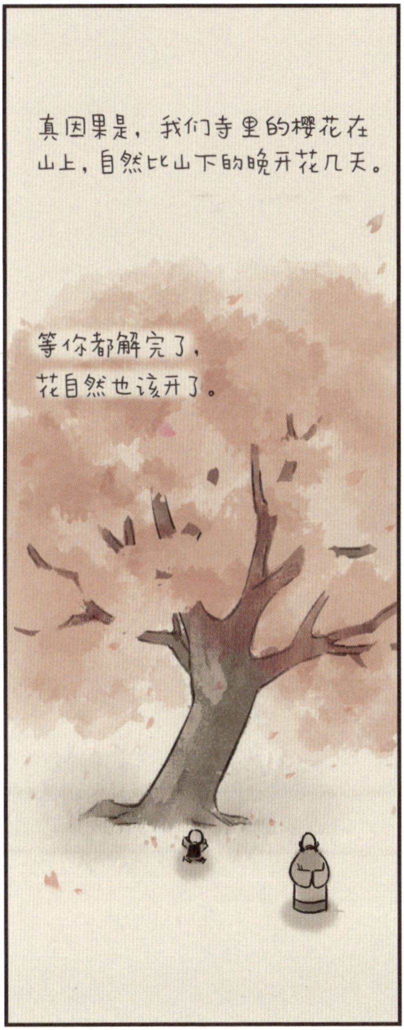
真因果是，我们寺里的樱花在
山上，自然比山下的晚开花几天。
等你都解完了，
花自然也该开了。

你等的，终会来！

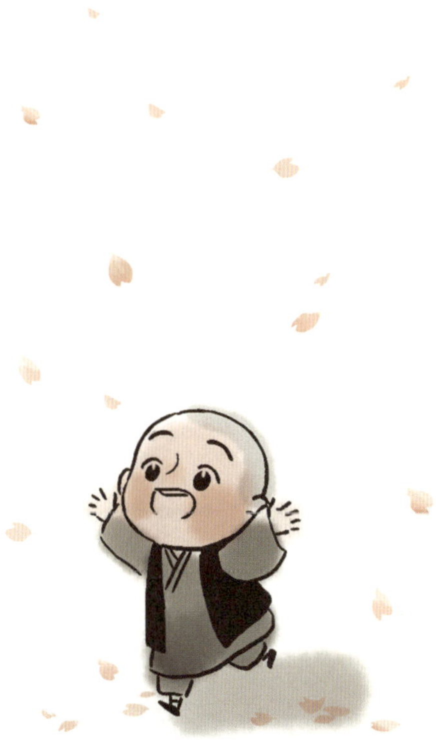

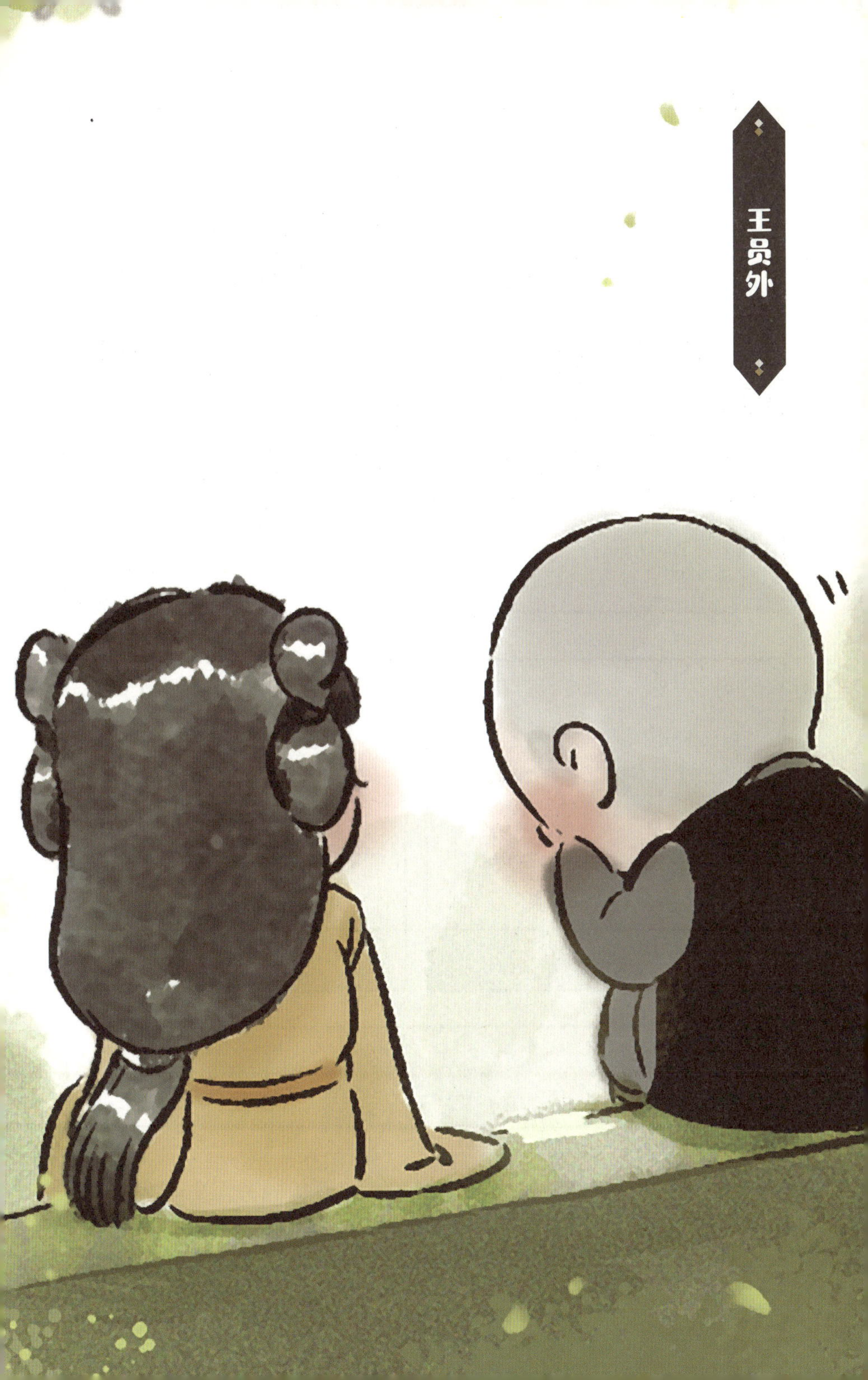
王员外

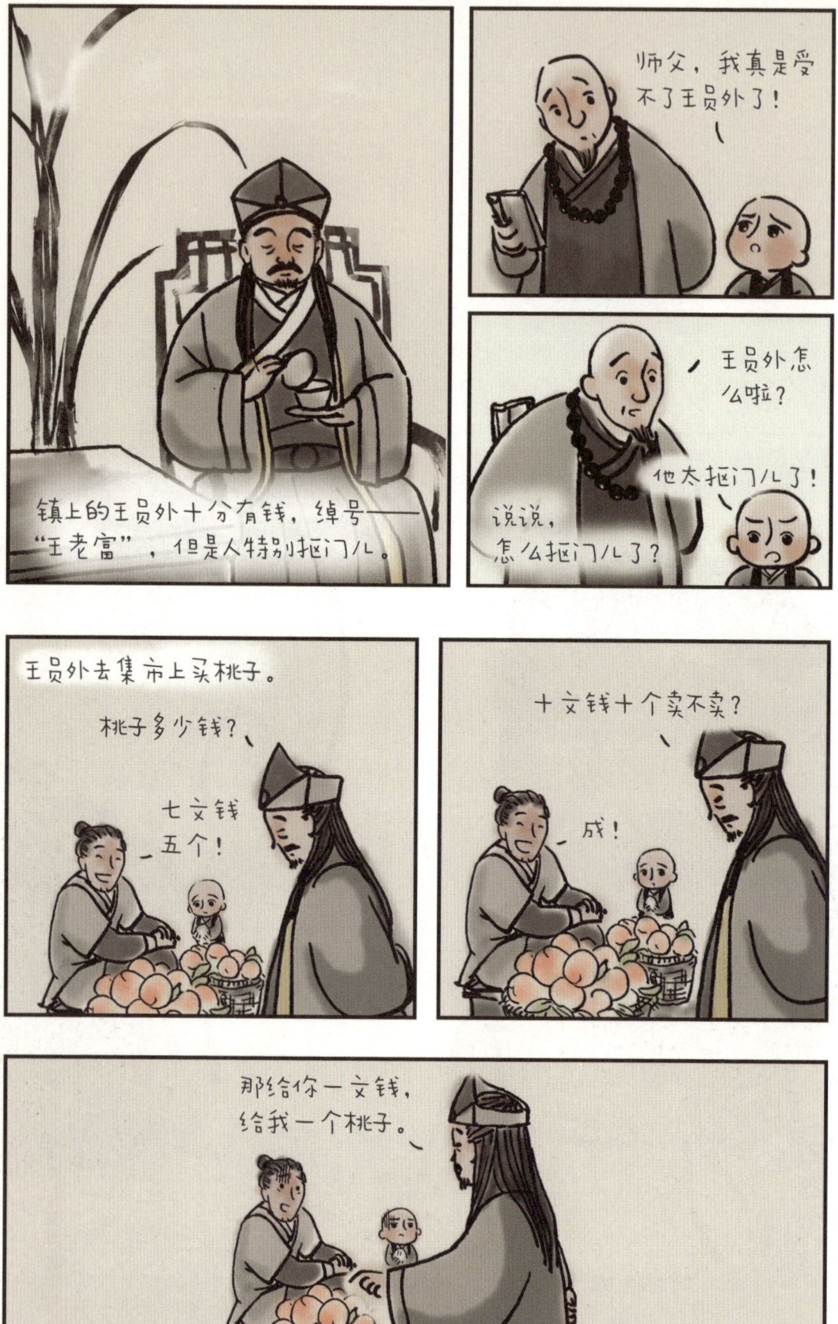
镇上的王员外十分有钱，绰号——
“王老富”，但是人特别抠门儿。
师父，我真是受不了王员外了！
王员外怎么啦？
他太抠门儿了！
说说，怎么抠门儿了？
王员外去集市上买桃子。
桃子多少钱？
七文钱五个！
十文钱十个卖不卖？
成！
那给你一文钱，给我一个桃子。

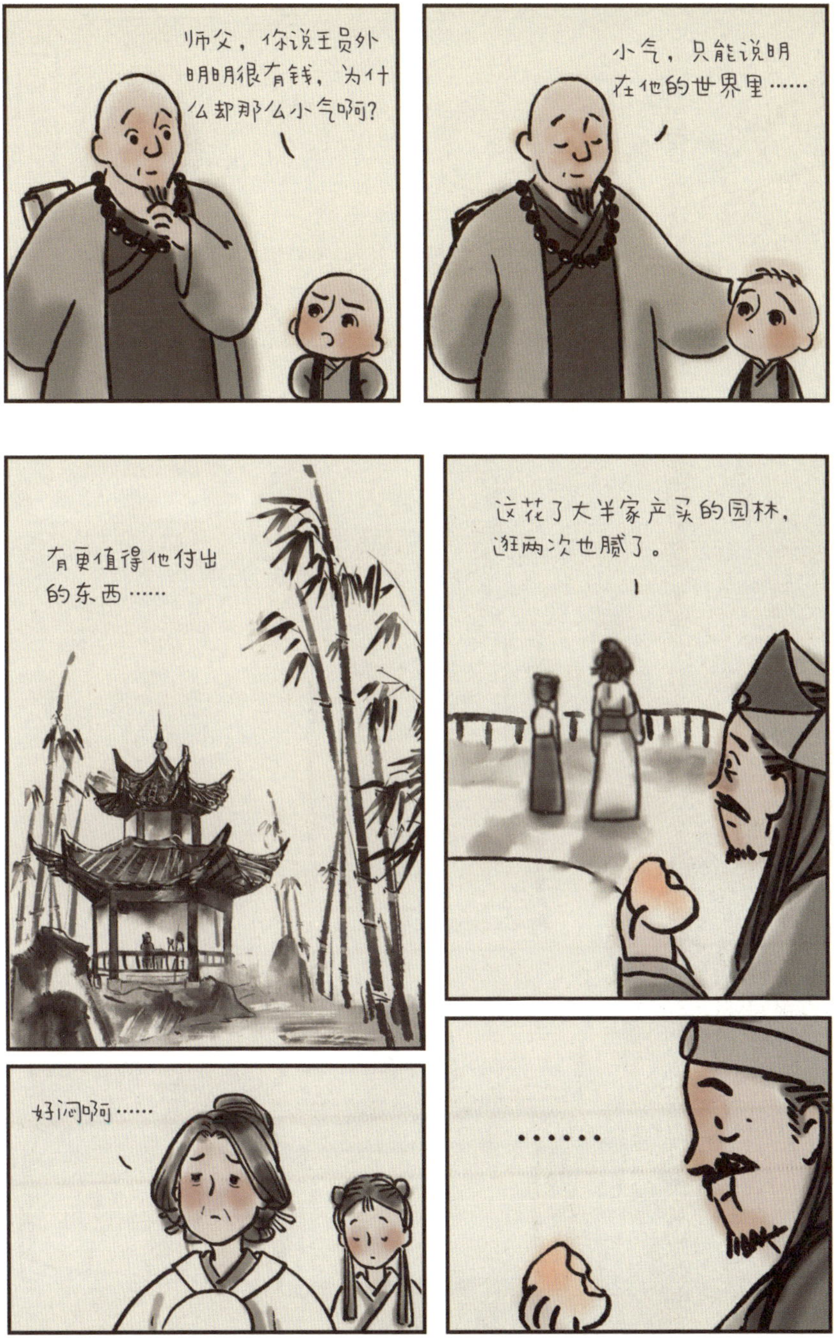
师父，你说王员外明明很有钱，为什么却那么小气啊？
小气，只能说明在他的世界里……
有更值得他付出的东西……
这花了大半家产买的园林，逛两次也腻了。
好闷啊……
……

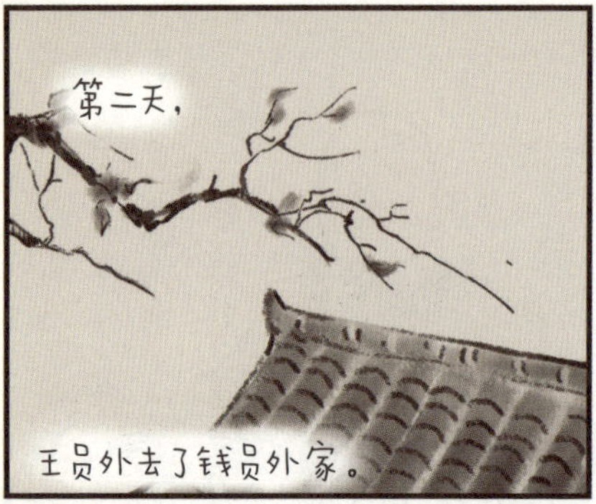
第二天，
王员外去了钱员外家。

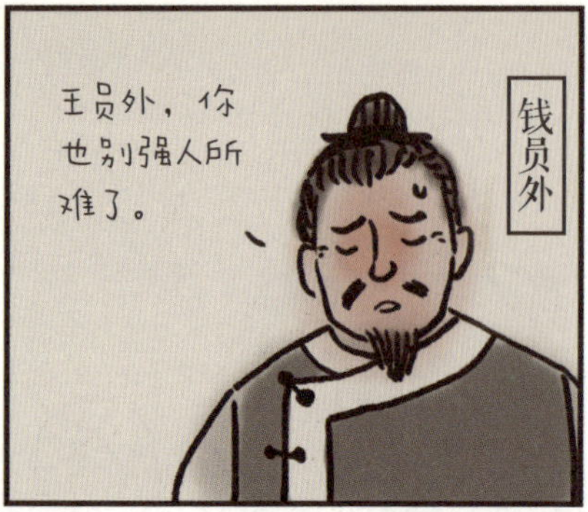
钱员外
王员外，你也别强人所难了。

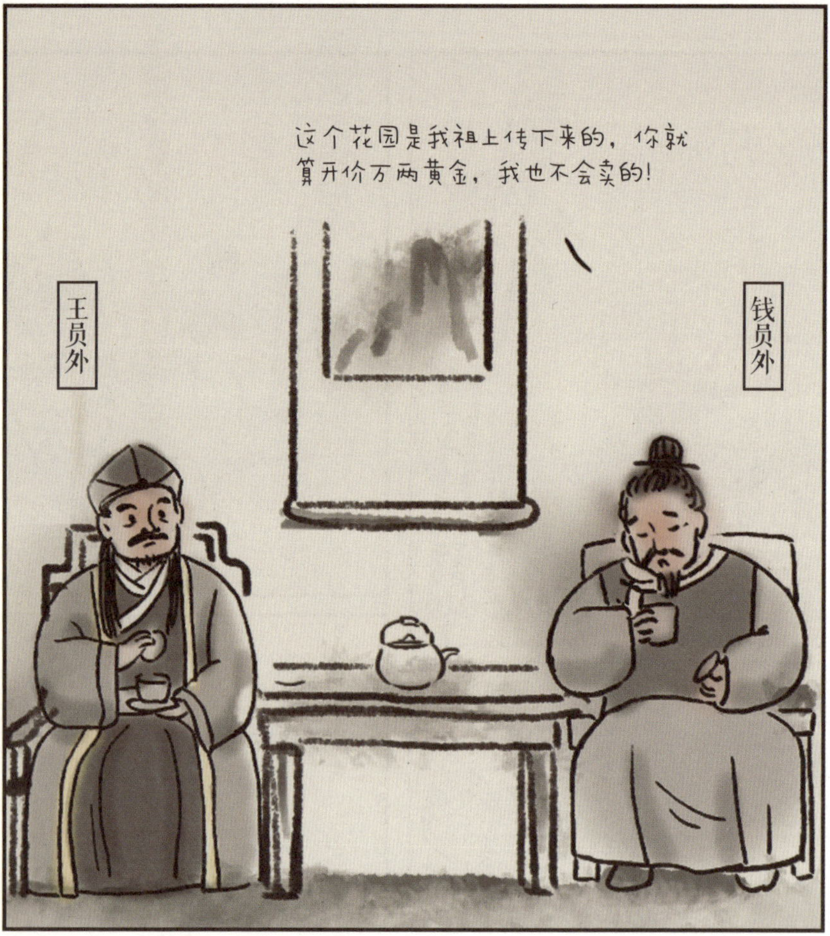
王员外
钱员外
这个花园是我祖上传下来的，你就算开价万两黄金，我也不会卖的！

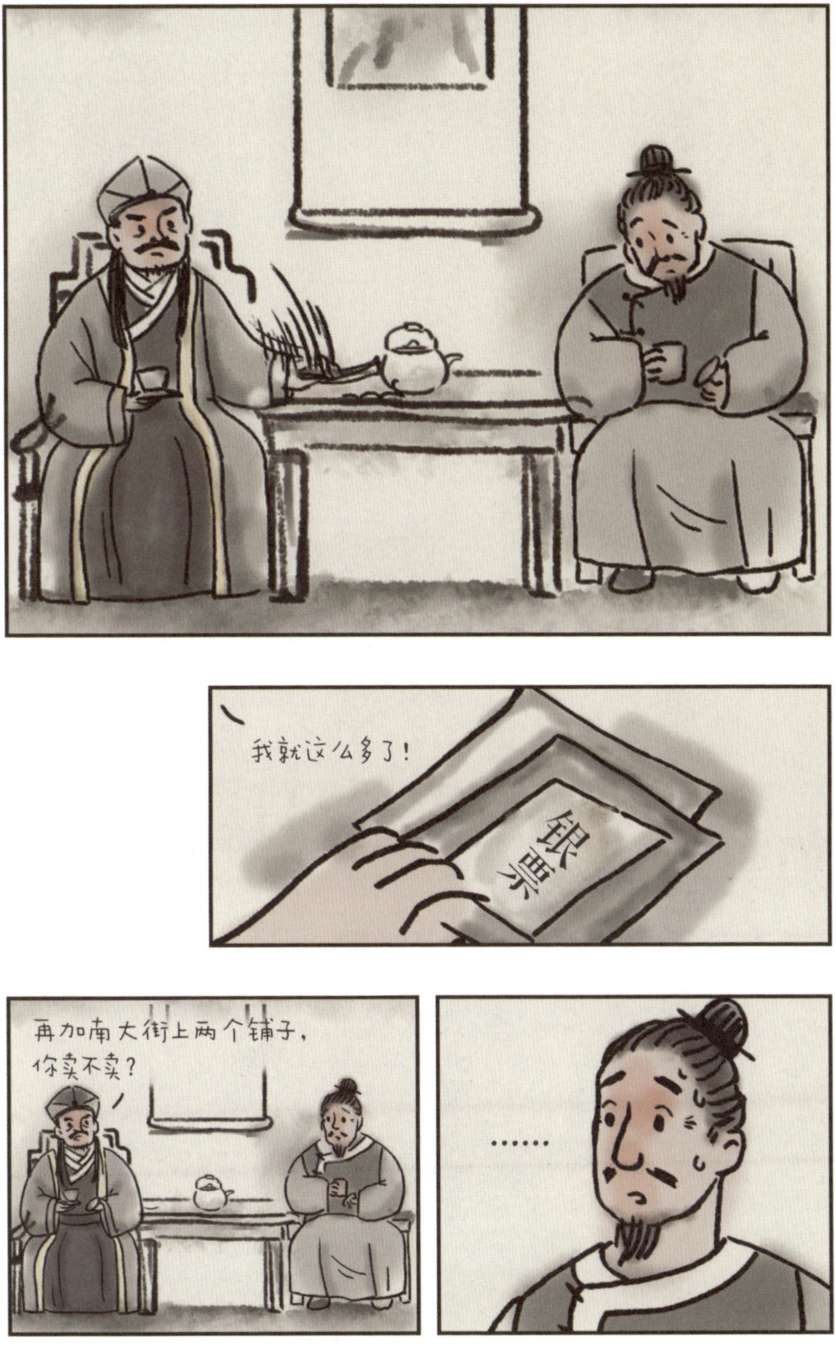
我就这么多了！
银票
再加南大街上两个铺子，
你卖不卖？
……

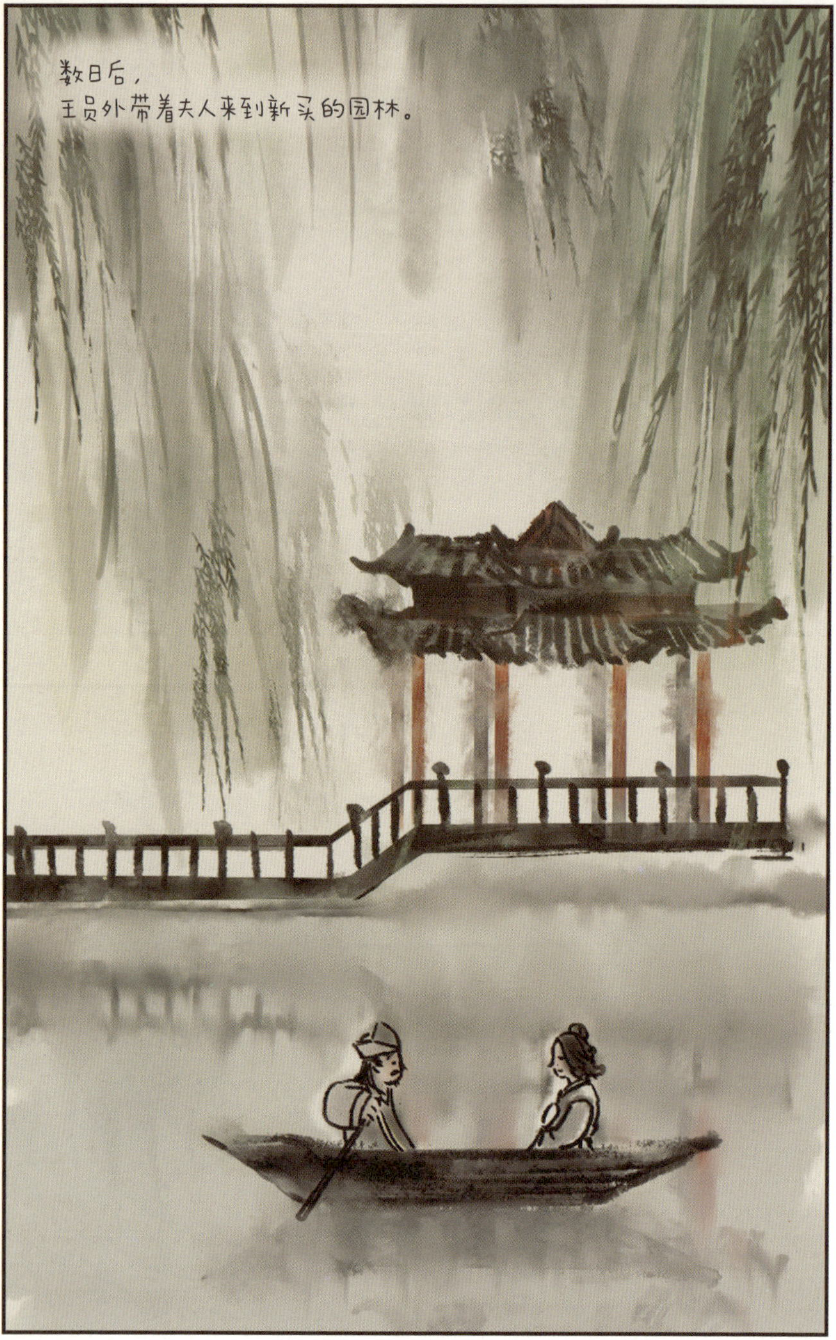
数日后，
王员外带着夫人来到新买的园林。

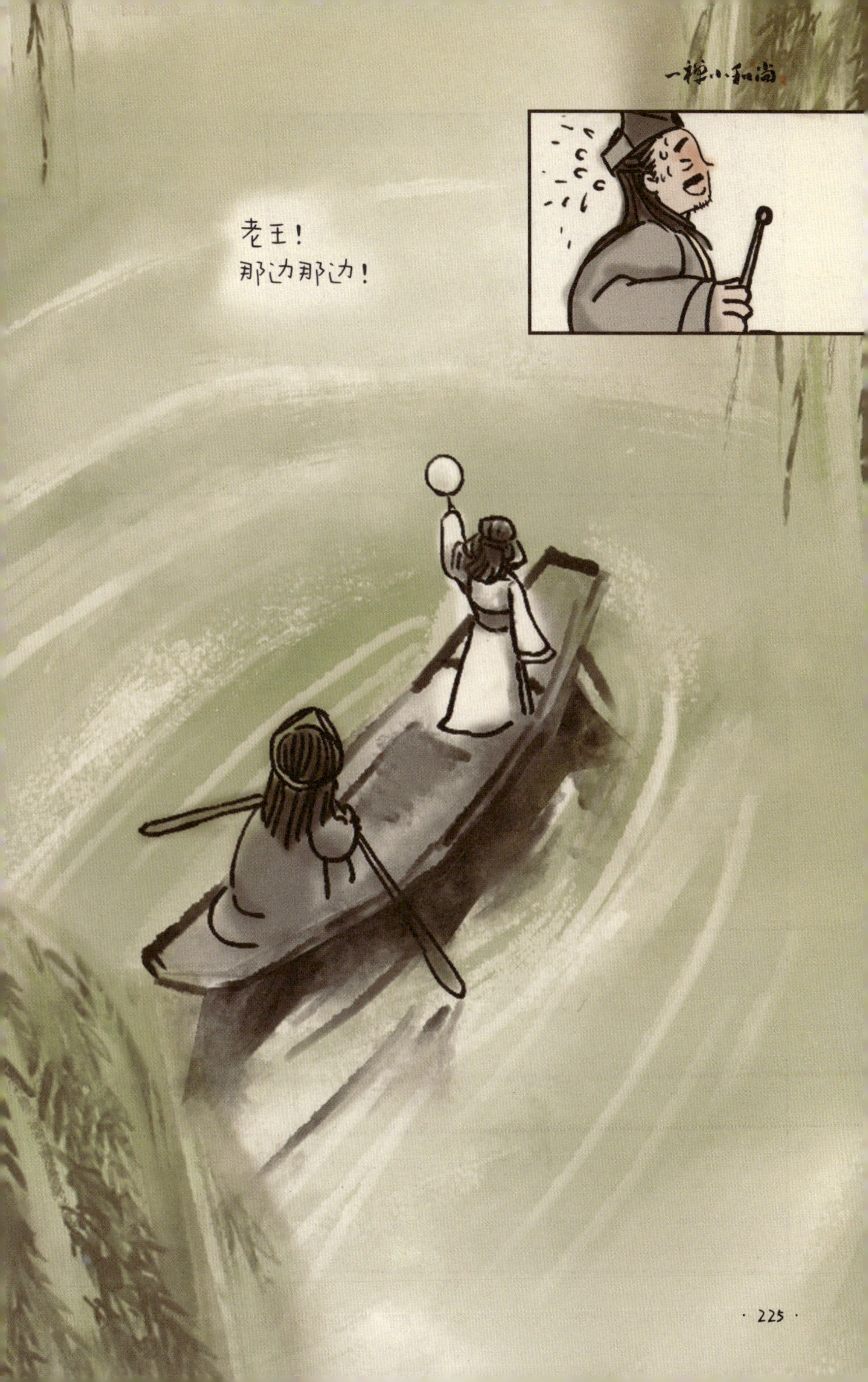
老王！
那边那边！

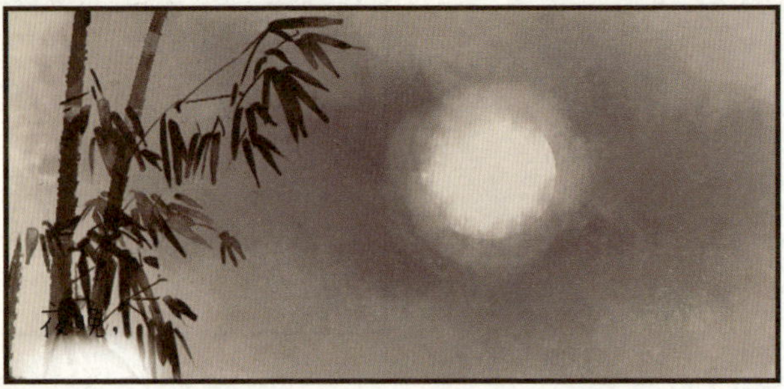

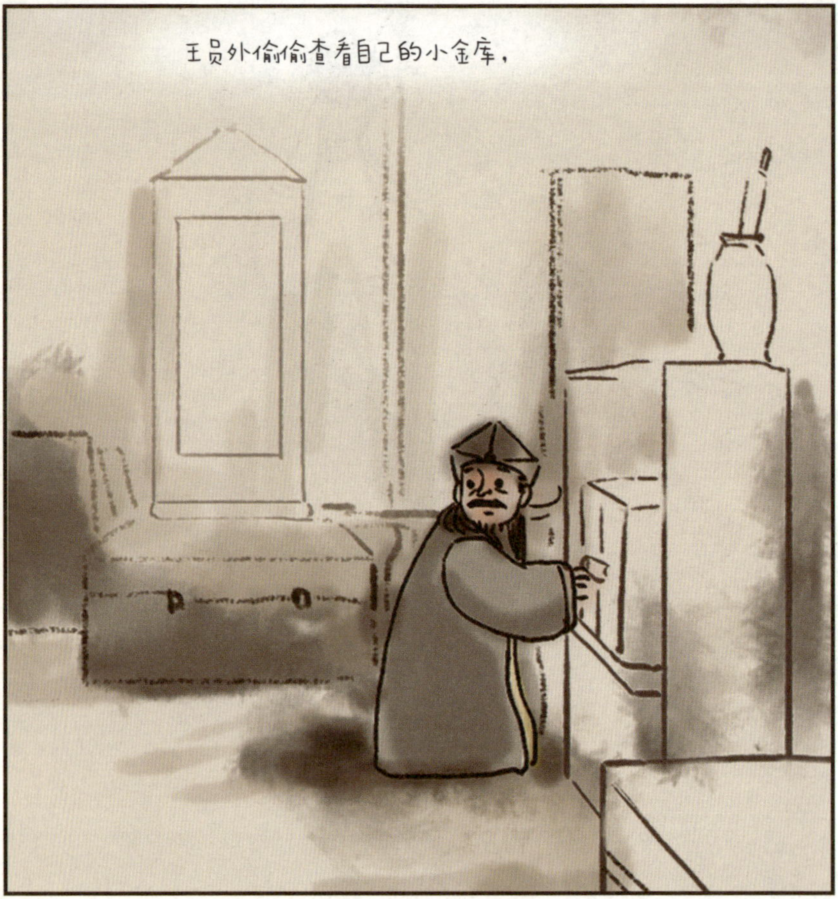
王员外偷偷查看自己的小金库，

我一生最成功的生意，
就是倾尽所有，
换你嫣然一笑！

约定

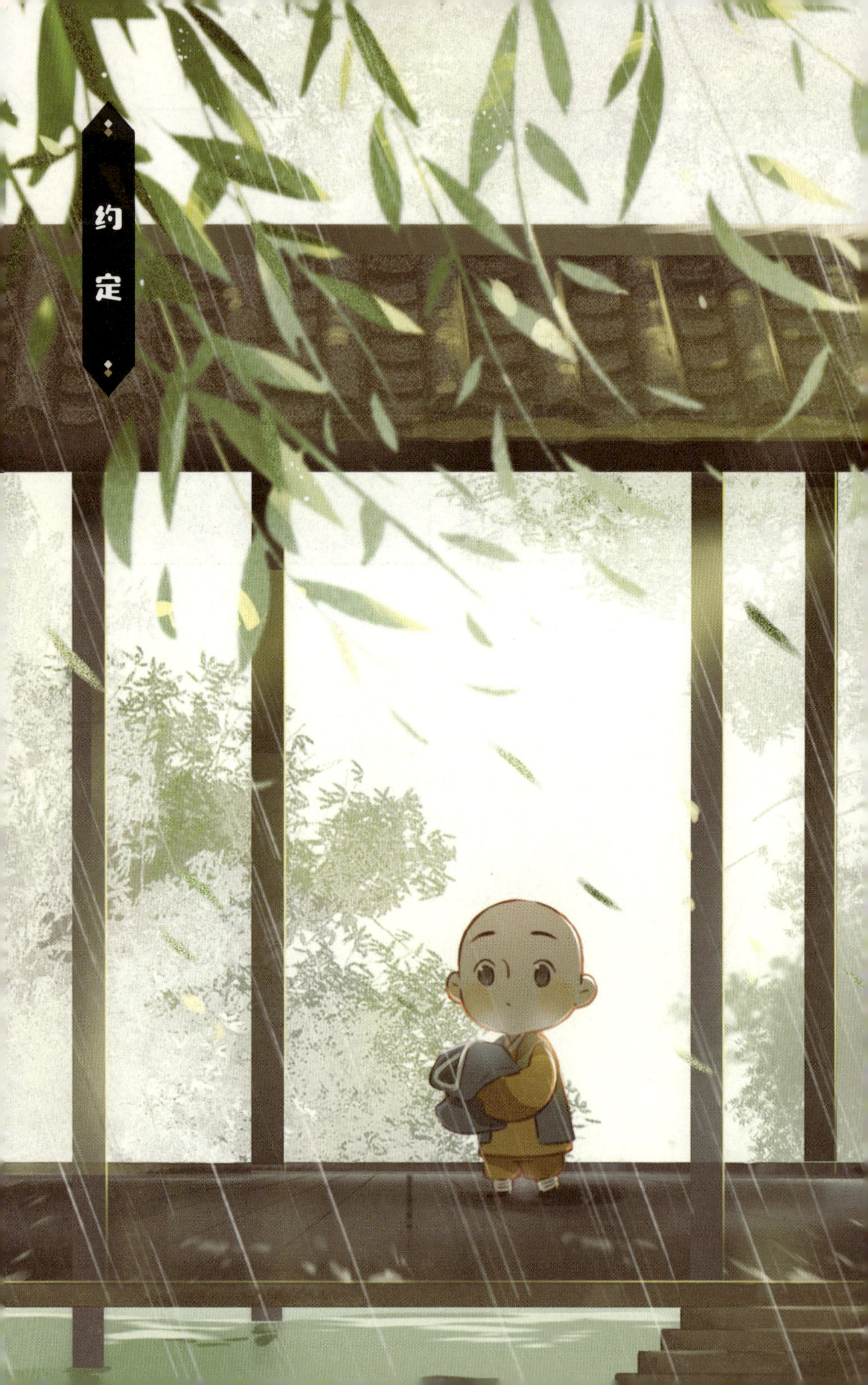

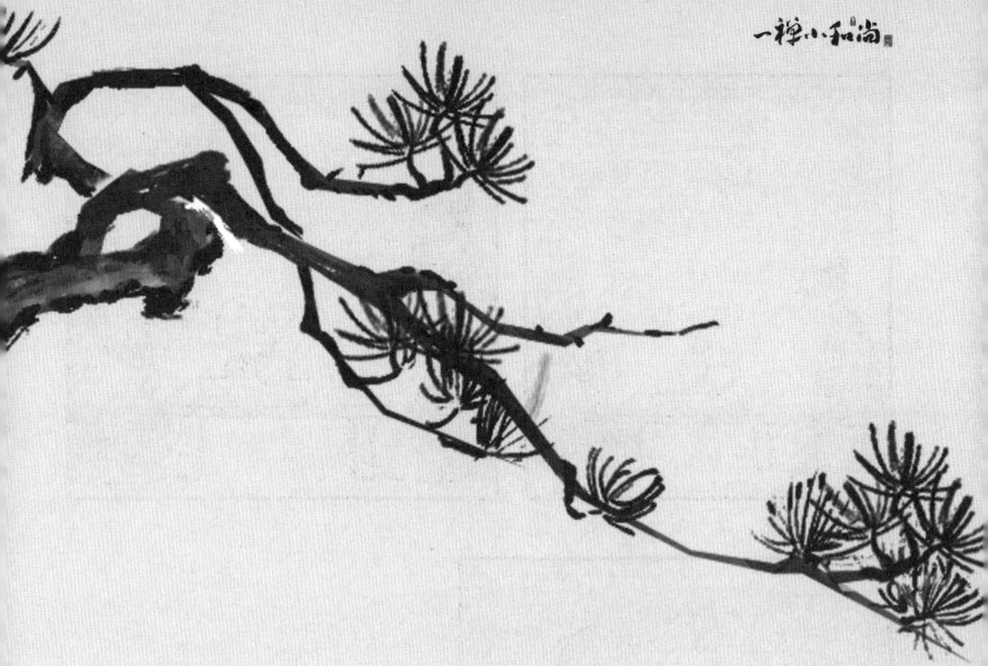

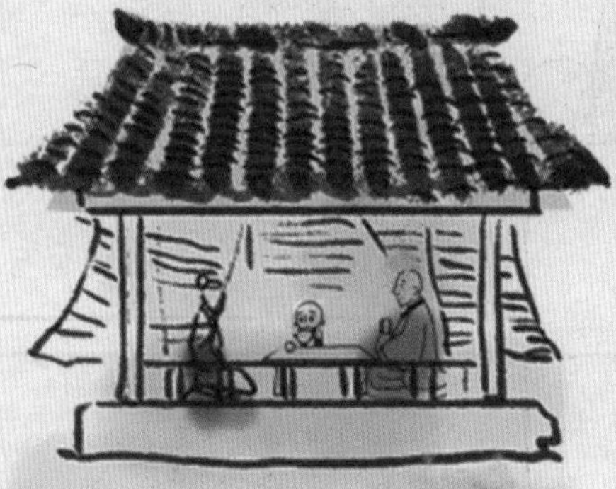

大师，

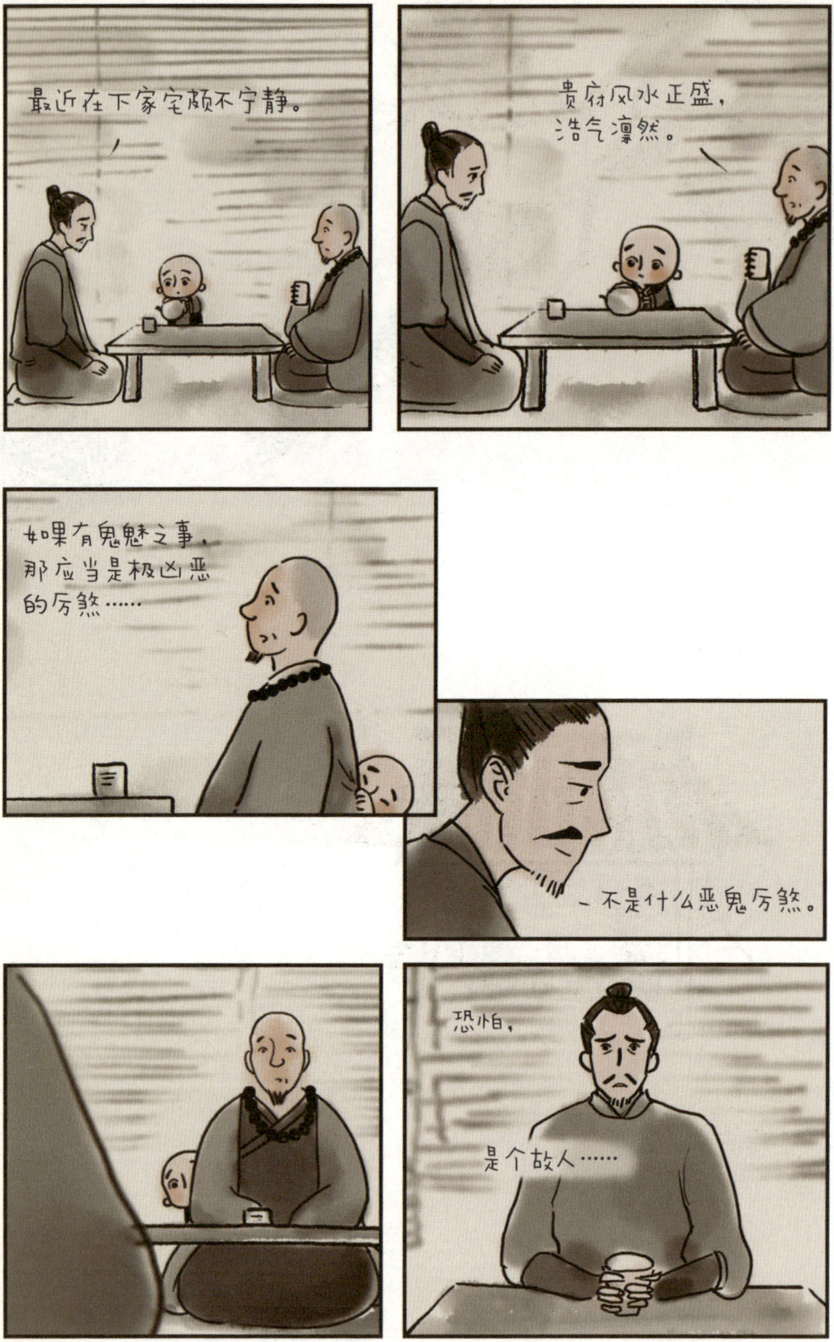
最近在下家宅颇不宁静。
贵府风水正盛，
浩气凛然。
如果有鬼魅之事，
那应当是极凶恶
的厉煞……
—不是什么恶鬼厉煞。
恐怕，
是个故人……

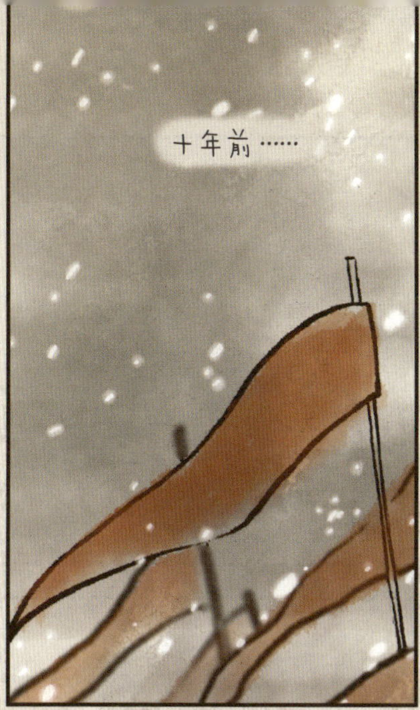
十年前……
此战占尽地利，敌弱我强，已然必胜。
年轻的李将军

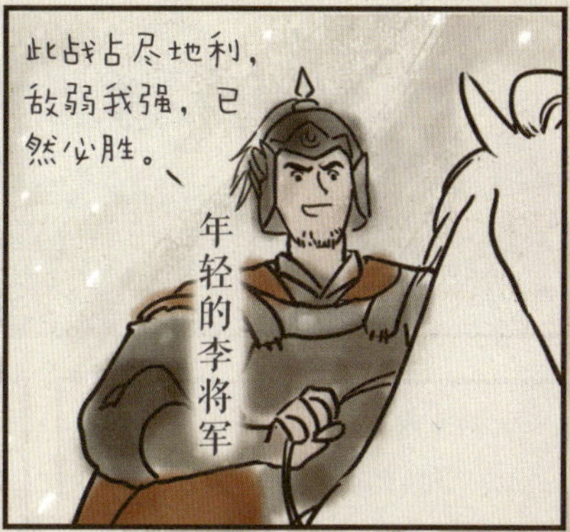

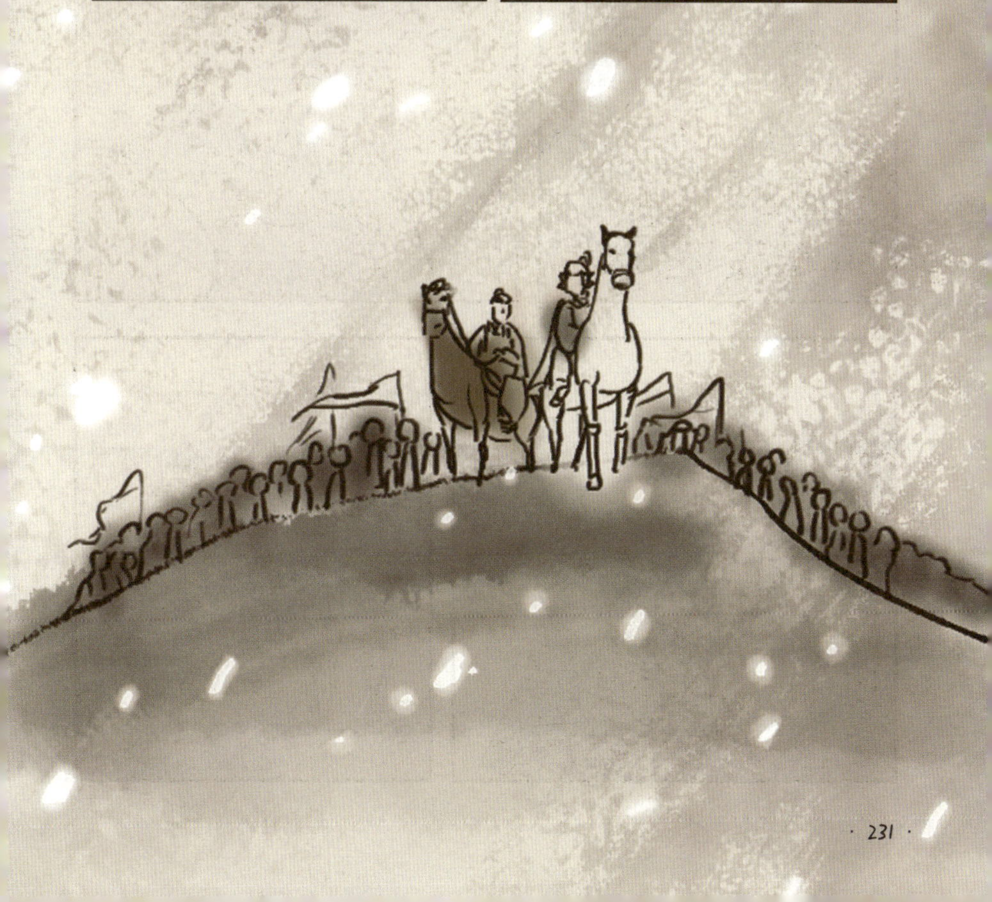

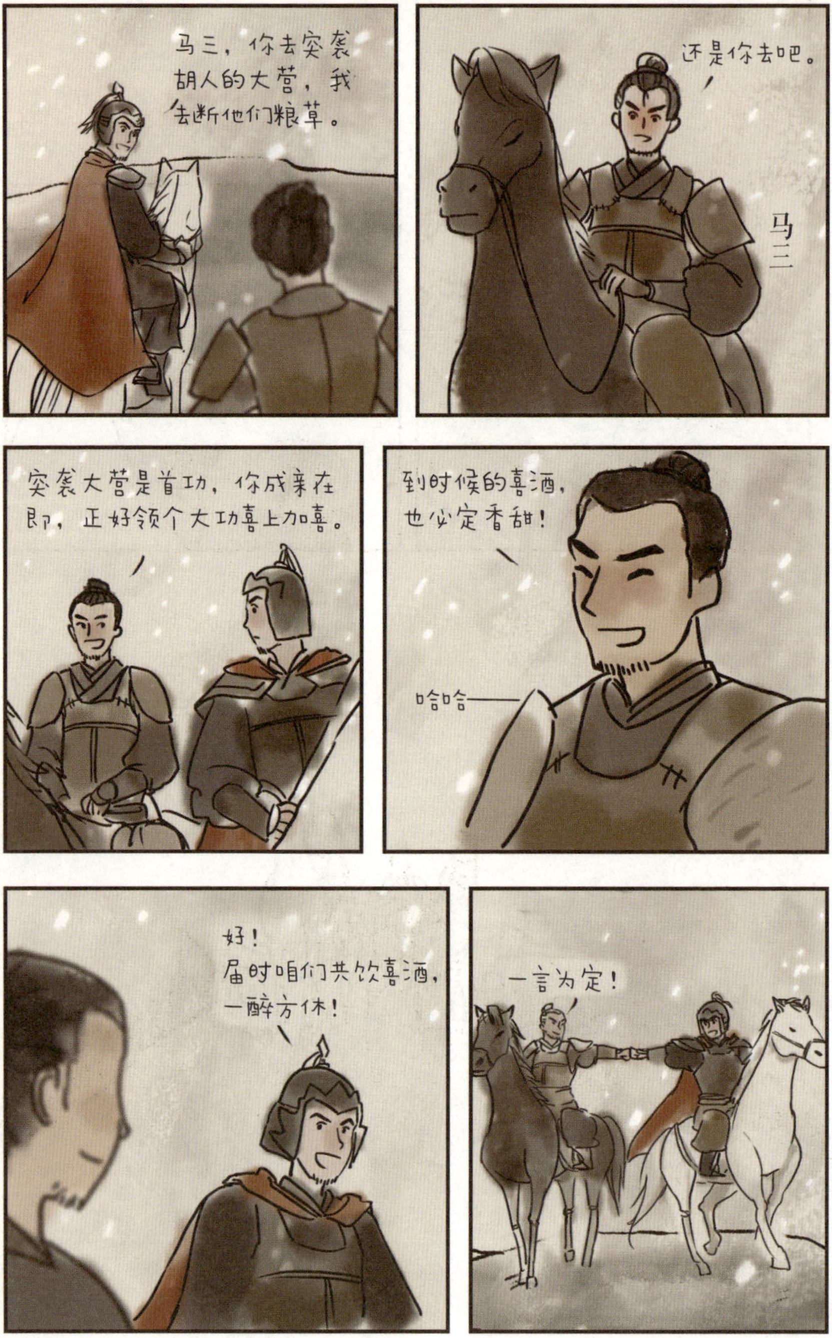
马三，你去突袭胡人的大营，我去断他们粮草。
还是你去吧。
马三
突袭大营是首功，你成亲在即，正好领个大功喜上加喜。
到时候的喜酒，也必定香甜！
哈哈——
好！
届时咱们共饮喜酒，一醉方休！
一言为定！

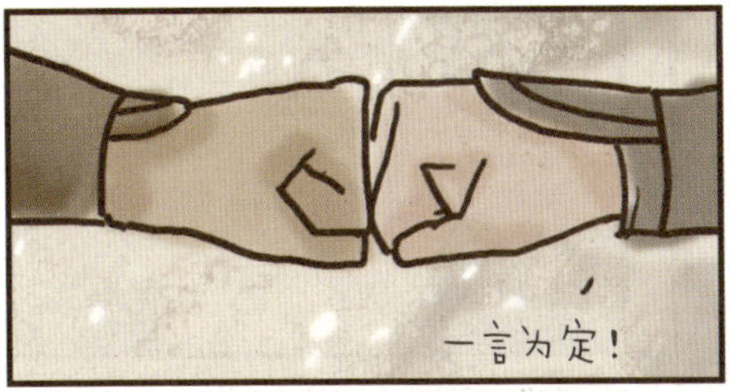
一言为定！

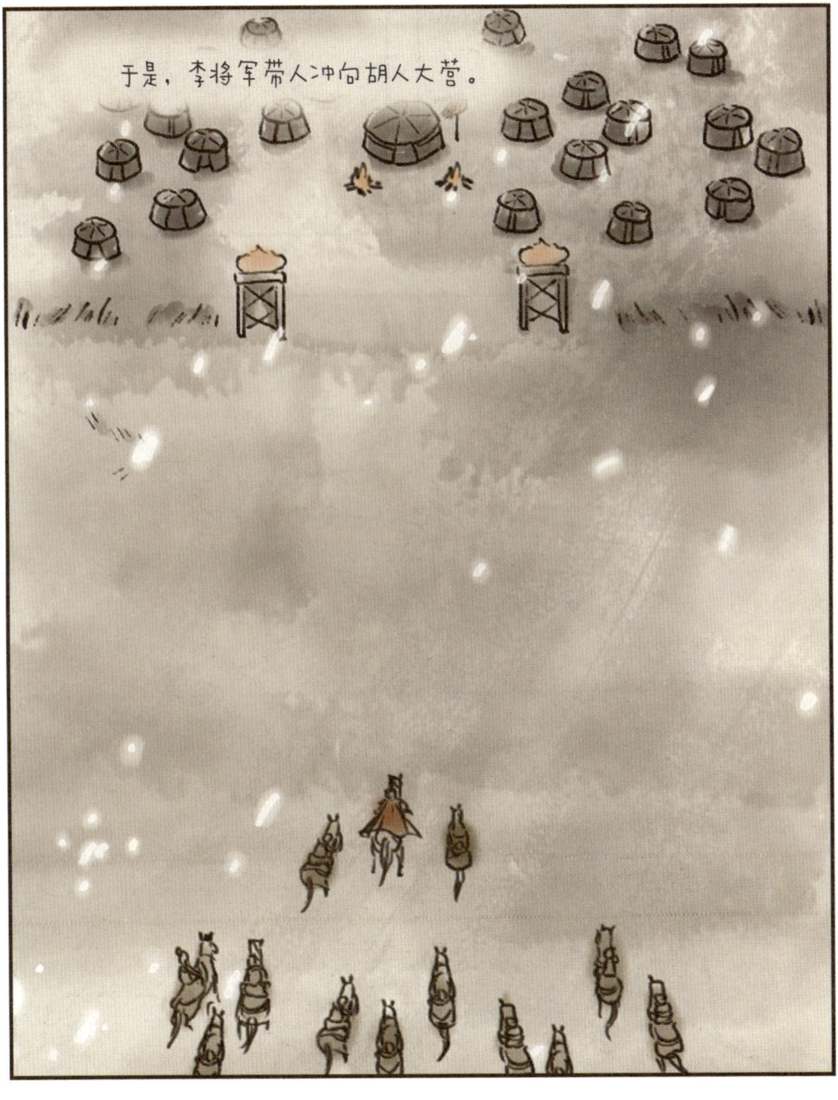
于是，李将军带人冲向胡人大营。

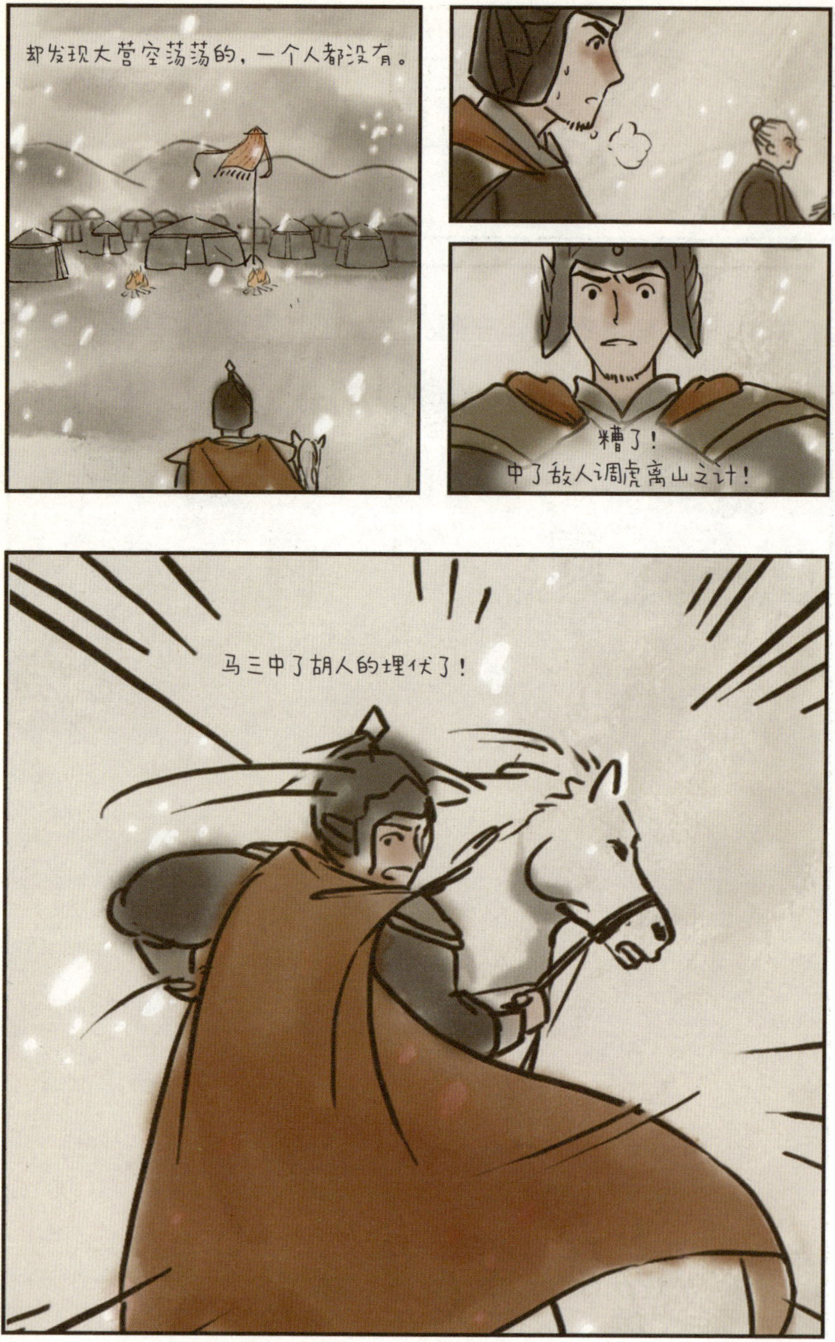
却发现大营空荡荡的，一个人都没有。
糟了！
中了敌人调虎离山之计！
马三中了胡人的埋伏了！

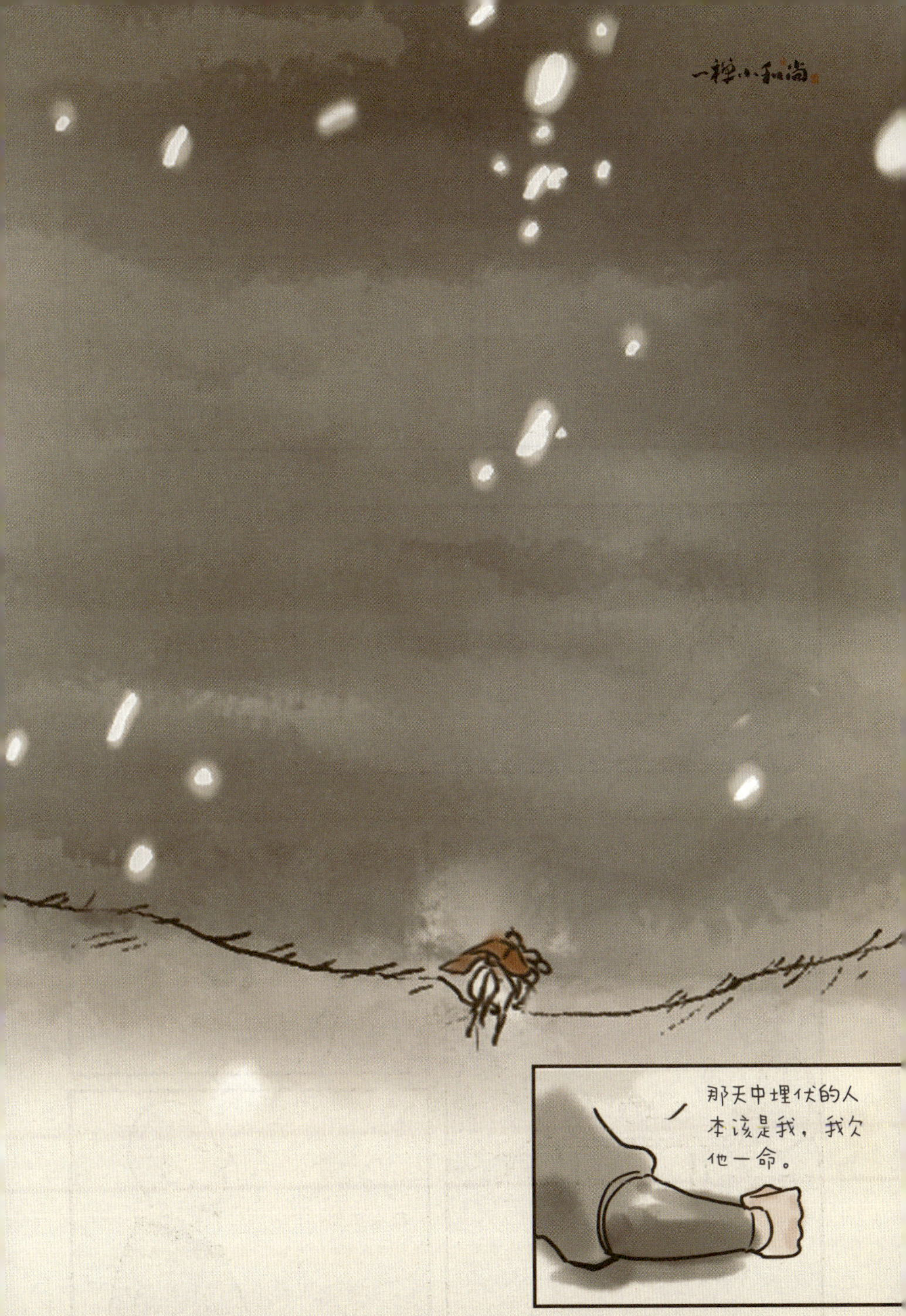
那天中埋伏的人
本该是我，我欠
他一命。

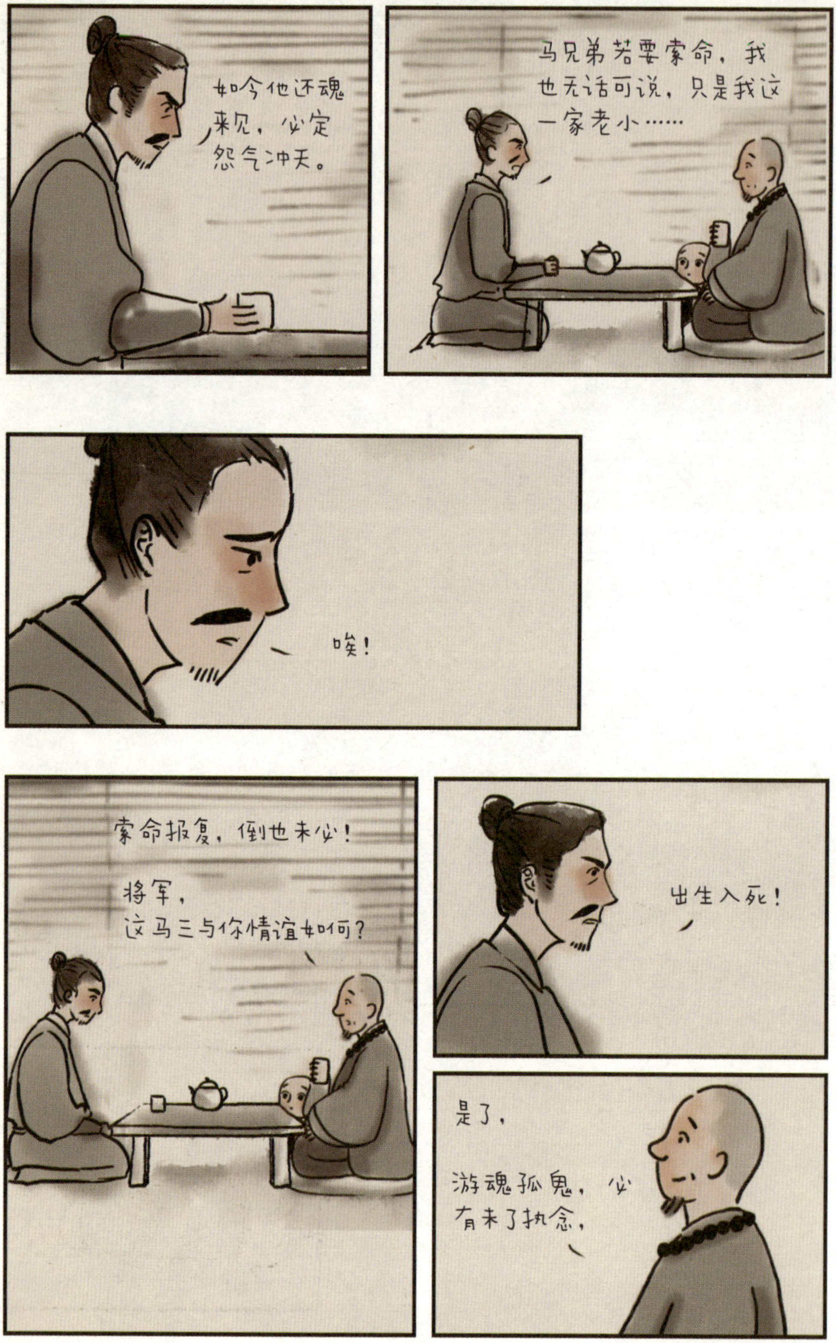
如今他还魂
来见，必定
怨气冲天。
马兄弟若要索命，我
也无话可说，只是我这
一家老小……
唉！
索命报复，倒也未必！
将军，
这马三与你情谊如何？
出生入死！
是了，
游魂孤鬼，必
有未了执念，

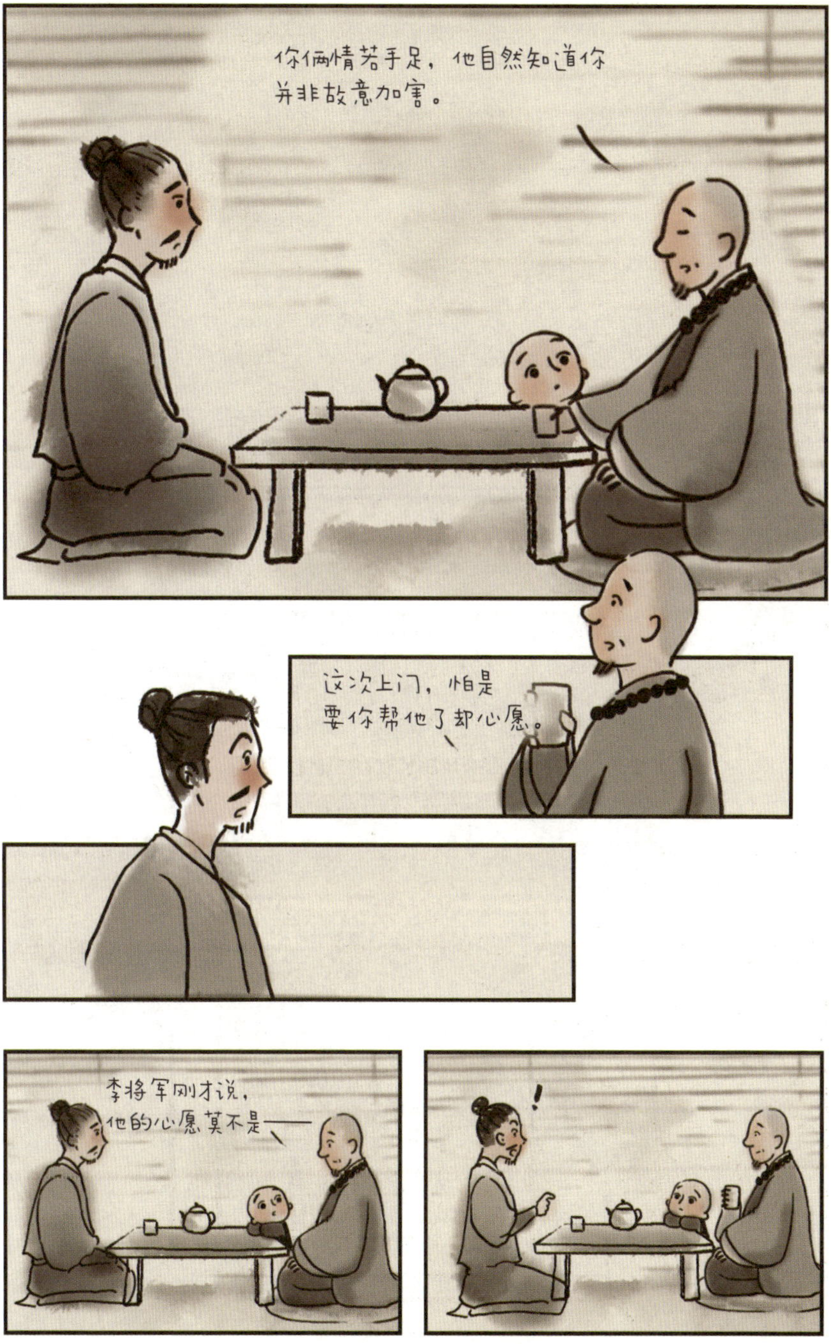
你俩情若手足，他自然知道你
并非故意加害。
这次上门，怕是
要你帮他了却心愿。
李将军刚才说，
他的心愿莫不是——
!

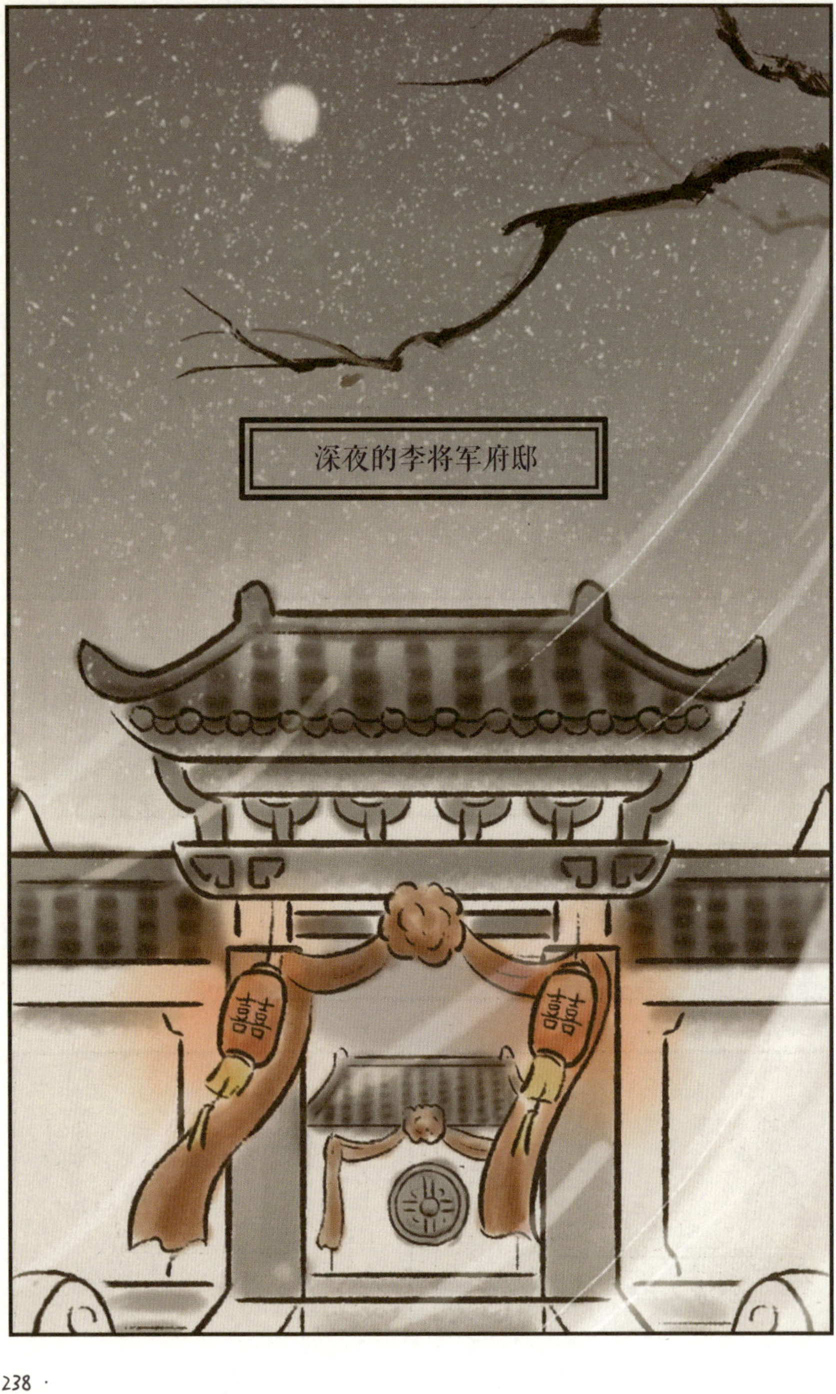
深夜的李将军府邸
囍
囍

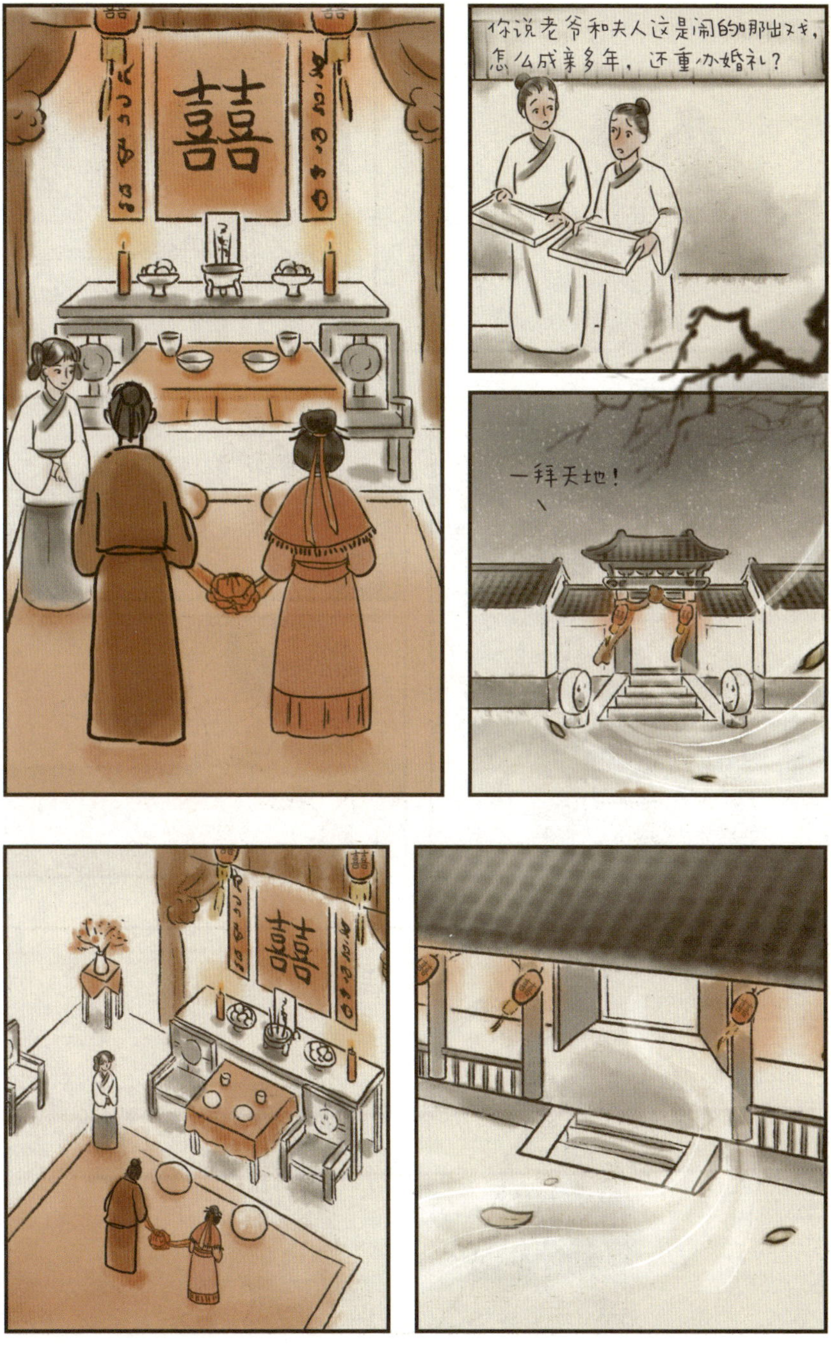

你说老爷和夫人这是闹的哪出戏，怎么成亲多年，还重办婚礼？
一拜天地！

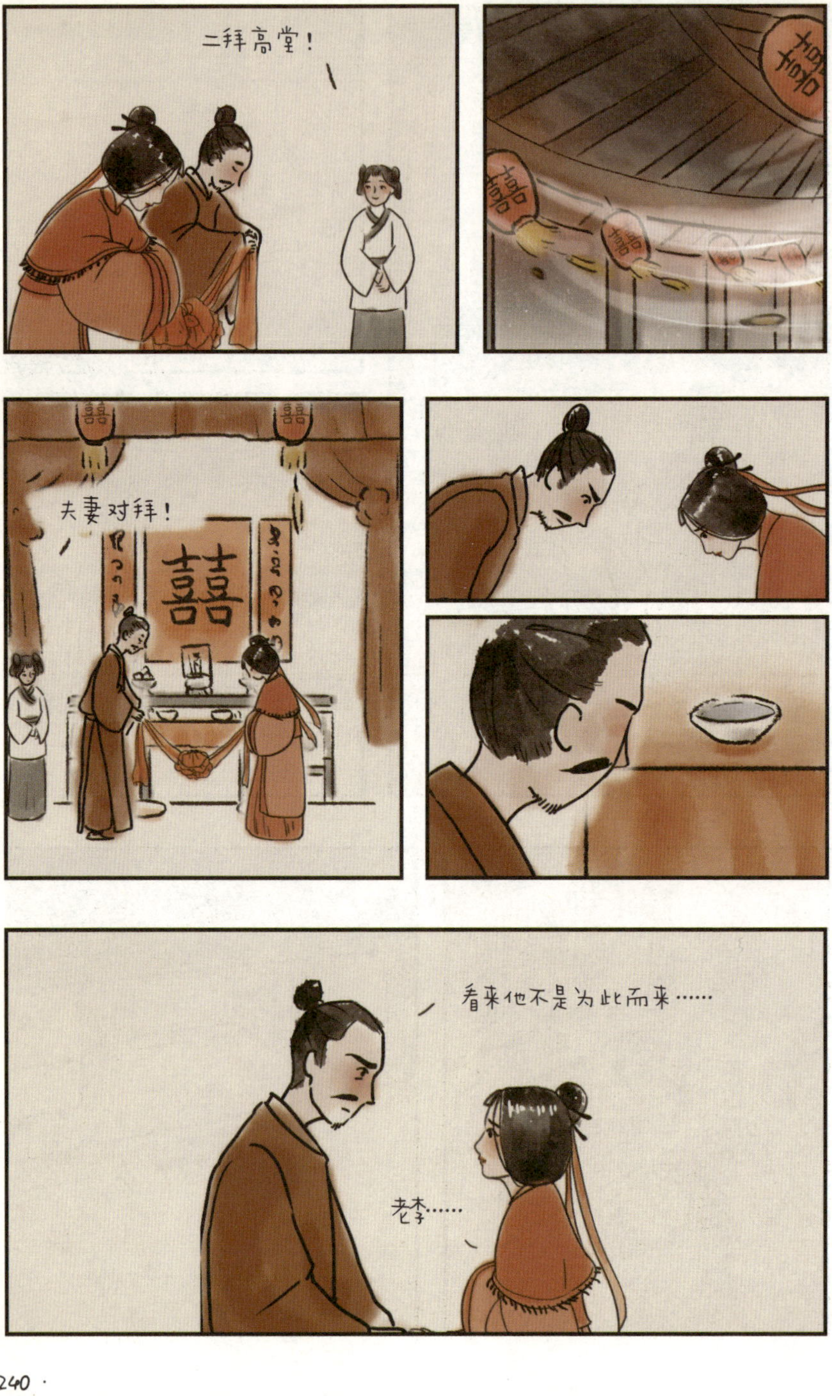
二拜高堂！
夫妻对拜！
囍
看来他不是为此而来……
老李……

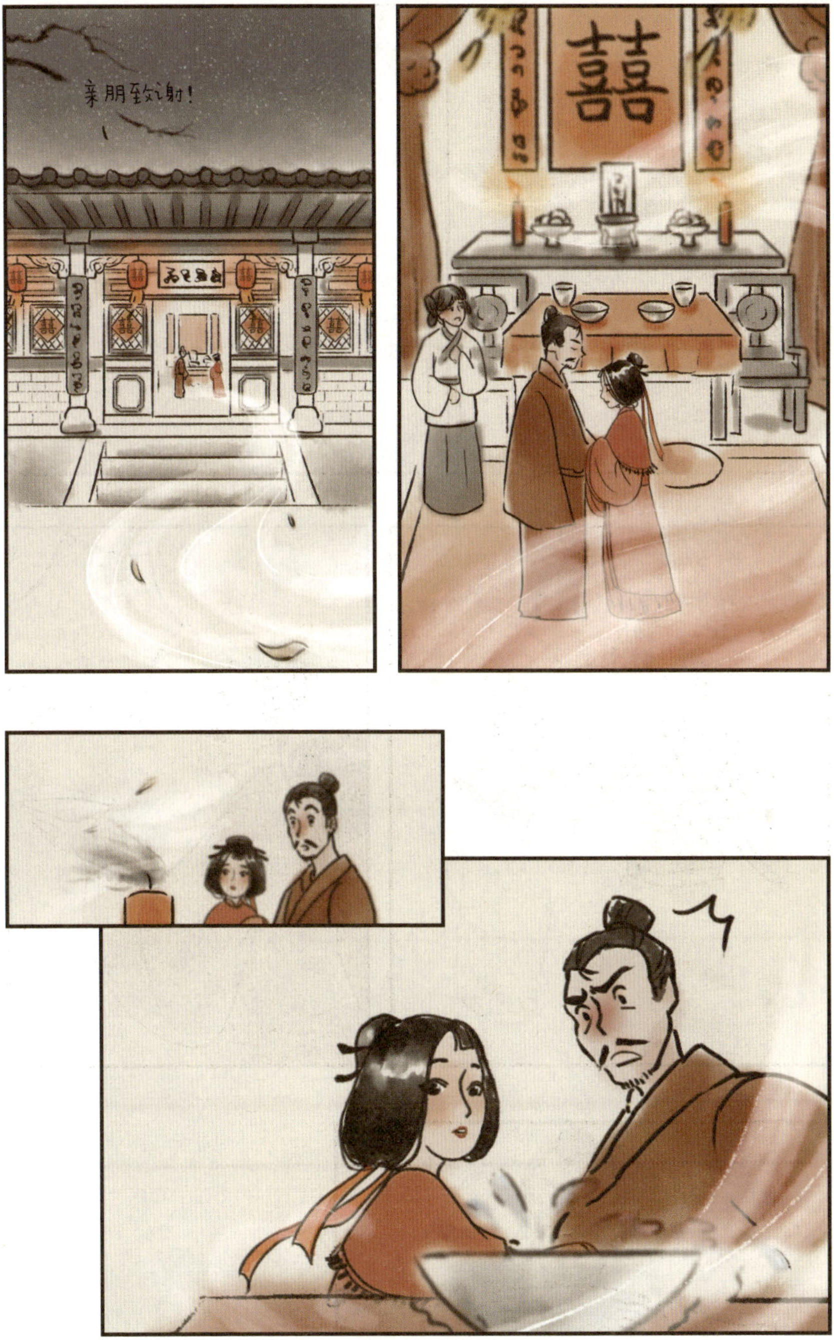
亲朋致谢！
囍

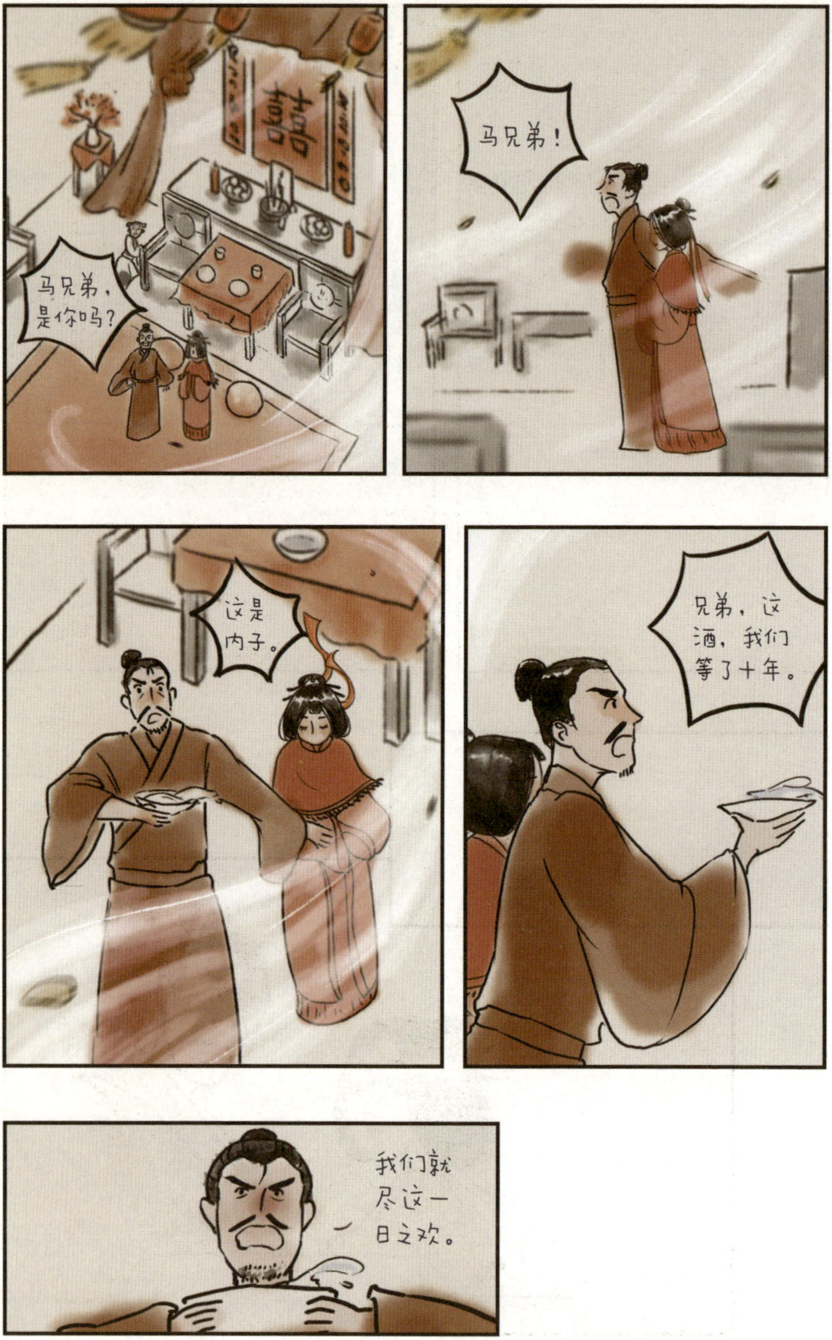
马兄弟，
是你吗？
马兄弟！
这是
内子。
兄弟，这
酒，我们
等了十年。
我们就
尽这一
日之欢。

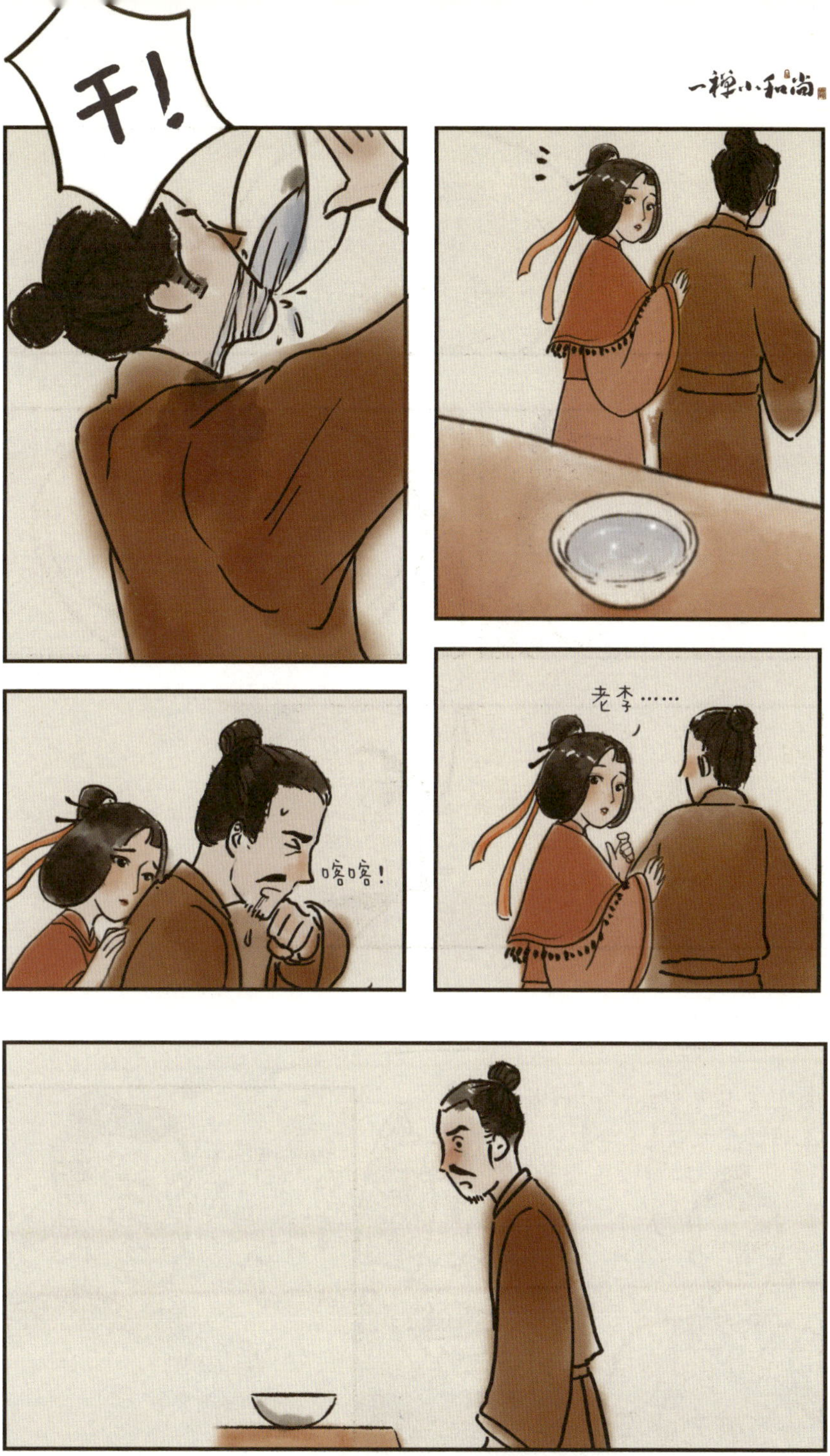
干!
喀喀!
老李……

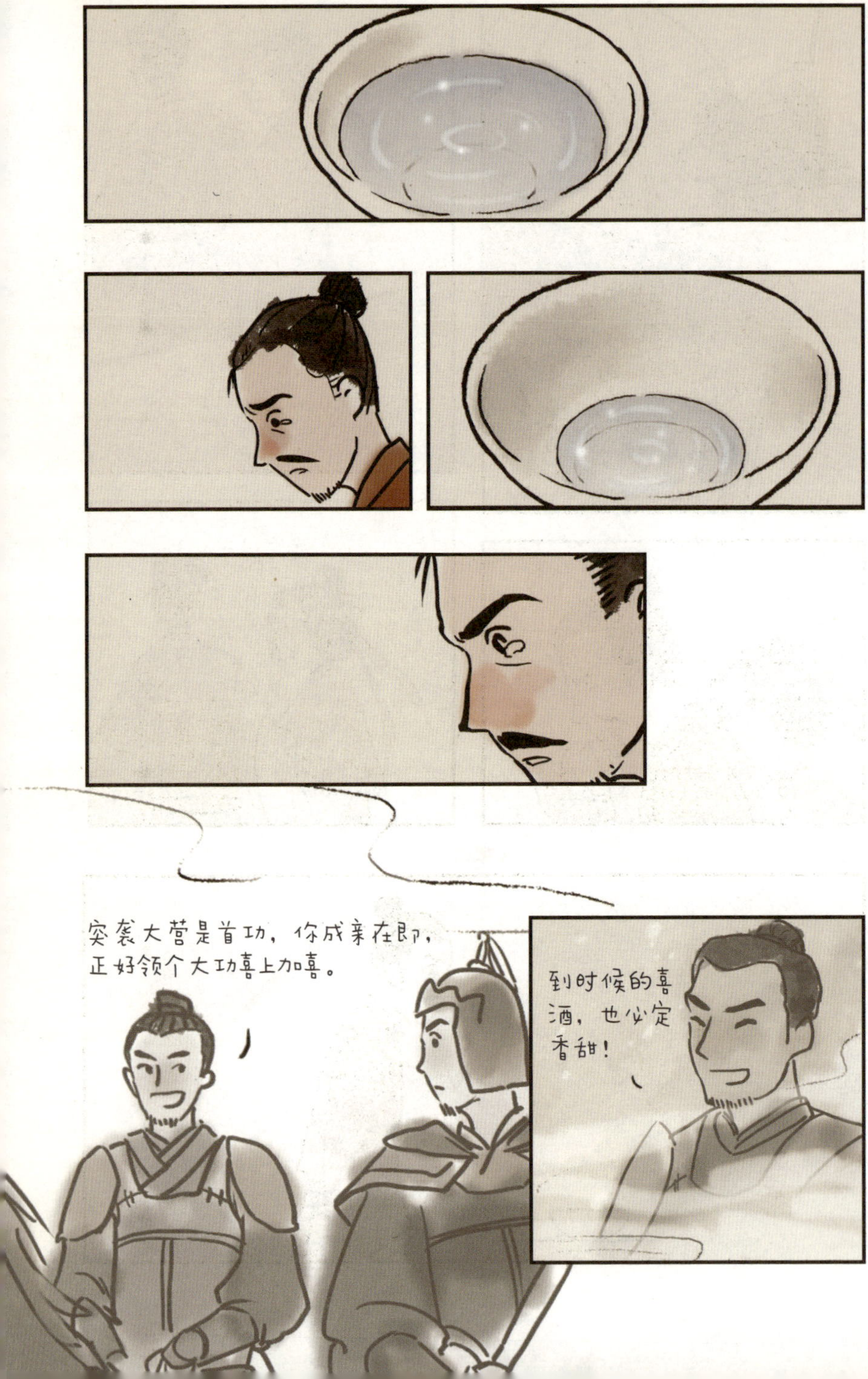
突袭大营是首功，你成亲在即，正好领个大功喜上加喜。
到时候的喜酒，也必定香甜！

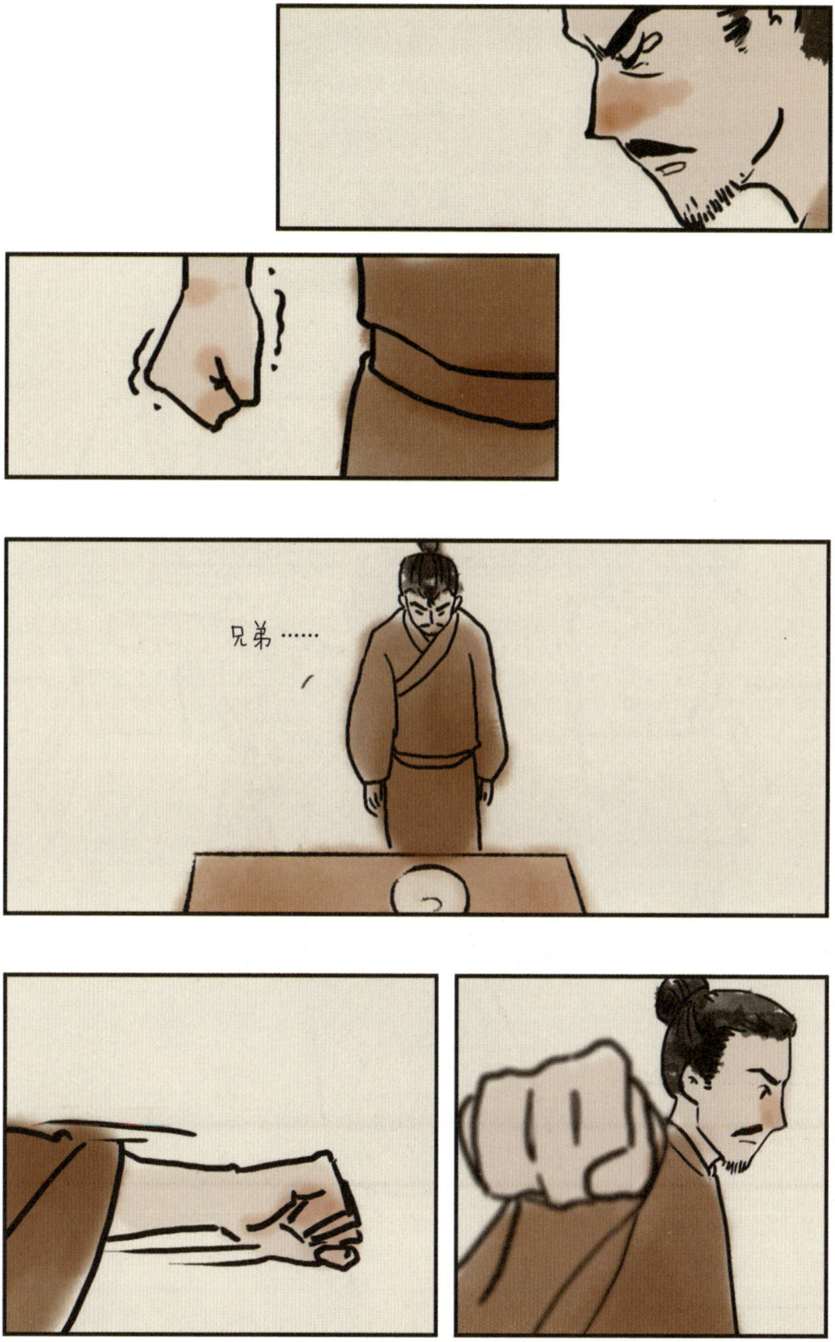
兄弟……

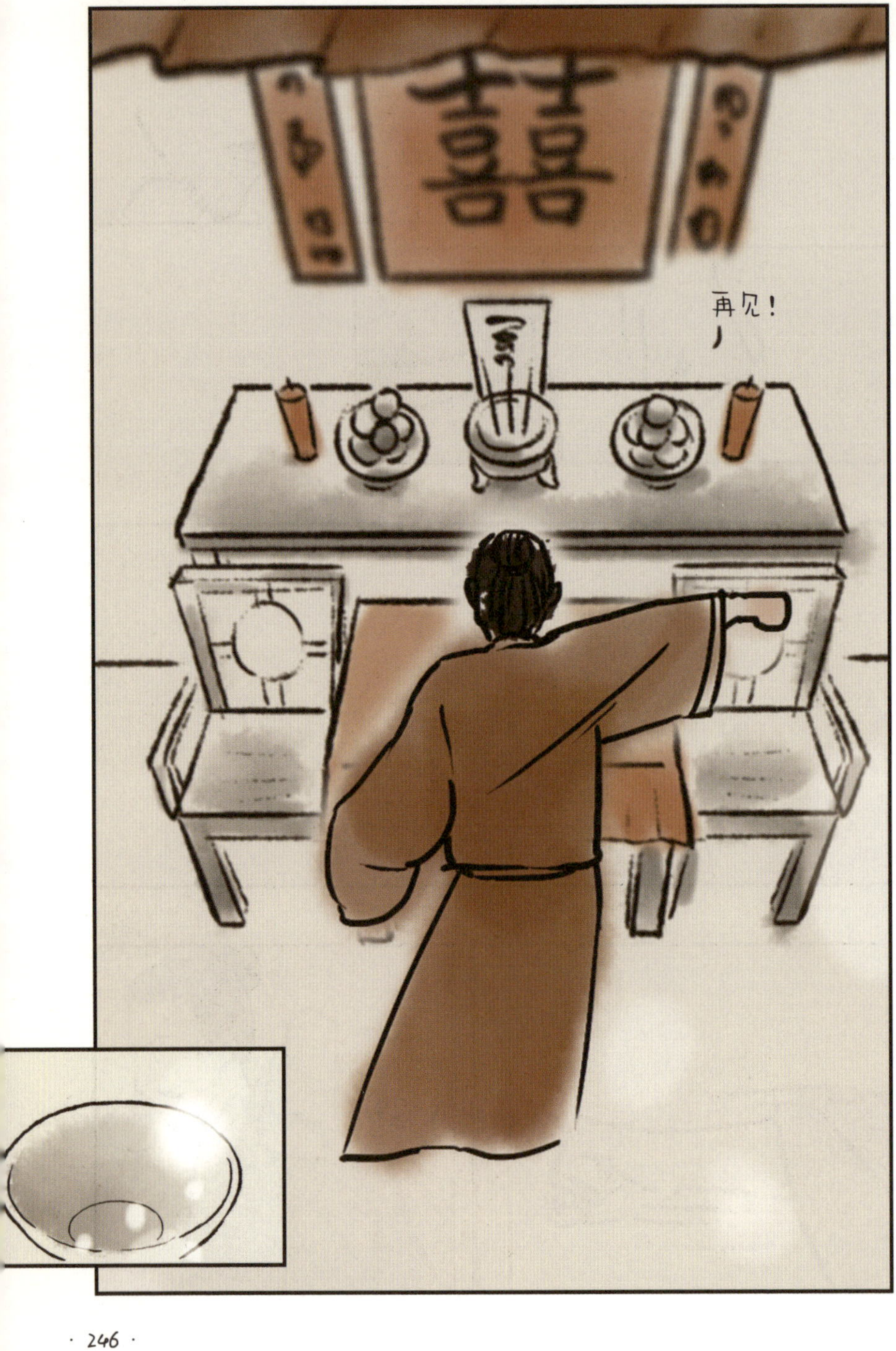
囍
再见！

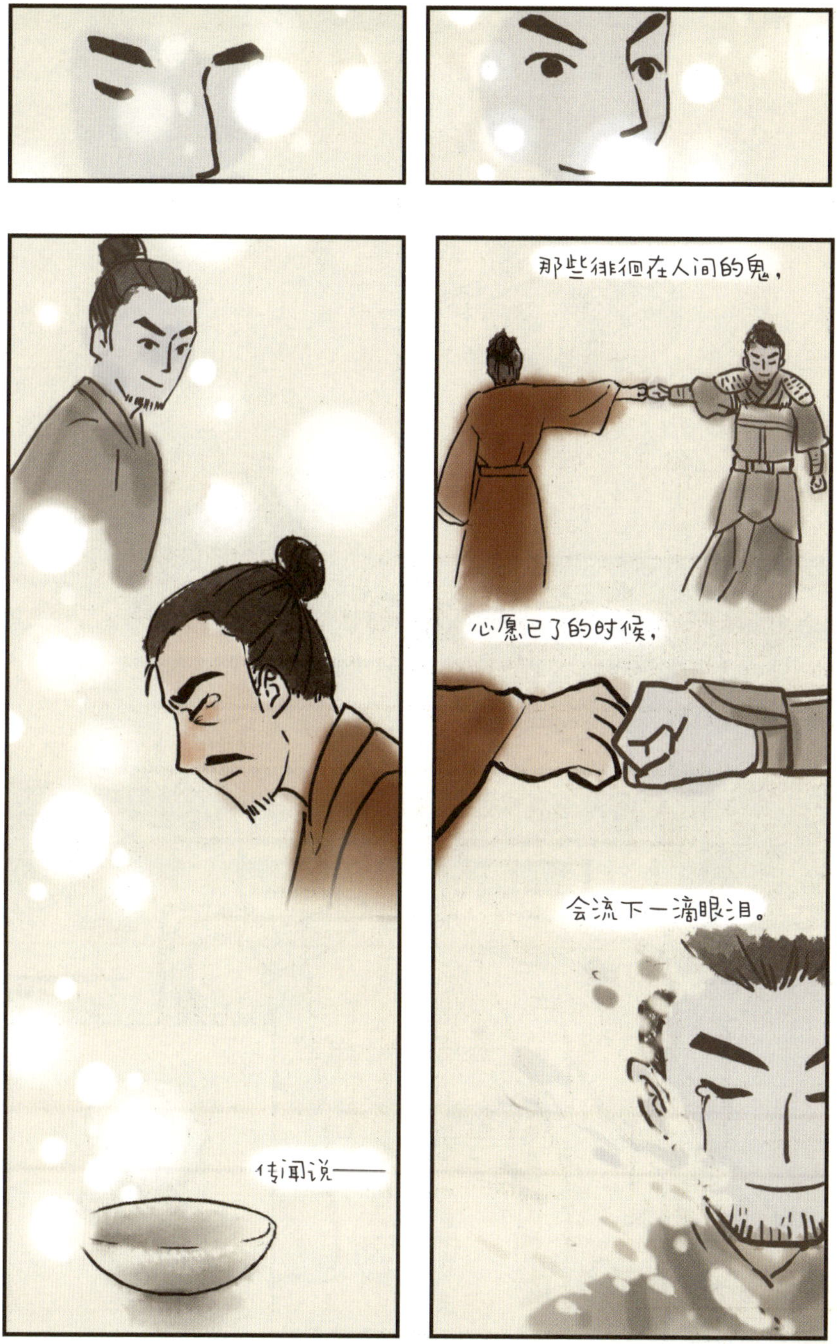
传闻说——
那些徘徊在人间的鬼，
心愿已了的时候，
会流下一滴眼泪。

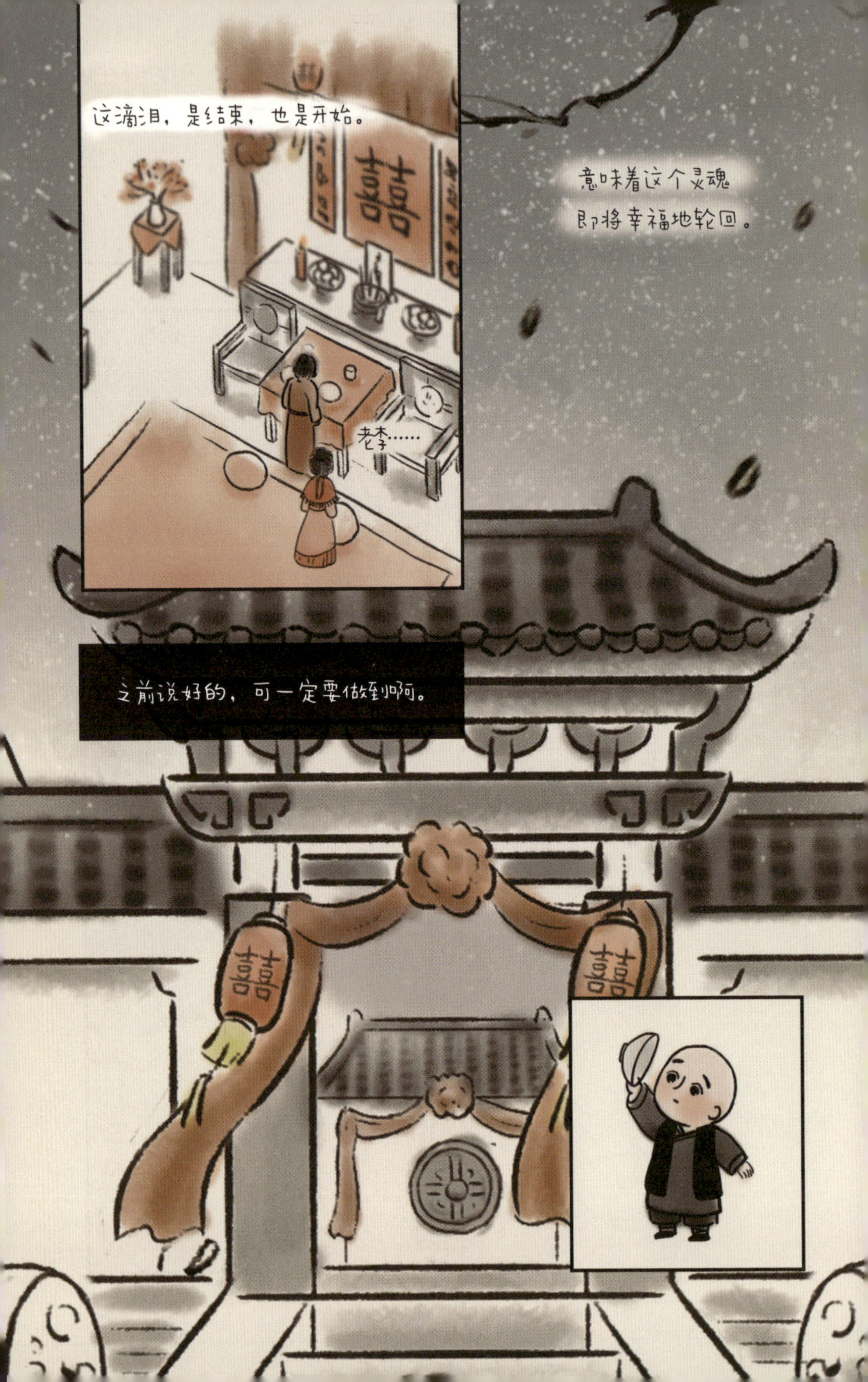
这滴泪，是结束，也是开始。
老李……
意味着这个灵魂
即将幸福地轮回。
之前说好的，可一定要做到啊。

烟花

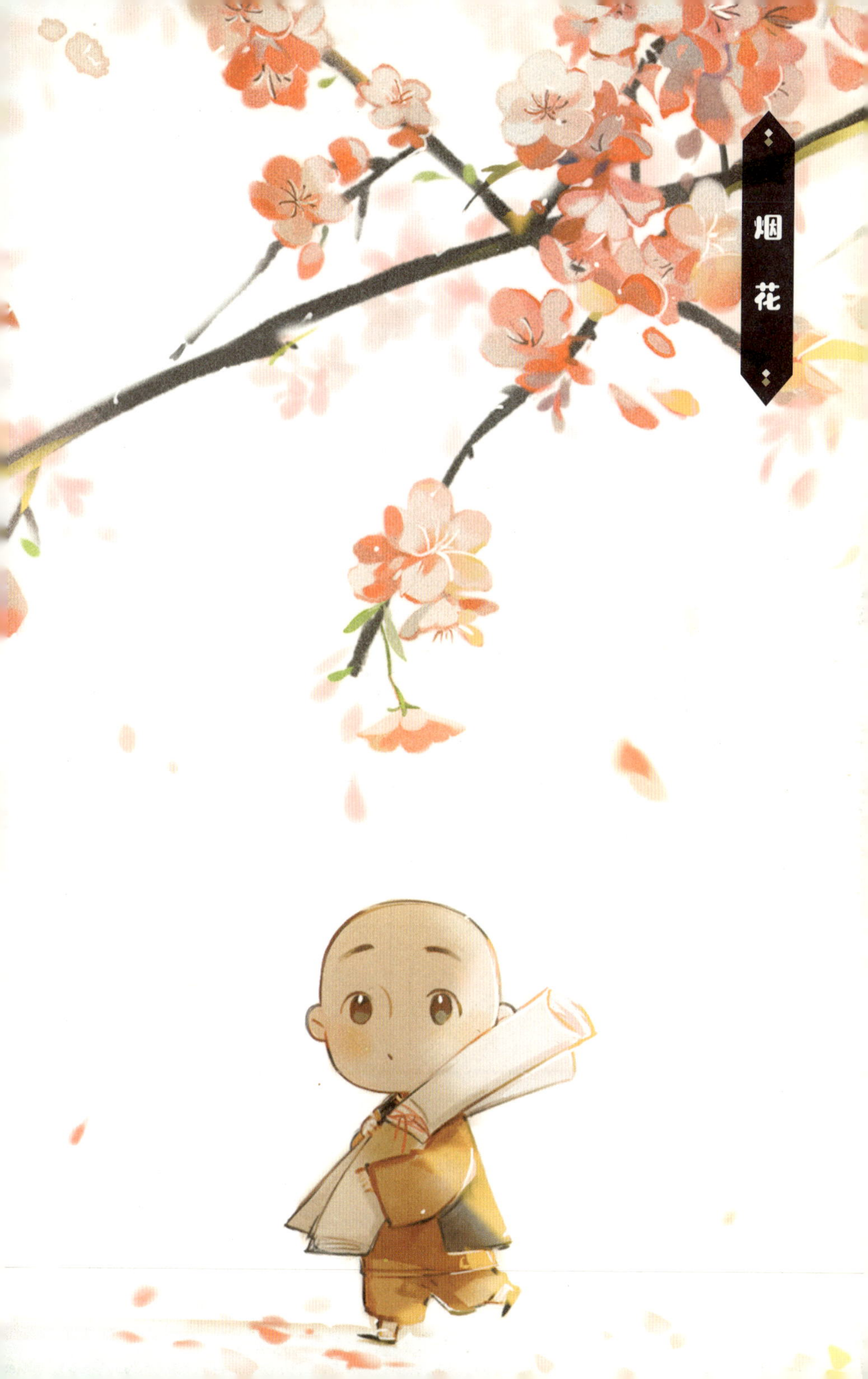

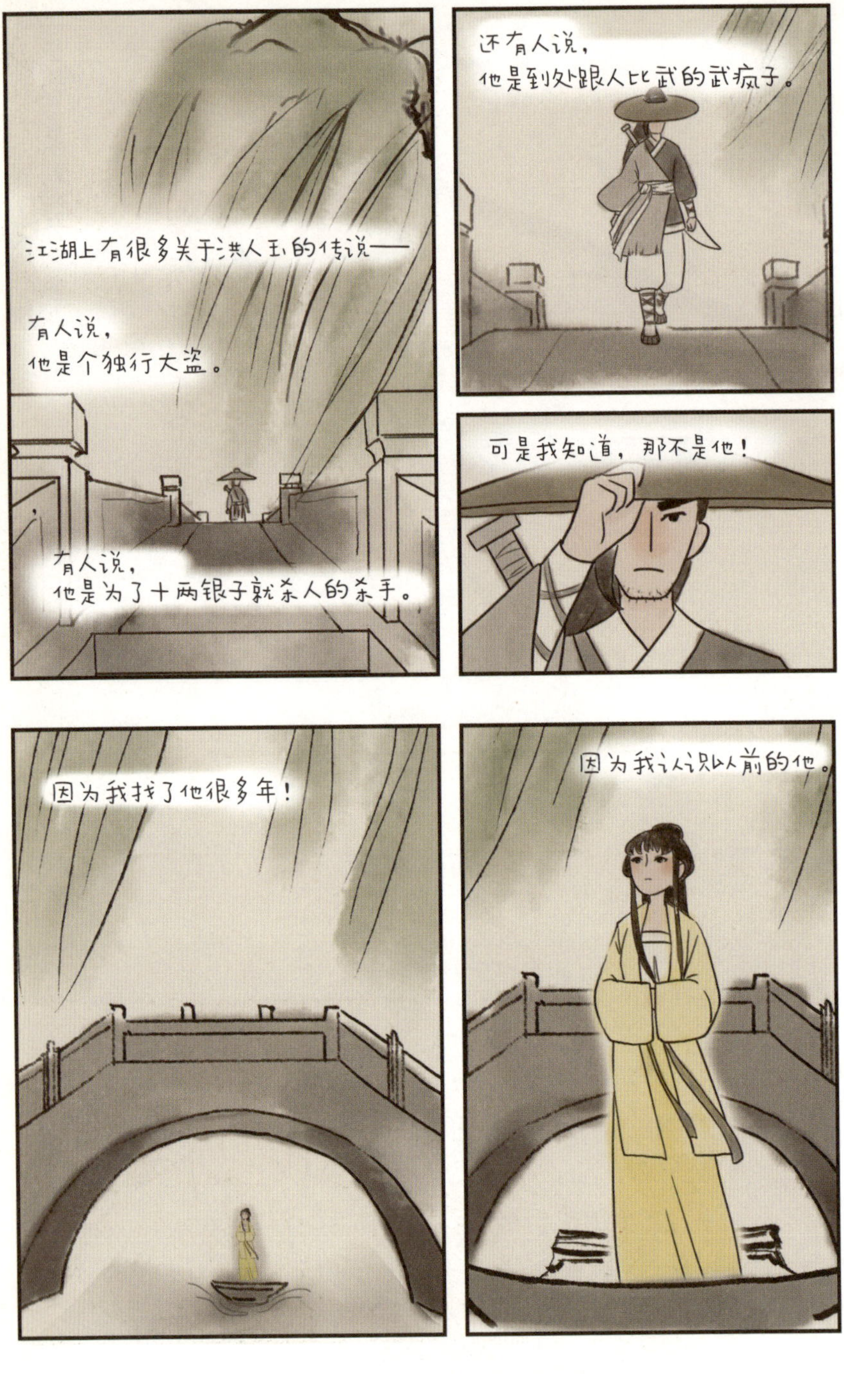
江湖上有很多关于洪人玉的传说——
有人说，
他是个独行大盗。
有人说，
他是为了十两银子就杀人的杀手。
还有人说，
他是到处跟人比武的武疯子。
可是我知道，那不是他！
因为我找了他很多年！
因为我认识以前的他。

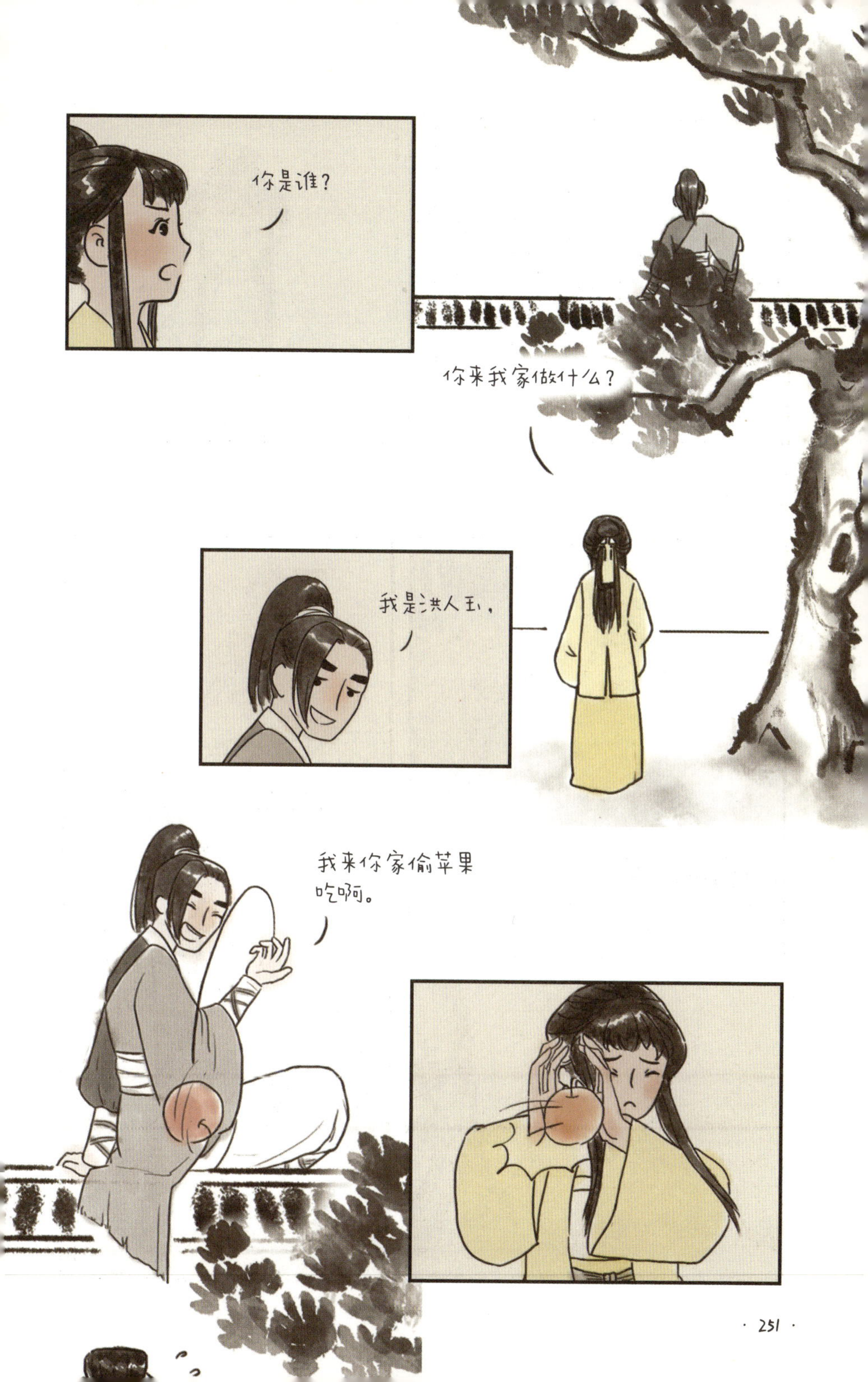
你是谁？
你来我家做什么？
我是洪人玉，
我来你家偷苹果吃啊。

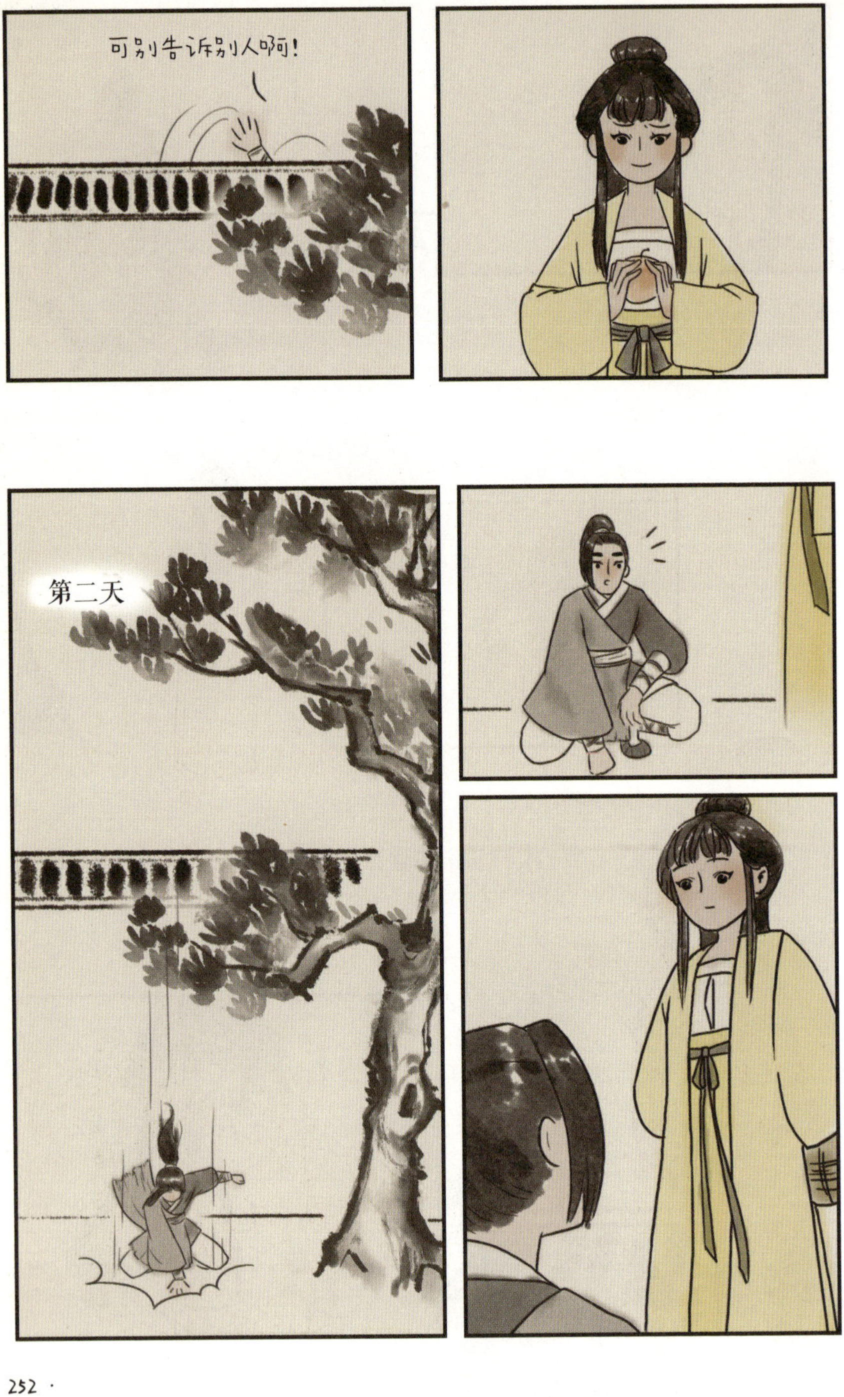

可别告诉别人啊！
第二天

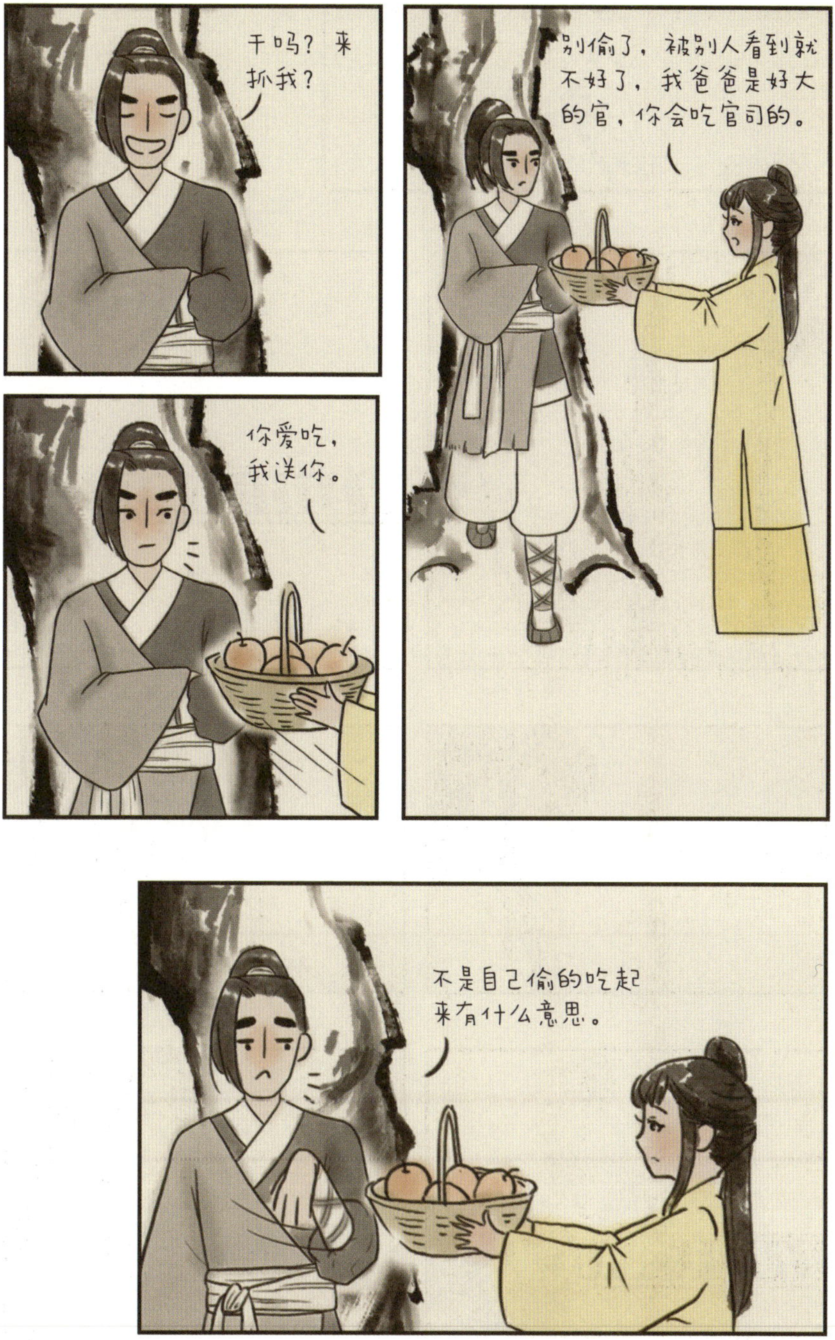
干吗？来抓我？
你爱吃，我送你。
别偷了，被别人看到就不好了，我爸爸是好大的官，你会吃官司的。
不是自己偷的吃起来有什么意思。

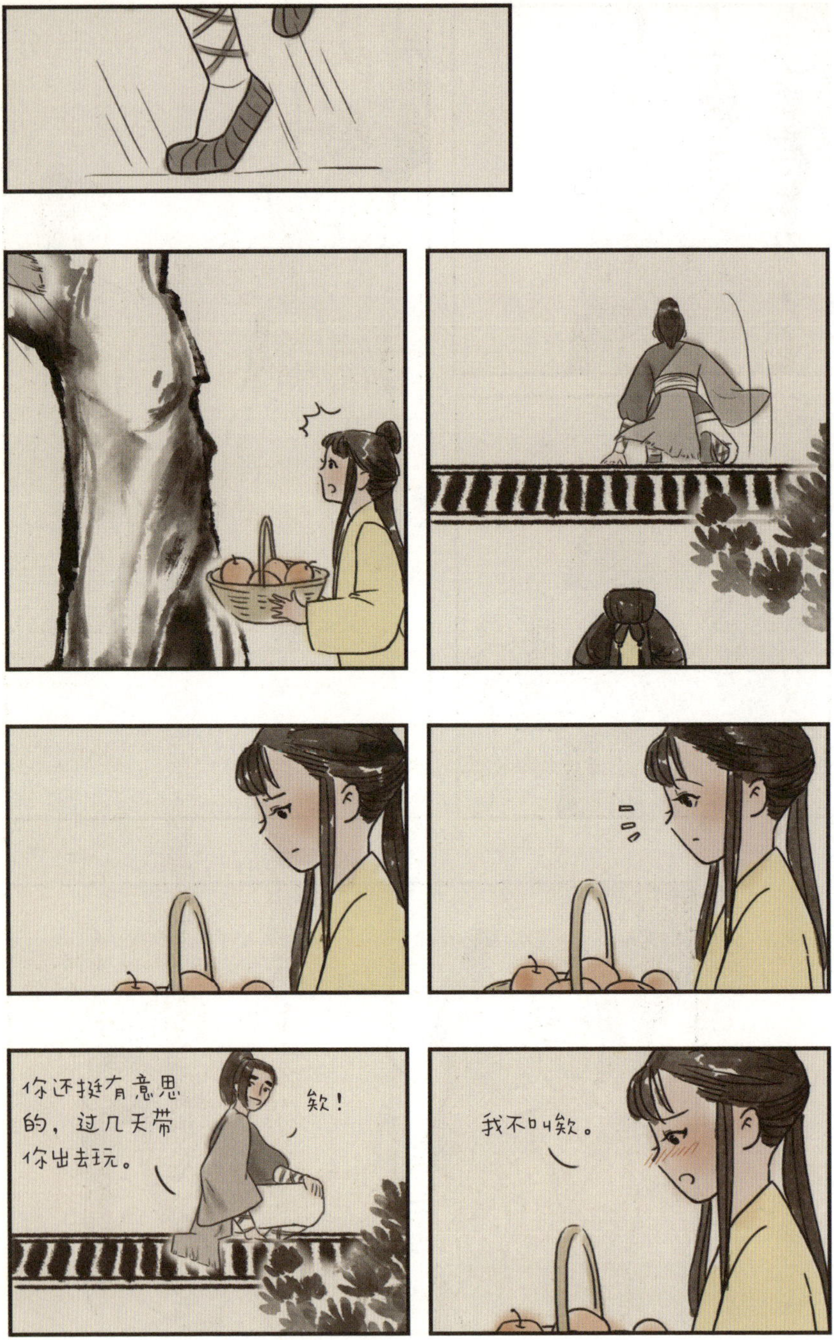
你还挺有意思的，过几天带你出去玩。
欸！
我不叫欸。

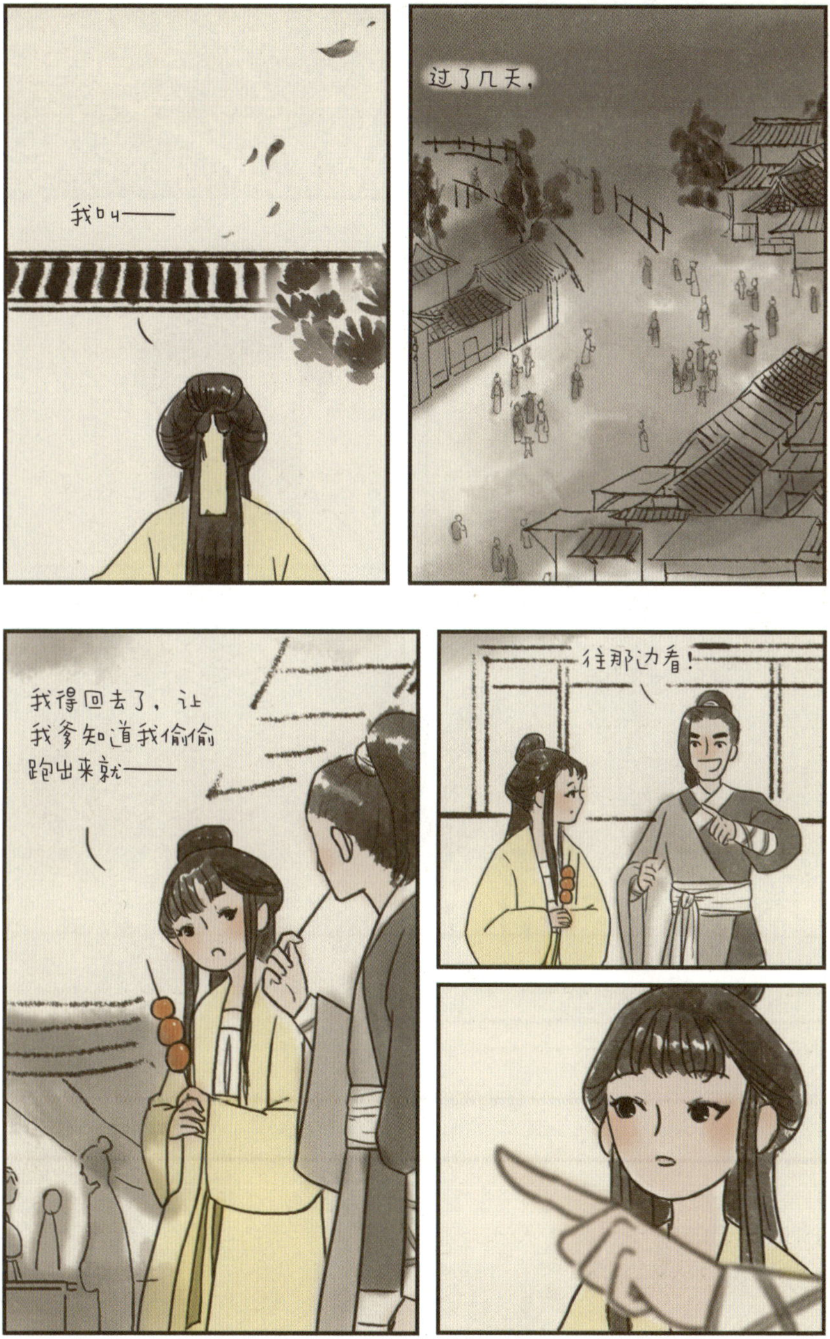
我叫——
过了几天，
我得回去了，让我爹知道我偷偷跑出来就——
往那边看！

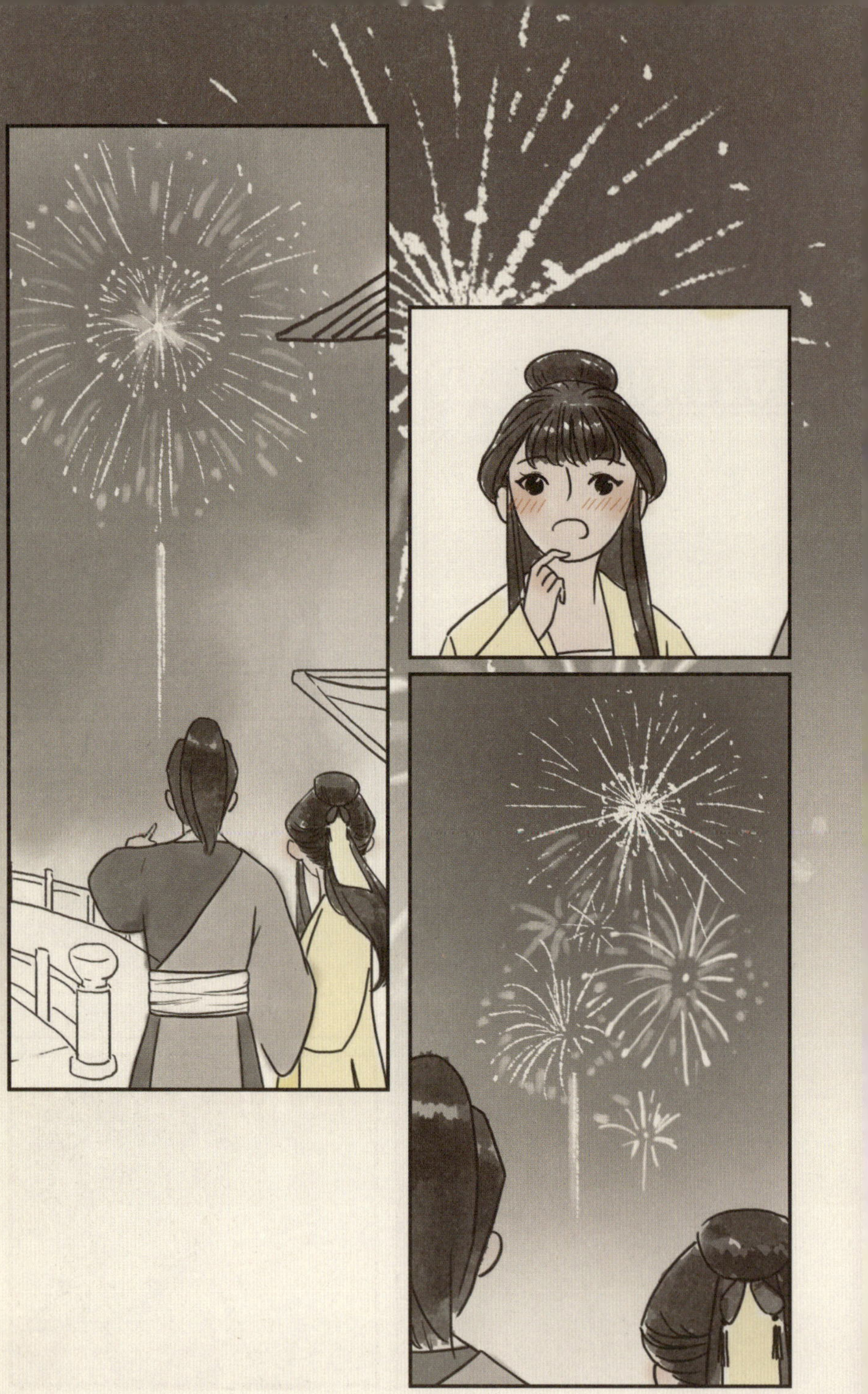

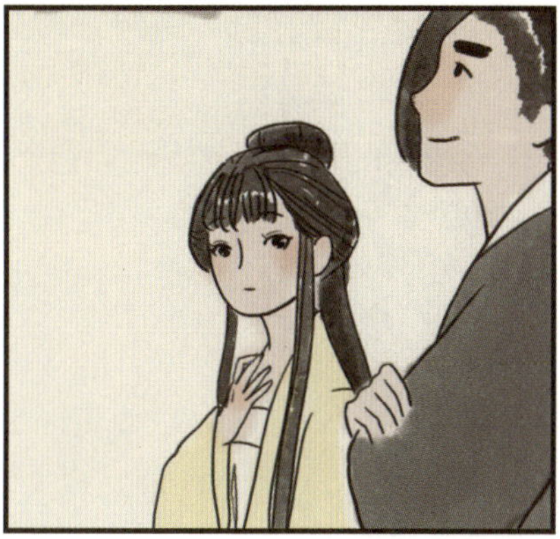

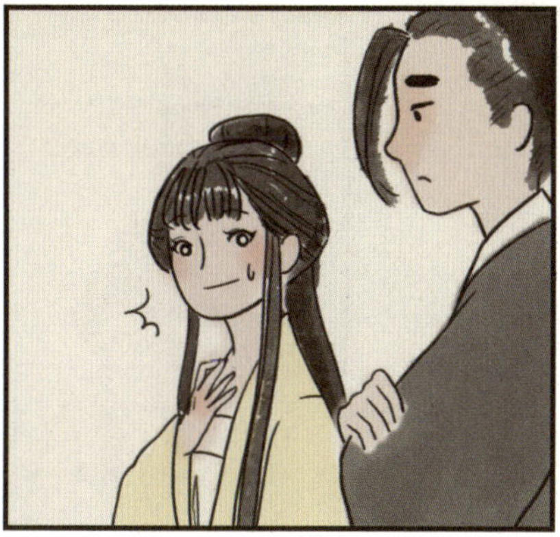

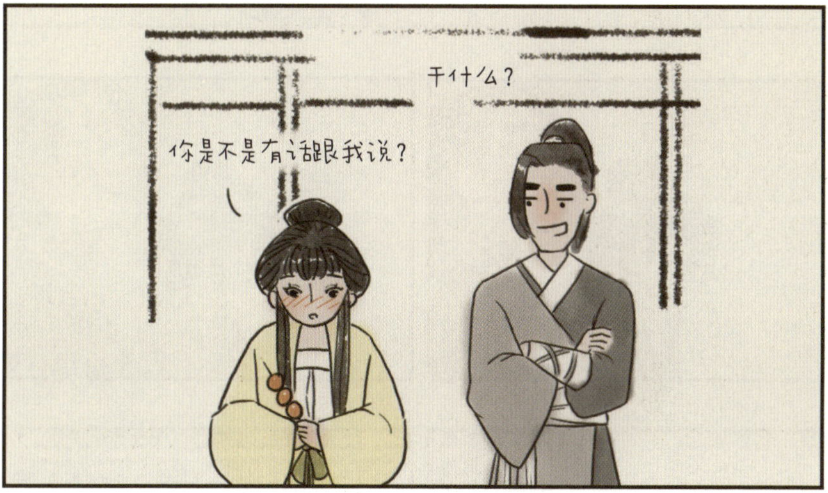
干什么？
你是不是有话跟我说？

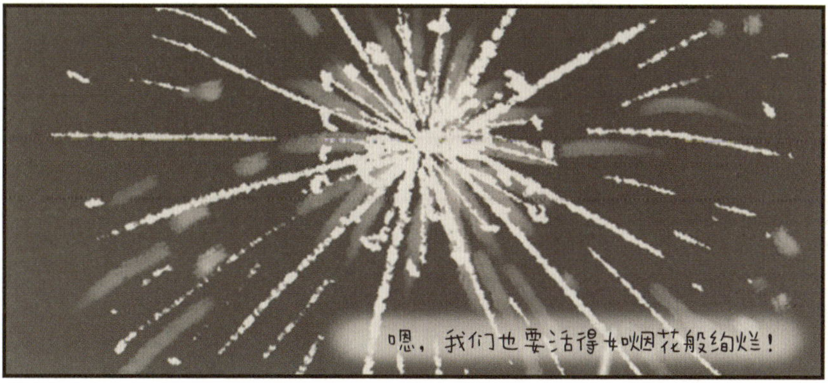
嗯，我们也要活得如烟花般绚烂！

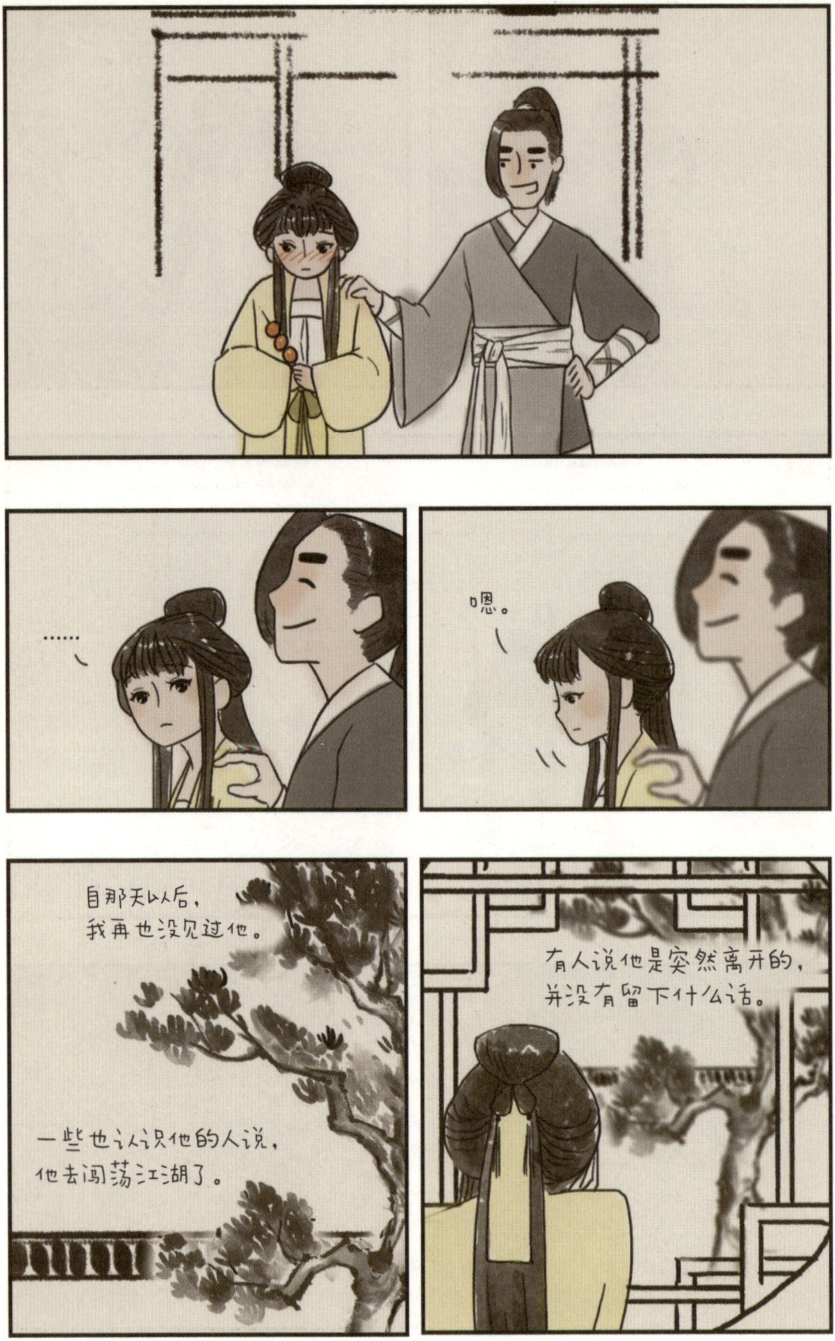
……
嗯。
自那天以后，
我再也没见过他。
一些也认识他的人说，
他去闯荡江湖了。
有人说他是突然离开的，
并没有留下什么话。

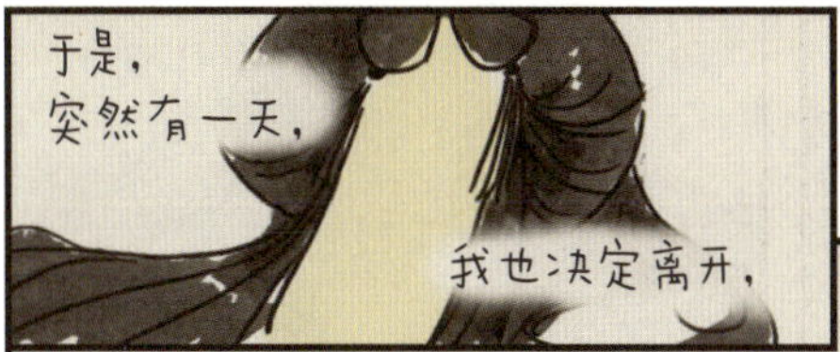
于是，
突然有一天，
我也决定离开，

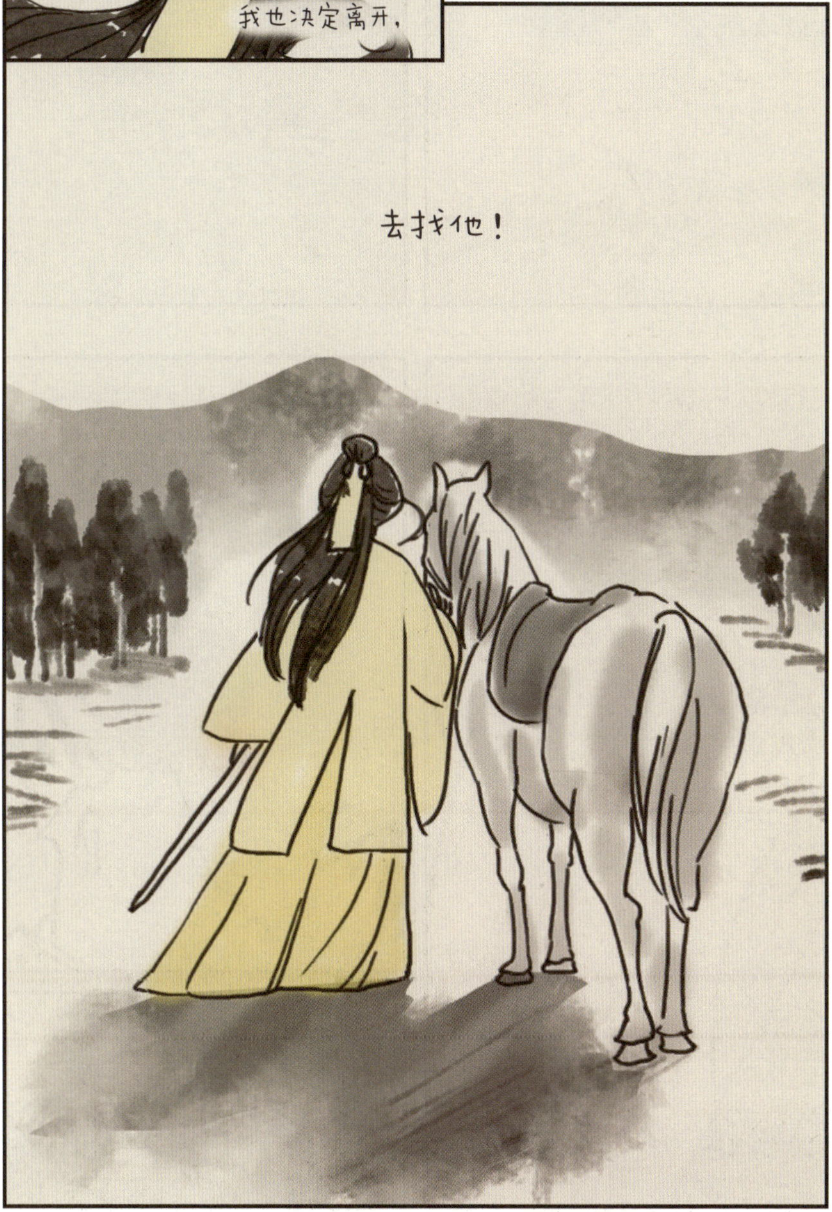
去找他！

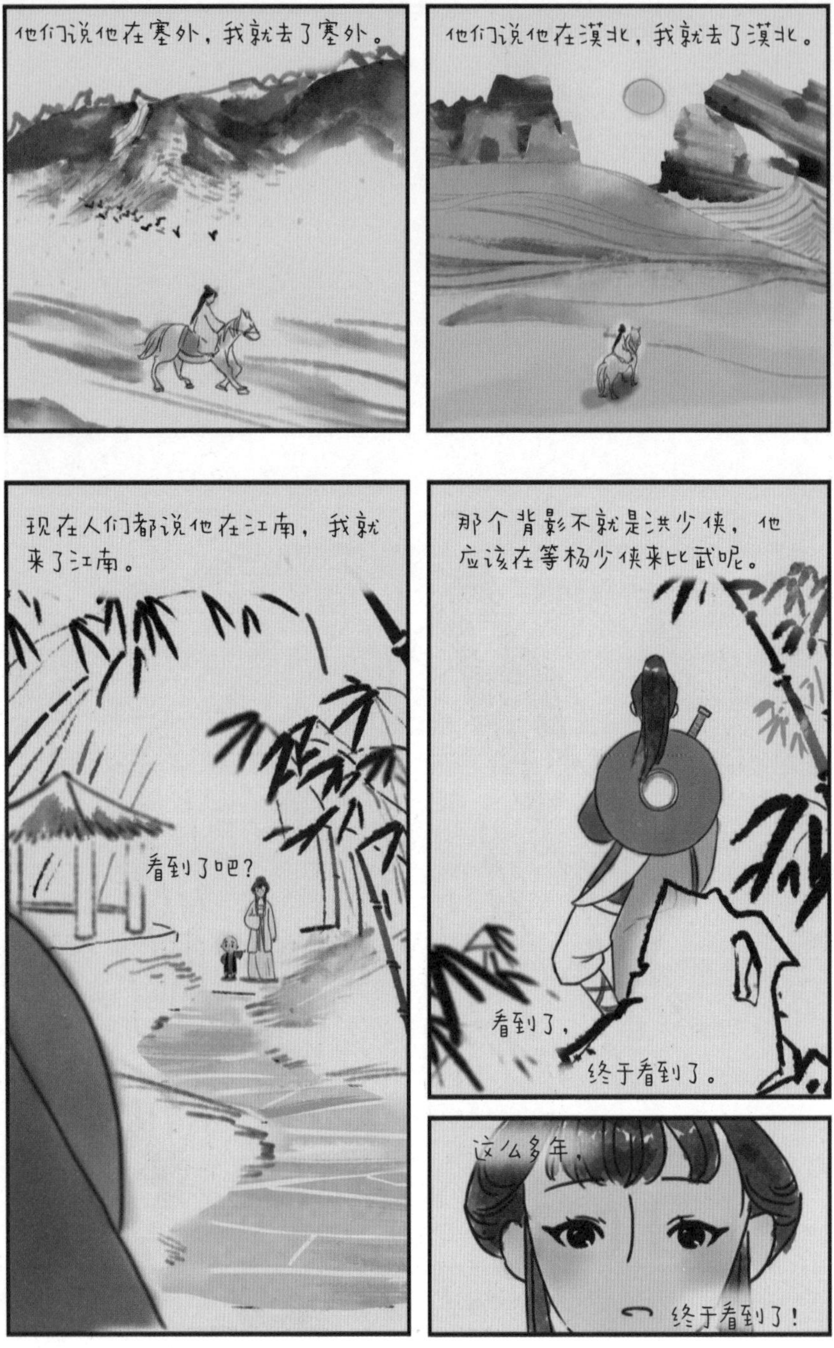
他们说他在塞外，我就去了塞外。
他们说他在漠北，我就去了漠北。
现在人们都说他在江南，我就来了江南。
看到了吧？
那个背影不就是洪少侠，他应该在等杨少侠来比武呢。
看到了，
终于看到了。
这么多年，
终于看到了！

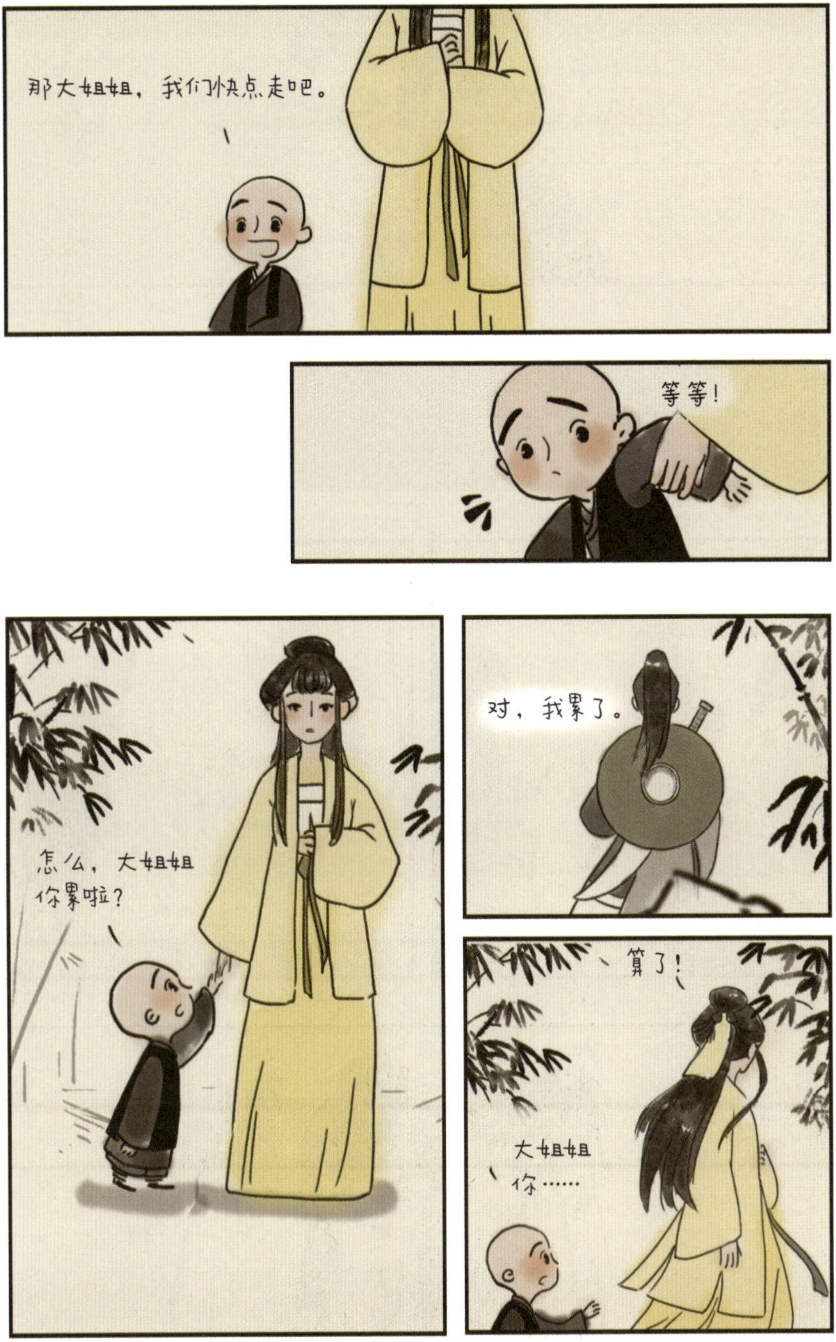
那大姐姐，我们快点走吧。
等等！
怎么，大姐姐你累啦？
对，我累了。
算了！
大姐姐你……

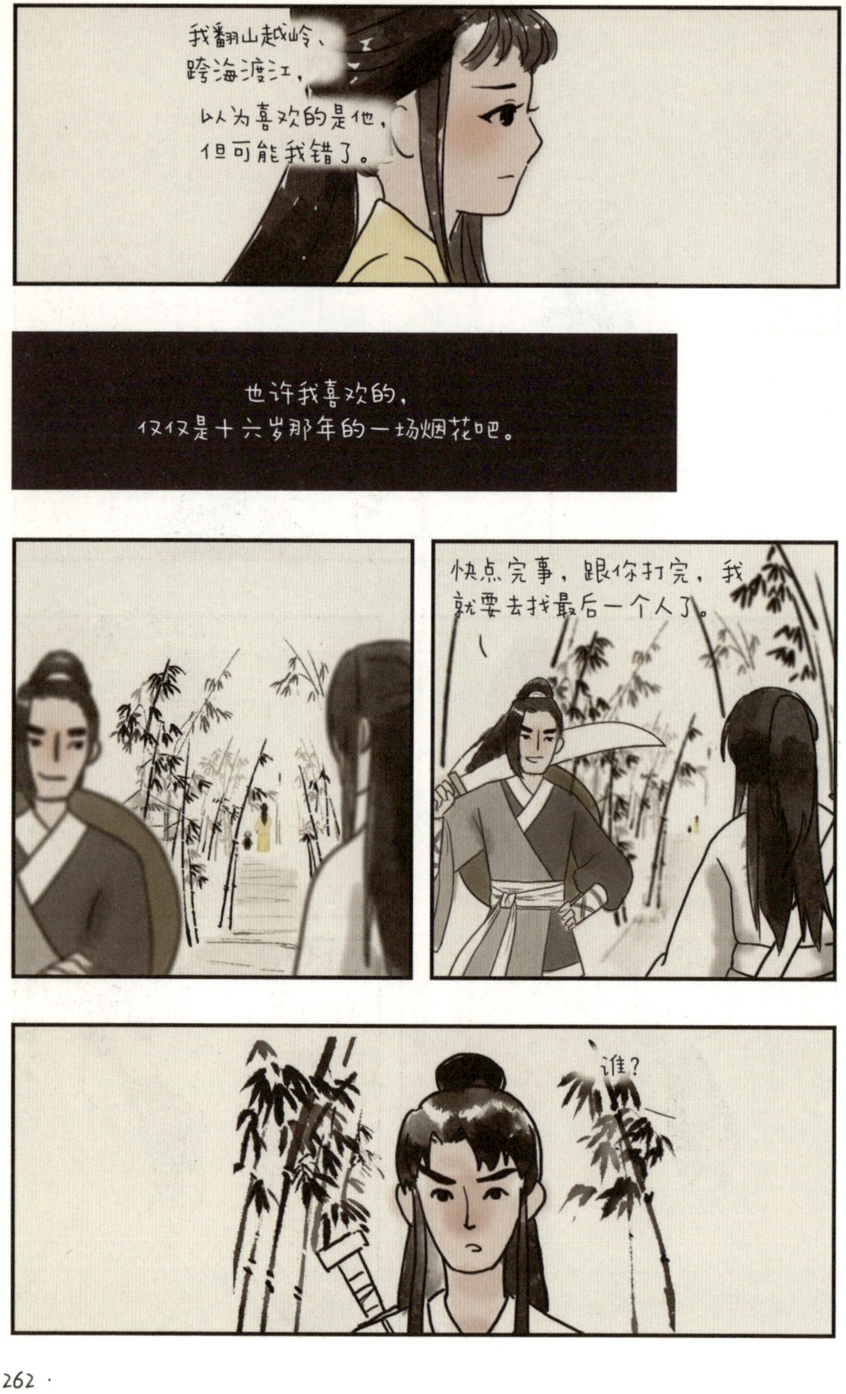
我翻山越岭、
跨海渡江，
以为喜欢的是他，
但可能我错了。
也许我喜欢的，
仅仅是十六岁那年的一场烟花吧。
快点完事，跟你打完，我就要去找最后一个人了。
谁？

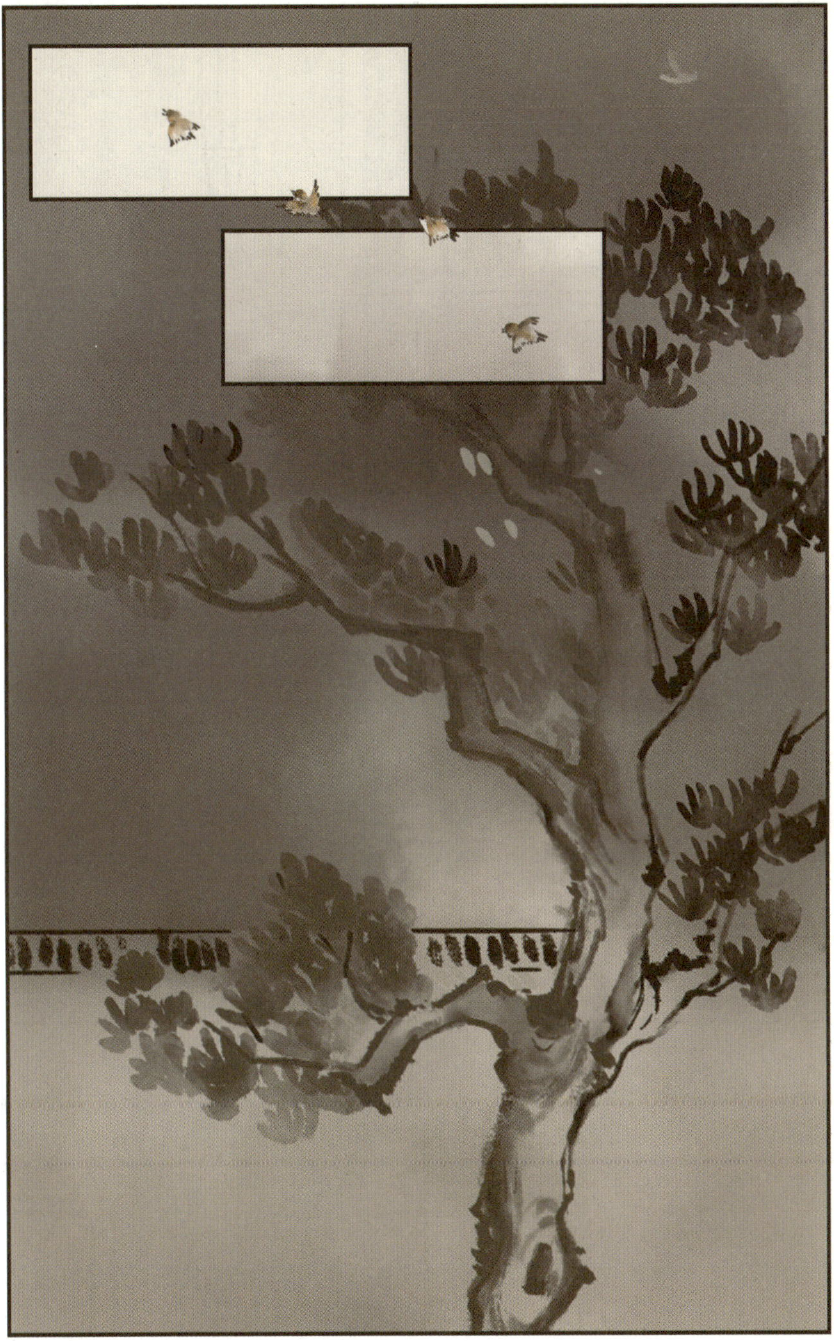

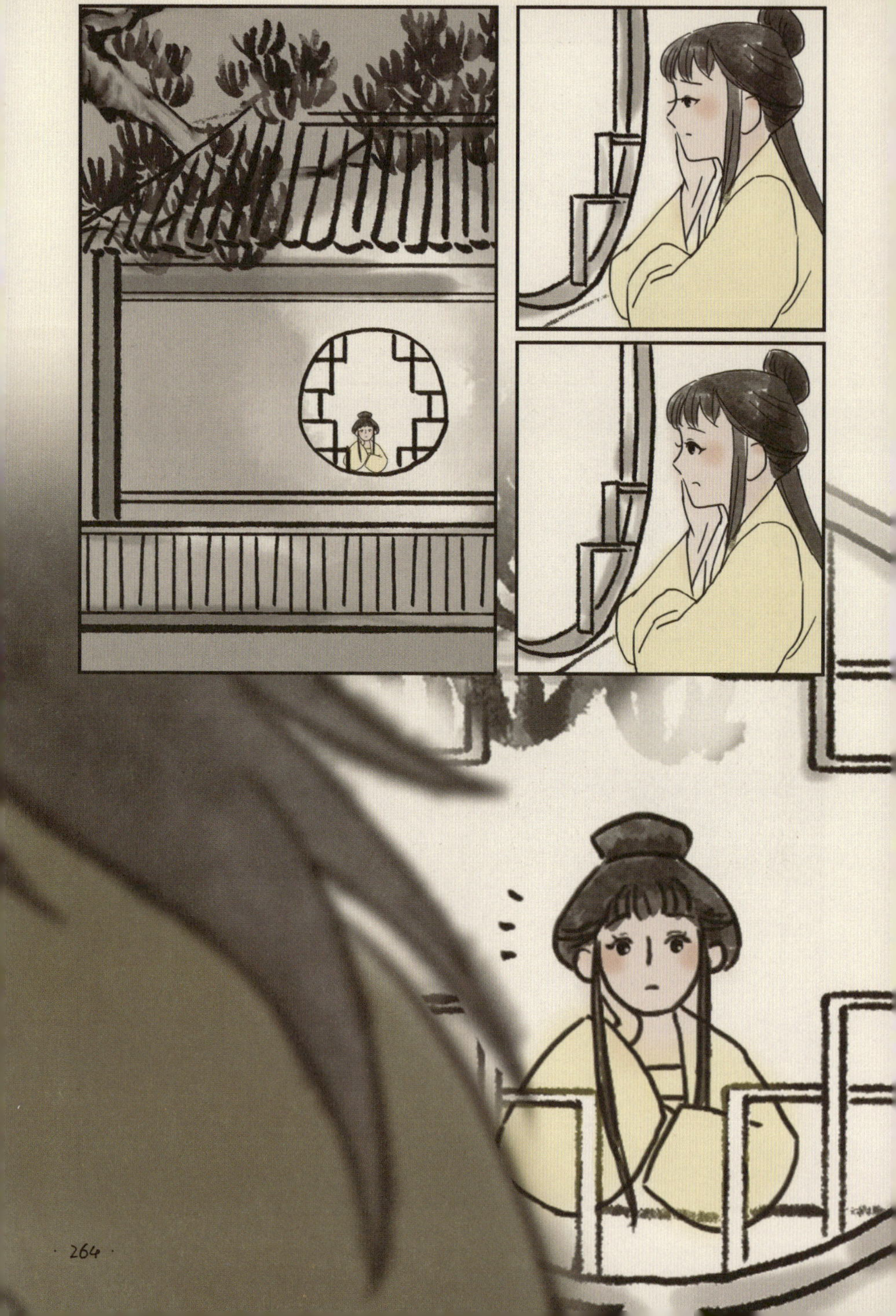

愿你所有的追求、寻觅都会有最圆满的结局！

许愿

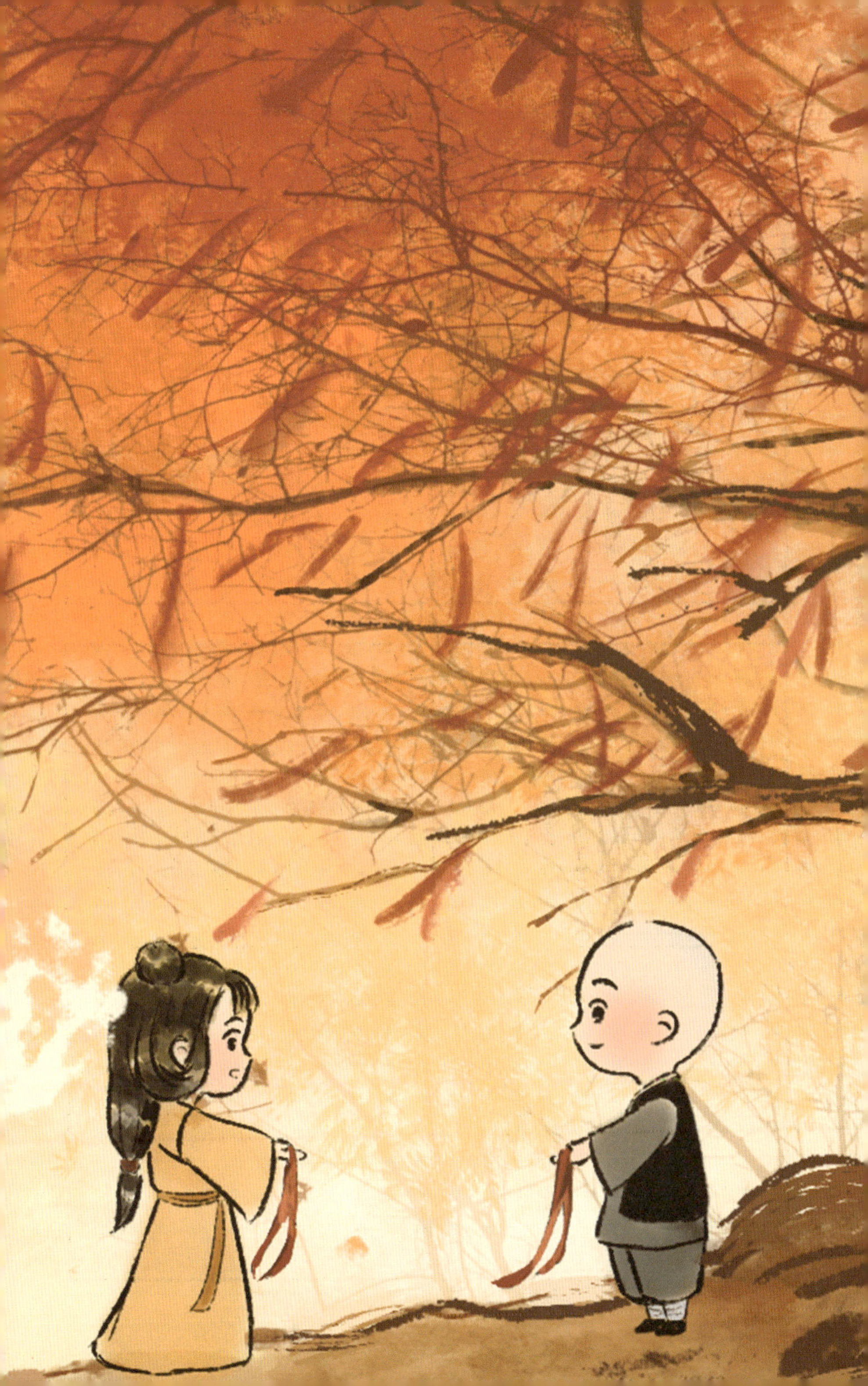

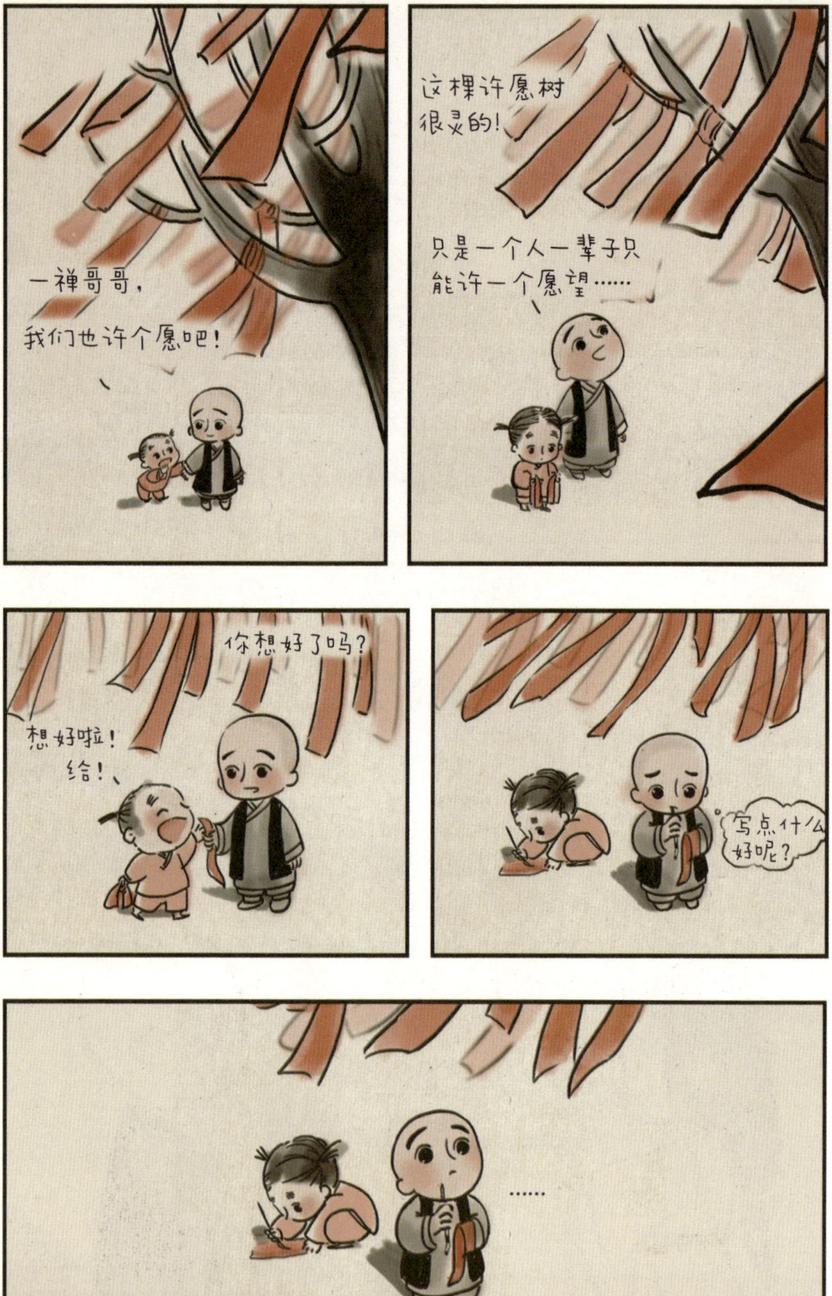
一禅哥哥，
我们也许个愿吧！
这棵许愿树
很灵的！
只是一个人一辈子只
能许一个愿望……
你想好了吗？
想好啦！
给！
写点什么
好呢？
……

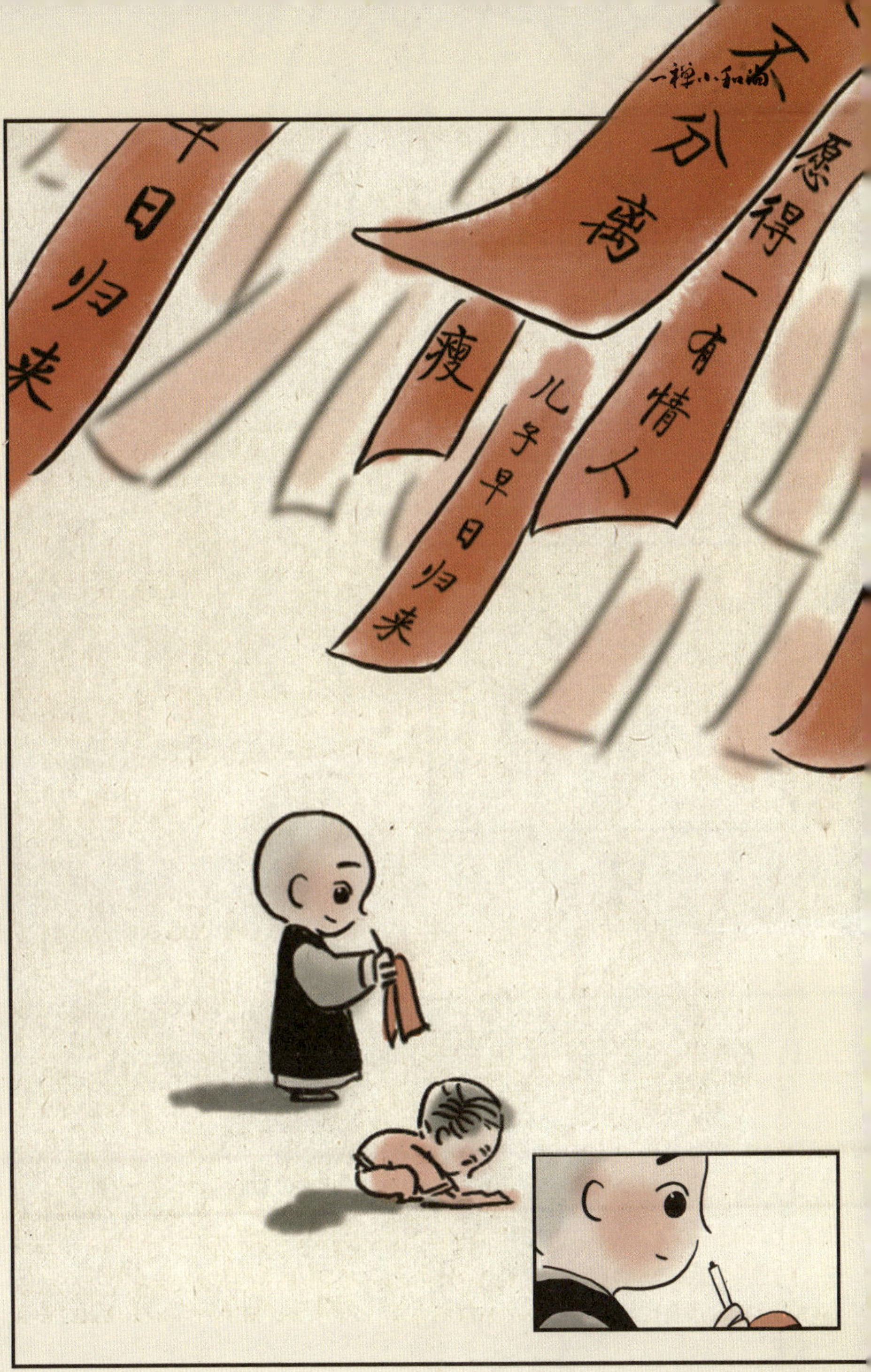
一禅小和尚
不分离
愿得一有情人
瘦
儿子早日归来
早日归来

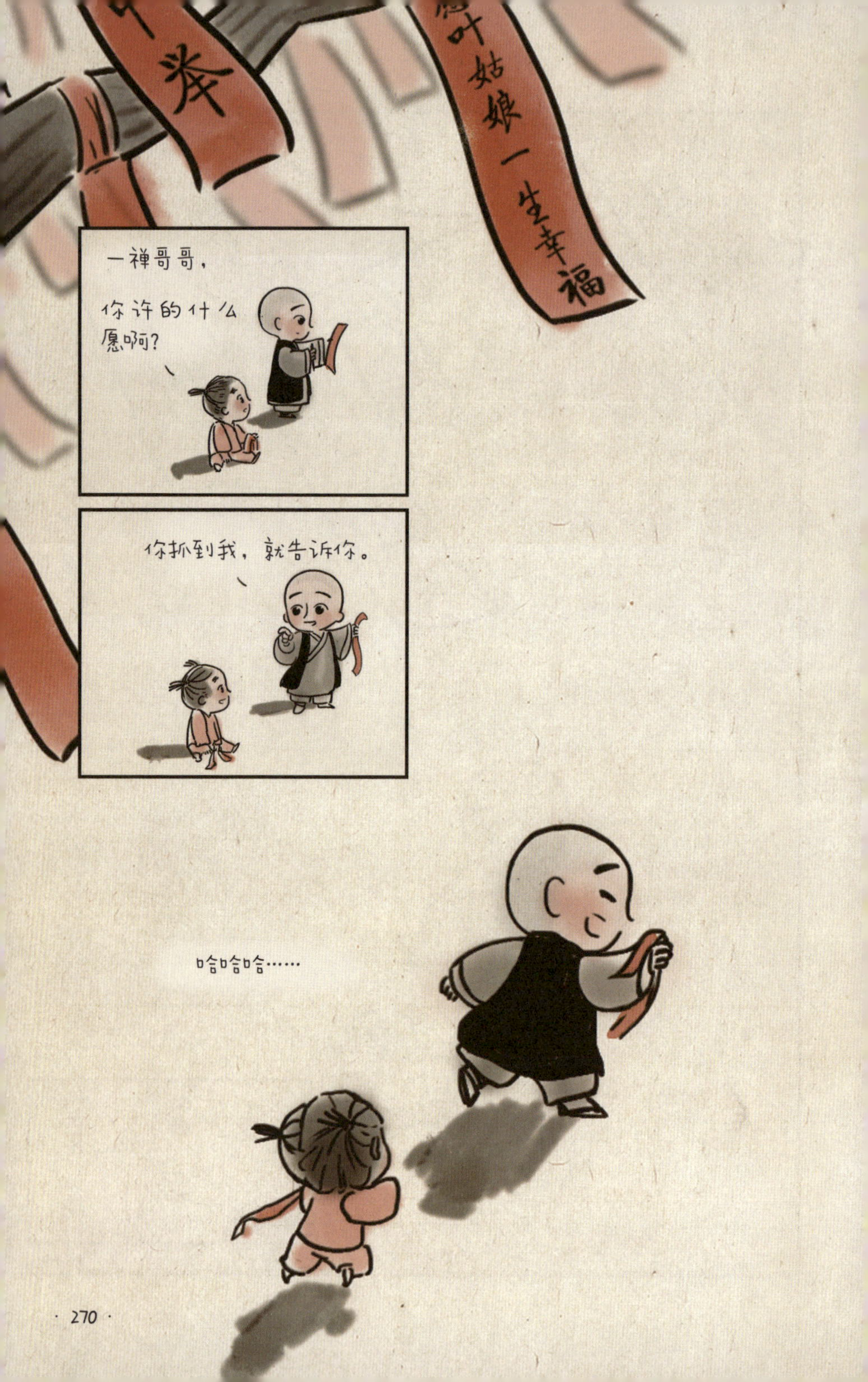
拳
叶姑娘一生幸福
一禅哥哥，
你许的什么愿啊？
你抓到我，就告诉你。
哈哈哈……

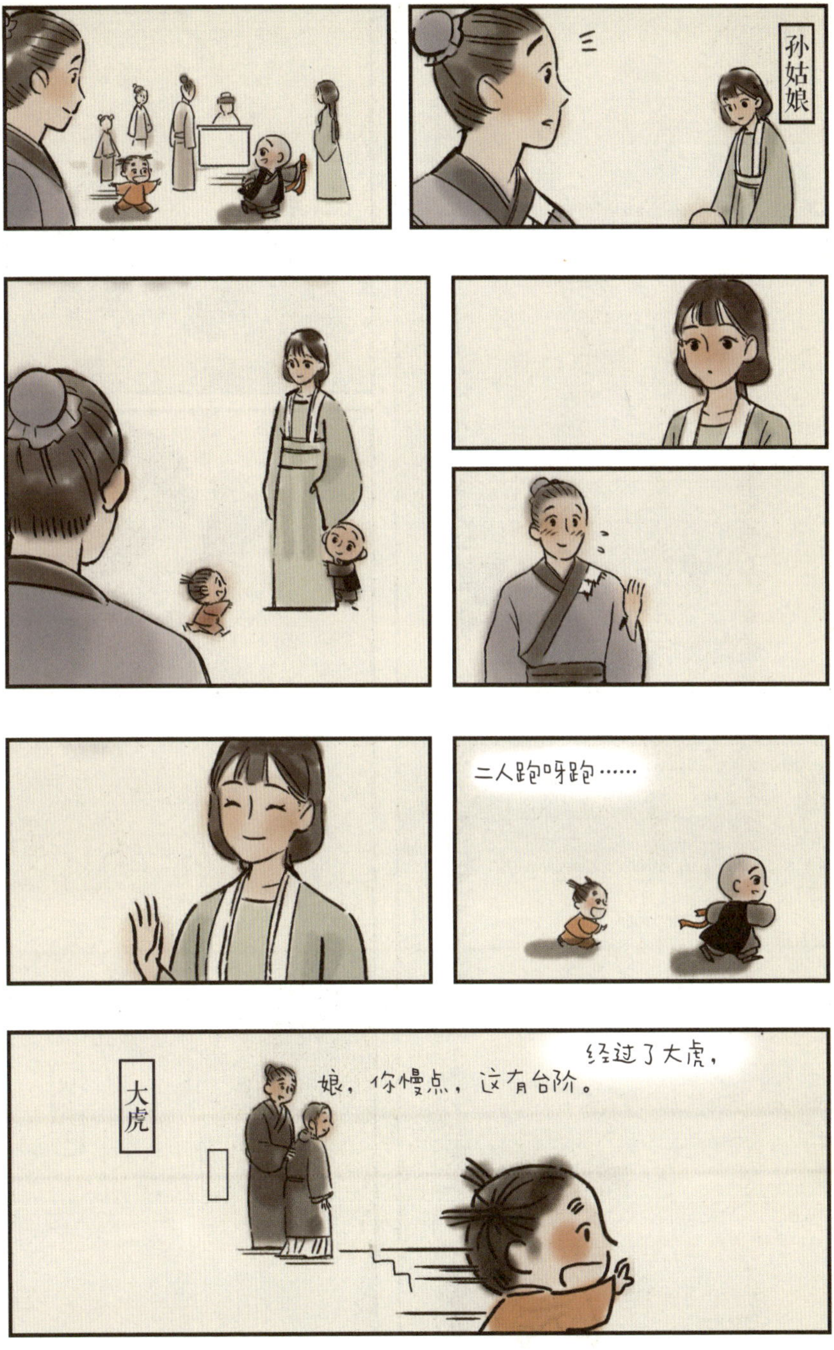
孙姑娘
二人跑呀跑……
大虎
娘，你慢点，这有台阶。
经过了大虎，

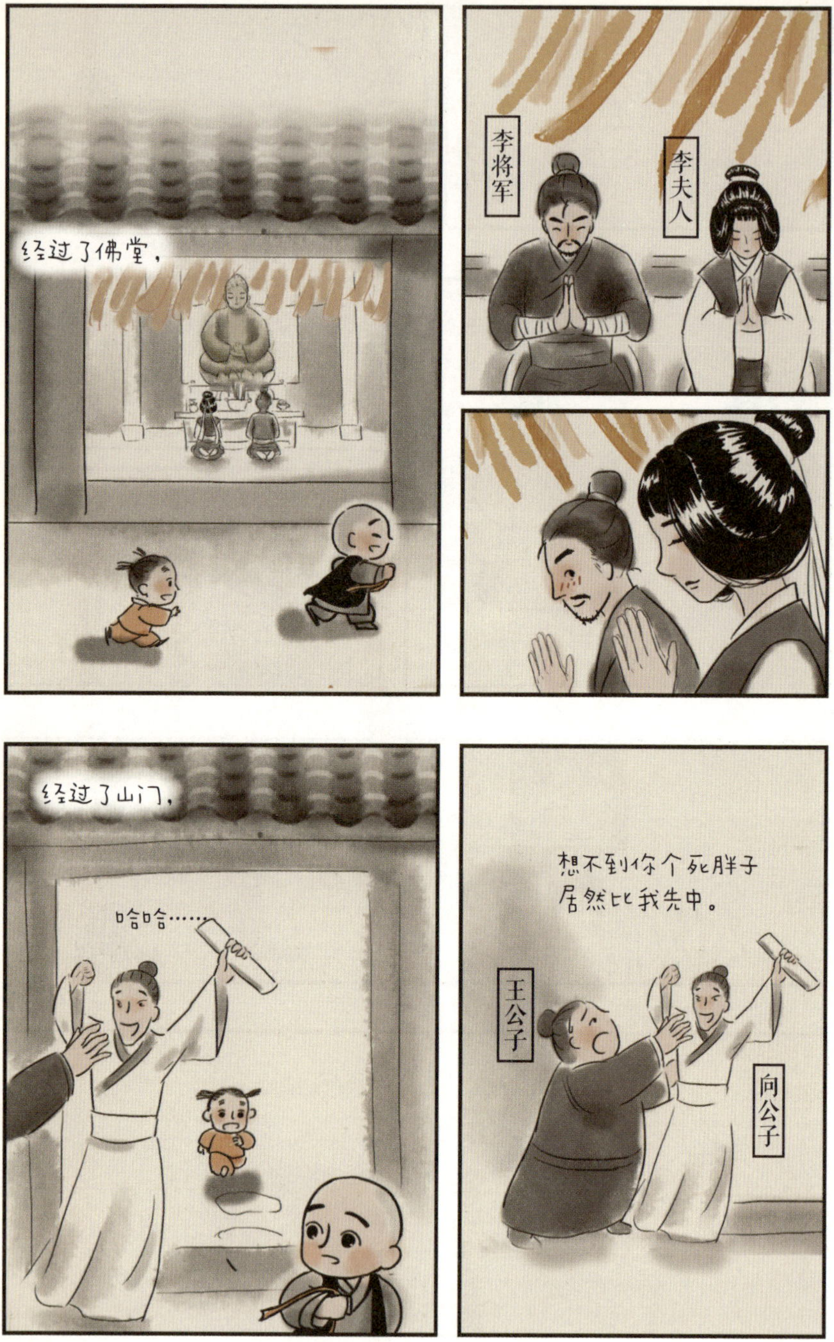
经过了佛堂，
李将军
李夫人
经过了山门，
哈哈……
想不到你个死胖子
居然比我先中。
王公子
向公子

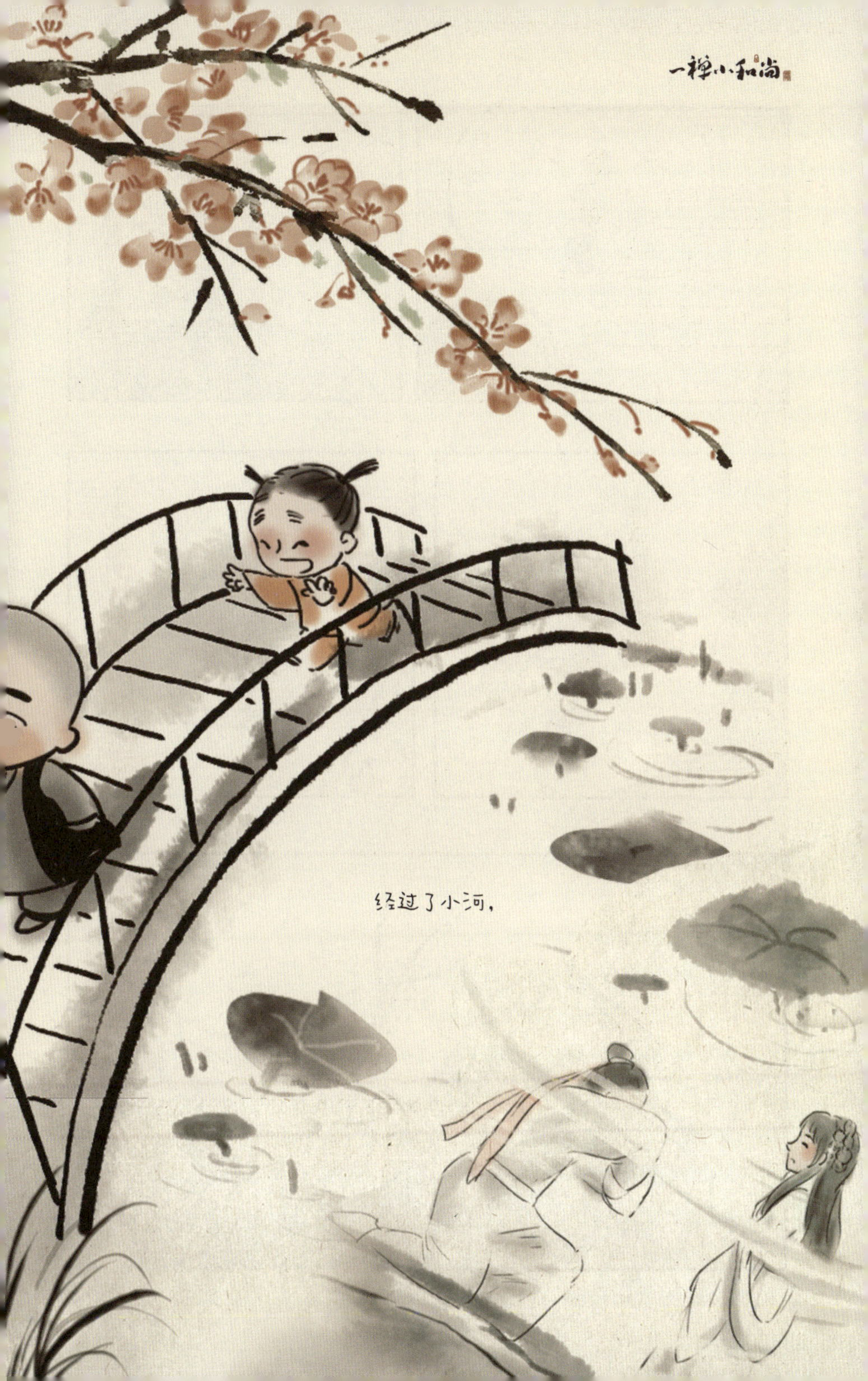

经过了小河，

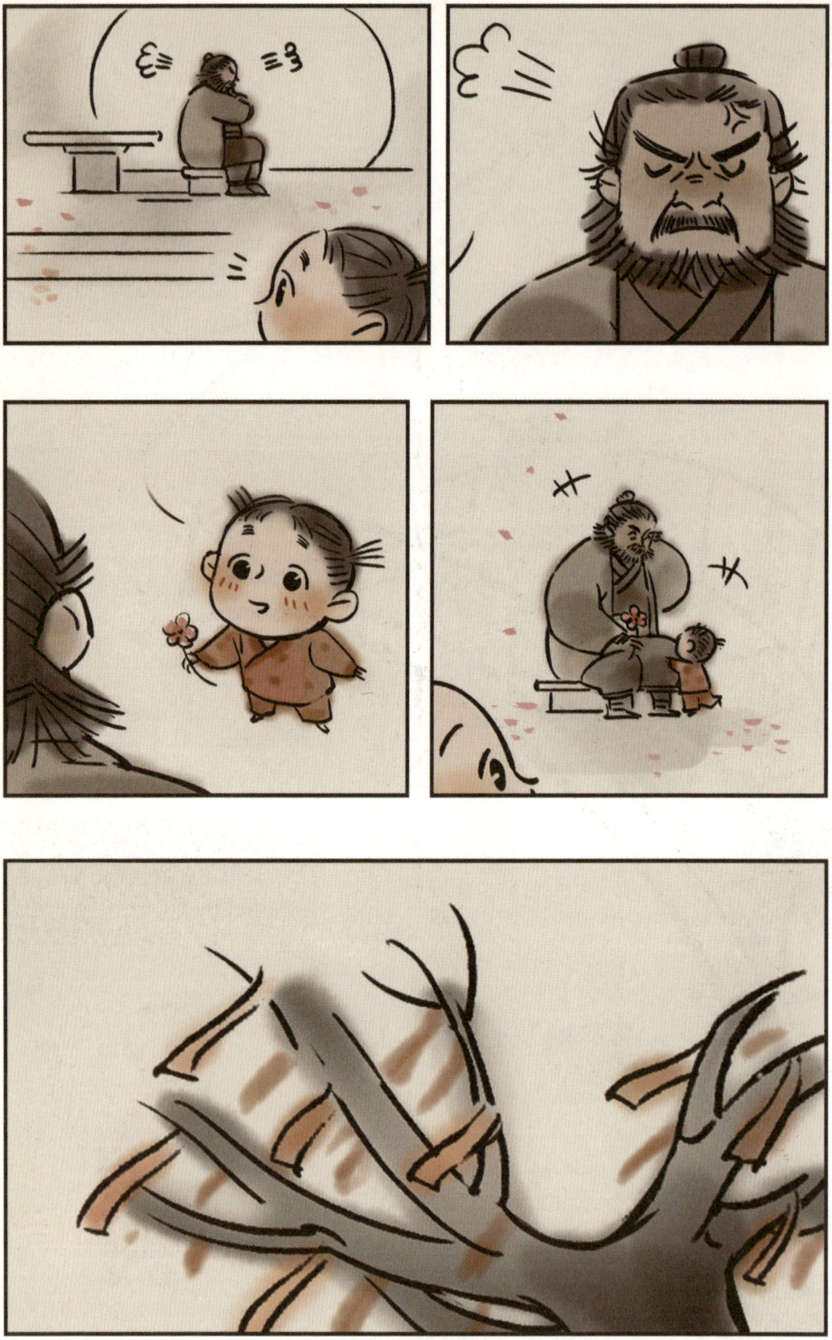

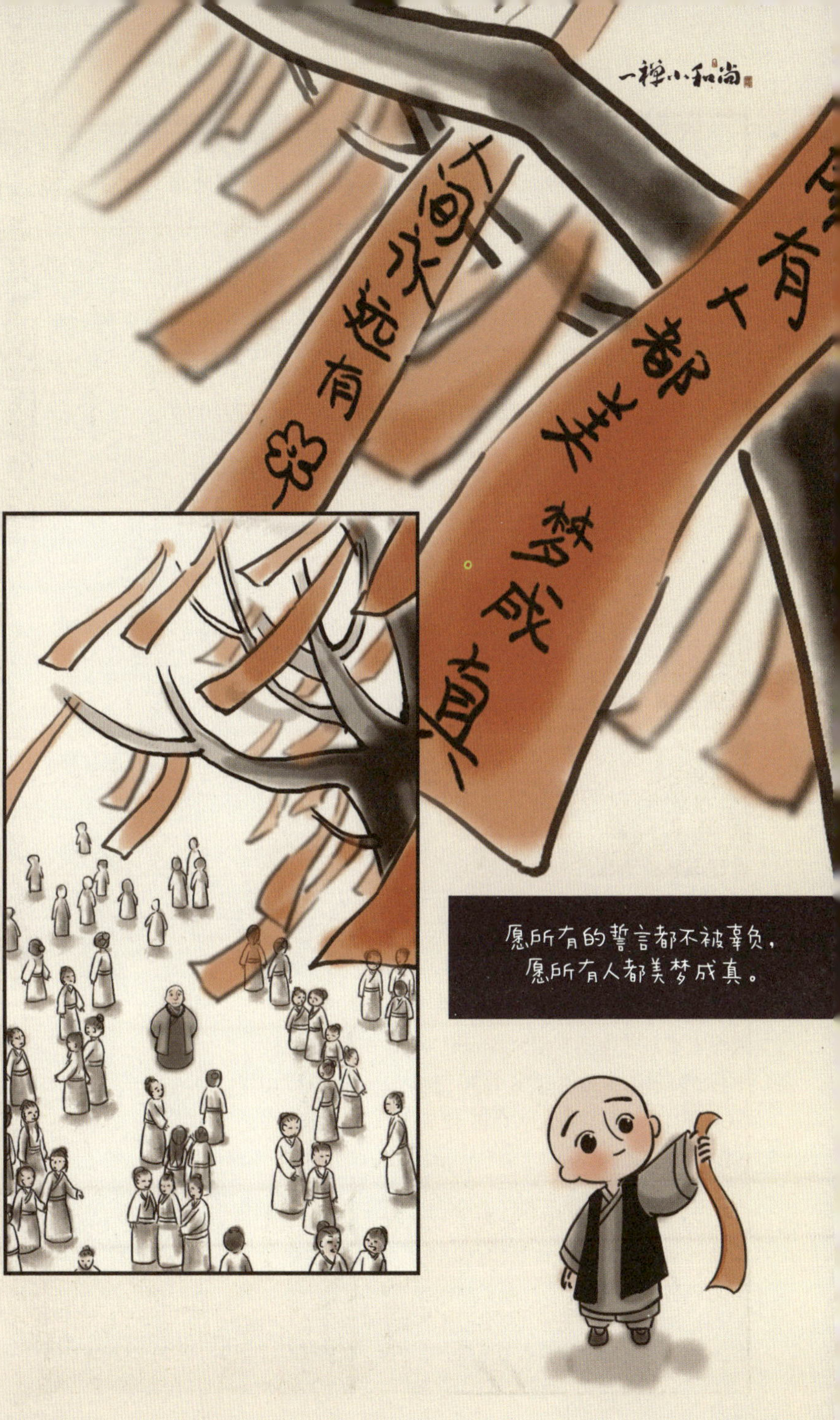
永远有
有人都美梦成真
愿所有的誓言都不被辜负，
愿所有人都美梦成真。

图书在版编目（ＣＩＰ）数据

风雨里做个大人，阳光下做个小孩 / 一禅小和尚著 .
— 北京 : 北京联合出版公司 , 2020.12

ISBN 978-7-5596-4694-1

Ⅰ . ①风… Ⅱ . ①一… Ⅲ . ①漫画 – 作品集 – 中国 –
现代 Ⅳ . ① J228.2

中国版本图书馆 CIP 数据核字 (2020) 第 217930 号

风雨里做个大人，阳光下做个小孩

作　　者：一禅小和尚
出 品 人：赵红仕
责任编辑：李艳芬

北京联合出版公司出版
（北京市西城区德外大街 83 号楼 9 层 100088 ）
天津丰富彩艺印刷有限公司印刷　新华书店经销
字数 50 千字　880 毫米 ×1230 毫米　1/32　8.625 印张
2020 年 12 月第 1 版　2020 年 12 月第 1 次印刷
ISBN 978-7-5596-4694-1
定价：56.00 元

版权所有，侵权必究
未经许可，不得以任何方式复制或抄袭本书部分或全部内容。
本书若有质量问题，请与本公司图书销售中心联系调换。电话：（010）82069336